管理学原理

（第二版）

陈洪安　编著

華東理工大學出版社
EAST CHINA UNIVERSITY OF SCIENCE AND TECHNOLOGY PRESS
·上海·

图书在版编目(CIP)数据

管理学原理/陈洪安编著. —2版. —上海：华东理工大学出版社，2013.1(2018.2重印)
ISBN 978-7-5628-3423-6

Ⅰ.①管… Ⅱ.①陈… Ⅲ.①管理学-高等学校-教材 Ⅳ.①C93

中国版本图书馆CIP数据核字(2012)第303701号

内 容 提 要

“管理学原理”是高等院校工商管理专业的必修核心课程，本书是“管理学原理”课程的配套教材。全书分为导论、计划、组织、领导、控制、创新篇，共有十五章。本书循序渐进地介绍管理学原理和方法，在管理理论内容取舍与安排上，力争做到系统完整而又突出重点，并注重用案例反映当代现实管理工作，用逻辑顺序来阐述管理过程的有关知识与应用。

本书可作为大学管理和经济专业的教材，也适合MBA、研究生和网络教育相关专业的课程教材使用。

管理学原理(第二版)

编　　著 / 陈洪安
责任编辑 / 徐知今
责任校对 / 金慧娟
封面设计 / 裘幼华
出版发行 / 华东理工大学出版社有限公司
地　　址：上海市梅陇路130号，200237
电　　话：(021)64250306(营销部)
传　　真：(021)64252707
网　　址：www.ecustpress.cn
印　　刷 / 上海展强印刷有限公司
开　　本 / 787mm×1092mm　1/16
印　　张 / 24
字　　数 / 580千字
版　　次 / 2013年1月第2版
印　　次 / 2018年2月第5次
书　　号 / ISBN 978-7-5628-3423-6
定　　价 / 39.80元

联系我们：电 子 邮 箱 zongbianban@ecustpress.cn
官 方 微 博 e.weibo.com/ecustpress
天猫旗舰店 http://hdlgdxcbs.tmall.com

華東理工大學出版社
客户端扫码进入天猫旗舰店

前　言

现代社会中的任何一个人，只要存在于一定的组织中，这个人的角色就可能是管理者、被管理者，或自我管理者。管理是人类改变与创造世界的主动性力量，管理学是现代社会中一门集科学性与艺术性为一体的关乎生存与发展的学问，作为现代社会中的个体，对这门学问的掌握，将使一个人一生受益无穷。作为管理者，需要熟练地掌握管理这门学问，提高职业管理水平；作为被管理者，需要了解管理这门学问，提升自身所期望的未来职业发展目标；作为自我管理者，需要超越管理这门学问，成为管理王国中游刃有余的领导者。通过本书的学习，学生对管理学会有一个总体的认识，理解管理学的基本概念、基本原理和基本方法，了解管理科学发展的新理论与新思想，掌握现代管理的一般方法并树立科学的管理理念，为进一步学习专业课和为日后的实际管理工作奠定理论基础。

管理学原理是工商管理专业的必修核心课，管理学是一门系统地研究管理活动的普遍规律和一般方法的科学。尽管各种具体的管理活动千差万别，但管理者在处理问题时，都要通过一定的计划、组织、领导和控制等职能来实现组织的目标。在实施这些管理职能时，其方法会有所不同，但遵循的基本原理却是一样的，这就是管理的共性，也就是管理学所要研究的对象。管理学是一门建立在经济科学、数学、心理学、计算机科学等基础之上的应用科学，以它为基础派生的课程为相关专业的专业理论与技术课程，诸如市场营销、战略管理、生产管理、人力资源管理、财务管理、信息管理、运营管理等。

为使本书能成为不同背景的初学管理学的人士的一本好用又易懂的入门自学教材，我们努力以描述性的语言，循序渐进地介绍管理原理和方法。在管理理论内容取舍与安排上，力争做到系统完整而又突出重点，用案例反映当代现实管理工作，用逻辑顺序来阐述管理过程的有关知识与应用。为了满足读者的需求，本书具有以下的几个特色。

1. 管理理论内容全面适度。一本理想标准的教科书应该能将该领域的重要理论都涵盖在内，本书在管理学理论内容方面努力达到系统全面，理论深度上努力做到适度。本书除包含过去管理学教科书重要的理论观点外，还将一些已逐渐稳定与被接纳的最新管理理论也包括在内，以使最新理论的发展与教科书的内容相结合。一方面能让读者学习管理学过去的经典理论发展，另一方面也能对最新发展的理论有所了解。

2. 注重本土化案例。本书尽可能以本土化案例来帮助读者理解理论，而且为了让读者能将理论与实践相联系，本书所选择的案例也以本土化案例为主。透过熟悉的组织或生活经验案例，本书将帮助读者以更贴近、更有趣、更容易的方式来学习管理学。

3. 教学内容灵活安排。本书共有十五章，如果以一学期的时间来看，可以有两套教学方式来学习本书内容。一是课时较多，大约每周可以一周为一章授课内容，一般而言，如果学生能在课前稍加预习，这样的进度对于老师和学生并不会造成困难；二是课时较少，老师希望能在重点内容上进行教学的话，可以按以下顺序讲授：第一篇导论，有第一章管理概述、第三章管理历史。第二篇计划，有第四章计划、第五章决策。第三篇组织，有第七章组织概述、第八章组织设计。第四篇领导，有第十章领导理论、第十一章激励。第五篇控制，有第十三章控制理论。其他内容可在以后有机会在相关课程中再学习（例如，战略管理、人力资源管理、财务管理）。

4. 教学媒体多样。文字教材系统、全面、准确地阐述管理学的基本原理，在原理的阐述和案例的列举中联系实际管理工作，使之既忠实于学科原貌，又通俗易懂。音像教材中突出使用典型案例剖析管理实务，紧密联系实际，分析案例，解决实际管理问题，把学科理论的学习融入对管理活动实践的研究和认识之中，切实提高分析问题、解决问题的能力。同时安排必要的作业，给学生接触实际、动手分析的机会。

本书教学媒体有：第一，《管理学原理》文字教材，陈洪安编著，华东理工大学出版社出版；第二，《管理学原理》音像教材，华东理工大学出版社出版，由华东理工大学商学院陈洪安教授主讲，对课程内容进行系统讲授；第三，《管理学原理》PPT，"管理学原理"课程教学使用的多媒体讲授课件，需要者可与本书编著者联系，联系电子邮箱：chen1989@ecust. edu. cn或chenha19@163. com；第四，《管理学原理》案例教材：微管理——你所不知道的管理世界，陈洪安主编，清华大学出版社出版。

本书在写作过程中，得到了学术界和企业界的大力支持，为本书提出了宝贵的建议和意见，他们是：华东理工大学管理学教授郭毅、青岛红水晶文化传播有限公司总经理徐蕾蕾、复旦大学博士骆守俭、中国国家社会与劳动保障部社会保险系统处处长陆春生、国泰君安证券股份有限公司营销管理总部副总监王化明、南京理工大学管理学教授周小虎、光大证券研究所常务副所长何媛媛博士，在此谨表谢意。

本书前五篇由陈洪安编写，第六篇由朱姝老师编写。在编写过程中，李乐、邓亚男、孙艾菊、郑俊虎、杨浩、王婷婷、胡佳、关奉民、王一民、曾招荣、王梓臻、邱继婷、陶歆、杨秀林、郑玥、范顺厚做了查阅资料等工作。

在本书写作过程中，参阅了大量的相关著作、教材和案例资料，在此谨向这些作者、译者表示由衷的感谢。

由于时间较紧，加之作者水平有限，本书一定存在不少不足之处，敬请读者批评指正。

本书在写作过程中家人也给予了无私的帮助和鼓励，在此也一并表示感谢！

陈洪安

2012年6月8日

目　　录

第一篇　导　　论

第二篇　计　　划

第三篇　组　　织

第四篇　领　　导

第五篇　控　　制

第六篇　创　　新

第一篇 导 论

管理是一种工作，它有自己的技巧、工具和方法；管理是一种器官，是赋予组织以生命的、能动的、动态的器官；管理是一门学科，一种系统化的并到处适用的知识；同时管理也是一种文化。

——德鲁克

第一章　管 理 概 述

第一节　管　　理

一、管理的概念

“管理”(Management),古已有之。管理是人类社会活动和生产活动中普遍存在的社会现象。凡是有人群的地方,就有管理问题,就会产生管理实践。在原始社会氏族内部,男女之间便有了明确的分工,谁狩猎,谁分配,人们推选出酋长或首领来处理氏族内部的事务,在这些具体的生活问题中就已经体现出了管理的雏形。从古代埃及的金字塔、中国的万里长城,到微软视窗软件、神舟系列飞船、火星探测行动,都是管理实践的产物。由于人类社会是不断发展的,反映社会发展不同阶段管理水平的管理概念也必然随之变化,所以,管理是一个动态的、发展的概念。随着社会的进步发展,管理日益受到重视,逐渐形成了系统的科学知识体系。管理对象不同、内外部环境不同、分析问题角度不同,会导致管理实践的差异,人们的管理实践具有明显的差异性,而这些管理实践的差异则进一步导致人们对管理产生了不同的理解和认识,因此人们从不同的角度解释管理,即使在理论界也是如此。

哈罗德·孔茨(Harold Koontz)及其追随者们不断地修改着管理的定义,他们认为,管理就是设计并保持一种良好环境,使人在群体里高效率地完成既定目标的过程。亨利·法约尔(Henri Fayol)认为,管理就是实行计划、组织、指挥、协调和控制。赫伯特·A.西蒙(Herbert A. Simon)认为,管理就是决策。泰勒认为,管理就是确切地知道你要别人去干什么,并使他用最好的方法去干。在泰勒看来管理就是指挥他人能用最好的方法去工作:① 员工如何能寻找和掌握最好的工作方法以提高效率,② 管理者如何激励员工努力地工作以获得最大的工作业绩。小詹姆斯·唐纳利(James H. Donnely)等人认为,管理是由一个或更多的人来协调他人活动,以便收到个人单独活动所不能收到的效果而进行的各种活动。彼得·F.德鲁克(Peter F. Drucker)认为,管理是一种工作,它有自己的技巧、工具和方法;管理是一种器官,是赋予组织以生命的、能动的、动态的器官;管理是一门学科,一种系统化并到处适用的知识;同时管理也是一种文化。

今天,许多学者主张以系统的观点来理解“管理”。系统理论认为,从管理的组织环境中输入并利用资源是任何组织的共性,这些资源(有形资源和无形资源)包括人力、财力、物力和信息资源，而管理就是通过组织和协调这些资源以达成组织目标的过程。虽然不同的学者对“管理”的解释不尽相同，但对管理的众多解释之间并不矛盾，都有其合理和可取之处。他们从不同角度丰富和发展了管理思想，对管理实践产生了积极的指导作用。透过不同的解释，可以发现管理工作的诸多基本点，如管理的目的性、管理职能的重要性、管理工作与一般作业活动的区别等。

基于这样的基本点，本书强调管理的职能，把管理定义为：管理是在特定的环境下，对组织所拥有的资源进行有效的计划、组织、领导、控制和创新的活动，以实现组织目标的过程。如图 1－1 所示。

组织的目标是要既取得效率，又达到效果。效率就是指以尽可能少的投入获得尽可能多的产出，即“正确地做事”。效果是指所从事的工作和活动有助于组织达到其目标，即“做正确的事”。因此，管理者即要关注达到和实现组织目标，即关注效果，又要尽可能有效率地完成工作。成功的组织中，高效率和高效果是相辅相成的。

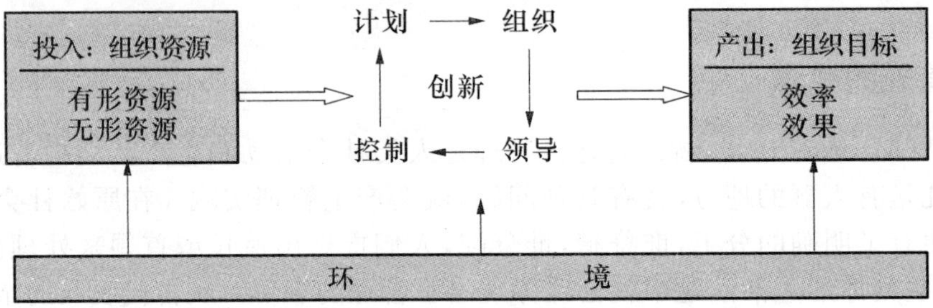

图 1－1　管理活动

以上管理的定义强调了如下几点：

（1）管理的对象是组织资源。组织资源是组织中一切可以调用的资源，包括人员、资本、土地、信息、顾客等，在这些资源中，人处在一种特殊的地位。在任何组织中，存在人与人、人与物的关系，人与人的关系的协调是以人为中心，人与物关系的协调，最终要通过人来实现，最终表现为人与人的关系，因此，管理对象的实质是以人与人的关系为中心的。

（2）管理的载体是组织。管理是人类的基本行为，它存在于社会的各项事业活动中，每个人都要管理其时间和金钱，都要努力实现个人设定的目标，从广义上讲，这些都属于管理活动。但是，管理之所以重要，并不仅仅是为了完成个人目标，更主要的是实现组织的整体目标，是通过管理活动产生一种“1＋1＞2”的倍增效应。

（3）管理的约束条件是组织环境。任何组织都存在于一定的外部环境之中，并受到环境的约束。在一定意义上，企业就是一个转换器，通过生产过程将输入的资源转换为产品或服务，并通过市场分销活动将产品或服务提供给客户。有效的管理能够提高资源的配置效率，提高生产效率，提高企业在市场上的竞争力。

（4）管理的目的是为了实现目标。管理的目的是为了实现既定的目标，而该目标仅凭单个人的力量是无法完成的。为了达到目标，管理将人力和物质资源引导进入动态组织以达到其目标。一个组织要实现的目标各不相同，即使在同一时期往往也是多种多样的。企业的目标包括提高组织资源的利用效率和利用效果，主动承担社会责任以便获得更好的发展空间，不断开拓市场，最大限度地获取经济效益，提高消费者的满意程度，创造条件促进职工发展，提高组织成员的士气和成就感，等等。但不管是什么样的组织，都要重视效率和效果问题，效率和效果是衡量管理工作的重要标志。效率反映输入与输出的关系，管理就是要使资源成本最小化。效率涉及的是活动的方式，效果涉及的是活动的结果。

(5) 管理的职能是对管理工作的实质进行概括。所谓职能是指人、事物或机构应有的作用，“职能”一词在这里指的是“活动”、“行为”的意思。管理工作是由一系列相互关联、连续进行的活动构成的。管理的职能就是管理者执行其职责时应该做什么。管理职能是管理者开展管理工作的手段和方法，也是管理工作区别于一般作业活动的重要标志，是每个管理者都必须做的事情，是管理理论研究和管理实践的重点。管理的实质性内容是一致的，管理的本质是一个有意识的活动或过程，更具体化地说，管理是为组织目标进行的活动或过程，管理的基本职能是由计划、决策、组织、控制、创新等一系列相关的活动构成的。

(6) 管理的主体是管理者。虽然管理者在行使管理职能时要受到各式各样因素的影响，但是管理者的素质与管理工作的绩效有密切的关系。好的管理者可以点石成金，差的管理者可以点金成石。德鲁克认为管理者有三个层次的责任：第一个责任是管理一个组织，第二个责任是管理管理者，第三个责任是管理工作及工人。

二、管理的性质

(一) 管理的自然属性与社会属性

管理具有二重性，是马克思首先提出的。他在《资本论》中写道：“资本的管理不仅是一种由社会劳动过程的性质产生并属于社会劳动过程的特殊职能，它同时也是剥削社会劳动过程的职能，因而也是由剥削者和他所剥削的原料之间不可避免对抗决定的。”[1] 因此，如果说资本主义的管理就其内容来说是二重性时，因为它所管理的生产过程本身具有二重性：一方面是制造产品的社会劳动过程，另一方面是资本的价值增值过程，那么，资本主义的管理就其形式来说是专制的。可见，管理的自然属性是由一定的生产力状况所决定的，管理与生产力、社会化大生产相联系，具有组织技术属性(自然属性)；管理的社会属性是由一定的生产关系所决定的另一方面，管理与生产关系、企业制度相联系，具有社会经济属性(社会属性)。

管理二重性是相互联系、相互制约的。一方面，管理的自然属性不可能孤立存在，它总是在一定的社会形式、社会生产关系下发挥作用；同时，管理的社会属性也不可能脱离管理的自然属性而存在，否则，管理的社会属性就成为没有内容的形式。另一方面，两者又是相互制约的。管理的自然属性要求具有一定社会属性的组织形式和生产关系与其相适应；同时，管理的社会属性也必然对管理的方法和技术产生影响。马克思所述的管理二重性的理论意义：① 二重性原理是我们正确理解资本主义管理和社会主义管理的共性与个性，大胆学习外国先进管理经验的理论依据；② 由于管理具有社会属性，因此，学习外国经验不能照搬照抄，必须结合国情、企业情况、兼收并蓄，为我所用，自成一家；③ 二重性理论是我们认识和掌握管理的特点和规律，创造具有中国特色的管理理论的指导思想。

(二) 管理的科学性与艺术性

科学是通过观察、实验和论证而获得的系统化知识。艺术是以个人的经验和熟练程度

[1] 马克思.资本论：第1卷.北京：人民出版社，1975：368－369.

为基础的技艺和技巧。管理则具有科学性与艺术性。

管理是一门科学，自从有管理活动出现以来，它一直是以被证实的知识体系为基础的，而且科学方法正在越来越多地应用于企业管理。管理的特性之一，它是一种人类的理性活动，管理具有科学性。人们经过无数次的失败和成功，通过从实际中收集、归纳、提出假说，验证假说，抽象与总结出系统的反映管理过程中的客观规律和方法，这些规律和方法都是管理科学性的体现。管理学发展到今天，已经形成了比较系统的理论体系，揭示了一系列具有普遍应用价值的管理规律，总结出了许多管理理论与原则。这些理论和原则是由大量的学者和实业家在长期总结管理工作的客观规律基础上形成的，是理论与实践高度结合的产物，这是管理学作为一门科学的具体体现。

管理具有艺术性是管理的另外一个特性，它是一种人类的非理性活动。管理的一部分依赖于科学，而另一部分则永远不可能完全依赖于科学，还必须依赖于管理艺术。管理艺术，是指管理者能够熟练地运用管理知识并且通过巧妙的技能来达到某种效果。管理艺术强调管理实践的创造性，没有创造性的管理实践，也就没有管理艺术。真正掌握了管理知识的人，应该能够熟练地灵活地把这些知识应用于实践，并能根据自己的体会不断地创新。

管理的科学性与艺术性并不互相排斥而是相互补充的。不注重管理的科学性而只强调管理工作的艺术性，这种艺术性将会更多地表现为随意性；不重视管理工作的艺术性，管理科学将会是僵硬的教条。管理的科学性来自于管理实践，管理的艺术性要结合具体的情况并在管理实践中体现出来，两者是统一的。因此，我们可以说管理既是一门科学，又是一门艺术，有效的管理者必须把科学与艺术结合起来。

三、管理的应用范围

管理普遍适用于任何类型的组织。任何组织都有特定的组织目标，都有其一定的资源调配和利用问题，任何组织在生存和发展的过程中都有管理问题。营利性组织需要管理，这类组织十分重视投入与产出的比较，十分强调对资源的利用效率。从非营利性组织来看，不仅政府、军队、公安等组织需要管理，学校需要管理，医院、诊所和医疗保险单位需要管理，研究所、报社、博物馆以及大众广播、邮电和交通服务单位需要管理，而且各种基金会、联合会、俱乐部，以及政治党派、学术团体和宗教组织等也都需要管理。人们往往认为只有大企业才需要管理，因为大企业拥有更多的资源，职工人数更多，更需要有周密的计划和高效率的沟通与协调。事实上，小企业同样需要管理。每年都会有大量的小企业破产倒闭，究其原因，并不仅是因为小企业拥有的资源少，更重要的原因是管理方面的问题。

第二节　管　理　者

管理作为一系列的活动必然有主体和客体，管理主体是指管理活动的发起者和执行者，即管理者。史蒂芬·P. 罗宾斯(Stephen P. Robbins)认为，管理者是在组织中工作的，但是组织中的人不一定是管理者。管理者(Managers)是指挥别人活动的人,是有下级的人。

关于谁是管理者的问题,许多管理学家对此给出不同的定义。有人主张把执行管理任务的人统称为管理者,将管理者定义为从事管理工作的人员。组织中的活动一般可分为管理活动和作业活动两大类,组织是对完成特定使命的人员的系统性安排。将组织的成员分为两种类型:操作者和管理者。操作者是直接从事某项工作或任务的组织成员,不具有监督其他人工作的职责。但这两大类的划分具有一定的相对性,这必然导致按此定义划分管理者与非管理者也具有一定的相对性,从而不够确切。

更多的持传统观点的管理学家认为,管理者是指在各类组织中对别人的工作负有责任的人,或者是指挥别人活动的人。还有学者提出管理者与非管理者的区别在于,前者都有下属,后者则都没有,因此有没有下属可以帮助我们确定谁是管理者,谁不是管理者。

可是非正式组织中也存在着能指挥别人的人,由于他们所从事的活动并不是管理学中所说的管理活动,因此他们虽能指挥别人活动,但并不是管理学意义上的管理者。于是许多管理学家不赞成上述观点。彼得·德鲁克对上述观点进一步提出了异议。他认为,指挥别人并不是管理者的全部工作内容。一个人是不是管理者,更不能以他有没有下属而定。他将管理者定义为管理者应该是泛指那些由于其职位和知识,必须在工作中做出影响组织整体工作成效的决策,对该组织负责并作出贡献的知识工作者、经理人员和专业人员。德鲁克的定义与传统的观点相比有两个特点:首先,他强调管理者必须是决策者,必须承担对组织作出贡献的责任。这是判断是否是管理者的真正标准,否则即使拥有主管的头衔,因他只是执行命令、照章办事,对组织目标的实现并没有较多的影响,也不能算做管理者。其次,他强调管理者除负责决策的主管之外,还包括组织工作者和专业人员。即使这样的人没有下属,只要能具体地影响组织的决策及成果,也属于管理者。

将传统观点和德鲁克的定义对照可以发现两者在对“管理者”概念的理解上有明显的不同。从概念的内涵上看,前者认为对管理者概念的理解是以正式职位和职权为基础的,管理者必须是居于“主管”职位、有权指挥别人的人员;而后者则强调责任,认为管理者必须是通过行使他的职能做出决策,对组织目标的实现产生较大影响、作出贡献的人员,而是否拥有主管的职位,是否具有下属并不是判断的关键。从概念的外延上看,前者认为只应将经理人员或者主管人员列为管理者,而后者则认为将少数能做出可影响组织目标实现决策的知识工作者和专业人员也应列为管理者。简言之,前者强调职权,后者强调责任。而实际上职权与责任本来就是一个事物的两个方面,职权与责任在管理者的工作中应该是统一而不可分割的。因此,反映管理者概念本质的基本属性应该是两个,而不是一个。这两个基本属性是:一是在组织中拥有正式的主管职位而能进行指挥;二是通过决策等管理工作承担对组织作出贡献的责任。

综上所述,我们认为管理者是正式组织内拥有正式职位,运用组织授予的制度权力做出决策,负责指挥别人的活动并承担对组织实现预期目标作出贡献和承担责任的各类主管人员。

应明确的一点是,在一个组织中,除了最高层主管,其余绝大多数管理者的身份都具有相对性和两重性,他既是其下属的管理者,同时又是其主管的被管理者;既是管理的主体,同时又是管理的客体。再有,管理者的人格是双重的,即每一个管理者都位于组织的某个职位上,是该职位责任和权力的化身,是一定组织利益的代表,同时每一个管理者又都是一个活生生的个人，是自身利益的代表。这两种利益有时是一致的，但有时又是矛盾的。管理者要进行有效的管理、提高管理效益，保证组织目标和个人在组织中价值的实现，就必须处理好这对矛盾。

一、管理者的任务

管理者做什么？不同的人对这一问题有不同的回答。我们可以通过研究管理者在组织中执行哪些基本职能或扮演什么角色来了解管理者在组织中所承担的任务。

（一）管理者的基本职能

1. 管理的基本职能

管理的职能可以理解为管理系统所具有的功能和职责。最早系统地提出管理的基本职能的是法国管理专家亨利·法约尔（Henri Fayol）。他在1916年出版的《工业管理与一般管理》一书中提出管理可以分为计划、组织、指挥、协调和控制五项职能。后来，许多管理学者对管理的基本职能进行了研究，提出了一些不同的看法。但从总体上看，这些不同的阐述只是表述不一，并没有原则上的区别。他们对管理的基本职能的划分如表1－1所示。

表1－1　不同学者对管理基本职能的划分

年份	管理职能 学者	计划 ①	组织	指挥 ②	协调	控制 ③	激励 ④	人事	调剂资源	沟通 ⑤	决策	创新
1916	法约尔	△	△	△	△	△						
1934	戴维斯	△	△			△						
1937	古利克	△	△	△	△	△		△		△		
1947	布朗	△	△	△		△			△			
1947	布雷克	△			△	△	△					
1949	厄威克	△	△			△						
1951	纽曼	△	△			△			△			
1955	孔茨和奥唐纳	△	△	△		△		△				
1964	艾伦	△	△	△		△						
1964	梅西	△	△			△		△			△	
1964	米勒	△	△			△	△				△	△
1966	希克斯	△	△			△	△			△		△
1970	海曼和斯科特	△	△	△		△		△				
1972	特里	△	△			△	△					

注：① 计划包括预测；② 指挥包括命令、指导；③ 控制包括预算；④ 激励包括鼓励、促进；⑤ 沟通包括报告。

表1-1展示了众多学者对管理的基本职能的不同划分方法，但现今国内外许多学者认为五项职能基本能概括管理者所做的工作，这五项职能就是本书对管理所下的定义中所说的计划、组织、领导、控制和创新。管理者通过执行这五项基本职能以实现组织目标，如图1-2所示。

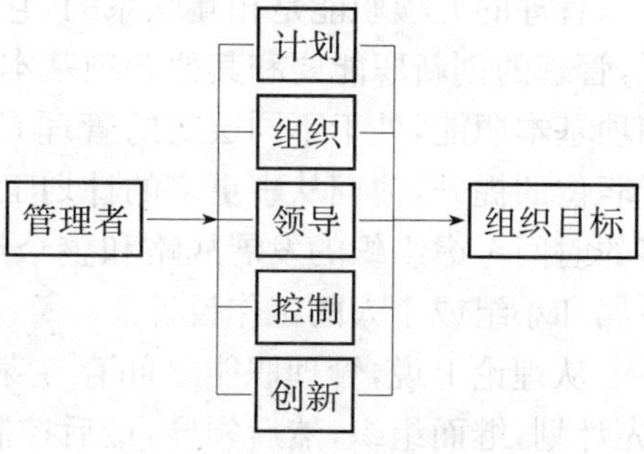

图1-2　管理的五项基本职能

(1) 计划职能　计划(Planning)职能指的是管理者对实现组织目标和应采取的行动方案做出选择和具体安排，包括明确组织的使命、分析外部环境和内部条件、确定目标、制定战略和作业计划、制定决策程序等。任何管理活动都是从计划开始的，因此计划是管理的首要职能。正确发挥计划职能的作用，有利于组织主动适应市场需求和环境变化，根据组织的竞争态势，对生产经营活动做出统筹安排；有利于组织正确地把握未来，应付外部环境带来的不确定性，在变动的环境中稳定地发展；有利于使全体员工将注意力集中于组织的目标；有利于对有限的资源进行合理分配和使用，以取得较高的效率和效果。

(2) 组织职能　组织(Organizing)职能是指管理者根据计划对组织活动中各种要素和人们的相互关系进行合理的安排，包括设计组织结构、建立管理体制、分配权力和资源、配备人员、建立有效的信息沟通网络、监督组织运行等。组织工作是计划工作的自然延伸，其目的是把组织的各类要素、各个部门和各个环节，从劳动的分工和协作上，从时间和空间的联结上，从相互关系上，都合理地组织起来，使劳动者之间以及劳动者和劳动工具、劳动对象之间，在一定的环境下，形成最佳的结合，从而使组织的各项活动协调有序地进行，不断提高组织活动的效率和效果。

(3) 领导职能　每一个组织都是由人组成的，管理者的主要任务之一是指导和协调组织中的人，这就是领导(Leading)。领导职能是指管理者带领和指挥下属努力实现目标的过程。有效的领导要求管理者在合理的制度(领导体制)环境中，针对组织成员的需要和行为特点，运用适当的方式，采取一系列措施去提高和维持组织成员的工作积极性。下属一般愿意服从那些能理解其思想并且能满足其需要的领导者，所以领导职能包括运用影响力、激励和沟通等。

(4) 控制职能　控制(Controlling)职能是指管理者在建立控制标准的基础上，衡量实际工作绩效，分析出现的偏差，并采取纠偏措施的过程。控制职能与计划职能密不可分，计划是控制的前提，为控制提供目标和标准，没有计划就不存在控制；控制是实现计划的手段，没有控制，计划就不能顺利实现。

(5) 创新职能　创新职能(Innovation)是形成一种创造性思想，并把它转化为有用的产品、服务或作业方法以取得经济效益的过程。管理者提出计划，进行组织、领导、控制是保证计划目标的实现所不可缺少的，从某种角度讲，它们是管理的“维持功能”，其基本任务是保证系统按预定的方向和规则进行。但是管理是在动态环境中生存的社会经济系统，仅维持是不够的，还必须不断调整系统活动的内容和目标，以适应环境变化的要求，这就是创新。创新首先是一种思想及在这种思想指导下的实践，是一种原则以及在这种原则指导下的具体活动，是管理的一种基本职能。任何组织系统的任何管理工作无不包含在“维持”或“创新”中，维持和创新是管理的本质内容，有效的管理是适度的维持与适度的创新的组合。

2. 管理职能间的关系

管理的五项职能是相互联系的，它们既相互依存，又各自发挥其独立的作用。一般情况下，管理的创新职能要和其他四项基本职能相互配合，但是组织中的管理者都要执行管理的四项基本职能，处于不同层次的管理者在这四项职能上所花的时间是不一样的。随着管理者职位的提升，他们从事更多的计划工作和更少的直接领导工作。例如，高层管理者要花更多的时间考虑组织的发展战略和整个组织的设计，而基层管理者则要更多地考虑如何激励下属和小组或个人的工作设计。

从理论上说，管理职能之间存在某种逻辑上的先后顺序关系，即这些职能通常是按照"先计划，继而组织，然后领导，最后控制"的顺序发生。但从实际管理过程来看，在计划制订后付诸实施的组织、领导或者控制的过程之中，有时可能会边执行边要求对原计划作某种修改、调整，甚至还可能需要启用应变的备用计划或者编制全新的计划，这样，某一职能进行中间就有可能穿插着其他的职能活动。因此，管理工作过程中的各项管理职能在现实中并不是被严格分割开来进行的，它们经常有机地融合成一体，形成各职能活动相互交错、周而复始的不断反馈和循环过程。关于管理职能问题，这里还需要补充说明以下几点。

(1) 不同业务领域在管理职能内容上有所差别　虽然管理和业务是两类性质不同的工作，但管理工作通常需要紧密地联系业务工作去做。由于不同组织、不同部门的具体业务领域各不相同，其管理工作也就表现出各自不同的特点。例如，营销部门需要做产品定价、推销方式、销售渠道等的计划安排，人事部门要做人员招募、培训、晋升等的计划安排，财务部门做的则是筹资计划和收支预算，它们各自在目标和实现途径上都表现出很不相同的特点。当然，在不同的组织层次上，管理与业务工作联系的密切程度是不一样的。一般说来，低层次的管理工作与作业工作联系得较为紧密，而高层次的管理工作与作业工作的联系就相对少些。

(2) 不同组织层次在管理职能重点上存在差别　一般说来，不同的管理层次在不同管理工作上花费的时间和精力不一样。高层管理人员在计划和组织工作这两项职能上花费的时间相对多些，而基层管理人员在具体的管理工作上则需花费更多的时间。即使就同一管理职能来说，不同层次管理者所从事的具体管理工作的内涵也并不完全相同。例如，就计划工作而言，高层管理人员关心的是组织整体的长期战略规划，基层管理人员则更侧重于短期、局部性的业务计划。

(3) 对管理职能的认识不断深化　随着管理理论研究的深化和客观环境对管理工作要求的变化，人们对管理职能有了进一步的认识。人们对于上述各项基本职能所涵盖的内容和所使用的方法也不断加深了理解。值得一提的是许多管理学者不断提出新的管理职能。如西蒙就特别强调：管理就是决策，决策贯穿于管理过程的始终。因为无论计划、组织、领导还是控制，其工作过程说到底都是由决策的制定和决策的执行两大部分所组成的。确定组织的使命目标，制订各种战略计划和战术计划等，都需要在两个以上可供选择的方案中决定选取哪一个；组织机构的设置，部门划分方式的选择，集权分权关系的处理，以及各职位人员的配置等，需要进行组织决策；而人员配置后如何加以引导和激励，管理者需要采用何种领导方式，以及选用何种沟通渠道和网络等，这些属于领导职能的决策；至于控制职能中，控制标准的制定，活动执行情况的检查和检查时点的选择，偏差性质的确认以及纠正措施的选择等都需要进行决策。管理实际上是由一系列的决策连贯起来组成的，因此，在相当程度上可以说“管理就是决策”，也正因为各项管理职能的开展都离不开决策，决策渗透于管理的所有职能之中。所以，管理者在某程度上也被称作为决策者。20世纪60年代管理界对于创新开始表现出极大的关心。由于当时市场正面临着急剧的变化，竞争日益激烈，许多企业感到不进行创新就难以生存下去，所以有不少管理学者主张将创新看成是管理的一项新职能。通过创新使组织的业务和管理工作都不断地有所革新，有所改进。

（二）管理者的角色

“角色”这一概念是指某一特定职务应有的一整套行为。20世纪60年代末，加拿大学者亨利·明茨伯格对总经理的工作进行了一项仔细的观察和研究，提出了一个管理者究竟在做什么的分类纲要（1973年）。结论是管理者扮演着10种不同的但却高度相关的角色。这10种角色可以从总体上分为三大类型（见表1-2）。[1]

表1-2　管理者角色的描述与举例

角　色	描　述	举　例
人际关系方面		
1. 挂名首脑	象征性的首脑，必须履行许多法律性或社会性的例行义务；	迎接来访者，签署法律文件（如大学校长签署毕业文凭）；
2. 领导者	负责激励和动员下属，负责人员配备、培训等；	有下属参与的所有活动；
3. 联络者	与外界关系网保持联系，以获取信息和好处	通过电话、信件、会议等与外部保持联系
信息方面		
4. 监听者	寻求和接受各种有关信息（其中许多是即时的），以便彻底了解组织环境，作为组织内部和外部信息的神经中枢；	通过阅读期刊和报告、谈话等形式，了解顾客需求变化、竞争者的计划等；
5. 传播者	将从外部和内部人员那里获得的信息传递给内部其他成员；	举行信息交流会，或通过正式的报告、备忘录或电话联系的方式，与内部其他管理人员交换意见；
6. 发言人	向外界发布有关组织的计划、政策、行动、结果等信息	与供应商和顾客交谈，向媒体发布信息
决策方面		
7. 创业者	寻求组织和环境中的机会，发现新的想法，制订“改进方案”以发起变革，监督某些方案的策划；	制订战略，检查会议决议执行情况，开发新产品、新项目；
8. 混乱处理者	当组织面临重大的、意外的危机时，负责采取补救措施；	解决内部的冲突和纠纷，采取措施应付环境危机；
9. 资源分配者	负责分配组织中的人、财、物资源；	调度、询问、授权，从事涉及预算的各种活动和安排下属的工作；
10. 谈判者	作为组织的代表从事重要的谈判	与工会谈判，与供应商、客户谈判

〔1〕 Henry Mintzberg. 经理工作的性质. 北京：团结出版社，1999：86-87.

(1) 人际关系角色。指作为正式负责或管辖一个具体的组织单位并具有特别的职务地位的人,所有管理者都要履行礼仪性和象征性的义务。

● 挂名首脑。这是最简单的一种角色。管理者负有在所有礼仪事务方面代表其组织的责任。

● 联络者。管理者同组织以外的管理者或其他各种类型的人交往,以便从外部获得支持和信息。

● 领导者。涉及管理者与其下属的关系,如激励、调配等。

(2) 信息角色。管理者的人际关系角色使他具有获得信息的独特地位。他同外部的接触带来了外部信息,而他的领导工作则使他成为组织内部信息的集中点。其结果是,管理者成为组织信息的重要神经中枢。

● 监听者。管理者作为信息的接受者和收集者,使他对于组织的状况有一个彻底的了解。

● 传播者。管理者把特别的信息向他的组织内传播。

● 发言人。管理者把组织的信息向组织所处的环境传播。

(3) 决策制订角色。管理者掌握信息的独特地位和特别的权力使他在重大决策(战略性决策)方面处于中心地位。

● 企业家。在企业家角色中会企图发动并掌控足以改变组织绩效的变革。

● 故障排除者。管理者扮演裁判、问题解决者与调停者的角色。在组织受到威胁时,管理者要处理紧急情况。

● 资源分配者。管理者负责分配人力、物力以及金钱方面的资源。这一角色决定组织向哪一方向发展。

● 谈判者角色。这一角色表现为管理者在他感到有必要时代表组织同外界打交道。

二、管理者的类型

每个组织中都有各种各样的管理者,而每个管理者又处于不同的管理岗位上。对于这些管理者,我们可以从他们所处的层次及管理的领域对其进行分类。

(一) 按管理者在组织中所处的层次划分

由于管理者在组织中所处的不同位置,他们在组织中形成了不同的管理阶层,即高层管理者、中层管理者和基层管理者。

● 高层管理者位居组织顶端,是组织的最高行政长官,高层管理者是站在组织整体的立场上,对整个组织实行综合统一管理,并负有全面管理责任的管理者。在组织内的管理活动中,高层管理者掌握着最高的指挥权和决策权,在组织的对外交往过程中则是组织的代表。

● 中层管理者是位于高层管理者与基层管理者之间的管理者,起着承上启下的作用。职责是规划、贯彻执行高层管理者确定的任务,他们负责调动、指导和控制对他们负有责任的基层管理人员的工作。在高层管理者的领导下为自己所负责的部门确定服务于总目标的次级目标,做出相应的实施方案的选择,对管理的资源进行分配,对基层管理者的工作进行协调,同时向高层管理者报告。

● 基层管理者位于第一线，是处于组织中的最低层次的管理者。他们仅仅管辖作业人员，而不涉及其他管理者。基层管理者的主要职责是按中层管理者的指示去组织、指挥作业人员完成相应的任务，使组织的目标得以实现。基层管理者听从中层管理者的指导，负责把组织的各项计划和措施准确地传送给员工，并保证计划的顺利完成。基层管理者直接控制着提高或者降低生产能力的权力，基层管理者扮演着中层管理者与一般员工之间联系纽带的角色。以上三类管理者的管理工作的特征如表1－3。

表1－3 不同层次管理者管理工作的特征

工作特征\管理层	高层管理	中层管理	基层管理
经营方针	重要	适当考虑	不重要
管理目标	适当考虑	重要	重要
考虑管理问题的时间范围	1～5年以上	1年	每日
工作活动范围	极为广泛	全部工作职能	单项工作职能
复杂程度	非常复杂、变量很多	不太复杂	简单易行
工作计量	困难	不困难	较易
工作内容	计划、政策、战略	按计划实施	最终活动
采用信息来源	组织外部	组织内部	组织内部
智力特征	创造性	有效性	业务性
人数	少数	适当人数	多数

中层管理者在分层制组织中具有重要的地位和作用。美国管理学家阿伦·肯尼迪和特伦斯·迪尔在20世纪80年代初就指出："中层管理阶层是20世纪公司生活的一个创造。"但是随着社会由工业化时代进入知识经济时代，大量高科技手段，尤其是管理信息系统在管理中的普遍运用，已经导致组织结构发生了深刻的变化，大公司的管理层次在减少，中层管理者的需求量锐减。据此，他们预计："对于未来的公司来说，这是一个过时的职业。"现在就对组织中的中层管理人员是否会完全消失下肯定结论似乎还有些为时过早。这需要根据知识发展的水平做出进一步判断。然而不容否认的事实是中层管理者将逐渐减少是一个肯定的趋势。一些成功企业的经验表明，基层管理人员必须是一个真正的管理者，负有重要的工作计划和决定的责任，并不是高、中层管理者的附属物和听差。但是，由于所处层次的不同，管理者在管理过程中所从事的工作及活动特点也各不相同。下面从管理职能和时间分配两个方面对其加以比较分析。

1. 承担的职能

尽管管理者在管理过程中都要从事计划、组织、指挥和控制等多项功能，但不同层次的管理者所承担的职能却表现出不同的特点。一般说来，高层管理者从事计划的时间比较多，而基层管理者的时间则更多地用在对下属的控制方面，中层管理者却要在协调上下级的关系（即指挥）方面运用更多的技巧。这种变化如表 1－4 所示。

表 1－4　处于组织不同层次的管理者在各项管理职能上的时间分布

管理者＼管理职能	计　划	组　织	领　导	控　制
高层管理者	28％	36％	22％	14％
中层管理者	18％	33％	36％	13％
基层管理者	15％	24％	51％	10％

2. 时间分配

处于不同层次的管理人员，在管理过程中，分配在进行短期和长期规划上的时间也各不相同。一般说来，高层管理者更注重于解决今后两三年的战略问题，而基层管理者通常只考虑当天或充其量一个星期的工作，其时间分配如表 1－5 所示。

表 1－5　不同层次管理者的时间分配

管理者＼时间	当天	1 周	1 个月	3～6 个月	1 年	2 年	3～4 年	5～10 年
高层管理者	1％	2％	5％	17％	15％	25％	30％	5％
中层管理者	6％	10％	20％	43％	10％	9％	2％	
基层管理者	38％	40％	15％	5％	2％			

（二）按管理的领域划分

按管理工作的性质与领域划分，组织中的管理人员，也可以按照他们从事的不同领域的工作来进行划分。

（1）综合管理者。指负责整个组织或部门全部管理工作的管理人员，是一个组织或部门的主管，对整个组织或该部门目标的实现负有全部的责任；他们拥有指挥这个组织或部门所必需的权力，有权指挥和支配该组织或该部门的全部资源与职能活动，而不是只对单一资源或职能负责。例如，工厂的厂长、车间主任都是综合管理者。

（2）职能管理者。职能管理者是负责组织某一层次的某一项职能活动的管理者，又称为专业管理人员。这类管理者只对组织中某一职能或专业领域的工作目标负责，只在本专业领域内行使职权、指导工作。职能管理者大多具有某种专业或技术专长，就一般工商企业而言，职能管理者主要包括以下类别：计划管理、生产管理、技术管理、市场营销管理、物资设备管理、财务管理、行政管理、人事管理、后勤管理、安全保卫管理等。

● 生产业务管理人员。这是在组织中专门处理与组织业务特点有关的生产和技术问题的管理人员，他们的主要工作是建立一个能为组织制造产品和提供服务的系统，并进行日常的计划，控制活动。其主要任务包括：产品设计与改进，工厂的合理布局，厂房设备的合理使用，合理地组织人员以提高劳动生产率等，这类管理人员在操作现场进行直接的管理工作，对企业的劳动生产率有决定性的影响。

● 市场营销管理人员。这些管理人员的主要职责是：在适当的时间、适当的地点，以适当的价格、适当的信息沟通和促销手段，为适当的消费者提供适当的产品或服务。具体包括：市场调查、市场及购买者分析、产品开发、定价、促销以及产品的配送等活动。市场营销是企业取得成果的基础，而市场营销管理人员又是进行营销活动的主体，因此市场营销管理人员在企业中占有举足轻重的地位。特别是近几年来，企业的"市场营销观念"的采用要求企业必须以顾客的需求为中心，即企业的一切活动都是为了满足顾客的需要，使得市场营销管理人员的地位更为突出。

● 人力资源管理人员。人力资源管理人员在组织中主要负责从事人力资源管理工作。过去企业中只有人事部门和人事管理人员，但随着"以人为中心"的管理观念日益受到人们的重视，企业中改"人事部门"为"人力资源部门"，以突出人力资源管理在组织中的重要性。这些管理人员在组织中主要从事人力资源管理规划，招聘和选拔员工，并对组织中的员工进行有效的培训和合理使用，建立有激励作用的报酬、福利、绩效考核、晋升、惩罚等制度。

● 财务管理人员。财务管理人员是负责对组织中资金的运作进行管理的人员，主要职责包括资金的筹措，资金的使用（投资）以及收益的分配等内容。任何组织的运行都离不开资金的运动，所以，财务管理人员在组织中的地位也是十分重要的。

● 行政管理人员。行政管理人员也称为一般管理人员，他们在组织中并不专门从事某一特定管理专业领域的工作。但是，组织的运营要求行政管理人员通晓多方面的知识，他们必须对管理的各个领域都有所了解。不过，在实践中，人们往往忽略了行政管理人员的作用，并把他们看作是日常事务处理人员。

● 其他类型的管理人员。在组织中，除了上述五类管理人员以外，还存在一些其他专业领域的管理人员，如研究开发人员、内部咨询人员、公共关系人员等，他们在组织中的重要性日趋提高。

（三）按小型组织与大型组织的领域划分

在小型的组织中，对组织进行管理的可能是组织的所有者，而在大型组织中对组织进行管理、控制的却是一些高薪的管理者，即职业经理人员。可见，管理者在现代组织中扮演了十分重要的角色。下面以企业为例来论述一下管理者的基本情况。

1. "经理革命"——职业管理者的出现

在现代企业里，企业的所有权与经营权通常是分离的，于是出现了职业的管理者，这一现象在股份公司内部表现得最为明显。但是，两权分离并不是在企业发展的初期就有的，而是随着企业发展到一定阶段而出现的一种必然现象。而且，从对企业的支配控制关系来看，可以将两权分离分为形式上的分离和实质性的分离两种。所谓形式上的分离是指所有权与经营权的分离，即把企业的经营活动委托给管理者来进行，但所有者仍起着实际的支配控制作用；而实质性分离是指所有权与支配权的分离，即管理者在经营过程中有着实际的支配权。

据美国学者伯利和米恩斯 1932 年的研究表明，在被研究的美国 200 家大公司中，占公司总数量的 40%、占公司财产 58%的企业是由握有公司股权的经理人员控制的，由此他们得出结论：现代公司的发展，已经发生了"所有与控制"的分离，公司实际上已经为由职业经理组成的"控制者集团"所控制。后人把这一现象称为"经理革命"。

2. 经理人员控制的基本类型

经理人员凭什么对公司实行控制呢，一般说来，可以概括为两种基本类型。

(1) 以专业知识为基础的管理者支配控制。这就是伯利与米恩斯的所谓"经营者控制"论。这一理论主张经营者以自己的知识和能力为基础支配公司，否决了以所有者为基础进行的支配。它反映了随着企业规模的扩大，分工越来越细，企业管理变得日益复杂和困难，需要专门的管理知识和能力。而且随着股权逐渐分散，作为所有者的资本家(股东)不可能对企业实行实质上的控制，于是受资本家雇佣的专业经营者开始发挥实际控制作用。

(2) 以持有股票为基础的公司控制。以股票为基础的控制从某种意义上来说，仍然是所有者控制的范畴。这种公司控制通常包括三大类型：第一，以个人为基础的资本家控制；第二，以法人为基础的经营者控制；第三，以团体所有为基础的银行控制。据了解，日本的大多数企业是以法人公司所有为基础进行控制，而美国的企业大多数是运用年金基金的银行以银行信托部股票所有为基础控制公司。这两者的根本差别在于以团体所有为基础的银行控制始终是为了运用资产而持有股票，从而实现了对公司的实质控制；而以法人为基础的经营者控制自始至终都是为实现对公司的控制而持有股票的。

(四) 按照管理者所负责的组织活动的范围分类

按职权关系的性质划分：

(1) 直线管理人员　是指有权对下级进行直接指挥的管理者。直线管理者是位于组织指挥链上对整个组织或其中某个层次的一个单位的活动，实行综合统一管理并负有全部责任的管理者，故又称为一般管理者或综合管理者。直线管理人员的主要职能是决策和指挥，与下级之间存在着领导隶属关系，是一种命令与服从的职权关系。

(2) 参谋人员　是指对上级提供咨询、建议，对下级进行专业指导的管理者。他们与上级的关系是一种参谋、顾问与主管领导的关系，与下级是一种非领导隶属的专业指导关系。他们的主要职能是咨询、建议和指导。

三、管理者的技能

(一) 管理者的一般技能

管理者应掌握的一般性管理技能，目前人们普遍接受的是美国学者罗伯特·卡茨(Robert L. Katz)于20世纪70年代提出的管理技能模型，如图1-3所示。[1]

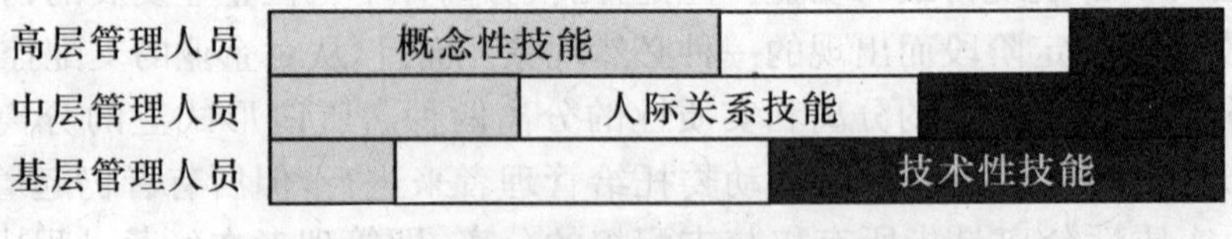

图1-3　不同层次管理人员应具备的管理技能

高层的管理人员，需要制定全局性的决策，所作的决策影响范围更广、影响期限更长，因此，高层管理人员需要更多地掌握概念性技能，进而把全局意识、系统思想和创新精神渗透

[1] 海因茨·韦里克. 管理学. 北京：经济科学出版社，2004：5.

到决策过程中。基层管理人员，每天大量的工作是与从事具体作业活动的工作人员打交道，有责任检查工作人员的工作，及时解答并同工作人员一起解决实际工作中出现的各种具体问题。因此，基层管理人员必须全面而系统地掌握与本单位工作内容相关的各种技术性技能。当然，基层管理人员也可能面临一些例外的、复杂的问题，要协调所管辖工作人员的工作，制订本部门的整体计划，为了做好这些工作，也需要掌握一定的概念性技能。人际关系技能是组织各层管理人员都应具备的技能。因为不管是哪个层次的管理者，都必须在与上下左右进行有效沟通的基础上，相互合作地共同完成组织的目标。

1. 技术技能

技术技能指能够运用特定的程序、方法、技巧处理和解决实际问题的能力，也就是说，对某一特殊活动，特别是包含方法、过程、程序或技术的技能的理解和熟练程度。例如，工程师、会计师、广告设计师、推销员等，都掌握着其各相应领域的技术技能，所以被称作专业技术人员，即与特定专业领域有关的知识和能力。一般而言，所处的管理层次越低，对技术技能的要求越高；所处的管理层次越高，对技术技能的要求越低。管理人员没有必要使自己成为某一技术领域的专家，因为他们可以借助于有关专业人员来解决技术性问题。但他们需要了解或初步掌握与其专业领域相关的基本技术知识，否则他们将很难与其所主管的组织内的专业技术人员进行有效的沟通和交流，从而无法对其所管辖的业务范围内的各项管理工作进行具体的指导。

2. 人际关系技能

人际关系技能是与其他人能够一起有效开展工作的能力。也可以说是一个人能够以小组成员的身份有效地工作，并能够在他领导的小组中建立起合作的能力。管理最主要的任务是管理人，这就要求管理人员必须具有识别人、任用人、团结人、组织人和调动人的积极性以实现组织目标的能力。对于各个层次的管理人员来说，人事技能都同样重要。管理人员不仅要处理好与下级的关系，学会影响和激励下级的工作；还要处理好与上级、同级之间的关系，学会如何说服领导，如何与其他部门有效合作。

3. 概念化技能

概念化技能包含着一系列的能力，包括能够提出新的想法和新的思想的能力，能够进行抽象思维的能力，能够把一个组织看成是一个整体的能力，以及能够识别在某一个领域的决策对其他领域将产生何种影响的能力。概念化意味着对模糊的、不明确的复杂问题进行分析，明确问题的本质和问题的根源，确定问题的关键变量，理解变量与问题之间的关系，从而使问题清晰化。概念化技能是对问题进行思考和推理的能力。

我们将概念化技能理解为一种将组织视为一个整体，对组织所面临的复杂问题建立适当的分析框架，设想组织如何适应外部环境变化的能力，即分析、判断和决策的能力。因而，概念化技能也称为“决策技能”。这种能力具体包括：

把握全局的能力；理解事物的相互关联性，从而识别关键因素的能力；权衡方案优劣及其内在风险的能力。管理者所处的层次越高，其面临的环境和问题越复杂，越无先例可循，从而越需要高超的决策技能。

(二) 成功的管理者与有效的管理者

卢森斯曾经对450多位管理者进行研究，发现这些管理者都从事以下四种活动：

(1) 传统管理　决策、计划和控制。

(2) 沟通　交流例行信息和处理文书工作。

(3) 人力资源管理　激励、惩戒、调解冲突、人员配备和培训。

(4) 网络联系　社交活动、政治活动和与外界交往。

不同的管理者花在这四项活动中的时间和精力显著不同(表 1－6)。成功的管理者(以晋升速度作为标志)与有效的管理者(以工作成绩的数量和质量以及下级对其满意和承诺的程度为标志)在对各种活动强调的重点上有显著的不同：成功管理者中，维护网络关系对管理者的成功相对贡献较大，从事人力资源管理活动的相对贡献最小。而在有效的管理者中，沟通的相对贡献最大，维护网络关系的贡献最小。这对晋升是基于绩效的传统假设提出了挑战。它生动地说明，社交和施展政治技巧对于在组织中获得更快的提升起着重要的作用。

表 1－6　平均的、有效的和成功的管理者在各项管理活动上的时间分布

	平均的管理者	有效的管理者	成功的管理者
传统管理	32%	19%	13%
沟　　通	29%	44%	28%
人力资源管理	20%	26%	11%
网络联系	19%	11%	48%

卢森斯根据以上的调查研究得出了如下结论：① 对于“成功的管理者”而言，维护网络关系对管理者的成功相对贡献最大，从事人力资源管理活动的相对贡献最小。② 对“有效的管理者”而言，沟通的相对贡献最大，维护网络关系的贡献最小。③ 社交和施展政治技巧对于在组织中获得更快的晋升起着重要作用。

第三节　管　理　学

管理学是专门研究管理活动的基本规律和一般方法的科学。现代管理学的研究对象是现代管理的一般规律，它不是研究某一特殊领域的管理活动，而是研究共同的原理和共同的原则，也就是以各种管理工作中普遍适用的原理和方法作为研究对象。管理学是在总结管理发展历史经验的基础上，综合运用现代社会科学、自然科学及先进科学技术的理论和方法，研究一般管理规律和方法的一门综合性学科。

一、管理学的特征

(一) 管理学是一门软科学

软科学这种提法来源于计算机的“软件”。没有主机、显示屏、打印机等硬件设施，就没有计算机,但是,如果没有软件,计算机仅仅就是一台机器,什么也做不了。管理学也是"软件",它能使厂房、设备、人员、产品之间合理配置和有效运转。软科学是研究软件的科学,它研究的是经济、科学、技术、管理、教育等社会环节之间内在的联系及发展规律,从而为它们的发展提供最优化的方案和决策。软科学研究的范围包括管理科学、系统分析、科学学、预测研究和科学技术论等学科,管理学是较早出现的一门软科学。

（二）管理学是一门边缘科学或称交叉科学

所谓边缘科学,是指在那些学科领域之间的交叉点、面上产生的新学科。管理学是 20 世纪发展起来的新兴学科,它的内容涉及政治学、经济学、技术科学、数学、心理学、伦理学、电子计算机等多种学科的技术,管理学是这些学科交叉渗透的结果,管理学是涉及多学科、多领域的边缘学科。例如,经营决策就涉及社会学、心理学、经济学、数学、法学等多种学科;企业的技术开发、生产过程组织、产品质量管理等都涉及许多专门的技术学科。

（三）管理学是一门应用科学

应用科学的特点是研究如何将基础理论和科学技术成就转化为社会生产力,转化为社会的有效财富。管理学是一门应用科学,它的任务是合理地、有效地组织和利用人力、物力、财力、时间、信息等资源,运用管理方法和管理技术来管理这个转化过程,并在过程中起主导作用。管理学是管理理论与实践的统一。两者是一个统一的不可分割的整体,其关系可以简单概括为:管理实践是管理理论的基础,管理理论反映并指导管理实践的发展。

二、管理学的体系

尽管管理活动的实践有着悠久的历史,但作为研究管理的科学,管理学产生的时间却很短。由于管理活动本身是复杂的、动态多变的,所以管理在形成独立科学体系的过程中,必然要借鉴许多其他学科的知识、理论来充实自己。对管理学的理论形成影响比较大的学科主要有:哲学、政治经济学、社会心理学、人类学、系统理论、计算机技术、数学、运筹学等多种自然科学和社会科学。

管理学在吸收其他学科的知识的时候,并不是把各门学科知识进行简单的加和,而是以管理学自己的学科理论体系为基础,吸收其他各门学科中的有用知识,形成管理学自己的学科理论体系。

管理学已经发展成为包含有许多分支的学科体系。经过与上述各门学科的综合而形成的管理学,在其进一步发展的过程中,逐步分化,并产生了许多新分支学科。这些分支学科有的是管理学在某个专业领域的延伸,有的是专门对某项管理职能进行的研究。而且,有的分支学科还进一步分化出更小的子学科,如企业管理学就已经继续分化出生产管理、营销管理、财务管理和人力资源管理等子学科。作为指导管理实践的理论对各个层次的管理者都有指导意义,但是由于管理者所处的层次不同,他们对管理理论的要求也不同。一般说来,管理理论具体包括三个层次的内容,高层管理者需要的是具有普遍指导意义的基本原理,而中层管理者则需要适用于各种组织的管理技术、管理方法和管理工具,基层管理者更需要专业领域的管理理论。所以,为了实现有效的管理,管理者必须了解并掌握管理理论中三个层次上的管理知识,这三个层次的内容是以管理的基本原理为基础的,如图 1－4 所示。

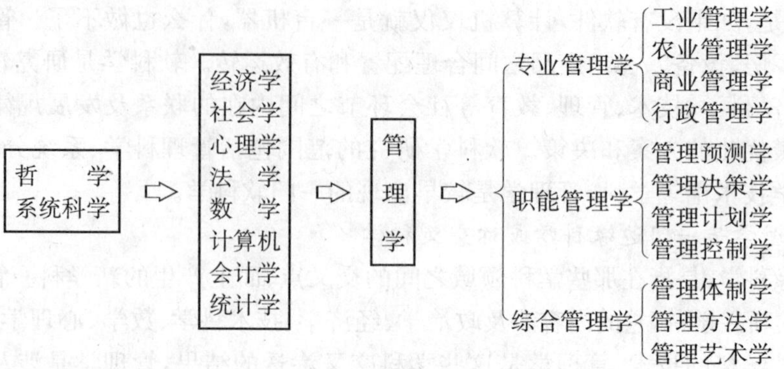

图 1-4　管理学的学科体系

三、管理学的研究方法

如何获得各种管理理论知识呢？在某种意义上讲，管理知识来自于管理学领域产生的各种管理学派，实际上也可以说是因为采用了不同的研究方法的结果，任何一门学科都有其自身的方法论。管理学科的发展实际上是研究方法的不断发展和进步。

所谓研究是指透过有组织、有系统、有资料基础、批判的、客观的以及科学的方式，去调查与探讨某个特定问题，以找出可以解决问题答案的过程。

所谓科学方法是指科学家在研究事物和现象或解决问题时，所采用的客观的、系统的、精密的整套方法。在实际使用时，科学方法包括以下四个步骤：① 根据问题性质建立假设；② 根据研究目的收集资料；③ 运用精密方法分析资料；④ 根据事实发现验证假设，并进而推演出结论。这四个步骤周而复始，便可使所建立的理论愈来愈正确，最终成为精辟的科学论断。

管理学的研究方法有以下几种：

(1) 归纳法。将特殊陈述上升为一般陈述(或定律定理原理)的方法。归纳法(Induction)是我们先观察某些现象并据此得到结论的过程。换句话说，是指根据所观察现象，逻辑性地建立一般性命题。具体是指对于非常复杂、详细、大量的实际资料，经过分类及归纳出重要的概念，再简化成几个抽象程度较高的重要因素，并描述、定义出它们之间的因果关系而形成一个理论模式的过程。

(2) 演绎法。应用一般陈述(或公理定律定理原理)导出特殊陈述或从一种陈述导出另一种陈述的方法。演绎法(Deduction)系指通过逻辑性地概括已知的事实，而得到一个经过推理后获得结论的过程。具体是指利用已有理论模式内的因果关系进行推断、预测一个事件的因果关系。

(3) 案例方法。每个组织都存在管理，而且也都可能存在值得借鉴的经验。要对每一个组织的管理活动都进行研究显然是不可能的。在众多的组织中挑选有代表性的个案，从整体或局部对它在管理实践中取得的成功或失败进行深入个案剖析，进而发现可借鉴的规律和原则，便成为管理研究的重要方法。值得注意的是，案例分析并非简单的经验总结。案例分析强调分析成功或失败的原因，鼓励人们思考并依据案例所提供的资料自己作出决策。学习和研究管理，应多注重案例分析，如果能够有机会对有代表性的企业长期跟踪研究，将会获得很多意想不到的收获。在管理教育方面，案例分析作为一种教学方法已十分普遍。

哈佛商学院因其成功的案例教学已培养出大批的优秀企业家，该学院的教学方式也成为管理教育的楷模。

(4) 实验方法。在管理活动中，实验方法已成为摸索经验、进行决策的强有力的工具。首先，实验方法是帮助管理者发现管理问题的原因并采取有效措施予以解决的有力工具。任何事物的发展变化过程往往是由多种因素共同起作用的结果，但这些因素的作用程度不同，通过实验，可以使管理者找到影响事物发展变化的主要因素，发现问题产生的主要原因，进而有针对性地采取相应的管理措施。其次，实验方法是保证管理决策科学有效的重要途径。第三，实验方法是创立先进管理理论的重要手段。泰勒的科学管理理论和一系列提高生产效率的措施、人际关系、行为科学理论都是人们通过实验摸索总结出来的，并通过实验予以验证和推广。

四、学习和研究管理学的重要性

管理的重要性决定了学习、研究管理学的必要性。

管理是有效的组织共同劳动所必需的。人们逐渐认识到管理的重要性。从历史上看，经过了两次转折，管理学才逐步形成并发展起来。第一次转折是泰勒科学管理理论的出现，意在加强生产现场管理，使人们开始认识到管理在生产活动中所发挥的作用。第二次转折是第二次世界大战后，人们看到，依照管理规律办事，使企业兴旺发达，因此要重视管理人员的培养，这促进了管理学的发展。管理也日益表现出它在社会中的地位与作用。管理是促进现代社会文明发展的三大支柱之一，它与科学和技术三足鼎立。管理是促成社会经济发展的最基本的、关键的因素。

学习、研究管理学是培养管理人员的重要手段之一。判定管理是否有效的标准是管理者的管理成果。通过实践可验证管理是否有效，实践是培养管理者的重要一环。而学习、研究管理学也是培养管理者的一个重要环节。理论是组织知识和提供行动蓝图的概念框架。有些理论看上去既抽象又不相干，有些理论则非常简单实用。用于构造组织和引导组织方向的理论是以现实为基础的。只有掌握扎实的管理理论与方法，才能很好地指导实践，并可缩短或加速管理者的成长过程。

学习、研究管理学是未来的需要。随着社会的发展，专业化分工会更加精细，社会化大生产会日益复杂，而日新月异的社会将需要更加科学的管理。因此，管理在未来的社会中将处于更加重要的地位。

思考题一

1. 什么是管理？
2. 试讨论“管理既是一门科学，又是一门艺术”，并举例说明。
3. 高效率是否一定能导致高效果，为什么？找出你认为有效率和有效果的现实企业。
4. 对管理者的任务有何不同的看法？请形象地描述职业经理一天的生活。
5. 试分析你熟悉的某位高层管理者所充当的角色，并与明茨伯格的理论作比较，有何差别?

6. 管理者应具备什么样的知识结构?

7. 应如何学习和掌握管理工作中所需的基本技能?

【案例一】 向蚂蚁学管理

著名的企业管理顾问邦纳保(EricBonabeau)和梅耶(ChristopherMeyer)在《哈佛商业评论》上指出,从蚂蚁和蜜蜂身上,我们可以学到很多管理学知识。

蚂蚁集结的时候能够自我组织,不需要任何领导人监督,就形成一支很好的团队。更重要的是,他们能够根据环境变动,迅速调整,找出解决问题的答案。两位学者把这种能力称为"蜂群智慧",并且把这种智慧运用到工厂流程、人员组织,甚至策略拟定上。

举例来说,蚂蚁总能找出最短的路径,把食物搬回家。当发现食物时,两只蚂蚁同时离开巢穴,分别走两条路线到食物处。较快回来的会在其路线释放出较多的化学外激素作为记号。因此,其他同伴闻到较重的味道时,自然就会走较短的路线。这个智慧靠的是两个简单原则:留下外激素,以及追随足迹。

运用这个简单原则,可以解决复杂问题。例如,电信网络从夏威夷到巴黎必须经过很多节点,聪明的系统必须能自动避开塞车的地方。惠普实验室以此开发出一个方法,使大批软件使用者不断流动使用网络,在网络间留下资讯,就像蚂蚁留下外激素一样,电话就追随这些资讯来连接。当一个路线塞车,这条路线的使用者也会塞车,自然发出讯号,这条路线就被放弃,电话改走比较顺畅的路线,让塞车迅速缓解。

蚂蚁的另一个分工模式是弹性分工。一只蚂蚁搬食物往回走时,碰到下一只蚂蚁,会把食物交给它,自己再回头,碰到上游的蚂蚁时,将食物接过来,再交给下一只蚂蚁。蚂蚁要在哪个位置换手不一定,唯一固定的是起始点和目的地。

一家大型零售连锁店就运用这个模式,来管理其物流仓储中心。以前该仓储中心用区域方式捡货,除非上一手完成工作,下一手不能接手。以书为例,一个人专门负责装商业书,另一个人专门负责装儿童书。问题是每个人的速度可能差距非常大,订单对每一种商品的需求差异也有大小,因此总有人在等待别人完成才能接手。

经过研究,该物流中心改用"蚂蚁模式",一个人不断拣出产品,一直到下游有空来接手工作后,再回头接手上游工作。研究人员用电脑模拟运算发现,运用这个模式时,应该将速度最快的员工放在最末端,速度最慢的放在一开始,如此是最有效率的。该仓储中心通过这种方法,生产力比之前提高了30%。

两位学者指出,这种蜂群智慧有三种优势:一是弹性,可以迅速根据环境变化进行调整;二是强韧,即使一个个体失败,整个群体仍然可以运作;三是自我组织,不需要太多从上而下的控制或管理,就能自我完成工作。这些正是今天多变的环境中企业最需要具备的特质。

案例思考题:

1. 蚂蚁的管理模式中有哪些体现了管理的思想?
2. 蚂蚁的管理智慧中有哪些可以借鉴的长处?

第二章 管理环境

第一节 组织环境

任何组织都存在于一定的环境之中，环境是组织生存与发展的土壤，一个组织是否能够生存并获得成功，在很大程度上取决于是否很好地处理了组织与环境的关系。不同的组织，必须在不同的、能适应该组织生存发展的环境中存在。组织存在于由外部各种因素构成的环境中，在与环境中其他组织和人员之间的相互作用过程中谋求组织自身目标的实现。

一、组织的系统观

系统学派的观点是组织是一个开放系统。这一观点有两层含义，第一，在一个经常变动的环境中，通过对一个组织内部的、物质的、生物的、社会的各种因素的复杂性质的平衡来保证组织的生存；第二，组织是一个被环境所影响，并反过来影响环境的开放系统。环境定义：是指一切存在于组织外部并对组织绩效有现实和潜在影响的各种力量和条件因素的总和。组织与环境的关系表现为投入和产出的交换。组织要从环境中获得投入，然后借助组织的功能将投入转换成产出，再把产出投入到环境中，使产出成为其他组织的投入，就像自然界中的生物链一样循环往复。从这方面看，组织是一个"开放系统"。如图 2-1 所示。

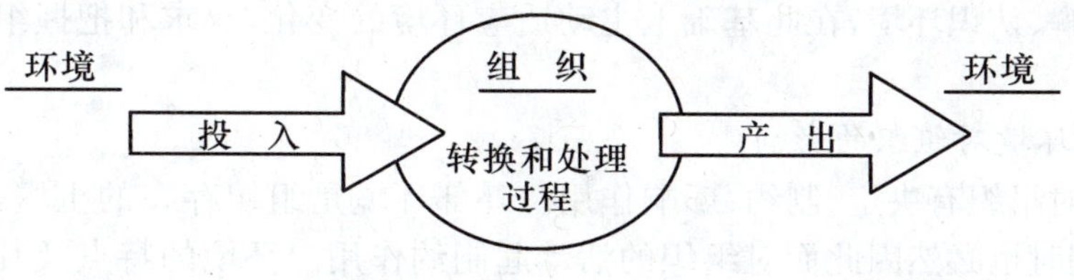

图 2-1 作为开放系统的组织

事实上，现实生活中的组织并不是一个绝对开放或完全开放的系统。一方面，来自外部环境的投入和影响因素太多了，以至于任何一个组织都没有能力全部接受，否则只能带来麻烦。例如，为了保持较好的教学环境，校园里不允许车辆随便行驶，也不允许小商小贩随便叫卖。另一方面,组织也不能将自身完全向环境开放。例如,企业要保护商业秘密,有的企业经理在培训下属时,从来不提供文字材料,尽量不把自身的经营经验扩散到组织外部。由此可见,处于复杂环境中的组织,只能根据自身的条件和能力,有选择、有目的地接受外部的投入,有选择、有目的地向外部提供组织的产出。组织只能是一种"半开放系统(Semi-open System)",是一种相对独立的开放系统。因此,处理组织与环境关系的重要内容便是把握好组织的独立与开放的尺度。

二、组织的界限

组织是通过组织界限(Boundaries of Organization)将组织与外部环境区隔开来。在组织界限的作用下,一个组织成为相对独立的整体。那么什么是组织界限呢?简单地说,组织界限是维持组织相对独立性的有形的和无形的壁垒。有形的组织界限是可以识别的,如企业的围墙、家庭的防盗门、学校的门卫及一些对外公布的规定等等。有形的组织界限总是在提醒每一个进入该组织的人,这里是与外界不同的一个地方。无形的组织界限指的是那些从外部无法识别、能够影响组织成员的行为的众多因素,包括行为规范、企业文化、管理风格、规章制度,等等。每个组织都有而且需要组织界限。借助组织界限,首先,可以把组织与外部环境分离开来,尽量防止外部环境可能给组织带来的各种干扰,保证组织的管理和业务工作得以正常持续地进行。其次,可以筛选组织的投入,从来自外部环境的众多的投入中筛选出组织需要的部分,并通过标准化等措施使组织比较方便、比较容易地处理这些投入。如企业的进货控制、学校的招生标准等。第三,可以调整组织的产出,以便更好地满足其他组织或人员将本组织的产出作为投入的要求。组织界限是组织的一部分,组织的开放性更多地通过组织成员来实现,组织是由人组成的,而一个人往往同时是多个组织的成员。组织成员的活动使得组织界限具有不同程度的渗透性。

三、组织与环境的关系

组织界限具有的可渗透性特征本身就意味着组织与外部环境之间必然会互相发生影响。但值得注意的是,与内部资源相比,组织的外部环境更复杂、动荡,蕴含着更多的不确定性,更加难以预测,不可控制的因素更多。这就要求,在处理组织和环境的互动关系上,组织首先要主动了解、认识环境,在此基础上主动适应环境的变化,寻求和把握组织生存和发展的机会。

(一) 外部环境对组织的影响

外部环境对组织有决定、制约、影响作用。外部环境是组织存在的土壤,它既为组织活动提供条件,同时也必然因此而对组织的活动起制约作用。环境的特点及其变化必然制约组织活动方向和内容的选择,外部环境中的某些力量对管理者的行为起着重要的影响。有效管理组织的第一步是认识环境对组织的影响。

1. 外部环境是组织赖以生存的土壤

首先,一个组织是否应组建,要根据所在的环境,根据社会需要和可能条件来决定。离开社会需要,组织的存在就失去了意义;符合社会需要而条件不具备,组织也无法组建。其次，组织要开展工作活动，就必须筹集各种生产要素，但这需要从外部环境中获得。第三，组织产出的产品和劳务，又必须拿到组织的外部去进行交换，才能获得收益，维持和扩大其生产经营活动。

2. 外部环境影响组织内部的管理

环境对组织中的各种管理活动都会产生不同程度的影响。比如，《企业法》的颁布，要求企业采取新的领导体制和领导方法；外部市场竞争的加剧，要求企业重新调整内部各部门的分工协作关系以提高竞争能力；文化教育的普及和劳动力素质的提高，要求企业领导者采取新的激励制度和措施，以满足职工的高层次的需求。所以说，管理者必须对可能影响企业管理工作的各种因素加以明确、评价，并做出反应。

3. 外部环境影响组织的管理水平

对于一个组织来说，其管理工作质量的好坏和效益的大小，首先取决于良好的外部环境。国家政策稳定，总体教育水平高，市场发育健全，法律政策齐备，则会促进组织的管理工作质量和效益的提高。其次取决于管理者是否重视环境、适应环境，是否根据环境的变化做出正确的决策。作为管理者，要分析并把握环境变化的规律，认清环境中的机会和挑战，促进管理工作质量的改善和效益的提高。

（二）组织对环境的适应

组织对环境的适应是指组织对其环境的觉察和反应。组织可以反作用于环境，这并非单纯理论上的推导，现实中许多企业正是这样做的。一般有两种基本形态：一是消极被动地适应，二是积极主动地适应。

环境是多变的，如果组织单纯被动地适应环境，将永远无法跟上环境变化的速度。从环境发生变化到组织识别出这种变化并采取相应的措施，存在着时间差，也就是说，组织采取的措施往往要滞后于环境变化。如果企业只能被动地适应环境，而不能对外部环境中的不确定性控制到可管理的范围内，那么企业作为一个相对独立的开放系统将无法保持其相对稳定的性质，一味地被动适应只能导致组织的消亡。

实际上，企业可以主动适应环境，组织必须设法主动地选择环境，改变甚至创造适合组织发展所需要的新环境。主动进攻才是最好的防守，积极主动地适应或积极主动地管理环境，才能在激烈竞争的环境中实现生存与发展。企业不论从理论还是实践方面，都可以主动适应甚至影响和改变环境。

如果组织面临的竞争、客户、供应商或政府规章等方面的不确定性增加了，管理者可以通过以下几种策略来适应这些变化：跨边界角色、组织之间的合伙、合并或者合资。

营销和采购等部门的员工往往跨越边界，与顾客和供应商一起工作，或者面对面，或者通过市场调查。还有一些组织通过互联网与顾客保持联系，比如，监控对立网站；在公司网站上与顾客沟通等。跨边界角色的一个日渐发展的领域是竞争情报，即尽量多获取竞争对手的信息，管理者需要掌握有关其竞争者、顾客及环境等其他方面的优质信息，以便做出好的决策。在当今动荡不安的环境中，最成功的公司是让每一位与员工都从事跨边界的活动。比如，基层员工往往比远离日常工作的管理者，能够更早一些看到和解释组织发生的重要变化。然而，最高管理层需要与环境保持一致。史泰博公司的首席执行官 Tom Stemberg 每周造访竞争对手一次，然后把他所了解的情况同管理团队的其他人员一起分享。

现在，很多管理者的思维取向已经从对立转向了合伙。这种新的管理范式是建立在两个基础之上：一是相互信任；二是合伙人有能力找到公正地解决矛盾冲突的方案，因而每个人都能够从中获利。管理者致力于为双方降低成本和增加价值，而不是为自己的公司谋求全部的好处。这种管理范式的特点是高度的信息共享，包括电子商务连接，以解决自动订货、支付及其他交易问题。另外，大量的人与人的交往可以提供修正性反馈意见，并解决问题。来自其他公司的人员可以在现场办公，也可以参加虚拟团队，以确保双方之间协商一致和密切合作。合伙人频繁介入对方的产品设计和生产，而且有长期协定作为保证。合伙人常常相互帮助，甚至超越协定所限定的范围。

从对立 ——→	到合伙
● 怀疑、竞争、保持距离	● 信任、双方增加价值
● 价格、效率、自己的利润	● 公正、公平交易、每个人的利润
● 有限的信息和反馈	● 电子商务连接实现信息共享和数字化交易
● 通过法律诉讼解决冲突	● 协调一致、虚拟团队、现场人员
● 最少的参与、先期投资	● 参与合伙人的产品设计与生产
● 短期合约	● 长期协定
● 合同局限双边的关系	● 超越协定的商业援助

第二节 环境分析

一、环境的分类

环境一般是较难以改变或控制的，组织面对的环境复杂而且难以理解和预测，因此，如果能把环境区分成不同的部分，将十分有利于组织识别和预测环境的影响。环境是由众多因素交错而成的整体，难以准确而清楚地区分，所以，管理学界有许多环境分类结果。这里采用较常见的一种分类，即把环境分成两大类，一般为宏观环境、具体为微观环境。如图 2－2 所示。

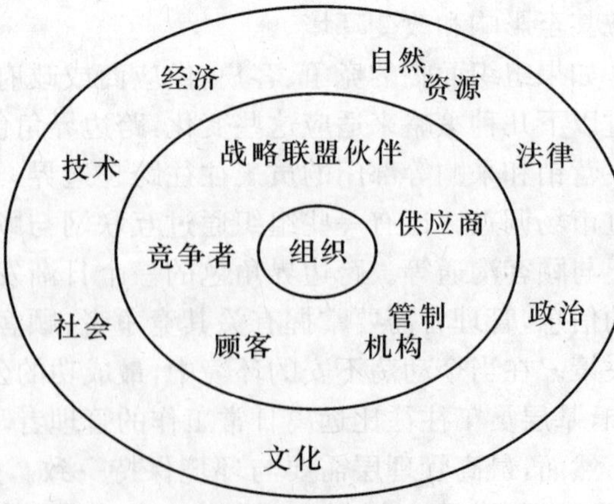

图 2－2 环境分类

(一) 宏观环境

宏观环境是那些在任何时期对所有的组织均能产生影响的外部环境因素，主要包括：

(1) 经济环境因素。一个组织所处的经济环境因素是指组织运行所处的经济系统的情况，国内外的经济形势、政府财政和税收政策、银行利率、物价波动、市场状况等等都属于经济环境因素。在物价上涨时，企业必须为原材料支付更高的价格，同时也可能要适当提高产品价格以弥补成本的上涨。经济环境因素对于非营利性组织来说也是至关重要的。

(2) 技术环境因素。科学技术是第一生产力，技术的含义很广，它既包括生产技术(如劳动手段、工艺流程的改进、发展与完善，特别是新技术、新设备、新工艺、新材料、新能源的生产与制造，等等)，也包括管理技术(如管理方法、计划决策方法、组织方法及推销方法的改进与更新等)，还包括生活技术、服务技术等内容。技术对组织及其管理工作一直具有重要的影响。

(3) 社会环境因素。风俗习惯、文化传统、教育程度、价值观念、道德伦理、宗教信仰、商业习惯等构成了一个组织所处的社会环境。社会环境中最为重要的是文化传统和教育。不同的国家(或地区)和民族，其社会文化传统和教育水平往往不同，这会影响甚至改变人们的生活习惯和价值观念，而且对企业的产品和服务提出不同要求。风俗习惯、文化传统、道德价值观念等对人们的约束力量往往比正式法律的约束力量要大得多。

(4) 政治法律环境因素。政治法律环境因素是指政治制度、政治形势、国际关系、国家法律和法令、政府政策等。这其中特别重要的是法律因素，因为政治环境中的许多因素都是以法律的形式出现，以便制约和限定企事业单位的生产经营活动。一国的政治法律直接影响到企事业单位的管理政策和管理方法。

(5) 自然资源因素。相对于其他一般环境因素而言，自然资源环境是相对稳定的。自然资源因素与企业的厂址选择、原材料供应、产品输出、设备和生产技术的应用等众多方面都有着紧密的关系。随着经济和技术的发展，自然资源环境不论是从法律上还是从企业的社会责任角度来说，都必将成为企业必须关注的问题。

(二) 微观环境

微观环境是指那些对组织的影响更频繁、更直接的外部环境因素，是与某一具体的决策活动和处理转换过程直接相关的各种特殊力量，是那些与组织目标的制订与实施直接相关的因素。下面主要从企业的角度作分类介绍。

(1) 顾客。顾客是那些购买企业产品或服务的个人或组织。“顾客是一个企业的基础并使它能继续存在。只有顾客才能提供就业。正是为了满足顾客的需求和需要，社会才把物质生产资源托付给工商企业。”[1] 一个企业可能要面对多种顾客，如个人和组织、批发零售商和最终消费者、国内和国外顾客，等等，企业的顾客会因受教育水平、收入水平、生活方式、地理条件等众多方面的不同而对企业的产品和服务提出不同的要求，企业在市场营销、质量管理、战略决策等方面必须充分关注顾客。研究发现保留一位老顾客的成本远比吸引一位新顾客的成本低。图 2-3 表示了顾客停留时间与利润之间的关系。

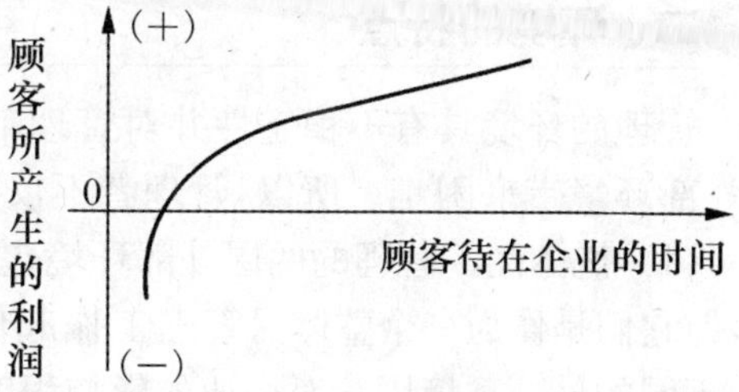

图 2-3 顾客停留时间与利润之间的关系

(2) 供应商。供应商是组织从外部获取投入的来源，对于一个企业来说，供应商可能是组织也可能是个人，企业从他们那里获得原材料、劳动力、信息、能源等。供应商提供产品和服务的质量、价格直接影响到企业产品和服务的质量及成本水平，因此，许多企业对供应商有许多要求，同时也给予稳定的供应商一定的支持，日本的许多公司率先把供应商纳入到自己的生产体系之中。

[1] 彼得·德鲁克.管理——任务、责任、实践.北京：中国社会科学出版社，1987：82.

(3) 竞争者。与本企业竞争资源的其他组织就是竞争对手。企业与其竞争对手竞争的最大资源就是顾客为购买产品或服务而支付的货币。企业的竞争不仅局限于生产同类产品或提供同类服务的不同企业之间,有时两个不相关的企业会因获得一笔贷款而竞争。非盈利组织之间也存在竞争关系,不同地区的政府部门在吸引外商投资时相互竞争,不同单位在人才招募上也存在竞争等等。

以竞争者的层次来看,竞争者可以分为四种类型。[1]

● 欲望竞争者。是指对有限购买力的竞争。由于每人的所得有限,然而欲望无限,因此无限的欲望会彼此竞争有限的购买力。例如一位大学生会考虑如何运用其有限的生活费来满足许多欲望,像要买交通工具、书籍、音响或是和女友约会,这些都称为欲望竞争者。

● 本质竞争者。本质竞争者是指消费者能满足相同欲望的其他方式。假如某人决定将钱花在和女友约会上,那么下一个问题便是选择去看电影、上馆子、去游乐场或是KTV,这些都称为本质竞争者。

● 形式竞争者。即消费者能满足其欲望之产品形式。如果某人选择去看电影,接着需考虑要看何种类型的电影,是科幻片、浪漫片、恐怖片,或喜剧片。这些不同类型的电影便称为形式竞争者。

● 品牌竞争者。即消费者能满足相同欲望的所有品牌之间的竞争。例如,消费者可能决定看浪漫片,则目前市面上有哪几部浪漫片,这些浪漫片的电影和其播放的电影院便是品牌,这些便是品牌竞争者。

(4) 管制机构。微观环境中包含的管制机构与宏观环境中的政治法律环境不同。这种管制机构主要有两类:一类是能够直接影响和控制企业行为的机构,如美国的食品药物管理署(FDA)、我国的一些行业协会、工商行政部门等;另一类是一些社会公众机构,如绿色和平组织、消费者协会、新闻机构等。

(5) 战略同盟伙伴。企业之间存在竞争,也存在合作。福特公司与大众公司合作在南美洲生产小轿车,与日产公司在美国生产汽车。不仅企业与企业之间可以结成战略联盟,企业与科研院校、政府部门也可以在某一共同利益下结成战略联盟。

二、环境的特点

管理的环境具有不稳定性并对管理工作产生复杂的影响,这就给管理者认知、适应和改变外部环境带来困难。所以,管理者不仅要了解外部环境的内容,还要了解其特点。

(1) 整体性。管理的两层外部环境包括很多环境因素,各环境因素之间具有一定的独立性,但它们是作为一个整体对管理工作起作用的,这种作用具有综合性质。在某一特定时期内,不同的外部环境因素对企业的影响程度可能不同,管理者很难准确地区分开来自外部环境的影响到底是哪种因素所致。因此,管理者必须把外部环境作为一个整体,考虑其综合影响。

(2) 复杂性。管理的外部环境是一个多种环境因素的组合体,具有明显的复杂性。一方面,外部环境对企业及其管理活动的影响是复杂的、多方面的。其中有些影响是积极的,有些影响是敌对的,甚至相互矛盾和冲突;同样的外部环境对某个企业来说可能是机会,而

〔1〕 林建煌.管理学.上海:复旦大学出版社,2003:66.

对另一个企业来说就可能是威胁。另一方面,在外部环境中,其他环境因素相对于某一特定环境因素来说又是环境,各环境因素之间又相互影响、作用和制约,这些进一步加大了外部环境的复杂性。

(3) 不确定性。外部环境的不确定性包括三层含义。第一,外部环境的变化速度。由于社会生产力的发展和生产关系的变革,外部环境总是处于不断发展变化之中。当然,伴随着外部环境的变化,各种环境因素不可能同步、同程度变化。一般来说,技术、经济环境,尤其是市场环境属于巨变环境,它们无时无刻不在发生变化,社会环境变化较慢,而自然环境则可能长期保持基本不变。第二,有关环境的信息和情报的不确定性。人们对外部环境的了解可以是直接的,但更多是间接的。如借助新闻媒介,对特殊现象进行分析预测,等等。信息情报本身不准确和信息传递中的失真都会使信息接收者无法准确了解外部环境的变化。第三,管理者制订计划决策时所考虑的时间期限。期限越长,对环境的了解就越不准确。

三、环境分析

组织要想选择甚至改变和创造环境,必须加强对环境的管理。分析环境是对环境进行管理的第一步。

(一) 宏观环境分析

宏观环境的内容极为广泛,在监控上,所需的专业极多,同时监控面很大,因此管理者在整个宏观环境的监控上,可以使用关键事件分析。所谓关键事件分析是只就宏观环境中关键环境事件的发展与未来趋势进行监控,便可以有限资源做出最有效的监控。所选出的关键事件,管理者可依其冲击的程度与时间幅度作进一步的分析。对某一组织所面临的多项宏观事件的冲击程度与影响的时间幅度做比较分析。对于那些冲击程度很强且时间幅度影响很长的关键事件,组织管理者自然必须更加密切注意(见图 2-4)。

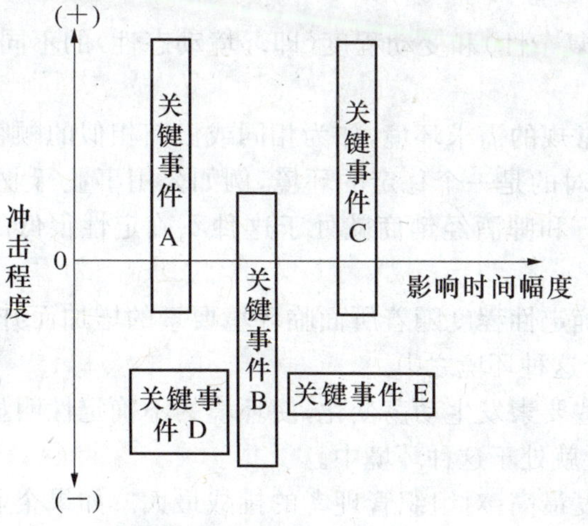

图 2-4 关键事件分析[1]

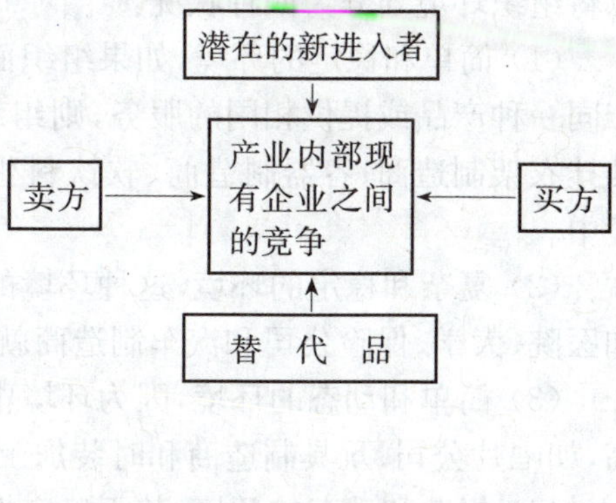

图 2-5 迈克尔·波特的五种力量模型

〔1〕 林建煌. 管理学. 上海:复旦大学出版社,2003:89.

（二）微观环境分析

微观环境对组织的影响更直接、更频繁，所以是组织分析外部环境的焦点。在这方面，迈克尔 · 波特提出的“五种力量模型”是一种有效的分析工具。迈克尔 · 波特发现，在企业经营环境中，能够经常为企业提供机会或产生威胁的因素主要有五种，即本行业中现有的其他企业、供应商、顾客、其他行业之中的潜在进入者和替代产品及其生产企业组织。如图 2－5 所示。

迈克尔 · 波特的模型帮助人们深入分析行业竞争压力的来源，使人们更清楚地认识到组织的优势和劣势，以及组织所处行业发展趋势中的机会和威胁。

（三）环境的不确定性程度分析

对环境进行管理的核心是环境中蕴涵的不确定性。分析环境首先要识别环境的不确定性程度。美国学者邓肯（Duncan）提出从两个不同的环境层面来确定组织所面临的不确定性程度：一是环境变化的程度，静态（稳定）与动态（不稳定）层面；二是环境复杂性程度，简单与复杂层面。进而，得出一个评估环境不确定性程度的模型，如表 2－1 所示。

表 2－1　环境的不确定性程度分析〔1〕

环境复杂程度		稳定（静态）	不稳定（动态）
	复杂	（Ⅱ）低—中程度不确定性 1. 大量的外部环境要素，而且要素不相似 2. 要素维持不变或缓慢变化	（Ⅳ）高不确定性 1. 大量的外部环境要素，而且要素不相似 2. 要素常常变化且不可预测
	简单	（Ⅰ）低不确定性 1. 外部环境要素少，而且要素相似 2. 要素维持相同或慢慢变化	（Ⅲ）高—中程度不确定性 1. 少量的外部环境要素，而且要素相似 2. 要素常常变化且不可预测
		环境变化的程度	

依据环境中各构成要素的数量（即环境复杂性）和变动程度（即环境动态性）的不同，可以将组织环境划分为四种状况：

（1）简单和稳定的环境，如果组织面对常规的需求环境，如为相同或极其相似的顾客生产同一种产品或提供相同的服务，则组织面对的是一个稳定的环境，例如公用事业行业、标准挂衣架制造商、容器制造商、软饮料生产厂和啤酒经销商就处于这种不确定性很低的环境中。

（2）复杂和稳定的环境，这种环境的不确定性程度随着所面临环境要素的增加而升高，如医院、大学、保险公司和汽车制造商就处于这种环境之中。

（3）简单和动态的环境，因为环境中某些要素发生动荡变化，使环境的不确定性明显升高，如唱片公司、玩具制造商和时装加工企业就处于这种环境中。

（4）复杂和动态的环境，其不确定性程度最高，对组织管理者的挑战最大。如果企业面对变化极其快速的环境，而且不同的环境要素都在发生变化，则组织面对的是动态、不稳定

〔1〕 饶美蛟，刘忠明. 管理学新论. 香港：香港商务印书馆，1996：25.

的环境，例如、电子行业、计算机软件公司、电子仪器制造商就面对这种最难对付的环境。环境的高度不确定性，限制了管理者行动选择的自由，也极大地影响了组织兴衰存亡的命运。所以，每个组织的管理者都力图通过自己主动的影响将环境的不确定性减至最低限度。

第三节　全球化管理

管理发展的历史表明，环境的每一次深刻变化都在大部分企业的行为方式上留下许多深深的烙印。经济全球化是当今管理环境的发展趋势之一，对企业管理已经并将继续产生重大影响。作为新世纪的管理者，必须了解环境变化的主流，认识环境变化对管理工作带来的挑战，积极主动地采取行动，培养全球化视野的管理思维。

一、经济全球化

经济全球化是指经济资源在全球自由配置、各国经济联系日益紧密的状况和历史过程。经济全球化作为一个客观的历史过程，是当今世界经济和社会生产力发展到一定阶段的产物。在当代信息技术迅猛发展的带动下，世界各国在全球范围内以市场为纽带，在经济上不断地相互交织、相互融合，逐渐组成相对统一的世界市场体系，并按照市场经济的要求，实现资本、物资、技术、劳务等生产要素的自由流动和合理配置，企业的生产经济活动呈现以下特点。

（1）生产规模越来越大，产销已经扩张到全球。纵观世界500强企业，无一不是纵横世界市场的巨无霸，且产品的研究开发和市场营销并重，俗话讲，“抓住两头，事事不愁”，成了新时期企业管理的新特点。

（2）生产技术的复杂程度大大增加，传统意义上的蓝领工人正在逐渐被具有高等教育背景的新蓝领所代替，产业结构正在发生巨大变革，西方发达国家正在成为以信息产业、生物工程、高新材料为代表的后现代国家。

（3）产品的升级换代周期缩短，企业技术创新的步伐加快。有学者曾预言：“现有产品的80%将在今后10年内从市场上消失，而今后10年内市场销售的产品，有80%是现在还不知道的。”

（4）劳动生产率的提高主要不再依靠体力劳动的加强，而依赖于人的知识和创造力。

（5）劳动力市场国际化、多种文化背景、多元价值观念碰撞在所难免。企业文化、行政文化、社会文化必将形成多元构成；迫切需要人们进行心理、价值观等诸多方面的调适。

二、企业国际化

今天，对那些具有全球观念的企业来说，世界是它们可以获利的地方。企业之间的国际竞争只是当今国际化潮流中的一个侧面。以企业和市场为主体的经济国际化推动了全球政治、经济、社会、文化国际化的发展。世界贸易组织（WTO）与欧洲经济共同体（EU）准备在欧共体国家良好合作的基础上加强与世界其他各国的联系;世界银行与国际货币基金组织在国际经济中日益活跃;国与国之间的政治联系、文化联系也得到空前的发展。他们的成长历程,经受的挑战、发展的趋势,都将给刚刚迈向国际化的中国企业有益的启示。

一般来说,企业国际化一般经历下列四个阶段:国内企业、国际化企业、跨国公司和全球性企业。这四个阶段国际化程度由低到高地发展,国内企业的国际化程度最低,全球性企业的国际化程度最高。

当企业经营规模比较小、经营实力较弱时,企业只在一国获取资源进行生产经营活动,这样的企业就是国内企业。当然,也有少数大型企业仍然是国内企业。

国际化企业指的是那些主要业务立足于一国,但从国外获取一部分资源或向国外销售一部分产品或服务、获取一部分收益的企业。这些企业主要通过贸易的手段实现资源或收益的获取,他们进口国外原材料、设备等,出口产品或服务。他们可以借助国内或国外的贸易代理商进行国际贸易,也可以自己成立从事这一活动的部门。国际化企业是企业国际化进程中的初级阶段。

所谓跨国公司是指那些在世界范围内购买原材料,筹措资金,雇佣员工生产产品及服务,并在世界范围内销售。人们对这一类企业并不陌生,他们不仅通过国际贸易,而且通过开办合资、独资企业进行直接投资,他们的企业足迹跨越国界。宝洁公司就是一个典型的例子,其在中国已开办若干合资企业,利用中国当地的员工、原料生产并销售产品。

作为国际化程度最高的全球性企业,是指完全超越了国界并不属于某一母国的公司。雀巢公司也许是最接近这一定义的企业,但严格说来,尚未有企业达到全球性企业的要求。雀巢公司总部设在瑞士,其 98%的收入来自瑞士以外的其他国家,95%的资产不在瑞士本土。10 个高级总裁中只有 5 位是瑞士人,雀巢现在仍是一家瑞士公司的原因仅在于其总部设在瑞士,并且其一半的股份仍由瑞士投资者持有。

全球化进程的加快在为企业创造了更广阔的生存和发展空间的同时,也使竞争加剧,政府保护措施减少,产品更新速度加快,不稳定性和不确定性增加,这些都在向企业提出了许多新的要求和挑战。由于各国政治、经济、文化条件各不相同,国际化经营的企业不仅要面临东道国企业的激烈竞争,还会遭遇来自政治、文化方面的挑战与冲击。在做出国际化经营决策之前,企业应当充分认识跨国经营的政治风险、经济风险和可能的文化冲突。

三、电子商务

近年来,大多数组织都已经整合了互联网和电子商务,作为组织全球化管理的一部分。

(一) 互联网与电子商务

互联网(Internet)是全球计算机网络的集合,其目的是为了数据与信息的交流。万维网(World Wide Web,WWW)是在互联网上存取信息所使用的中央服务器的集合。现在,互联网已经成了我们个人生活和工作的重要组成部分。越来越多的商业企业和非营利性组织意识到,互联网对扩大全球经营范围、改进业务流程、结交新客户、实现资源效益最大化等方面有着巨大的潜力。

电子商务(e—business),指通过计算机网络而非物理空间的数字化过程实现的任何业务。今天最常见的电子商务是通过互联网与顾客、合伙人、供应商、员工或者其他关键人员

之间的电子交易。电子商务有以下四种交易方式(表 2-2):

(1) 企业与消费者(B2C)。例如,从亚马逊公司的网站上订购书籍,或者从戴尔公司在线服务上订购计算机等,都是典型的企业与消费者的实例。

(2) 消费者与企业(C2B)。例如潜在乘客通过价格在线公司的网上服务,竞标优惠机票。

(3) 消费者与消费者(C2C)。如易趣(eBay)公司拍卖网页提供消费者与消费者交易,个人可以通过这个平台销售货物。

(4) 企业与企业(B2B)。企业与企业的电子交易方式最经济的影响最大。例如,两家最大的轿车制造商通用汽车公司(GM)和福特公司计划,在今后几年内将采购业务全部在网上进行。通用公司宣传,它的网页将是世界上最大的虚拟市场,这意味着福特和通用两家公司可以根据顾客的订货在数日内交货,就像人们从戴尔公司订购定制的计算机那样容易。未来很有可能,通用和福特公司将发展成为擅长设计和品牌营销的虚拟公司。

表 2-2 电子商务矩阵

	消费者	企 业
消费者	C2C 易趣公司(拍卖)	C2B 价格在线(你自己定价的旅游报价)
企业	B2C 亚马逊(书籍等) 旅游城(旅游)	B2B 福特、通用汽车、载姆勒—克莱斯勒(制造商到供应商)

(二) 电子商务战略与电子市场

电子商务要想取得成功,管理者首先必须弄清楚为什么要从电子商务开始。电子商务动机与公司战略不一致,会导致电子商务归于失败。

传统组织建立互联网业务有两种基本战略思想。有些公司利用电子商务来渗透新市场和开拓新客户,而另外一些公司则以电子商务作为提高生产率和成本效益性的途径。无论采取哪种战略,实现战略的途径一般有两种,一种是通过在企业内部建立互联网部门来实施战略;而另一种是通过与其他组织合伙,联手处理在线业务的方式来实施自己的战略。

在企业内部建立互联网部门,企业就可以与顾客建立直接联系,并向新市场扩张。这样,企业就可以昼夜不停地进入全世界的市场,进而接触新客户。电子商务部门使企业能够以大大低于传统分销渠道的成本实现客制化供应,进而实现企业产品和服务的差异化。从竞争的角度讲,市场扩张战略是具有可持续性的,因为电子商务部门是与现实世界已有的传统的企业协力合作的。

(三) 客户关系管理

在更好地加强内部信息管理、增进与供应商及其他组织的信息共享之外,现在许多公司正运用电子商务解决方案建立更牢固的客户关系。其中一种重要的方法就是客户关系管理(customer relationship management,CRM)系统,它帮助公司跟踪了解客户与公司的交易记录,并允许员工调阅客户过去的销售与服务档案、未执行的订单或者其他悬而未决的问题。客户关系管理的宗旨就是满足客户的需要。

客户关系管理最初是在1993年由赛博尔系统公司(Siebel Systems Inc)推出的。客户关系管理系统将所有的客户信息储存在数据库里,帮助协调销售、营销和客户服务部门之间的关系,以便各部门都能够顺利地一起共事,更好地满足客户的需要。例如,当客户下订单时,销售人员将订单输入客户关系管理软件,该软件会自动更新数据库。无论什么时候,只要客户打电话提出问题,客户关系管理系统就会自动调出客户的档案,以便客户服务或者技术支持代表能够掌握所有相关信息,提供个性化的服务,根据客户的购买记录作出额外的销售努力,并用与该电话有关的信息更新数据库。来自客户访问网站的数据也要自动输入数据库中。营销部门可以利用详细的客户信息实施定制的营销方案。组织利用客户关系管理系统,一方面可以改进服务,另一方面可以降低成本。

但是,客户关系管理本身也有局限性。首先,要建立和维护这套系统需要大量的投资,不仅需要硬件和软件,还要对系统使用人员进行高成本的培训。其次,客户往往更关注他们的隐私,担心公司收集的有关他们的信息可能会不当使用。

当然,客户关系管理在解决组织与客户之间问题方面并非灵丹妙药,但可以采取一些措施使其成功。首先,进行审慎的计划非常必要。其次,因为系统的安装要求组织变革,人们应该做好文化调整的心理准备。在很多情况下,一开始就推出一套昂贵的复杂系统是不明智的。相反,公司应该先推出一个实验性项目,然后不断地扩充这个系统。无论如何,未来保持竞争优势或者获取竞争优势,公司可以通过客户关系管理始终保持与客户的关系,帮助组织实现成功。

互联网和电子商务的出现给企业和个人生活带来了令人振奋的新的机会,如今,越来越多的业务通过网络的数字化过程来达成。电子商务改变了企业的运作方式,使企业与供应商和客户之间的关系发生了巨大的变化。

第四节　社会责任

当今环境的趋势之一是社会责任及对企业管理的挑战和要求,什么是社会责任呢?简单地说,就是在市场经济运作因素外,企业经理人所做的含有法律规定、道德与伦理考虑因素的决定。基思·戴维斯的定义是:企业的社会责任就是指企业决策者在追求自身利益发展的同时,所必须承担的一种义务,即保护和改善公众利益的义务。

一、企业对社会责任的态度演变

社会责任是对变化着的环境的一种响应。

第一阶段:在1930年代之前,其所强调的信条是,企业经理人的唯一目标是替企业赚取最大利润。由经济学家费德曼(Friedman)领导的古典经济学派认为,社会事务并非企业人士所关心的,而这些问题应该由自由市场体系的自由运作来解决,企业的经理人是代表企业股东执行业务,若利用企业资源从事非创造利润的活动是不合法的。

第二阶段:从1930年代至1960年代早期,此阶段强调企业经理人的责任不只是赚取最大利润，而且必须要在顾客、员工、供应商、债权人及社区之间的争议中维持一个公正的平衡点。由于工会的兴起，企业经理及学者对企业的社会责任的观念开始转变，首先改变的是企业缩短员工的工作时数及改善工作环境。

第三阶段：在1960年代以后，企业经理人多主张企业组织应该参与解决社会问题，回馈社会。事实上，今日企业界人士的辩论，只是集中于社会责任的种类与程度，而非企业是否有社会责任的基本问题。

二、社会责任观

企业承担和履行社会责任有两方面的因素：一是对企业提出的期望和要求；二是企业对待这些期望和要求的态度和行为观点。在社会责任上，有两种截然相反的观点。古典观（或纯经济观）与社会经济观。

（一）古典社会责任观

这种观点认为，现在的管理者大多是职业经理，他们并不拥有自己经营的公司，他们是雇员，对股东负责，股东们只关心一件事：财务收益率。社会责任行为会增加经营成本，这些成本则以高价转嫁给消费者，或是通过较低的边际利润由股东们承担。

反对企业承担社会责任的理由集中在以下几点：

（1）违反利益最大化原则　这是古典观的精髓，企业只限于那些可以带来经济利益的活动；而把其他活动让给其他机构去做，就是有社会责任的。

（2）淡化企业的使命　追求社会目标淡化了企业的根本目标——经济的生产率。

（3）不能补偿成本　许多社会责任工作，不能自负盈亏，工商企业必须吸收这些成本，或者将以更高的价格转嫁给消费者。

（4）权力过大　企业在当今社会中的权力已经很大了，如果让它追求社会目标，则它的权力就更大了。

（5）缺乏技能　企业领导者的视角和能力基本上是经济导向的，不适合处理社会问题。

（6）缺乏明确规定的责任　政治代表追求社会目标，而工商企业领导则不必，工商企业对公众没有直接的社会责任。

（7）缺乏大众支持　公众对企业承担社会责任的意见不一致，实际上，这是一个容易引起激烈争论的话题，在缺乏一致的情况下，采取行动，很可能失败。

（二）社会经济观

这种观点的典型看法是：利润最大化只是企业的第二位目标，而不是第一位目标，企业的第一目标是保证自身的生存。时代变了，社会对企业的预期也在变化，同时也日益依赖于社会，而不只是对股东负责的独立经济实体，也不再仅是经济机构，因而必须建立和承担更大的社会责任。

进入20世纪70年代，人们对“企业单纯是追求利润最大化的经济组织”的提法产生了质疑，提出了社会责任的观点，即企业在从事生产经营活动过程中，在追求经济效益的同时，还应尽可能地兼顾到企业职工、消费者、社会公众乃至国家的利益，承担起相应的责任。

企业应主动承担社会责任的观点提出之后，很快成为人们争论的焦点。对于这一问题，有不少赞成意见，但也存在反对意见。在西方管理学界，赞成企业承担社会责任的理由主要有：

(1) 公众的期望　有很多人支持企业追求经济和社会双重目标。

(2) 长期利润　有社会责任的企业能可靠地获取较多的长期利润，这在很大程度上归功于责任行为所带来的良好的社区关系和企业形象。

(3) 道德义务　企业能够而且应该具有社会责任，企业承担社会责任不仅是道德上要求，而且也符合企业自身利益。

(4) 公众形象　企业设法加强自身的公众形象，可以获得更多的顾客，更好的雇员，更高的销量，更容易筹款。

(5) 更好的环境　工商企业的参与能解决社会的许多棘手问题，从而能在企业中创造更好的生活质量，和令人满意的团体，这种氛围有利于吸引员工。

(6) 减少政府调节　政府调节增加了社会成本，限制了管理当局的决策灵活性，通过承担社会责任，工商企业可以期望减少政府调节。

(7) 责任与权力的平衡　企业在社会中拥有很大的权力，权力与责任应对等，企业必须承担同样多的责任。

(8) 股东利益　从长期看，社会责任将提高企业的股票价格，在股票市场上，把承担社会责任的公司看做是风险更小和接受公众监督的公司，从而使股票获得更高的价格收益比率。

(9) 资源占有　工商企业拥有财政资源、技术专家、管理人才，有能力帮助需要援助的公共工程和慈善事业。

(10) 预防胜于整治　社会问题是必须提前预防，不能等到问题已变得相当严重时才处理，这时需付出更大的代价去补救。

尽管目前仍存在分歧，但支持的意见的确明显占据上风。社会发展的趋势表明，社会对企业的期望不仅局限于企业的盈利。《哈佛商业评论》杂志的一份读者调查表明：大多数人认为社会责任是企业合法的和可以实现的目标，企业在承担经济责任和法律责任的同时，也要承担起道德责任。这种观念已经被企业界的人士接受。

三、社会责任的范围

从本质上说，企业组织的功能就是创造利润，而政府应以其所收的税金解决社会问题。如果企业承担越来越多的社会责任，那企业的功能和政府的功能就没有多大的差别了，企业也会愈强大并累积更多的资源，成为一个无法与其抗争的垄断组织。另一方面，其创造利润的活动力却相应减低。到底一个企业应该负担多少的社会责任？这是非常难以回答的问题，较好的答案是：企业经营者须考虑公司的资源、收支比率的限制和企业致力改善社会环境主要需求后的一个良好公平的均衡。企业社会责任的范围是十分丰富和广泛的。其中可以列举出被称为企业“永恒的社会责任”的四大类问题，即企业与职工关系、企业与消费者关系、企业与社区关系和企业与生态环境关系。

一般组织的社会责任的范围包括利益相关者、自然环境和一般社会福利。[1]

(一) 企业对利益相关者的责任

我们将微观环境描述为组织外部环境中影响组织的要素的组合，另一种描述这些要素

[1] 里奇·格里芬. 管理学. 北京：中国市场出版社，2006：84.

的方法是组织利益相关者。利益相关者是指位于组织内部或者外部,与组织绩效有利害关系的任何人或团体。每个利益相关者对敏感度都有不同的标准,因为他们在组织中的利害关系是不一样的。例如,沃尔玛运用进攻性的讨价还价策略对付供应商,以便他们能够为消费者提供低价产品。有些利益相关者把沃尔玛的这种做法看成是对社会负责任的行为,因为它对顾客有利,并迫使供应商提高效率。然而,其他利益相关者认为,沃尔玛咄咄逼人的策略是不道德的,是对社会不负责任的表现,因为这样会迫使美国制造商解雇员工、关闭工厂、把业务外包给工资水平低的国家。

利益相关者可以影响(和被影响)战略产出和对公司的收益有法定权利的个人和组织。利益相关者通过对组织的生产、竞争和利润至关重要因素的控制,实施对组织绩效的影响权。可能是客户内部的(如雇员),也可能是客户外部的(如供应商或压力群体)。一般情况下,利益相关者可按如下分类。

1. 企业对员工的责任

不歧视员工,定期或不定期培训员工,营造一个良好的工作环境,善待员工的其他一些举措。例如,推行民主管理,提高员工的物质待遇,对工作表现好的员工予以奖励,等等。

2. 企业对顾客的责任

(1) 提供安全的产品,安全的权利是顾客的一项基本权利。

(2) 提供正确的产品信息,企业要想赢得顾客的信赖,在提供产品信息方面不能弄虚作假,欺骗顾客。

(3) 提供售后服务,企业要重视售后服务,要把售后服务看作对顾客的承诺和责任,要建立与顾客沟通的有效渠道,如设立意见箱、热线电话等,及时解决顾客在使用本企业产品时遇到的问题和困难。

(4) 提供必要的指导,在使用产品前或过程中,企业要尽可能为顾客提供培训或指导,帮助他们正确使用本企业的产品。

(5) 给予顾客自主选择的权利,在市场经济下,顾客拥有自主选择产品的权利。企业不能限制竞争,以防止垄断或限制的出现给顾客带来的不利影响。

3. 企业对竞争对手的责任

在市场经济下,竞争是一种有序竞争。企业不能压制竞争,也不能搞恶意竞争。企业要处理好与竞争对手的关系,在竞争中合作,在合作中竞争。有社会责任的企业不会为了暂时之利,通过不正当手段挤垮对手。

4. 企业对投资者的责任

企业首先要为投资者带来有吸引力的投资报酬。那种只想从投资者手中获取资金,却不愿或无力给投资者以合理报酬的企业是对投资者极不负责的企业,这种企业注定被投资者抛弃。此外,企业还要将其财务状况及时、准确地报告给投资者。企业错报或假报财务状况,是对投资者的欺骗。

5. 企业对所在社区的责任

企业不仅要为所在社区提供就业机会和创造财富,还要尽可能为所在社区作出贡献。

(二) 企业对环境的责任

(1) 企业要在保护环境方面发挥主导作用,特别要在推动环保技术的应用方面发挥示范作用。

(2) 企业要以“绿色产品”为研究和开发的主要对象。

(3) 企业要治理环境。

(三) 一般社会福利

一般社会福利。某些人相信，除了利益相关者和环境责任之外，企业应当增加一般社会的福利。这方面的例子包括慈善捐款、资助慈善组织和非营利机构；资助博物馆、乐团和公共广播电视；以及为改善健康和教育体系作贡献。有些人甚至认为企业应当承担起更加广泛的责任，包括在世界范围内纠正政治不平等。

关于一般组织的社会责任范围的其他理论，管理学者 Carroll(1996)曾经把企业的社会责任比喻成一个金字塔，由底部到顶端分别是：经济责任、法律责任、伦理责任、慈善责任，这四种责任构成了企业的整体责任。

与 Carroll 的提法相似的有 Sethi(1975)所提出的企业责任三阶段论，Carroll 整合了不同的社会责任构思，提出社会责任、社会响应及社会问题。将企业的社会责任分为三个阶段(表 2-3)：

(1) 社会义务　在这阶段，企业的行为或决策主要是响应法律及市场规则，完成经济和法律的责任；

表 2-3　企业责任三阶段论[1]

	社会义务	社会响应	社会责任
主要考虑	法律要求	社会偏好	道德真理
关注点	企业本身	企业与社会	企业与社会
积极性	被动	消极	积极
考虑的时间幅度	短期	中短期	长期
社会领先性	落后于社会要求	和社会的要求同步	领先于社会要求

(2) 社会响应　在这阶段，企业的行为规范是以企业所处社会的道德、价值及期望为依据，企业对变革中的社会现象的调适能力，是一种消极地顺应外在的社会要求所做的一种调适。

(3) 社会责任　在这阶段，企业要以其在社会的长远角色作决策及行为，包括企业的各种前瞻性规划及各种预防性规范，追求有益社会的长期目标，积极地去追求基本的道德真理。

近些年来，关于社会责任的讨论进一步上升为企业伦理。企业伦理学作为一门学科，20 世纪 70 年代中期在美国开始形成；80 年代后期，开始与企业社会责任一起作为一章出现在西方的管理学教科书中；到了 90 年代，越来越多的人认为，讲究企业伦理将是现在及未来企业管理的一个重要特征。企业伦理就是要求企业在处理与顾客、员工、供应商、竞争者、政府和其他公众的关系中不断改善自己，更有效地满足人们和社会的需要，做一个追求平等互利、诚信经营、尊重他人、关心公益的优秀“社会公民”。21 世纪的管理者必须意识到，社会责任是对变化着的环境的一种响应，道德伦理的思考应当是管理决策制定中的一个重要的标准。

〔1〕 林建煌. 管理学. 上海：复旦大学出版社，2003：118.

思考题二

1. 组织界限的作用体现在哪些方面?
2. 外部环境与组织之间的关系是怎样的?
3. 讨论经济全球化进展对管理的影响?
4. 练习运用“五种力量模型”。
5. 环境分析的重点是什么?
6. 为什么要强调社会责任,我国企业在社会责任建设方面会遇到什么样的障碍?
7. 社会责任的范围是什么?

【案例二】 同仁堂传奇

在北京大栅栏林立的店铺中,有一座古朴庄重的楼阁,这便是清康熙八年(公元1669年)由祖籍浙江宁波、明代迁居北京的乐家第四代传人乐尊育创建的,享誉海内外的老字号“同仁堂”药店。

在坎坷的岁月中,在市场经济大潮的冲刷下,“同仁堂”非但没有消逝,反而日见辉煌——由原来的三间小门面发展到今天营业面积为4 600平方米的大楼;从过去“供奉御药”的中药房发展为总资产18亿元、拥有6 000多名员工的现代集团企业,并成为医药界为数不多的上市企业。其店名更成为企业德、诚、信的化身。

同仁堂经营不少名贵药——上百上千元的人参鹿茸,同时廉价药品也十分丰富,一元一张的狗皮膏、几角钱一瓶的眼药水……他们做大生意,但也不放过小买卖,只要能方便顾客就行。同仁堂以“养生济世”为己任,从不为不义之财所动。前几年我国南方一些城市流行肝炎,特效药板蓝根冲剂供不应求,到同仁堂拉板蓝根的汽车排起了长队。同仁堂的职工昼夜奋战,生产高质量的板蓝根。有人提出药品需求量这么大,况且配料之一白糖库存没有了,用的是高价糖,如果按原价出厂不合算,应提高价格。但同仁堂将治病救人视作自己的天职,岂能乘人之危发难民财,药品一律按原价出厂。

同仁堂“德、诚、信”这一服务宗旨更是体现在药品质量上。20世纪60年代曾发现过一批保存了几十年甚至百余年同仁堂制作的中成药,这些药香气浓郁,润而不干,就像是近期制作的一般,其过硬的质量是不言而喻的。

同仁堂的药质和药效让人深感神奇,殊不知它的采购和制作是何等的考究。同仁堂一向不惜以高价购买上等参茸;对于不按时令采集的劣等药材,尽管市场价格便宜,也绝不购买。对黄酒、蜂蜜等附加料的选择也是极为重视。在制作成药过程中,同仁堂严格地按照祖训“炮制虽繁,必不敢省人工;品味虽贵,必不敢减物力”行事。如今,“质量第一”的宗旨不变,店内所有药品都从主渠道进货,“产非其地,采非其时”的药材被拒之门外。店内的中成药,从购进原料、炮制到包装上柜,要经上百道工序,每道工序都有严格的标准。所售饮片,均需经过再加工,除去杂质方可销售。

三百多个春秋过去了,同仁堂药店大了,名气大了,但它的追求——质量第一——却丝毫未变。为了让每一位顾客都能买到放心药，药店采取各种措施，杜绝假冒伪劣商品进店。药店建立了从采购、验收、保管到销售，一环紧扣一环，层层把关的质量检验制度。在收购野山参、鹿茸、冬虫夏草、牛黄等名景药材时，要派经验丰富的中药专家亲临产地，看货选样。俗话说“丸散膏丹，神仙难辨”。传统的中药生产鉴别所凭借的经验，是对药物的眼看、手摸、鼻闻、口尝的感性认识。但鉴于现今假冒伪劣药品充斥市场，同仁堂的产品除了传统的鉴别方法外，要由质检科送权威检测部门检验，合格后方可销售。

过去的同仁堂就很注重宣传自己：每当京城会试期间，同仁堂都要向举子们馈赠牛黄清心、羚翘解毒等四季度时之药，以此为同仁堂传名。每当阴历二月开沟时，同仁堂便制造写有同仁堂字样的大红灯笼，夜晚置于开沟之地，以防行人落入沟中。同仁堂时常还做些舍粥、舍棺材的义举……这一切都使同仁堂美名流传。

在市场经济中，同仁堂人更没有放弃对自己的宣传。媒体的宣传是其中的一小部分，大部分的宣传手段靠的是“真诚的服务”。

多年来，同仁堂一直默默地为顾客提供着费工、费时、不见经济效益的各种便民服务。买药的顾客有时对药性不清楚，或是代别人抓药，为此同仁堂在店堂中设立了“问病服药处”，聘请有经验的退休老药工为顾客提供免费咨询。

中药里，汤剂的比重较大，熬制汤药费工费时。同仁堂坚持为顾客熬制汤药，只收取极低的工本费。此外，他们还长期代客加工中成药，加工的丸、散、膏、丹等保持了传统的制作工艺，用料细，做工精，有效成分保持得好，因而许多国际友人和海外华侨托人或专程来同仁堂配药。

代客邮寄药品业务也是赔本的买卖，可邮寄部始终做到“有信必答，有求必应”。顾客寄来的钱剩余得多，便为顾客寄回；如果只剩下块八毛的，就买成邮票同药一起寄回。他们这种“计较”的态度令顾客感动不已。

药店还安排专人夜间售药，设立患者和客户急需药品登记簿，为残疾人送药上门，增设ATM取款机、磁卡电话、助听器测试仪以及外币兑换业务，目前已可兑换21个国家的货币。1996年，同仁堂又本着“社会效益第一，一心为病患者服务”的指导思想，创办了医馆，聘请26名有丰富临床经验的北京市名老中医坐堂应诊，为百姓解决了看专家号难的问题。由于医馆专家的医术精湛，疗效显著，国内外各阶层人士纷纷慕名而来。

这些便民、利民的服务胜过了千言万语的文字宣传，因为它深入民心。现在，在经济大潮中，同仁堂为维护自己的声誉——在国内外进行商标注册。同仁堂商标已在新加坡、泰国、菲律宾、意大利、英国、日本等国家和地区以及28个马德里协约国注册或申请注册。由于全面考虑商标的可读性和可传播性，同仁堂又在以上国家申请注册“TONCRENTANG”英文商标，双龙加拼音TONCRENTANG为同仁堂出口产品的专用标志。

同仁堂对商标管理极为严格。同仁堂包装广告公司行使对集团商标的管理职能，商标问题的重大决策必须经过集团总经理主管副总经理、有关处室处长召开办公会讨论通过。使用同仁堂商标的单位，按统一表格填报申请材料，交同仁堂包装广告公司，申请材料经商标办公会议审批，申请批准后要签订统一的商标使用许可合同，被许可人无权再转让他人使用。商标使用许可合同签订后3个月内报注册人和被许可单位所在工商局备案；委托手续中产生的一切文书材料，由同仁堂包装广告公司负责归档。使用期限最长为3年，使用期满后如继续使用，应重新申报使用手续。商标的制版和印刷交给工商行政部门批准的、有资格承揽该项业务的厂家负责印刷。每块印刷版都要有档案,每批印刷都要登记留样。同仁堂商标被许可使用单位要对商标标识物建立入库、领料手续。商标管理人员定期对车间、仓库的商标标识物、各种包装材料的使用及仓储情况进行现场检查、监督,并完善使用、回收和销毁制度。

同仁堂“德、诚、信”的声誉的确来之不易。

规模、实力的壮大并没有让同仁堂停息前进的脚步。同仁堂人十分清楚自己的处境;中国大地上有不少中外合资、外商独资的制药企业。他们的西药简单方便、疗效快的优势对同仁堂冲击很大。而且,欧美仍有不少国家和地区对中医、中草药持怀疑态度,这块市场很难抢占。现今中国年青一代受现代文化的影响,对“同仁堂”只有少许印象。

面对这些不利因素,同仁堂集团公司投资3.4亿元改造生产环境,增添现代化设备。他们添置的高压液相仪、原子吸收光谱仪、薄层扫描仪等全套检测设备,使产品质量有了科学保证。店内还完善了计算机信息管理系统,各业务部销售情况、物价、资金使用情况、人员档案、广告宣传,以及水蜜丸、药酒等的生产过程中的投料、监控等均采用微机操作。同仁堂积极巩固国内“阵地”,在北京、香港等建立分店,电视上也出现了他们的广告。与此同时,他们还大胆地走出国门,目前“同仁堂”已取得了十几个国家和地区的质量认证和进口许可,产品通过直接和转口贸易形式出口40多个国家和地区;在亚洲、欧洲、大洋洲的4个城市设立销售分公司,以拉近与这些地区的消费者的距离。为了适应国外的习惯,同仁堂集团努力在药品的剂型、包装、销售等方面与世界接轨。以前藿香正气丸一次要吃一大把,外国患者不习惯。他们反复研究,生产出了浓缩的软胶囊,每次只服两粒,这个改进扩大了销量。中药的说明采用的往往是古老的四六句,老外弄不明白,且不标明毒理和病理数据,同仁堂集团把出口药品的说明改成普通语言,标明有关检测数据,甚至用图解说明。这些努力在世界卫生组织及西亚等地区举办的首届国际传统医药大会上得以回报:牛黄清心丸获首届长城国际金奖,国公酒、白凤丸获银奖。

虽说从前门闹市中轰轰烈烈地杀到了国际市场这个大舞台,同仁堂却像往昔一般平淡:热情的服务,一流的质量,唯有新扩建的同仁堂又增添了许多中国古老的中医药文化的气息,还有门口那两只经过细心选择的、预示着祥瑞之意的可爱的麒麟……

案例思考题:

1. 面对外部环境的不断变化,同仁堂为何能够始终赢得顾客的信任?
2. 同仁堂采取了哪些管理方式?在他们的管理中坚持了怎样的企业伦理和社会责任?

第三章 管理历史

在过去的100年里，人类源源不断地创造出管理理论。过去的一百年见证了管理形成的戏剧性过程。管理从一种不可言传的、非正式的、临时性的活动，发展成为一种可以从所有可能的角度进行规范分析和评论的活动。管理成为一种职业，管理成为社会经济和个人生活的一种重要推动力量。现在，似乎已经没有什么东西，没有什么组织和活动可以超越管理的范围。本章将介绍管理概念的起源，并说明管理概念是如何响应组织和社会的变化而不断演进的。我们还将介绍许多当前管理所面临的趋势和问题，以便将过去与未来联系起来，说明管理是一个不断在发展的领域。

第一节 古典管理理论

一、管理的史前时期

管理学正式形成之前的历史时期统称为管理的史前时期。在某些人的监督下将人们的努力组织起来，这些监督者负责计划、组织、领导和控制，这种活动已存在了几千年。如金字塔、长城等人类大型工程的实施，就需要精湛的管理技术。

先人的管理思想散落在古代的史籍和各种著作中，阅读这些文字时这些睿智的火花不时地在我们眼前跳跃。如《圣经》旧约全书的《出埃及记》中记载，希伯来人领袖摩西的岳父对摩西事必躬亲的做法提出建议："你这种做事的方式不对头，你会累垮的。你承担的事情太繁重，光靠你个人是完不成的。现在你听我的，我要给你一个建议……你应当从百姓中挑选出能干的人，封他们为千夫长、百夫长、五十夫长和十夫长，让他们审理百姓的各种案件。凡是大事呈报到你这里，所有的小事由他们去裁决，这样他们会替你分担许多容易处理的琐事。如果你能够这样做事，这是上帝的旨意，那么你就能在位长久，所有的百姓将安居乐业。"我国古代典籍《孙子兵法》关于战争管理的论述至今仍吸引着大量的读者，尤其是在中国、中国的香港、台湾地区以及新加坡。

亚当·斯密(Adam Smith)对古典经济学说作出了重大贡献，他于1776年发表的《国富论》对劳动分工及其产生的巨大经济利益进行了精辟论述。所谓劳动分工，即将工作分解成一些单一的和重复性的作业。Smith得出结论，劳动分工之所以能够提高生产率，是因为它提高了每个工人的技巧和熟练程度，节约了由于变换工作而浪费的时间，以及有利于机器的发明和应用。今天广泛普及的工作专业化(如服务业中的教学和医疗,以及汽车厂的装配线),无疑是由于 Smith 在 200 多年前就提出的劳动分工所产生的经济效益。

法国经济学家萨伊(Jean Baptiste Say,1767—1832。他将政治经济学体系划分为生产、分配和消费三个部分)第一个明确将管理作为独立的生产要素,同土地、劳动、资本相并列。

20 世纪前对管理最重要的影响来自于产业革命,它开始于 18 世纪的英国。产业革命的结果是机器动力代替部分人力——机器大生产和工厂制度普遍出现。随着产业革命以及工厂制度的发展,工厂和公司的管理需求越来越突出:这些工厂需要预测需求,保证有足够的原料供应;向工人分派任务,指挥每天的生产活动;协调各种活动,保证机器正常运转和保证产品质量;以及为产品寻找市场等。特别地,在家庭手工业中人们很少关心效率,而在大生产条件下,面临按期支付工人工资的压力,如何使工人满负荷工作就变得非常重要了。于是,计划、组织、领导和控制就成为必不可少的了。

始自英国的产业革命随后扩散到欧美其他国家。例如工业革命到达美国后,孕育了纺织工业。1808 年美国已经出现了 15 家纺织厂,一些企业还对早先的英国管理方式进行改进,雇佣了专业管理人员,并使用了蒸汽机。不过在内战(1861—1865)前,美国绝大部分企业都是家庭所有、家庭管理、规模小、技术不发达,这是与其时代特征相适应的:它们以少量的资本投资,服务于有限的市场。随着铁路、轮船以及通信技术(如电报)的出现,市场扩大了,于是产生了对先进机器和大规模生产的需要。在先进机器和大规模生产条件下,提高效率就成为一个中心问题——因为昂贵的设备(如炼钢用的大型鼓风炉)只有发挥最大的生产效率,才能降低成本,从而降低价格,扩大市场。另外,机械力的使用、大批量生产、欧美国家迅速扩展的铁路系统所带来的运输成本的降低,等等,也促进了大公司的发展(大型企业首先出现于铁路系统)。如 John D. Rockefeller 建立了垄断性的标准石油公司(Standard Oil); Andrew Carnegie 控制了钢铁工业的 2/3。这些企业需要正规化的管理,因此规范的管理理论也应运而生。

二、古典管理理论

18 世纪中期的工业革命产生了工厂和企业,企业管理实践开始了。直到 20 世纪初,建立正式管理理论的尝试才迈出决定性的第一步。管理学自 20 世纪初产生以来,发展速度惊人,参与人数之多、涉及范围之广为其他学科发展所少见。

20 世纪的前半期是一个管理思想多样化的时期。科学管理从如何改进作业人员生产率的角度看待管理,法国的一般行政管理者关心的是整个组织的管理和如何使之更有效;以德国的马克斯·韦伯(Max Weber)等人为代表的古典组织理论,重点分析管理工作的运行机制和基本原则。一批管理研究人员强调人力资源或管理的"人的方面",而另一批人则专注于开发应用数量方法。这些研究或研究方法均对管理的发展作出了贡献。不同的方法都与同一研究对象有关,他们之间研究的差异反映出研究者不同的背景和兴趣。

(一) 泰勒的科学管理思想

如果要确认现代管理理论诞生的年代,那么有充分的理由将其定在 1911 年,这一年弗雷德里克·泰勒出版了《科学管理》一书。这本书阐述了科学管理(Scientific Management)理论——应用科学方法确定从事一项工作的"最佳方法",其内容很快被世界范围内的管理者们普遍接受,科学管理理论从管理思想到工作方法,形成了系统的理论体系,在提高劳动生产效率方面取得了巨大的成就,因而被公认为管理学产生的标志,该理论的代表人物弗雷德里克·泰勒也被誉为"科学管理之父"。科学管理关心的是那些能够最大限度提高工人劳动生产率的手段。它代表了一种20世纪以来一直在使用的工作(作业)设计模式。在一个典型的制造性企业里,你将看到科学管理的思想和技术正在车间使用着,而在办公区域则使用着行政管理思想。

科学管理是随着资本主义自由竞争向垄断过渡逐步形成的。随着科学技术的进步,生产社会化程度不断提高,资本主义市场范围和企业规模的扩大,特别是资本主义公司的兴起,使企业管理工作日益复杂,对管理的要求越来越高。资本家单凭个人的经验和能力管理企业,包揽一切,已不能适应生产发展的需要,客观上要求资本所有者与企业经营者实行分离,由那些具有专门管理知识的经理、厂长、工程师来代替资本家管理企业,以提高管理的水平。1841年10月5日,在美国马萨诸塞—纽约的铁路上,两列火车相撞,造成近20人的伤亡。当时,美国社会舆论哗然,公众对这一事件议论纷纷,对铁路老板低劣的管理进行了严厉的抨击。为平息这种局面,这个铁路公司不得不进行改革,资本家交出了企业管理权,只拿红利,另外聘有管理才能的人担任企业领导,这就是美国历史上第一家所有权与经营权分离的企业。

弗雷德里克·泰勒(1856—1915),美国人,出生于费城。18岁进入费城一家小机械厂做工,4年后进入米德维尔钢铁厂当技工,很快被提升为工长、总技师。在业余学习的基础上,于1883年获得机械工程学位,并于1884年被提升为总工程师。他一生中做过大量的科学试验,例如他进行的切削试验前后持续6年,写出报告300多份,切削的量达80万磅,费用超过15万美元。在试验的基础上,他提出了大量有关提高生产率的原则和方法。1891年,他独立开业,免费从事管理咨询工作,推广他的科学管理理论和方法。泰勒一生致力于提高生产率的研究工作,是一个乐于观察思考的人。走路时,他数脚步数,以找出最适当的步幅。他烟酒不沾,甚至不喝咖啡,不饮茶,总是处于不安和高度紧张的状态中,失眠与噩梦终身伴随着他。他害怕仰面躺着,所以只有把自己竖直地支在床上或椅子上时才能睡安稳。他不能容忍看到一台车床闲置或一个人无所事事。他从不偷懒,也不允许别人这样做。泰勒的著作有:《工厂管理》《计件工资制》《科学管理原理》等,其中《科学管理原理》一书被人们视为管理理论产生的里程碑。

泰勒的大部分工作生涯是在宾夕法尼亚州的米德韦尔和伯利恒钢铁公司度过的。作为一位有着清教徒生活背景的机械工程师,他始终对工人的低效率感到震惊。他相信工人的生产率只达到应有水平的1/3。于是,他从1880年开始在车间里试验用科学方法来纠正这种状况。他花了20年的时间,以极大的热情寻求从事每一项工作的"最佳方法"。

理解泰勒在米德韦尔钢铁公司所目睹的现象是很重要的,正是这种亲身感受唤起他改进工厂中工作方式的决心。在那个时候,工人和管理者没有明确的责任概念,实际上不存在有效的工作标准:工人们有意慢条斯理地干活,管理者做决定都是凭预感和直觉,工人被分派干什么工作很少或完全不考虑他的能力和才能是否适宜从事这项工作。更为严重的是,管理当局与工人们都认为,他们之间存在着固有的对立,他们不是为相互的利益而合作,而是把他们之间的关系看作是一种零和对弈——任何一方的收益同时又是另一方的损失。

1. 科学管理理论的基本假设、原则和研究方法

泰勒力图寻求在工人和管理当局双方掀起一场思想革命，并寻求提高生产率的指导方针。在这里，理解科学管理理论的基本假设是很重要的，虽然有些假设是隐含的：

(1) 造成劳资矛盾的主要原因是社会资源没有得到充分利用。泰勒认识到了劳资矛盾的存在，但他认为如果能通过科学管理将社会资源充分利用，并使劳资双方都能得到利益，那么劳资矛盾就可以得到解决。

(2) 经济人假设。即人是以追求物质利益为目的的，都希望以尽可能少的付出获得最大限度的收获，并且为此可以不择手段。因此，只要能使工人得到经济利益，他们愿意配合管理者挖掘出他们自身最大的潜能。

(3) 单个人是可以取得最大效率的，但集体的行为反而导致效率下降(这一假设决定了泰勒对工会的反对态度)。科学管理是使单个人发挥最大效率的有效方法。

以上三个假设都存在缺陷，但在当时已是相当客观了。例如，经济人假设就超越了将人当作"会说话的工具"的传统的"受雇人"假设。在受雇人假设下，工人作为受雇人全是些好吃懒做、游手好闲、好逸恶劳、推一推动一动、没有一点责任心的恶习人。基于这一假设，资本家采用残酷的手段来管束工人，增加劳动强度，不改善工作环境，任意延长劳动时间，尽量少给工资，实施严厉的惩罚手段。而在经济人假设下，工人为获取最大的工资收入而劳动，并假设如果给予工人一定的工资激励，会引导他们努力工作，服从指挥，接受管理。正如泰勒所言，科学管理并不驱赶工人工作，科学管理不能靠给工人不能长期承担的工作来发财。显然，这一假设较前者更符合人的特征。

基于上述假设，科学管理理论强调：

(1) 效率至上。管理的中心问题是提高劳动生产率。

(2) 为了谋求最高的工作效率可以采取任何必要的方法。在各项工作中要挑选第一流的工人，在作业过程中要求工人掌握标准化的操作方法，使用标准化的工具、机器和材料，作业环境也是标准化的，不用考虑人性的特点。

(3) 劳资双方应该共同协作。为追求效率，最高管理人员和工人都要实行最大的精神革命，在工作中要互相协作，共同努力(当然是站在资方立场上的)。

以上三点构成了科学管理的基本出发点。泰勒具体地阐述了科学管理所遵循的四项原则。

(1) 对工人工作的每一要素开发出科学方法，用于代替老的经验方法。这一条讲的是对作业进行科学研究，以便制定合理的作业定额。

(2) 科学地挑选工人，并对他们进行培训、教育(而在过去，则是由工人自己选择工作，并尽自己的可能进行自我培训)。这一条将视野投向工人身上，试图从工人素质上找到管理赖以发挥长久作用的基础。

(3) 与工人们衷心地合作，以保证一切工作都按已形成的科学原则去办。这一条将管理者与管理对象统一起来，以通过经常沟通使管理的各项措施得以顺利实施。

(4) 管理当局与工人在工作和职责上的划分几乎是相等的，管理当局把自己比工人更胜任的各种工作都承揽过来(而在过去，几乎所有的工作和大部分责任都推到了工人头上)。最后一条实际上将企业中的管理职能与一线工人的作业职能区分开来，并且强调由于这种分工导致管理者和工人之间承担的责任不同。

科学管理理论建立在一系列的科学管理实验基础之上。这些实验(如著名的搬运生铁实验、铁砂和煤炭铲掘实验、金属切削实验)遵循了两个基本原理:

(1) 作业研究原理　用于分析和改进操作方法以提高工效。泰勒认为必须让每个人都用正确的方法作业,为此必须把每项操作分解成许多的动作要素,然后研究每项动作的必要性和合理性,据此决定去掉那些不合理的动作要素,并对保留下来的必要成分依据经济合理的原则,加以改进和合并,以形成标准的作业方法。

(2) 时间研究原理　用于制定标准作业时间和工资率。即,在动作分解与作业分析的基础上,进一步观察和分析工人完成每项动作所需要的时间,并考虑满足一些生理需要的时间和不可避免的耽误的时间,为标准作业制定标准的作业时间,以便确定工人的劳动定额,即一天合理的工作量。

2. 科学管理的主要内容

上述基本假设、基本原则和研究方法奠定了科学管理的基础。概括起来,科学管理的具体内容可划分为三个方面:作业管理、组织管理和管理哲学。

(1) 作业管理。作业管理是科学管理最具特色的部分和主要内容,它由一系列的科学方法组成。

● 工作定额原理。建立在动作—工时研究的基础之上,目的是为工人制定“合理的日工作量”。这一原理为开发出科学方法,代替老的经验方法奠定了基础。

● 标准化原理。制订并使工人掌握标准化的、科学的操作方法,包括标准化的工具、机器和材料以及标准化的作业环境,即所谓的“标准化原理”。泰勒认为工人提高劳动生产率的潜力是巨大的。挖掘潜力的方法应该是把工人多年积累的经验和技巧归纳整理并结合起来,通过分析比较找出其中具有共性和规律性的东西,并将其标准化(1914 年福特发明流水线生产)。用这一方法对工人的工作方法、使用的工具、劳动和休息时间等进行合理搭配,同时对机器安排、环境因素等进行改进,消除种种不合理因素,把最好的因素结合起来,这就得到了提高生产率的根本保证。泰勒将其视为管理当局的首要职责。

● 制订培训工人的科学方法。泰勒认为为了挖掘人的最大潜力,必须做到人尽其才,或者说,对某一项工作必须找到最适宜干这项工作的人,同时还要最大限度地挖掘最适宜干这个工作的人的最大潜力——这就有可能达到最高效率。因此,对任何一项工作必须要挑选“第一流的工人”——既适合于其作业而又愿意努力干活的人。泰勒认为培训工人成为“第一流的工人”是领导方面的职责。企业管理当局的责任,在于为职工安排最合适的作业,培训他成为第一流的工人,使其能力与作业相配合。至于“高的日作业定额”,泰勒是以第一流工人“能在不损害其健康的情况下,维持很长年限的速度,能使他更加愉快而健壮的速度”为标准的。所谓“第一流速度”,不是以突击活动或持续紧张为基础,而是以工人能长期维持的正常速度为基础的。

● 刺激性工资制度。泰勒于 1895 年提出了其刺激性工资制度,这一制度包含两个要点:一是通过工时研究和分析,制订一个作业的定额或标准,这样就把定额的制订从以估计和经验为依据改变为以科学为依据。二是采用“差别计件制”。后来,在甘特的影响下,泰勒缓和了其在工资问题上的严格立场。

(2) 组织管理。包括把计划职能与执行职能分开,变经验工作法为科学工作法,实行职能工长制。

● 把计划职能与执行职能分开，变经验工作法为科学工作法。所谓的经验工作法是指每个工人用什么方法操作，使用什么工具，都根据他自己的（或师傅等人）的经验来决定。泰勒则主张明确划分计划职能与执行职能，由专门计划部门标准化的操作方法、工具和定额，拟订计划并发布指示和命令，并进行有效的控制。至于现场工人，则从事执行的职能，按照计划部门制定的操作方法和指示，使用标准工具从事实际作业，不得自行改变计划。

● 职能工长制。一种“职能管理”，即将管理的工作予以细分，使所有管理者只承担一种管理职能。泰勒认为职能工长制具有三个优点：其一，对管理者的培训较少；其二，管理者责任明确，因而可以提高效率；其三，由于计划部门的作用，车间现场的职能工长只需进行指挥监督。因此非熟练技术工人也可以从事较复杂的工作，从而可以降低整个企业的生产费用。这一思想当时并没有得到推广，但却为以后职能部门的建立和管理的专业化提供了参考。

● 例外原则。即高级管理人员应把例行的一般日常事务授权下级管理人员去做，自己只保留对例外事项的决定和监督权。这种管理控制原理以后发展成为管理上的分权化原则和实行事业部制（1920 年小斯隆对通用汽车公司进行改组，采用了集中政策控制下的分权制——事业部制，成为大型企业普遍采用的典型的组织结构模式）管理体制。

（3）管理哲学。与其说科学管理是一些原理和原则组成的管理理论，不如说科学管理是一种改变人们对管理实践重新审视的管理哲学。泰勒在美国听证会上声明，科学管理不是计件工作制，不是工时研究，不是职能工长制，不是人们谈到科学管理时一般人所想到的任何方法。它们都不是科学管理，它们是科学管理的有益的辅助手段。泰勒进一步宣称，“科学管理在实质上包含着要求每一个工人进行一场全面的心理革命——要求他们在对待工作、同伴和雇主的义务上进行一种全面的心理革命。此外，科学管理也要求工长、监工、企业所有人、董事会进行一场全面的心理革命，要求他们在对管理部门的同事、对他们的工人和所有日常问题的责任上进行一场全面的心理革命。没有双方的这种心理革命，科学管理就不能存在”，“他们会看到，当他们双方不再相互敌视，而是肩并肩地向同一方向迈进时，通过他们的共同努力所创造出的剩余额将多得简直令人目瞪口呆……以至工人工资有大大增加的充分余地，制造商的利润也会大大增加。这就是伟大的心理革命的开始，是实现科学管理的第一步”，“科学管理的常规特征是协调而不是不和”。但是，“科学管理中没有任何一点慈善的内容，任何一种管理措施如果含有慈善因素，则一定失败——慈善因素在任何管理措施中都没有地位”。[1]

（二）法约尔的一般行政管理理论

泰勒同时代的另一批思想家也在思考着管理问题，他们关注的焦点是整个组织。我们称这些人为一般行政管理理论家。在发展更一般的管理理论——即解释管理者的工作是什么，以及有效的管理由哪些要素构成，他们作出了重要贡献。他们与科学管理思想家一起被称为古典理论家。他们中的杰出代表是亨利·法约尔和马克斯·韦伯。

亨利·法约尔（1841—1925），法国人，他出身于一个资产阶级家庭。1858—1860 年，就读于圣艾蒂安国立矿业学院，毕业后作为一名采矿工人进入一家采矿冶金公司，1866 年被

〔1〕 泰勒. 科学管理原理. 北京：团结出版社，1999：299－348.

任命为矿井矿长，1872 年提升为经理，负责多个矿井。1888 年，当公司处于破产边缘时，他被任命为公司的总经理，并按照自己的管理思想和理论改革、整顿公司，到 1918 年他退休时，他所经营的公司已能在财务上和经营上立于不败之地，至今仍是法国中部最大的采矿和冶金集团的一部分。

亨利 · 法约尔(Henri Fayol)(1841—1925)的职业生涯是在法国一家大型矿业冶金公司度过的，并在该公司担任总经理达 30 年(1888—1918)之久。他接受任务时该企业正处于破产的边缘，当他退休时这家企业的财务状况已无懈可击。因具有长期从事高层管理工作的背景(泰勒是从工人的地位开始研究工作的，而法约尔却是从天平的另一端——总经理的地位开始的)，他对全面管理工作(所有管理者的活动)有着深刻的体会和了解。人们一般认为法约尔是第一个概括和阐述一般管理理论的管理学家。其管理思想主要表达在《工业管理与一般管理》(1916)这部经典性著作中，他认为，应建立一套公认的普遍验证过的原则、方法。

法约尔认为经营与管理是两个不同的概念。经营是引导一个组织趋向于一个目标。经营包含六种活动：技术活动(生产)，商业活动(交换活动)，财务活动(资金的筹集、控制和使用)，安全活动(财务与人身的安全)，会计活动(记账算账，成本核算和统计)，管理活动(行政管理)。

法约尔指出，人们对前五种活动了解较多，但对管理活动知之甚少。管理是有别于以上五种职能的一种职能。在以上六种活动中，前五种活动都不负责制订企业的总经营计划，不负责建立社会组织、协调各方面的力量和行动。这些重要职能属于管理的范畴。管理活动处于以上活动的核心地位，即企业本身需要管理，同样地，其他五项活动也需要管理。而且，管理职能是具有一般性的，是适用于工商企业、政府甚至家庭中所有涉及人的管理的一种共同的活动。

法约尔的主要贡献在于提出了关于管理的五大要素或五大职能——即计划(探索未来，制订行动计划)、组织(建立企业物质和社会的双重结构)、指挥(使人发挥作用)、协调(连接、联合、调动所有的活动及力量)和控制(注意是否一切都已按已制定的规章和下达的命令进行)——的思想，这一思想已成为认识管理职能和管理过程的一般性框架。较为系统地阐述了管理工作的因素，即管理职能，认为管理就是计划、组织、指挥、协调和控制。这种观点被人们普遍接受，并成为研究管理职能的基础。

进一步地，法约尔根据自己在大企业的管理经验，提出了组织经营的 14 项原则，这些原则是：

(1) 工作分工　这条原则与亚当 · 斯密的“劳动分工”原则是一致的。专业化分工使雇员的工作更有效率，从而提高了工作量。

(2) 职权　管理者必须能够发布命令，职权赋予管理者这种权利。但是，责任应当与职权相对应，凡行使职权的地方，就应当建立责任。

(3) 纪律　员工必须遵守和尊重组织中的督导规则，良好的纪律是有效领导的结果。对管理者与工人之间关系的明确认识事关组织的规则。公平运用惩罚可以抑制违规行为。

(4) 统一指挥　每一位员工应当只接受来自一位上级的命令。

(5) 统一领导　每一个具有同一目标的组织活动，应当在一位管理者和一个计划的指导下进行。

(6) 个人利益服从整体利益　任何一位员工个人或员工团体的利益，不应当置于组织的整体利益之上。

(7) 报酬　对工人的劳务必须付给公平的工资。

(8) 集中　集中是指下级参与决策的程度。决策是集中好(集中于管理层)还是分散好(分散给下属)，涉及一个适度的问题，管理当局的任务是找到在每种情况下最适合的集中程度。

(9) 等级链　从最高层管理到最低层管理形成的职权直线代表了一个等级链，沟通应当按这种等级链进行传递。但是，如果遵循等级链会导致信息传递的延迟，而所有当事人都同意并通知了各自的上级，则可以允许横向交叉沟通。

(10) 秩序　人员和材料应当在恰当的时候放到恰当的位置上。

(11) 平等　管理者应当诚恳和平等地对待下级。

(12) 人员的稳定　员工过高的离职率是低效率的。管理当局应当提供有章法的人事计划，并保证有合适的人选接替职务的空缺。

(13) 首创精神　允诺员工自发制订和实施计划将会极大地调动他们的积极性。

(14) 合作精神　鼓励团队合作精神将会在组织中建立起和谐和团结的氛围。

这些原则目前仍被运用于现代管理实践中。法约尔也因上述贡献而被人们誉为“经营管理之父”。

管理的可教育与可传授性。法约尔论述了管理教育的必要性与可行性，认为管理人员的素质应该通过教育与学习来提高。企业对管理知识的需要是普遍的，而单一的技术教育适应不了企业的一般需要，因此应尽快建立管理理论，同时在学校中进行管理教育，使管理教育能起到像技术教育那样的作用。他的管理理论的观点打破了管理局限于工矿企业的传统，使管理在一切的组织机构中得以推广应用。但他强调指出，这些原则全部是尺度问题，是灵活的而不是死板的和绝对的，管理的实质在于懂得如何运用它们。管理是一门艺术，必须考虑各种可变因素的影响，管理需要智慧、经验、判断和注意尺度。

(三) 韦伯的官僚行政组织

马克斯·韦伯(Max Weber)(1864—1920)本人的研究领域属于历史—哲学范畴，他是德国的一位社会学家和哲学家，也是一位享誉世界的思想家、“组织理论之父”。在20世纪早期，他提出了一种权威结构理论，并依据权威关系来描述组织活动。他描述了一种他称之为官僚行政组织的理想组织模式。所谓“理想的官僚组织体系”是一种体现劳动分工原则、有着明确定义的等级和详细的规则与制度，以及非个人关系的组织模式。核心：设立公职，权力的承袭通过职位，而不是依靠世袭或个人魅力。韦伯认为尽管这种“理想的官僚主义行政组织”在现实中是不存在的，但它代表了一种可供选择的现实世界的重构模式(理论模式)。他把这种模式作为推理的基础，用来推论在一个大的团体中应当有哪些工作和应当如何从事这些工作。韦伯认为这种高度结构化的、正式的、非人格化的理想行政组织体系是一种合理的、高效率的最有效形式，优于其他形式，适用于各种行政管理工作。这一理论对工业化以来各种不同类型，组织产生了广泛而深远的影响，成为现代大型组织采用的一种组织管理模式。

马克斯·韦伯(1864—1920)，德国人，“组织理论之父”，出身于爱尔福特的一个富裕家庭。1882年进入海德堡大学读法律，以后又就读于柏林大学和哥丁根大学。曾于1883—

1888 年间参加过四次军事训练，对德国的军事生活和组织制度有相当多的了解。他一生中担任过多所大学的教授，1894 年开始担任弗赖堡大学政治经济学教授，1896 年开始担任海德堡大学经济学教授，1918 年开始担任维也纳大学社会学教授，1919 年开始担任慕尼黑大学社会学教授等。此外，他还担任过政府顾问、编辑、著作家等。他的著作有《经济和社会》《社会和经济组织的理论》《社会学论文集》等，他在管理思想上的最大贡献是提出了"理想的行政组织体系理论"。

韦伯的组织理论又被称为"官僚制"或"科层制"。其理论的核心内容如下：

1. 权威的类型与基础

韦伯认为任何组织都必须以某种形式的权威（权力）作为基础，才能变混乱为有秩序，进而实现其目标。他从历史的角度，考察了不同类型的权力，认为存在三种纯粹形态的合法权力（或被社会接受的权力）：

(1) 超凡权力　基于对发命令的人超凡的神圣（如耶稣基督）或非凡的个性特征——如英雄主义或模范品质——的崇拜，并表现为一种先知—信徒关系。

(2) 传统权力　传统权力要求服从命令，其依据是对古老传统的不可侵犯性和按传统执行权力的人的正统性的信念，主要表现为一种君主—臣民关系。权力的所有者可以通过让人得到恩惠或失去宠幸以及对臣民进行保护而实施管理。臣民对权力拥有者保持服从和尊敬。

(3) 法定权力　即理性、法律的权力。这是一种对法律确定的职位或地位的权力的服从。法定权力要求服从命令，是因为人们都知道发命令的人是按法律原则和条款办事的。这一类型主要依靠不在于个人的、科学合理的理性权力实现管理。

在这三种纯粹形态的权力中，传统权力的效率最差，因为其领导人不是按能力挑选的，其管理单纯是为保存过去的传统而行事。超凡权力则过于带感情色彩，并非是理性的，依据的不是规章制度而是神秘的神圣的启示。所以，这两种权力都不宜作为"理想的行政组织"的基础，只有第三种权力才能作为这种行政组织的基础。

2. 官僚制的特征

● 劳动分工：工作应当分解为简单的、例行的和明确的任务。

● 职权等级：职位应按等级来组织，每个下级应接受上级的控制和监督。换言之，按照不同职位权力的大小，确定其在组织中的地位，形成有序的等级系统。

● 正式选拔：所有组织成员都是依据经过培训、教育或正式考核所取得的技术资格选拔的，即根据技术资格挑选组织成员。

● 正式的规则制度：为了确保一贯性和全体雇员的活动，管理者必须倚重正式的组织规则。换言之，管理人员根据法律制度赋予的权力处于拥有权力的地位，原则上所有的人都服从制度规定，而不是服从于某个人。

● 非人格化：理性意志代替个人情感。规定和控制的实施具有一致性，避免掺杂个性和雇员的个人偏好。换言之，管理人员在实施管理时，每个管理人员负责特定的工作，拥有执行自己职能所必要的权力，权力要受到严格限制，服从有关部门章程和制度的规定。

● 职业定向：管理者是职业化的官员而不是他所管理单位的所有者，他们领取固定工资并在组织中追求他们职业生涯上的成就。换言之，管理者的职务就是他的职业，他有固定报酬，有按才干晋升的机会。

3. 官僚制的优越性

合理性与效率性。担任职务的人员是按照他完成任务的能力挑选出来的，因而其能力与职务之间具有合理性，并能够提供组织运行效率。

管理具有行使权力的法律依据和手段，是理性精神、合理化精神的体现。官僚制存在一套具有连续性的规章制度网，涉及组织管理过程中的许多主要方面，它给每项工作确立了清楚的、全面的、明确的职权和责任，从而使组织的运转和个人行为尽可能少地依赖个人。

以上特点使官僚组织摆脱了传统组织的随机、易变、主观、偏见的影响，具有比传统组织优越得多的精确性、连续性、可靠性和稳定性。

可以说，官僚制是一种完全的、理性设计的组织，理性人扮演着特定的角色，执行着特定的行动。这种组织设计适合了工业化以来大型企业组织的需要。大型组织规模大、分工细、层次多，因而需要高度统一、准确、连续、稳定的秩序保证。相比之下，早期传统组织过分依赖个人和裙带关系、人身依附关系，采用任意的、主观的、多变的管理方式，显然不适合大型企业组织管理的要求。

不过，韦伯关于官僚制的著作在20世纪40～50年代之前基本上没有得到美国的承认。他同法约尔一样，不得不等到文化条件使得人们需要从行政管理理论的角度来考虑问题时才得到承认。由于组织规模的增大和复杂性的增加，人们开始探索行政管理的理论。他们在探索过程中发现了韦伯和他的官僚制的理想。〔1〕

以上理论称为古典管理理论。它们具有两个显著的特征：① 强调理性的力量；② 注重物质上的满足，基于“经济人”假设之上。但这一假设必须满足两个条件才能成立：第一，人们的收入水平很低，不足以满足自身的基本需要；第二，“合理的日工作量”可以完成。在19世纪末到20世纪初，这两个条件均存在，因此实施科学管理取得了一定的成效。

第二节 行为科学理论

这一阶段管理理论的重点是运用心理学知识研究管理实践中人的问题。主要研究内容包括：人的本性和需求，行为的动机，尤其是生产中的人际关系等。通过对职工在生产中的行为，以及这些行为产生的原因进行分析研究，进而调节组织中的人际关系，提高生产效率。埃尔顿·梅奥(Elton Mayo)、亚伯拉罕·马斯洛(Abraham H. Maslow)、道格拉斯·麦格雷戈(Douglas M. McGregor)等很多具有丰富心理学知识的管理学家都对行为科学理论做出了巨大的贡献。著名的霍桑试验为“人际关系—行为科学”理论奠定了基础。

一、人力资源管理

这一研究构成了目前的人事管理领域以及关于激励和领导的当代观点。这些研究所持

〔1〕 雷恩.管理思想的演变.北京：中国社会科学出版社，2000：258.

的基本观点是一致的,即一种人力资源观,它强调管理者是同人们一起实现组织任务的。

（一）早期倡导者

关于人的因素对组织成功重要性的认识,至少可以追溯到 Robert Owen。作为空想社会主义者,他设想了一个乌托邦式的工作场所。早在 1825 年他即提出应在法律上规定工作时间、制定童工法、普及教育、由公司提供工作午餐以及企业参与社区发展计划。

芒斯特伯格(Hugo Munsterberg)是原籍德国的美国心理学家,是工业心理学的创始人之一,他开辟了工业心理学研究领域,先后发表了《心理学和工业效率》、《一般心理学和应用心理学》、《企业心理学》等著作,是最先提出心理学能应用于工业以提高劳动生产率的心理学家,并最早确定工业心理学的范围和方法。今天我们关于甄选技术、雇员培训、工作设计和激励的知识,很多是建立在他的研究基础之上的。

福莱特(Mary Parker Follett)则最早认识到应当从个人和群体行为的角度考察组织。她认为组织应基于群体道德而不是个人主义,个人的潜能只有通过群体的结合才能释放出来,否则永远是一种潜能。管理者的任务是协调群体的努力。管理者和工人应将他们看做是合作者——即共同体的一部分。她的人本思想影响着我们看待动机、领导、权力和权威的方式。

巴纳德(Chester Barnard)(1886—1961)的思想则在古典管理理论和人力资源学说之间架设了桥梁。他也是一位实践家,曾任新泽西贝尔电话公司总裁,并深受韦伯著作的影响。但他不同意韦伯对组织的机械论和非人格化观点,他把组织看作一个社会系统,这个系统要求人们之间的合作。他的思想体现在《经理的职能》(1938)一书中。

巴纳德认为组织是由具有相互作用的社会关系的人们组成的,管理者的主要作用是在沟通和激励下级方面尽最大的努力。在他看来,组织的成功主要取决于员工的合作。他还指出,成功取决于与员工和组织与之打交道的外部机构保持良好的关系。基于组织依赖于投资者、供应商、顾客和其他外部机构的认识,他引入了管理者必须审视环境,然后调整组织以保持与环境状态平衡的思想。

巴纳德关于权威的思想同样是富有启发性的。在他所处的时代占统治地位的权威的传统观是:下级必须严格服从上级的权力。这种权力首先在最高层建立起来,然后自上而下贯穿一个组织。按照这种观点,管理者权威的最终来源是组织赖以建立的社会制度。巴纳德则提出了一个相反的观点,他认为权威来自下面而不是上面。这种权威的接受观提出,权威来自于下级接受他的意愿。按照巴纳德的观点,没有本身就代表权威的人,有的只是他的权威被承认的人。如果一个雇员不服从上级的命令,这种不服从是对命令权威的拒绝。当然上级也许能够惩罚那些不服从命令的人,但毕竟上级的命令没有被照办这件事已经发生了。

（二）霍桑实验

管理的人际关系理论的出现并非是突然的。相反,它是随着霍桑实验在 20 世纪 30 年代末开始取得显著的发现而逐渐发展起来的,包括罗特利斯伯格和迪克森 1939 年出版的著名的《管理与工人》一书。人际关系理论对管理学最重要的贡献来自霍桑实验,这项实验因在西方电气公司设在伊利诺伊州西塞罗的 Hawthorne 工厂进行而得名。试验主要采用“控制组”与“试验组”对比的方法,从 1924 年开始,分四阶段进行,到 1932 年结束,历时 8 年时间。霍桑工厂是一家当时拥有 25 000 名工人的生产电话机和电器设备的工厂，该厂设备先进，福利优越，具有良好的娱乐设施、医疗制度和养老金制度。但工人仍愤愤不平，生产效率不甚理想。这一实验最初试图回答一个非常质朴的问题：工作场所的照明对雇员的绩效会产生什么样的影响？最初的照明实验引发了随后的一系列实验。这些实验的基本假设如下：[1]

(1) 改进物质条件和工作方法，可以导致产量增加；

(2) 安排工间休息和缩短工作日，可以解除疲劳，从而增加产量；

(3) 安排工间休息可以减少工作的单调性，从而增加产量；

(4) 个人计件工资制可以促进产量增加；

(5) 改变监工方式与控制方法，可以改善人际关系，从而改进工人的态度，进而促进产量增加。

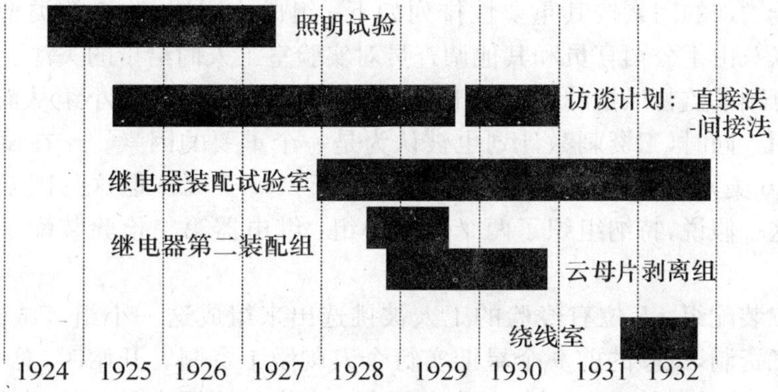

图 3－1　实验的主要阶段

(1) 照明试验。1924 年冬，来自麻省理工学院的专家在西方电气公司的冲床室、绕线室和继电器装配室观察照明条件的变化对工人作业量的影响。1925 年夏，研究人员又挑选具有相同经验和产量的绕线室工人组成相互分开的两组：变化组和控制组。试验结果表明：不论照明条件如何，两组的产量都提高了。而且，即使在不充分照明——甚至照明度降低到近于月光的程度——的条件下，工人们仍维持着效率，产量依然在增加。到 1927 年 4 月，照明试验被放弃了。试验参与者之一、麻省理工学院的查尔斯·E. 斯诺在报告中作出结论："对该研究问题来讲，照明度并不是所要寻求的答案。存在着太多的变量。"他认为，最重要的可能是"人类个体的心理状态"。

在研究参与者之一、西方电气公司雇员霍默·希巴格的建议和工厂助理经理乔治·彭诺克以及工厂经理克拉伦斯·斯托尔的支持下，希巴格在继电器装配检验室设计并运行了一系列实验。

(2) 继电器装配试验室。参与者包括 5 位继电器装配员、1 位电路设计师和 1 位实验观察员。试验前，曾用两周时间观察他们在原工作场所的表现。试验 6 周后，他们被纳入一项激励计划，即将其报酬与这一小组工人的业绩挂钩——工人的报酬是按每人生产 6 件为单

[1] 郭咸纲. 西方管理思想史. 北京：经济管理出版社，1999：167－168.

位计算的，而不是像其他装配员那样实行集体工资制或以 100 件为单位计算。随之，产量开始上升。然后，研究者们引入了工间休息，最初是两个 5 分钟的休息，接着是两个 10 分钟的休息，然后又是六个 5 分钟的休息。8 个月后，调换了 2 名新装配员进来。进一步的变化包括：缩短工作制——用一周五天工作制代替原来的五天半工作制，减少每天工作时间，以及提供午餐和点心。

从实验开始一年后，取消了工间休息，工作日和工作周的长度又改回原始状态，午餐也取消了。随着这些变化的实施，产量有升有降；但是，所有的趋势都反映出产量比以往任何时候都有了极大的提高。

在试验过程中，麻省理工学院的生理和公众健康教授克莱尔·E. 特纳成为一名顾问。特纳认为，减少疲劳只是工间休息的一个结果而非增加产量的原因。然而，休息时间却能给予工人更多的机会进行社会交往，特纳认为精神状态比其他因素更能解释提高产量的原因。特纳将引起产量增加的因素按其重要性排列如下：组成小团体，监工的类型，收入增加，对实验的新奇感以及由于公司官员和其他调查员对实验室工人们给予的关注。

彭诺克注意到了监督风格的变化对工人的影响以及形成较小的小组从而建立团体精神对生产力的作用。同时，工资刺激计划也被认为是一个重要的因素——在试验前工人的平均收入为每周 16 美元，而在实验室里他们能得到 28～50 美元。但这一因素需要进一步检验。为了检验这一假说，特纳组织了两个新的小组：继电器第二检验装配小组和一个云母片剥离组。

继电器第二装配组。5 位有经验的工人被挑选出来组成这一小组。试验前，他们实行的是集体刺激工资制，试验的前 9 个星期实行个人刺激工资制。开始时，总产量上升，然后在新的较高水平(为基期的 112.6%)上稳定下来。在恢复到原来的集体刺激工资制 7 个星期后，继电器第二装配组的小组成绩降到试验以前水平的 96.2%。

云母片剥离组。这一小组实验前后一贯实行个人刺激工资制。试验中的唯一变化是将小组安排在特别的观察室里。如同在早先的试验中一样，对休息时间和工作日长度予以变化。云母片剥离试验持续了 14 个月，每小时平均产量增加了 15%。

特纳对实验结果的分析认为，改变工资刺激可能是产量增加的一个因素，但是它肯定不是唯一的因素。1929 年 5 月的一份实验报告认为：疲劳的减少不是增加产量的一个影响因素；实验小组实施的新工资制是产量增长中的一个相当重要的影响因素；而且工人们更愿意在由一个“体恤的监工”产生的“更加愉快、自由和快乐的工作环境下”工作。

(3) 访谈计划。在照明实验中，研究人员用一系列正式的问题询问工人们的看法，如：你对工作感到愉快吗？你会对来自于同事们的任何压力而受影响吗？由于这些问题都能用是或不是来回答，因而直接访谈几乎没有什么收获。

彭诺克向哈佛大学管理学院的埃尔顿·梅奥 (1880—1949)教授寻求帮助。

梅奥首先于 1928 年花两天时间参观了霍桑的工厂，然后在 1929 年又用四天时间去霍桑工厂，接着在 1930 年开始深入地研究。1929 年的参观虽然短暂，却对访谈计划至关重要。他建议用谈话式的方式进行访谈，事先不规定访谈内容，工人们可任意发表意见。访谈者的任务就是让工人讲话，访谈者应持一种坦率的、让人感到关怀的、愿意倾听意见的态度——这样有助于消除工人们的羞怯和恐惧。

间接访谈为工人们提供了“诉苦”的机会。结果发现，这些诉苦同所讲到的事实一般没有什么关系。这意味着：存在着两种不同级别的诉苦，表现出来的诉苦以及潜在的或心理形式的诉苦（诉苦—隐衷）。例如，一个工人抱怨工作环境中的噪声、温度和烟尘。进一步的考察表明，他真正关心这样的事实，他的兄弟不久前死于肺炎而他担心自己的健康也受到损害。研究认为，工人往往由于关心自己的个人问题而影响了工作成绩。研究也表明，对监工进行训练，使他们能够倾听并理解工人的个人问题而不是对工人进行道德说教，掌握处理社会和个人情况的技巧，这种新型的监工或人际关系方式的领导，能够提高雇员的士气，从而提高产量。

（4）绕线室：团体行为的发现。这是一项关于非正式组织行为的研究。这项研究是在特纳和劳埃德·沃纳的帮助下进行的。实际上，在此之前泰勒就深切地感受到有系统的怠工和团体的压力。但哈佛研究小组的研究则详细地描述了社会团体是如何对各个成员的生产行为进行强有力地控制的。产量限制是他们的一个重要发现，而且他们还进一步指出了团体行为对管理措施和职工满足的含义。

研究发现，在工人中存在着小团体，而且① 小团体不是因工作不同而引起的；② 小团体的形成多少受到工作位置的影响；③ 实验小组的成员也有不属于任何小团体的；④ 每一小团体都认为自己比另一小团体好。

研究还发现，小团体中存在着共同认可的行为准则，如① 谁也不能干得过多或过少，以免影响大家；② 谁也不能向管理当局告密，做有害于同伴的事；③ 任何人都不能远离大家，孤芳自赏，也不能打官腔、找麻烦，即使你是一个检查员也不能像一个检查员；④ 任何人不得在大家中间自吹自擂，自以为是，一心想领导大家。这些规范是通过挖苦、嘲笑以及排斥于社会活动之外等一些社会制裁方法来维护的。

关于产量限制，哈佛研究小组的发现可以概括为三点：① 产量限制是有意的并为团体所确定，而不管企业管理当局有关产量的规定；② 工人们使产量报告平均化，以避免产生过快或过慢的现象；③ 团体有一套办法使脱轨的成员回到轨道上来。关于继电器装配实验室与绕线室在产量上的差异，其解释是：后者存在着限制产量这一条规则。这两个小组都进行了观察，但观察者的作用是不同的。前者，观察者信任工人，征求其意见，鼓励工人参与有关他们的福利决策。而在后者，观察者只是消极地观察，工人则继续着以往那一套非正式的办法。

关于小团体，研究认为，它对工人起着两种作用：① 它保护其成员免于遭受内部成员不当行为（如生产冒尖或生产落后）的伤害；② 它保护其成员免受管理当局职员的外来干预——如提高产量标准、降低工资等。相对于以效率的逻辑为标准的正式组织（为提高效率确保形式上的协作），非正式组织则以感情的逻辑为基础。小团体是对工人的活动和情绪进行控制的一种工具。非正式组织的存在要求管理人员不能只依靠正式组织的效率逻辑来采取行动而忽视非正式组织的感情逻辑，管理当局必须在两者之间保持平衡。

梅奥等人的基本观念是基于对群体中人群关系的了解。他们认为一个群体，无论是机构、工厂或商业组织，其人与人的关系模式是决定其工作或生产效率的主要因素，因此他们应用人类学的参与观察方法以研究人群互动，以便了解每一群体中人与人的关系模式，进而寻求解决其间所发生的问题。他们经过一连串长久的实验研究，选择不同群的工人进行观察以及访谈工作，终于了解了一项重要的事实：工作的环境虽然重要，但组织中人与人的关系却是更重要的，人际关系的合理处置会使工作效率获得很大的改进。经过研究，他们得出一系列重要的结论：

一个机构内的工作人员的效率并非取决于个人生理的能力，而是经常由社会规范（群体的社会准则或标准）所限定的。

物质奖励并非是唯一使工作增加效率的刺激力，工作人员的效率受工作群体的内部和外部人际关系的影响甚大。职工不仅受金钱的影响，还受社会和心理影响，生产效率主要取决于职工的积极性，取决于职工的家庭和社会生活以及企业中人与人的关系。

工作人员并非以个人作为反应的基础，相反，他是一个工作群体中的一员，他的行为受到群体的一切"习俗"（群体标准）的影响。企业中存在着"非正式组织"。它通过不成文的规范左右着成员的感情倾向和行为。

人的行为并非完全有理性，而是带有相当的感情或情绪成分在内；感情或情绪涉及甚广，对行为常发生支配力量。感情或情绪的支配行为虽经常被外显的理由掩盖而不易捉摸，但文化的塑造仍可使之有脉络可寻。

新型的领导能力在于提高职工的满足度。企业中的主管人员要同时具有技术—经济技能和人际关系的技能，要学会了解人们的逻辑行为和非逻辑行为，学会通过交谈来了解人们感情的技巧，要使正式组织的经济需要与非正式组织的社会需要取得平衡。

（三）人力资源理论

人际关系运动在20世纪四五十年代十分活跃，很多组织都尝试以更人性化和更仁慈的方式来对待员工。必须在此强调一下的是（人际关系理论）假定工人满意度的提高能够带来更好的绩效，有时是明显的而有时是暗含的。到20世纪60年代，在不同工作环境下进行的连续研究结果发现，人际关系理论是不完善的或者会有误导的。这些研究的结果表明，在满意度和绩效之间并没有直接的联系，进一步地说，从心理学角度来看，并不能假设满意的员工一定比其他员工的生产率更高。该结果加上其他的分析，引出了关于管理过程的一个新的行为主义的解释。其中之一被称为人力资源理论，它与人际关系理论截然不同，在于设定了关于人的管理一系列不同的起始假设。图3－2说明了这两个理论的本质区别。

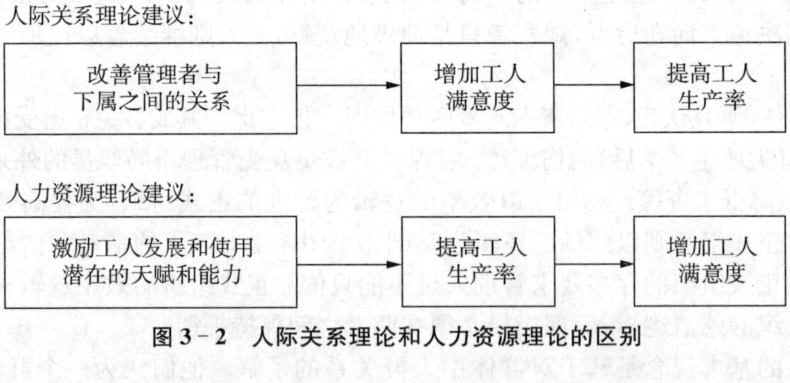

图3－2　人际关系理论和人力资源理论的区别

本质上，由道格拉斯·麦格雷戈（Douglas McGregor）、伦西斯·利克特（Rensis Likert）和克里斯·阿吉里斯（Chris Argyris）等为代表的**人力资源理论**（human resources approach），强调的一个基本信念是与他们过去或现有的工作任务相比，大多数人明显都拥有和准备在工作中使用更多的天赋和能力。如果真的如此，则管理的主要职责就是通过增加自我指挥和自我控制的机会来开发这些没有被利用的人力资源。其逻辑是如果能更好地利用人力资源，就可以提高绩效。如果满意度提高了，实际上只是绩效改善的副产品而不是其原因。要获得人力资源理论的直接证据不太容易，但是在新世纪开始的时候，以组织中人的因素为根本导向成了大量企业管理中暗含的最基本的行为理论。

二、组织行为学

芒斯特伯格、梅奥、马斯洛、麦格雷戈和其他人对管理理论的发展做出了有价值的贡献。但是，今天的许多理论家们也发现，许多人际关系运动的论断是对工作行为的简单化的和不充分的描述，例如，关于工人满意度将导致绩效提高的假设就被证明基本上是无效的。如果这两者间存在什么关系的话，那么就是好的绩效导致工人满意。当前关于管理的行为理论被称为组织行为学，它认为人类在组织中的行为比人际关系运动所认识到的复杂得多。组织行为学的研究领域来自心理学、社会学、人类学、经济学和医学的交叉。组织行为学采用一种整体的行为研究方法，其对象包括个体、群体和组织过程。

第三节 现代管理理论

一、二战之后形成的管理理论丛林

第二次世界大战以来，随着现代自然科学和技术日新月异，生产和组织规模急剧扩大，生产力迅速发展，生产社会化程度不断提高，职工队伍的结构、文化程度都有了变化。由于上述社会经济和政治形式的变化，对企业管理提出了新的要求，许多学者和实际工作者在前人的理论与实践经验的基础上，结合自己的专业知识，去研究现代管理问题。由于研究条件、掌握材料、观察角度，以及研究方法等方面的不同，产生不同的看法和形成不同的思路，从而形成了多种管理学派。

著名管理学家哈罗德·孔茨（Harold Koontz）教授最早提出了管理丛林的概念，并分别于1961年和1980年发表了两篇颇有价值的学术论文"管理理论的丛林"和"再论管理理论的丛林"，专门研究管理丛林问题。在论文中，他指出："现代管理理论在其形成时期的确是缺少学术性的论著。可是现在，学术机构的论著犹如雨后春笋，完全能够弥补以前的不足而有余，并形成了一片各种管理理论和流派盘根错节的丛林。"他进一步指出，"由于社会学家、物理学家、生物学家在管理这个老问题范围内新近都有所发现，由于各类企业管理人员对管理理论的兴趣极大地增长，现在要想穿过我们称之为管理理论的这个丛林会有多么不容易。"[1] 哈罗德·孔茨教授把各种管理理论和学说归纳为11个学派，具体如下。

1. 管理过程学派

该学派的基本观点是：

(1) 管理是一个过程，即让别人同自己去实现既定目标的过程。

〔1〕 哈罗德·孔茨. 管理理论的丛林[J]. 外国经济管理，1999，(5).

(2) 管理过程的职能有五个：计划工作、组织工作、人员配备、指挥、控制。

(3) 管理职能具有普遍性，即各级管理人员都执行着管理职能，但侧重点则因管理级别的不同而异。

(4) 管理应具有灵活性，要因地制宜，灵活应用。

该学派主张按管理职能建立一个作为研究管理问题的概念框架。法约尔被认为是这个学派的创始人。二战后，该学派的观点得到了很多学者和从事实际工作的管理人员的支持和接受。但由于对管理职能的分类有所不同，出现了各种不同的流派。孔茨和奥唐奈合著的《管理学》是战后这一学派的代表作。

2. 社会系统学派

该学派认为，人的相互关系就是一个社会系统，它是人们在意见、力量、愿望以及思想等方面的一种合作关系。管理人员的作用就是要围绕着物质的、生物的和社会的因素去适应总的合作系统。该学派认为，组织是一个社会协作系统，有三个基本要素：共同的目标、协作的意愿（取决于诱因与贡献的平衡）、信息沟通。社会学是这个学派的一个重要理论基础。最早从社会学角度系统研究管理问题的代表人物之一是巴纳德，他的著作《经理的职能》对该学派有很大影响。怀特·贝克从社会学角度提出"组织结合力"的概念，认为企业中的组织结合力包括职能规范系统、职位系统、沟通联络系统、奖惩制度和组织规程。

3. 经验学派

经验主义学派也被称为经理主义学派、案例学派，该学派主张通过分析经验来研究管理学问题，经验主义学派认为应该从企业管理的实际出发，研究企业的成功经验和失败教训，加以总结归纳，找出有共性的东西，并上升到理性认识，就可以抽象出某些一般性的结论或原理，以有助于从事实际工作的管理者理解管理原理，并使之学会有效地从事管理工作。

经验主义学派的管理者认为必须研究管理案例，通过案例研究向一些大企业的经理提供在相同情况下的管理经验和方法。在他们看来，只有经验主义学说才能有效地指导管理实践。很多学者认为，该学派的主张实质上是传授管理学知识的一种方法，称为"案例教学"。实践证明，这是培养学生分析问题和解决问题的一种有效途径，通过这种办法来学习管理，并为管理者提供有益的建议。

经验主义学派的主要代表人物有：① 美国的彼得·F. 德鲁克，代表著作有《管理的实践》《有效的管理者》《管理、任务、责任、实践》《动乱时代中的管理》。② 欧内斯特·戴尔，美国管理学家，主要著作有《公司组织结构的计划和发展》、《伟大的组织者》、《组织中的参谋工作》、《伟大的组织者：组织的理论与实践》。③ 艾尔福雷德·斯隆，美国的高级经理人员，曾长期担任美国通用汽车公司的总经理和董事长。他是事业部管理体制的首创人之一。斯隆设计出一种使集权和分权得到较好平衡的一种组织模式，通用汽车公司在他的领导下，迅速发展并成为世界上最大的汽车公司。

4. 人际关系学派

该学派主张以人与人之间的关系为中心来研究管理问题。该学派把社会科学方面已有的和新近提出的有关理论、方法和技术用来研究人与人之间以及个人的各种现象，从个人的个性特点到文化关系，范围广泛，无所不包。该学派注重个人、注重人的动因，把人的动因看成为一种社会心理现象。其中有些人强调处理人的关系的重要性，有些人认为管理就是领导，还有不少人则着重研究人的行为与动机之间的关系，以及有关激励和领导的问题等。

5. 群体行为学派

该学派同人际关系行为学派密切相关，但它关心的主要是一定群体中的人的行为，而不是一般的人际关系和个人行为；它以社会学、人类文化学和社会心理学为基础，而不是以个人心理学为基础。该学派着重研究各种群体的行为方式，从小群体的文化和行为方式到大群体的行为特点，均在研究之列。有人把该学派的研究内容称为“组织行为”研究。该学派的最早代表人物和研究活动是梅奥和霍桑试验。20 世纪 50 年代，阿吉里斯提出了“不成熟—成熟交替循环的模式”。

6. 社会技术系统学派

这是较新出现的学派，其创始人是英国的特里斯特。该学派认为，要解决管理问题，只分析社会合作系统是不够的，还必须分析研究技术系统对于社会系统的影响，以及对个人心理的影响。该学派认为，组织的绩效以至管理的绩效，不仅取决于人们的行为态度及其相互影响，而且也取决于人们工作所处的技术环境。管理者的主要任务之一就是确保社会合作系统与技术系统的相互协调。该学派特别注重于工业工程、人—机工程等方面问题的研究。

7. 决策理论学派

该学派的基本观点是，由于决策是管理者的主要任务，因而应该集中研究决策问题，而管理又是以决策为特征的，所以应该围绕决策这个核心来形成管理理论。支持这个学派的学者多数是经济学家和数学家。该学派的代表人物是曾获诺贝尔经济学奖的西蒙，其代表作是《管理决策新科学》。当代决策理论学派的视野已大大超出关于评价比较方案过程的范围。他们把评价方案仅仅当成考察整个企业活动领域的出发点，决策理论不再是单纯地局限于某个具体决策上，而是把企业当作一个“小社会”来予以系统地、广泛地考察，因而又涉及社会学、心理学、社会心理学等多种学科。

8. 沟通(信息)中心学派

该学派同决策理论学派关系密切，主张把管理人员看成为一个信息中心，并围绕这一概念来形成管理理论。该学派认为，管理人员的作用是接收信息、储存信息和传播信息，每一位管理人员的岗位犹如一台电话交换台。

该学派强调计算机技术在管理活动和决策中的应用，强调计算机科学同管理思想和行为的结合。该学派的代表人物有李维特、纽曼、香农和韦弗。

9. 数学(“管理科学”)学派

在管理理论体系中，管理科学理论构成一个独立的学派。该学派形成于 20 世纪 70 年代，代表人物有E. S. 伯法(E. S. Buffa)等人。管理科学理论以自然科学和技术科学的最新成果为手段，运用数学模型，对管理工作作出最优规划和决策。数量管理学派又称管理科学学派，是泰勒科学管理理论的继续和发展，该理论的正式形成是在第二次世界大战以后，与行为科学平行发展起来的。二战期间，运筹学的方法在组织和管理大规模的军事活动，特别是军事后勤活动中，取得了巨大成功。运筹学家们认为，管理基本上是一种数学程序、概念、符号以及模型等的演算和推导。他们自称为“管理科学家”。这样，就出现了管理科学学派。该学派认为，如果管理工作、制订决策是一个合乎逻辑的过程，那么就可以利用数学符号或关系式来描述；在研究和解决管理问题(其中包括决策)时，要着重强调合理性、定量分析和准确衡量。从提高效率的角度看，管理科学和科学管理理论一脉相承。两者都设法寻找到最优的工作方法，都渴望实现对资源的充分利用。所不同的是，管理科学理论更加强调系统思想，充分吸收了数学、计算机科学的新成就，更符合现代管理的要求。

10. 权变理论学派

该学派是在经验主义学说基础上进一步发展起来的，但不局限于研究个别案例，提出个别解决方法，而是试图提出适应特定情况的管理组织方案和管理系统方案。该学派认为，在管理中要根据企业所处的内外条件随机应变，没有什么一成不变、普遍适用的“最好的”管理理论和方法。美国的卢桑斯认为，当过程、计量、行为和系统等四个学说结合在一起时，就产生了不同部分总和的某种东西，这就是管理的“权变学说”，这里包含着“权变关系”和“权变理论”。权变关系是指两个或两个以上的变量之间的一种函数关系。权变理论是考虑到有关环境的变量同相应的管理概念和技术之间的关系，使采用的管理观念和技术能有效地达到目标。权变学派认为，不存在普遍适用的、最好的管理原则和方法，一切都要根据企业所处的外部环境和组织内部条件而权宜应变。例如，在环境相对稳定与确定时，采用稳定-机械式组织；在环境相对不稳定或不确定时，采用适应-有机式组织。

11. 管理角色学派

经理到底做些什么？带着这样的问题，加拿大管理学家亨利·明茨伯格（Henry Mintzberg）以对5位总经理的工作的研究为依据，于1968年在麻省理工学院的斯隆管理学院完成了他的博士论文《工作中的经理——由有结构的观察确定的经理的活动、角色和程序》。在博士论文的基础上，《经理工作的性质》一书于1973年出版，这本书成为经理角色学派的代表著作。

二、现代管理理论评述

第二次世界大战后，许多国家都致力于本国经济的发展，科学技术迅速发展，生产规模急剧扩大，生产的社会化程度日益提高，这一切都推动了生产力的迅速发展和对管理研究的进一步深入。许多管理学者结合前人的经验和理论，从不同的角度对管理进行多方面的研究，提出各种不同的分析方法和思想，产生了多种管理学派。西方现代管理理论的形成标志着西方管理理论进入了第三个发展阶段。

（一）现代管理理论产生的历史背景

（1）战后经济的重建。现代管理理论是在资本主义社会通过第二次世界大战以后的政治、经济格局的重新调整过程当中所形成的管理理论，这一时期的政治、经济的发展对现代管理理论有重大影响。经过二次世界大战，美国在战争中得到了繁荣，成为超级大国，而英国和法国沦为二等的国家。

（2）科学技术的迅猛发展。科学技术的发展在二次大战以后取得了巨大的突破，推动了整个世界经济的发展。① 蒸汽机的发明，是能源的第一次革命，将人类领进了工业文明时代。② 计算机的诞生、应用及发展，改变了人类生活的方方面面，使人类的生产力产生了巨大的飞跃，对管理理论也是一个巨大的推动力。③ 新材料的不断发现和应用，给工业和生活带来了巨大的变革。④ 人类的空间技术和生物工程的应用与发展，逐渐改变了人类的生活方式，使社会生产力得到进一步解放。

科学革命从以下三方面推动工业生产力的发展：① 科技革命促进了工业劳动生产率的提高。② 科技革命创造了工业扩大再生产的物质条件。③ 科技革命开辟了广阔工业品的国内外市场。科技革命带动着整个世界的前进，它的影响是极其深远的。

(3) 资本主义经济发展的三个阶段。学术界一般认为，二战以后主要的资本主义国家的经济发展经过了三个历史阶段：第一个阶段从二战结束到20世纪50年代初，这一时期是资本主义国家的政治调整和经济恢复时期。第二阶段从20世纪50年代中期以后到20世纪70年代初，这是发达资本主义国家经济发展的黄金时期，经济发展速度超过了历史上的任何时期。第三个阶段是从1973年末爆发的世界性资本主义经济危机开始，从这时开始资本主义世界进入了经济滞胀时期，这也是对经济结构、经济政策进行重新调整的时期。

(4) 企业结构发生变化。二次世界大战以后，随着科技革命成果的运用、新型的工业部门以及第三产业的发展，使得资本主义国家的生产和资本进一步集中，垄断资本的统治也和战前不一样，资本主义世界企业发生了如下的一些变化：① 垄断企业规模朝着大型化发展。② 垄断企业混合合并。③ 大中小企业协作化发展。④ 企业的股份高度分散化。⑤ 企业不断向国际化方向发展。

综上所述，第二次世界大战以来，由于国际形势的各种变化，企业也发生了很大的变化，这就给管理提出各种各样的要求。应用什么样的管理理论来指导巨型的企业？如何进行跨国界、跨地区、跨文化的管理？管理如何适应环境的变化需要？管理理论工作者和实践工作者如何把环境因素的变化融合到具体的企业管理中去？由于人们心理、行为的多样性和对客观事物认识的深度、广度不同，管理大师们所采用的分析模式也是多视角的，使得管理理论出现了各种不同的观点和不同的流派，它们构成了现代管理理论的主流。

(二) 现代管理理论产生的方法论基础

管理是人类社会活动的一个组成部分，随着人类活动的历史进程而不断演变。管理对象是在不断变化的，管理理论是过去事实的总结，隐含着对过去的管理现象所总结出的规律，同时又有它自身的一些特殊性。所以管理者在应用管理理论时既不能否认已有的管理理论的科学性，也不能完全照搬管理理论。而且，随着管理对象的日益复杂化、多变性，对管理方法的要求也就越来越科学化、定量化，这就要求管理理论要有科学的方法论来指导，要有科学工具来支持。众所周知，任何一门学科都是建立在其他学科提供的知识框架的基础上，管理科学也是如此。现代科学理论“老三论”和“新三论”是现代管理理论的基础理论。“老三论”是指系统论、信息论和控制论，“新三论”是指耗散结构理论、协同论和突变理论。“新三论”对于管理学上的意义在于将管理对象视为一个系统，而这个系统是不断变化的，如何对这一系统加以认识是进行管理研究的关键性问题。耗散结构理论、协同论和突变论很好地把握了管理对象这一演变过程。所以这些科学方法论是现代管理科学的方法论基础。

系统论是研究系统的一般模式、结构和规律的学问，它研究各种系统的共同特征，用数学方法定量地描述其功能，寻求并确立适用于一切系统的原理、原则和数学模型，是具有逻辑和数学性质的一门新兴的科学。系统论是美籍奥地利人、理论生物学家L. V. 贝塔朗菲创立的。系统一词，来源于古希腊语，是由部分构成整体的意思。系统是由若干要素以一定结构形式连接构成的具有某种功能的有机整体。系统论认为，整体性、关联性、等级结构性、动态平衡性、时序性等是所有系统的共同的基本特征。这些，既是系统所具有的基本思想观点，也是系统方法的基本原则，表现了系统论不仅是反映客观规律的科学理论，而且具有科学方法论的含义，这正是系统论这门科学的特点。系统论的核心思想是系统的整体观念。任何系统都是一个有机的整体，它不是各个部分的机械组合或简单相加，系统的整体功能是各要素在孤立状态下所没有的性质。系统论的基本思想方法，就是把所研究和处理的对象，当作一个系统，分析系统的结构和功能，研究系统、要素、环境三者的相互关系和变动的规律性，并优化系统观点看问题，世界上任何事物都可以看成是一个系统，系统是普遍存在的。系统论的任务，不仅在于认识系统的特点和规律，更重要的还在于利用这些特点和规律去控制、管理、改造或创造系统，使它的存在与发展合乎人的目的需要。也就是说，研究系统的目的在于调整系统结构，协调各要素关系，使系统达到优化目标。

三、20 世纪 80 年代的企业文化理论

进入 20 世纪 70 年代，特别是石油危机之后，美国经济持续增长的势头骤然停滞，经济不景气的事实迫使美国人不得不从一种全新的角度去重新审视世界，冷静自我、反思出路。日本在资源贫乏和石油几乎全部靠进口的条件下，虽然也经受着石油危机的影响，但却仍保持着快速的经济增长，并一跃成为世界第二大经济强国。强烈的反差使美国企业界和管理学界的专家学者们纷纷涌向日本。

美国管理学教授威廉·大内(William G. Ouchi)和理查德·帕斯卡尔(R. T. Pascale)，对美国和日本企业的管理进行了比较研究，1981 年，对管理的“软”要素早有研究的理查德·帕斯卡尔和哈佛大学教授安东尼·阿索斯(A. G. Athos)首先推出《日本企业的管理艺术》。书中以战略、结构、制度、人员、技能、作风和崇高目标 7 个因素(简称为 7'S 模型)为基础，结合美日一流企业，对国际电话电报公司和松下电器公司作了对比分析，提出了管理中的硬要素(战略、结构、制度)和软要素(人员、技能、作风、崇高目标)的区别，强调了软要素的作用。同年，美籍日裔学者威廉·大内出版了引人瞩目的《Z 理论》，该书分析了企业管理与文化的关系，明确指出，一个企业的文化由其传统和风气所构成。此外，文化还包含一个企业的价值观，如进取心、守势、灵活性，即确定活动、意见和行动模式的价值观。经理们从雇员们的事例中提炼出这种模式，并把它传达给后代的工人。[1]

1982 年，《追求卓越》一书出版，该书凝聚了小罗伯特·沃特曼 (Robert H. Waterman, Jr.)和托马斯·彼得斯(Thomas J. Peters)对 43 家最成功的美国企业的调查研究成果。在书中，作者把 7'S 模型中的崇高目标改为共同价值观，即企业文化，阐明了这种文化的驾驭力和凝聚力是卓越企业成功的主要特征。这些主要特征是：贵在行动、接近顾客、自主创业、以人促产、倡导价值观、不离本行、精兵简政、宽严并济。

1982 年，《美国企业文化》一书出版。该书是美国学者迪尔(T. E. Deal)和肯尼迪(A. A. Kennedy)调查了美国 80 多家企业后完成的，是最早论述企业文化的专著。书中指出企业文化的构成要素有：① 企业环境，对企业文化的形成与发展具有关键影响的因素；② 价值观，组织的基本思想和信念，它们本身就构成了企业文化的核心；③ 英雄人物，把企业的价值观人格化，且自身为职工们提供了具体的楷模；④ 礼节和仪式，企业日常生活中的惯例和常规，向职工表明对他们所期望的行为模式；⑤ 文化网络，组织内部主要的(但非正式的)联系手段，也可以说是企业价值观和英雄人物传奇的“运载工具”。

---

〔1〕 威廉·大内. Z 理论——美国企业如何迎接来自日本的挑战. 北京：中国社会科学出版社，1984：169.

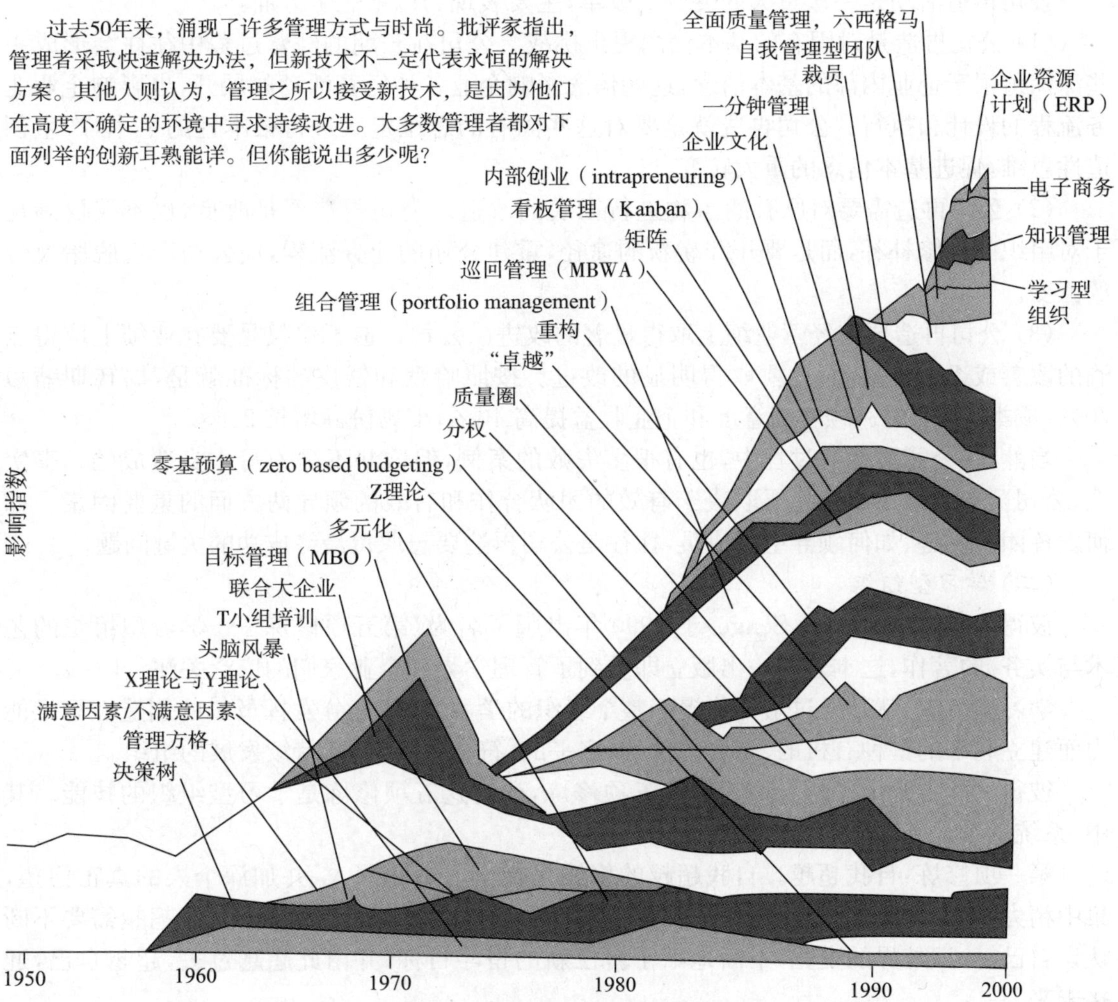

图 3-3 1950—2000 年管理创新的兴衰

四、20 世纪 90 年代以后的管理理论

20 世纪 90 年代以来，经济全球化、信息化和知识化迅猛发展，与此相适应，管理体系的内涵和外延亦在不断地发生着重要的变化，管理学也面临着前所未有的变革浪潮，一些新的经营管理理念、方法和手段应运而生。20 世纪 90 年代以来的现代管理理论主要包括公司再造、学习型组织和知识管理等。

（一）公司再造

美国管理学家迈克尔·哈默（Michael Hammer）和詹姆斯·钱皮（James Champy）于 1994 年出版了一本著作，名为《公司再造》，该书一出版即引起管理学界和企业界的高度重视，迅速流传开来。公司再造的基本含义是：为了大幅改善成本、质量、服务、速度等重大的现代企业的运营基准，对工作流程作根本的重新思考与彻底翻新。公司再造直接针对的就是被割裂得支离破碎的业务流程，其目的就是要重建完整和高效率的新流程。

公司再造活动是一次重大的突变式改革，主要表现为以下三个方面：

(1) 公司再造是对固有的基本信念提出挑战。公司在长期的经营过程中往往会形成一些深深植根于企业内部的基本信念，这些信念影响企业各种经营活动的展开，也影响企业业务流程的设计和执行。公司再造就是要对这些固有的思维定式进行根本性的手术，产生创造性思维，促进基本信念的重大转变。

(2) 公司再造需要对原有的事物进行彻底的改造。公司再造不是改良，也不仅仅满足于对组织的修修补补，而是要开辟崭新的途径，重建公司的业务流程，使公司产生脱胎换骨的巨变。

(3) 公司再造要在经营业绩上取得显著的改进。公司再造不仅仅是要在业绩上取得点滴的改善或逐渐提高，而是要取得明显的改进。按照哈默和钱皮的标准就是，周转期缩短70%，成本降低40%，顾客满意度和企业收益提高40%，市场份额增长25%。

当然，在公司再造的过程中，也有很多失败的案例，但这并不是力量本身造成的。事实上，公司再造的最终成功还要取决于有效的团队合作和有效的领导两方面的重要因素。如何发挥团队优势、如何领导组织成员，往往是公司再造要想取得最终成功的关键问题。

(二) 学习型组织

彼得·圣吉(Peter M. Senge)于1990年出版了名为《第五项修炼——学习型组织的艺术与实务》的著作，这本著作一出版立即受到了管理学界和企业家们的广泛关注。

学习型组织，就是通过培养弥漫于整个组织的学习气氛，充分发挥员工的创造性思维能力而建立起来的一种有机的、高度柔性的、扁平的、符合人性的、能持续发展的组织。

彼得·圣吉提出了学习型组织的五项修炼，认为这五项修炼是学习型组织的技能。其中，系统思考是五项修炼中的核心技术。

第一项修炼：自我超越。自我超越的修炼是指学习不断深入，并加深个人的真正愿望，集中精力，培养耐心，并客观地观察现实。它是学习型组织的精神基础。自我超越需要不断认识自己，认识外界的变化，不断地赋予自己新的奋斗目标，并由此超越过去，超越自己，迎接未来。

第二项修炼：改善心智模式。心智模式是指根深蒂固于每个人或组织之中的思想方式和行为模式，它影响人或组织如何了解这个世界，以及如何采取行动的许多假设、成见，甚或是倒像、印象。个人与组织往往不了解自己的心智模式，故而对自己的一些行为无法认识和把握。第二项修炼就是要把镜子转向自己，先修炼自己的心智模式。

第三项修炼：建立共同愿景。如果有任何一项理念能够一直在组织中鼓舞人心，凝聚一群人，那么这个组织就有了一个共同的愿景，就能够长久不衰。如宝丽来公司的“立即摄影”、福特汽车公司的“提供大众公共运输”、苹果电脑公司的“提供大众强大的计算能力”等，都是为组织确立共同努力的愿景。

第四项修炼：团体学习。团体学习的有效性不仅在于整体会产生出色的成果，而且其个别成员学习的速度也比其他人的学习速度快。团体学习的修炼一般采用“深度会谈”和“讨论”两种不同的交谈方式。“深度会谈”是一个团体的所有成员提出心中的假设，从而实现真正一起思考的能力。

第五项修炼：系统思考。组织与人类其他活动一样是一个系统，受到各种细微且息息相关的行动的牵连而彼此影响着，这种影响往往要长年累月才完全展现出来。我们作为群体的一部分，置身其中而想要看清整体的变化，非常困难。因此第五项修炼，是要让人与组织形成系统观察、系统思考的能力，并以此来观察世界，从而决定我们正确的行动。

（三）虚拟企业

20 世纪 90 年代以来，随着科技进步和社会发展，世界经济发生了重大变化。企业面对不断变化的市场，为求得生存与发展必须具有高度的柔性和快速反应能力。为此，现代企业向组织结构简单化、扁平化方向发展，于是就产生了能将知识、技术、资金、原材料、市场和管理等资源联合起来的虚拟企业。

1991 年，美国艾科卡（Iacocca）研究所为国会提交了一份题为《21 世纪制造企业战略》的研究报告，在报告中富有创造性地提出了虚拟企业的构想，即在企业之间以市场为导向建立动态联盟，以便能够充分利用整个社会的制造资源，在激烈的竞争中取胜。《商业周刊》在 1993 年的一次封面报道中把虚拟企业定义为一种新的组织形式，它运用技术手段把人员、资产、创意动态地联系在一起。

虚拟企业是一种崭新的企业组织形式，当市场出现新机遇时，具有不同资源与优势的企业为了共同开拓市场，共同应对其他的竞争者而组织的、建立在信息网络基础上的共享技术与信息、分担费用、联合开发的、互利的企业联盟体。虚拟企业没有固定的组织层次和内部命令系统，而是一种开放性的组织结构。因此可以在拥有充分信息的条件下，从众多的组织中通过竞争招标或自由选择等方式精选出合作伙伴，迅速形成各专业领域中的独特优势，实现对外部资源的整合利用，从而以强大的结构成本优势和机动性，完成单个企业难以承担的市场功能，如产品开发、生产和销售。虚拟企业中的成员可以遍布在世界各地，彼此也许并不存在产权上的联系，不同于一般的跨国公司，相互之间的合作关系是动态的，完全突破了以内部组织制度为基础的传统的管理方法。虚拟企业具有以下几个特点：

(1) 虚拟企业使得传统的企业界限模糊化。

(2) 虚拟企业具有流动性、灵活性的特点。

(3) 虚拟企业是建立在当今发达的信息网络基础上的企业合作。

(4) 虚拟企业在运行过程中运用并行工程而不是串行工程来分解和安排每个参与企业要做的工作。

(5) 虚拟企业一般在技术上占有优势。

(6) 虚拟企业可以看作是一个企业网络。

虚拟企业的应用具有很大的价值。有人预计，随着信息技术的发展、竞争的加剧和全球化市场的形成，没有一家企业可以单枪匹马地面对全球竞争。因此，由常规组织过渡到虚拟企业阶段是必然的，虚拟组织日益成为公司竞争战略“武器库”中的核心工具。这种企业形式有着强大的生命力和适应性，它可以使企业准确有效地把握住稍纵即逝的市场机会。

五、21 世纪的管理新趋势

和 20 世纪相比较，在 21 世纪，由于竞争的不断加剧、科学技术的突飞猛进和人类生活水平的不断提高，管理的理论与实践也发生了重大的变化。进入 21 世纪以来，现代管理呈现出以下几个新趋势：

(一) 信息化导致管理规则重构

21 世纪人类所面临的变化不仅仅是比以往更加迅猛，而是更加捉摸不定，更加彻底。21 世纪，将有三股主要的力量推动这种变化的加速，那就是信息技术的发展、人类需求的多样化和全球化的进程。而其中对管理影响最大的就是信息技术的发展。

由于信息技术的发展，组织中信息处理方式发生了翻天覆地的变化。信息技术的发展将彻底改变人类的生产经营方式，从而要求管理进行彻底的变革。组织中以往的成文或者不成文的规则，在信息技术迅速变革的今天，很多都变得有待于我们仔细商榷了。例如，根据以往的方式，和潜在客户联络的最好方式便是亲自面对面接触。但是随着信息技术的飞速进步，面对面交流不再是唯一最好的途径，而变成只要是有效的方式就是最好的方式。

另一方面，21 世纪最有价值的商品是无形资产，而不是有形物，有形物只不过是无形物的载体而已。信息技术的发展使得人类的生产方式和生活方式都发生了根本性的变化。信息时代最大的特点就是无形的存在物，即用于分析、传输和综合处理信息的才智和能力，其结果往往是新公司和新工业如信息服务、软件、基因工程等的诞生。随着科技的进步，产品变为商品的速度大大加快，新产品一旦问世，很多没有品牌的仿制品也会随之出现。而消费者只能从商标中认出价值，这就要求管理者必须善于利用无形资产，才能将自己与其他竞争者相区别。

(二) 知识经济引发知识管理

根据 21 世纪的发展趋势，除了信息技术的广泛运用，另一个重大变化就是我们从工业经济走向了知识经济时代。而与知识经济时代相对应的，就是一种全新的管理方式——知识管理。

所谓知识管理，就是一个管理各种知识的连续过程，以满足现状和将来出现的各种需要，确定并探索现有和获得的知识资产，开发新的机会。知识管理的本质是要对组织拥有的各类知识有效地管理，进行知识的合理配置与创新，使知识在组织资源配置中能够创造出更大的价值。

组织内知识管理的目标可以有六个方面：第一是知识的发布，以使一个组织内的所有成员都能应用组织的知识；第二是知识的传递，确保组织的成员需要知识时可以随时获得；第三是动员资源进行知识的创新，获得知识的优势；第四是有效地从外部得到组织所需要的知识；第五是推进知识和新知识在组织内的学习与扩散；第六是确保组织成员不断地进行组织知识的积累。

一般来说，知识管理的方法主要有以下几个要点：(1)设置专门的知识管理部门；(2)推行全面知识管理；(3)建立知识档案、产权管理；(4)通过合作实现知识共享；(5)建立能为知识共享和信息交流提供方便的基础设施——网络。

总之，21 世纪的经济中，新的知识不断涌现，企业不能等着自己的知识被竞争对手的创新所淘汰，而是要自己主动地淘汰产品和旧知识，以争取走在变革的前面，引领新潮流。

(三) 环境变化促发网络化组织

由于信息技术的广泛运用，管理思想的转变，未来组织的管理模式也必然会相应发生变化。根据詹姆斯·钱皮(James Champy)等人的总结，未来的组织将不再是传统的金字塔型，而应采取适应性网络型组织形式。

在信息社会中，企业不再仅仅追求单纯庞大和复杂，而是必须高效地运作。21 世纪，企业将会以大量的信息交流为基础,相应的,管理也必须是富有创造力和综合性的、灵活而迅速的。在网络型组织中,工作主要由一些比较固定的由不同专业知识的员工组成的跨职能工作组完成,并由一些临时性的应急小组负责解决一下特殊问题和满足顾客的临时需要;决策尽可能由低层做出,依靠技术手段,丰富的信息足以使知识型员工完全不必再等上层管理者的指示就可做出自己的判断;按照客户的具体要求量体裁衣的生产,提供特种服务以及即时生产技术将取代以前的批量流水线作业,生产过程将变成公司、供货商与买主之间同时互动的过程;非正式组织将在网络组织中发挥主导作用,权威的建立更大程度上取决于个人的专长和创造性而不是正式职位;这种结构的最大特点在于它能充分发挥个人的能力,并赋予组织以快速反应的能力。

为了增强对外部环境的适应能力,组织必须机动灵活,而随着组织的全球化和决策的低层化,越来越多的企业将可能被它自身任何一个成员的失误置于危险之地。未来的这种适应性网络组织虽然能够对不断变化着的外部环境作出灵活机动的反应,但这种个人能力发挥与快速决策的问题在于容易失去控制。如何管理这样一个网络型组织,成为新时代环境下管理者必须思考的新问题。

总之,21 世纪唯一不变的就是变化。只要环境在变,管理也必然随之发生变化,创新成为管理的主旋律。面对未来环境的急剧变化,唯有致力于管理创新,才能使管理理论和实践与不断变化着的环境相适应,才能使管理这一工具在人类追求不断发展的过程中显示出勃勃生机。

思考题三

1. 简述管理学发展的大体脉络,从中你能得到什么样的启示?
2. 科学管理理论的主要内容有哪些?
3. 科学管理理论与管理科学理论之间有什么区别和联系?
4. 论述霍桑实验在管理理论发展中的重要地位。
5. 企业文化理论的产生对管理实践产生了什么样的影响?

【案例三】 真功夫——中餐也可以标准化生产

真功夫餐饮连锁机构是从广东东莞起步的中餐连锁店。经过十几年的发展,已经逐渐成为全国性中餐连锁店,与麦当劳、肯德基等洋快餐形成了竞争。

(一) 以"蒸"为主,实现正餐操作标准化

"真功夫"以经营蒸饭、蒸汤、甜品等蒸制食品为主。中餐菜系多种多样,煎炒烹炸手法多但个体差异太大,一个师傅就决定了一家餐馆的口味,所以标准化复制难度很大。在众多的中餐烹饪方法中,蒸属于稳定性较高一类,蒸汽不因师傅的手法不同而改变性质,所以相对于其他烹调方式,蒸的方法更容易实现标准化操作。这是"真功夫"在餐饮管理实践中的一个重大发现。

1995 年,公司开始完善从前台到后台各个操作流程的标准。首先遇到的难题是:传统

的蒸饭与炖盅，只能用传统的高温炉、大锅和蒸笼。使用这些陈旧的厨具，一方面后台的员工高温难挡，另一方面拿取产品十分不便，需要不断上搬下卸。另外，燃气灶火也忽大忽小，很难控制火候，对菜品质量稳定性也存在一定影响。

为了解决这个问题，公司与华南理工大学合作，一起研发更专业实用的蒸饭设备。借鉴了烘烤的工艺，开发了抽屉式的蒸锅设备，便于分层取用，时间也可以用微电脑控制。保证同一炖品蒸制时的同温、同压、同时，因而几乎是绝对的同一口味。从此，真功夫的餐厅里不再需要厨师，不需要任何一把菜刀，服务员只要将一盅盅饭菜半成品放进蒸汽柜里，设定好时间和温度，时间一到就能拿出饭菜，实现“千份快餐同一口味”。

(二) 实践“泰罗制”，形成标准化作业体系

在开创之初，公司尝试做了很多种蒸品，虽然一直在向标准化努力，但中式点心种类繁多，标准化不容易。开一家店相对容易，开第二家店品质就难以控制。

为了实现连锁复制，公司开始记录自己开店的每一道工序，从如何烹饪到如何扫地，每个动作都要求做到标准化，需要不断完善每个细节。如果把一位顾客从进门到离开的过程分解考察，就会发现很多方面的服务可以完善。为此，公司制作了客户服务分解流程图，对每个环节都制订出最优服务标准和流程。

在真功夫的配料车间，展现的是泰罗描述的工作场景：工人穿着清洁制服，切肉、配菜、包包子。每个人只做一个工序，动作协调规范。员工的每个动作都是经过培训的，比如切肉的刀举多高，切下的肉块有多大，包子上有多少条褶，都有明确的规定。“切肉”动作的标准化也是反复实验、测试的结果，通过组织劳动比赛，发现“劳动能手”，组织专家观察劳动能手的操作流程并予以记录、细化、分析、优化，最后变成量化的书面流程和标准。

后台的标准化保证了前台服务的便捷。真功夫承诺给顾客 80 秒钟上菜。这个简单的承诺却包含了背后无数道工序的安排。公司进行了流程分析，而且是逆向推算，即前台服务需要怎样做，备料烹制怎样供应得上，后台原料如何来整理。

公司还编制了员工培训手册。随着店面的不断扩张，手册也从几页，变成几十页，一直到厚厚的几大本。手册中的每一条指示都是最佳经验的总结，而手册本身是员工培训和考核的蓝本。

(三) 连续提高——科学管理的核心

真功夫营运手册中的各种规范有几千条，每一条都要求员工反复练习，形成规范和习惯。营运手册强调“规范不应该停留在纸面，应该在实践中不断积累和改进”的理念。后来，营运手册多次改版修订，每次修订都代表着管理规范水平的提高和服务内容的扩展。

连续提高可以说是科学管理的核心，泰罗制的发展就是从规范到提高的螺旋式提升过程。餐饮行业包含非常多的工作细节，持续的改进实际上是基础性的提高。

公司配有专人研究客户反馈，还聘请第三方核查公司，不定期检查服务情况，发现问题，改进服务。一次，公司发现蒸排骨的销量不理想，但找不到问题的根源。经查看客人用餐后的餐碟，发现里面有很多碎骨，进一步调查生猪排骨的配料情况，发现员工切骨的方法不科学，骨头的切口处有很多碎骨屑。经研究，配料部门拿出了新的切割方法，碎骨不见了。之后的销量调查显示，猪排的受欢迎程度显著提高。

案例思考题：分析真功夫的管理经验中，体现了哪些管理思想？

第二篇 计　划

凡事预则立，不预则废。

——无名氏

计划工作是一座桥梁，它把我们所处的这岸和我们要去的对岸连接起来，以克服这一天堑。

——哈罗德·孔茨

第四章　计　划

第一节　计划概述

“人无远虑，必有近忧”。计划是对未来的许诺，是对未来的管理。计划是对未来行动的预先安排。除了少数常规活动外，任何管理活动都需要计划。善于做好管理工作在一定程度上就是善于计划和执行。人都有梦想，梦想如何变成现实呢？哈罗德·孔茨说：计划工作是一座桥梁，它把我们所处的这岸和我们要去的对岸连接起来，以克服这一天堑。计划的本质是对未来可能出现的决策问题及其前提条件进行预测。

一、计划的概念

在汉语中，“计划”一词词性既可以是名词，也可以是动词。从名词意义上说，计划是指用文字和指标等形式所表述的组织以及组织内不同部门和不同成员在未来一定时期内关于行动方向、内容和方式安排的管理文件。从动词意义上说，计划是指为了实现决策所确定的目标预先进行的行动安排。总之，计划是确定组织的目标，制订全局战略以实现这些目标，并开发一个全面的分层计划体系以综合和协调各种活动的过程。

无论在名词意义上还是在动词意义上，计划内容都包括“5 W、1 H”，即计划必须清楚地确定和描述下述内容：

What——做什么？（目标与内容）

Why——为什么做？（原因）

Who——谁去做？（人员）

Where——何地做？（地点）

When——何时做？（时间）

How——怎样做？（方式、手段）

二、计划的性质

计划工作具有承上启下的作用。计划工作是组织、领导、控制和创新等管理活动的基础，是组织内不同部门、不同成员行动的依据。因此，我们可以从四个方面来考察计划的性质：

(1) 目的性　任何组织或个人制订计划都是为了有效地达到某种目标。在计划工作开始之前，这种目标还不十分具体，计划就是开始于这个不具体的目标。计划是实现目标的方法和手段。当我们制订计划时，我们就确定了希望或必须达到的结果。计划工作是为实现组织的目标而服务的。计划工作旨在促使组织目标的实现。每一个计划及其派生计划也都是为了实现组织的各类目标和一定时期的目的。组织的目标有定性目标，也有很多定量目标。

(2) 首位性　计划工作在职能中处于首要地位，计划工作的最终结果可能导致一种结论，即没有必要采取进一步的行动。管理的其他职能工作只有在确定了目标、制订了计划之后才能开展。在管理过程学派的理论中，将计划列为管理的首要职能。计划工作的首要性的一个原因在于计划是进行组织、人员配备、领导、控制等工作的基础。一个管理者只有明确目标后，才能确定适合的组织结构，规定下属应该完成的任务与履行的职责并授予相应的职权，最后选择最为合适的控制方式以确保组织和下属的活动能够按原来设想的那样进展。

(3) 普遍性　计划工作具有普遍性，任何管理者或多或少都有某些制订计划的权力和责任，但不同组织层次的管理者，计划的重点内容是不一样的。组织中无论是哪一层次的管理者，为了能够使自己的管理更为有效就必须做好计划工作。或许对于某个职能部门或某个层次的管理者，他们可能由于种种原因而无需去完成组织、领导、控制等工作，但计划工作是无法"躲过"的，虽然计划工作的特点和范围随各级主管人员的职权不同而不同，但它却是各级主管人员的一个共同职能。

(4) 效率性　计划工作的任务，不仅保证目标的实现，而且要保证从众多备选方案中选择最优的方案。计划工作要追求效率，以更有效地实现目标为目的，并提供了衡量组织绩效的标准。一个良好的计划，可以通过协调一致、有条不紊的工作流程来避免组织内联系脱节的现象，从而减少重复和浪费性活动。计划工作的效率，是以实现企业总目标所得到利益，扣除为制订和执行计划所需要的费用和其他预计不到的损失之后的总额来测定的。计划必须讲求经济性，如果计划太理想化，不切合实际，那么计划实施成本代价过高，投入产出的比例过低，这样不仅浪费了人力、物力、财力这样的有形物，而且还使个人、团体和社会的满意度这样一些无形的评价标准降低。

三、计划的作用

计划工作对管理者来讲是非常必要的，如果计划工作的科学性、预见性很强，就能够引导我们走向成功，达到企业的目标。计划工作迫使管理当局认真地思考要干什么和怎么干，搞清这两个问题本身就具有价值。认真进行计划的管理当局将会有明确的方向和目标，将会使偏离方向的损失减至最小，这就是计划过程本身的价值。

一般说来，计划具有以下几方面的重要作用：

(1) 指引方向　计划为组织活动的分工提供了依据，有了计划就有了一个行动目标，计划可以促使企业管理人员对准目标。每个计划还有派生计划，所以组织的各个部门都有自己的目标，任务明确，行动更有利。计划工作使组织全体成员有了明确的努力方向，并且相互明确自己应该在什么时候、什么地点、采用什么方式作出何种贡献。同时，计划是一种协调过程，可使互相之间的关系更加密切。组织中没有计划工作也就没有组织目标，组织中各项活动的协调也就无法进行，当所有有关人员了解了组织的目标和为达到目标他们必须作出什么贡献时，他们就能开始协调他们的活动，互相合作，结成团队。他们知道哪些行动会背离目标，哪些会导致相互抵消，哪些又是毫不相干的，从而对准所要实现的目标去设法取得一种协调的工作步骤。此外，有利于管理人员把注意力集中于目标。

(2) 提高效率　计划为组织活动的资源筹措提供了依据，由于计划工作同时又是一个生产要素的分配过程，为了更经济地达到目标，又因为资源的稀缺性，人力、物力、财力的合理分配必不可少。在计划过程中人们知道什么资源短缺，什么资源不够，什么资源富裕，进行协调平衡，这样可减少浪费和冗余，减少了瓶颈卡壳。也就是说使各种资源得到充分合理的分配和利用。计划工作还可以减少重复性和浪费性的活动，它用共同的目标和明确的方向来代替不协调的分散的活动；用均匀的工作流程代替不均匀的工作流程，以及用深思熟虑的决策来代替仓促草率的判断。这样，就可以解决低效率的问题。

(3) 便于控制　没有计划，就没有控制。计划为组织活动的检查与控制提供了依据，有了计划，控制才有依据。主管人员如果没有计划规定的目标作为测定的标准，就无法检查其下级完成工作的情况。计划设立目标和标准以便于进行控制，例如我们不清楚要达到什么目标，那么怎么判断我们是否已经达到了目标呢？在计划中我们设立目标，而在控制职能中，我们将实际绩效与目标进行比较，发现可能发生的重大偏差，采取必要的矫正行动。计划工作不仅需要确定未来一定时期中应该达到的目标，同时要对达到的目标进行定量的描述与规定。这样管理者只要熟知自己工作的计划目标是什么，就可以随时对实际工作绩效结合工作目标进行检验，使各项控制得以实施，得出自己的工作是否富有成效的结论。

(4) 降低风险　计划弥补不确定性和变化带来的缺陷。计划是面向未来的，而未来又是不确定的，所以计划工作的重要性就体现在它能促使管理者展望未来，预见变化，减小不确定性。这其中有这样两点原因：① 计划工作是经过周密预测的，它要接近客观实际，计划越接近实际，它越成功。一般来讲，计划时间越短，不肯定因素越少；计划时间越长，不确定因素越多。所以目前很多企业都不做过长的计划，一般 2～3 年。② 企业一般有几套计划，当环境发生变化的时候，它可以启动备用计划。这些备用计划就是为应付不时之需的，它有相应的补救措施，并随时检查计划，尽量减少由于环境的变化带来的损失，并使之减少到最小的程度。当然我们也要认识到计划可以弥补环境的不肯定性和变化而带来的动荡和损失，但是计划不可能消除变化。

(5) 激励士气　计划是激励人员士气的武器。计划通常包含有目标、任务、时间安排、行动方案，等等。由于计划中的目标具有激励人员士气的作用，所以包含目标在内的计划同样具有激励人员士气的作用。不管是长期、中期，还是短期计划，也不管是年度、季度，还是月度计划，甚至每日、每时的计划都有这种激励作用。例如，有的研究发现，当人们在接近完成任务的时候会出现一种“终末激发”效应，即在人们已经出现疲劳的情况下，当人们看到计划将要完成时会受到一种激励，使人们的工作效率又重新上升，并一直会坚持到完成计划，达到目标。

第二节 计 划 类 型

一、按计划的表现形式分类

一个计划包括组织将来行动的目标和方式。计划与未来有关，是面向未来的，而不是过去的总结，也不是现状的描述；计划与行动有关，是面向行动的，而不是空泛的议论，也不是学术的见解。面向未来和面向行动是计划的两大显著特征。认识到这一点，我们就能够理解计划是多种多样的了。美国管理学家海因茨·韦里克的分类对计划有下列描述。[1]

(一) 宗旨或使命

一个组织的存在总是为了实现某一任务。宗旨或使命说明了社会赋予组织的基本职能，或组织应履行的社会委托给它的任务。换言之，它说明了组织的追求及组织存在的理由。使命是对组织目的，即在更大范围的环境中想要实现的目标所做的陈述。它主要回答：

我们的业务是什么？

我们的顾客是谁？

消费者价值是什么？(顾客从拥有和使用某产品中所获得的价值与为取得该产品所付出的成本之差)

我们的业务应该是什么？

对宗旨或使命的理解，从根本上决定着一个组织的竞争行为。而且，确定组织宗旨或使命并非易事。美国铁路行业1946—1970年间的衰落，就是因为铁路经理们只看到自己处于铁路行业的竞争中，而没有把注意力放到更广阔的运输行业竞争中。

好的使命陈述反映了企业识别核心业务以及提供消费者价值的能力。如，美国Domino's Pizza认为自己的宗旨并非从事比萨饼生意，而是从事快捷送货业务。

传统上，企业是以产品术语(我们制造家具)或者技术术语(我们是化学加工企业)来界定其业务范围的。但是，使命应以市场为导向来说明其市场定位。因为产品或技术最终会过时，而基本的市场需要却可能长期存在。市场导向型使命是以满足顾客需要的方式来定义企业的业务的(表4-1)。

有些使命书则可能侧重描述企业的特征，如公司价值观、产品质量、提供的便利条件以及对待雇员的态度。如日本花王公司“清洁是社会繁荣的基石”，埃克森石油公司“以最有效和负责的方式提供高质量的石油化工产品和服务，创造优越的股东和顾客价值”。这样的使命陈述能够反映一个公司的经营哲学。

好的使命陈述有助于向组织外部公众，包括投资者、消费者和供应商表明组织的合法性，使得他们对组织另眼相看并接受组织的存在。同时，好的使命陈述也会对雇员产生影响，使雇员忠诚于组织。

---

〔1〕 海因茨·韦里克.管理.北京：经济科学出版社，2004：76-79.

表 4－1　企业产品导向与市场导向业务界定的比较

企　　业	产品导向型界定	市场导向型界定	特征
露华浓	我们生产化妆品	我们销售生活方式和自我表现，成功和地位，回忆、希望和梦想	强调顾客价值
迪斯尼	我们经营主题公园	我们提供幻想和娱乐，这是一个美国仍以其该有的方式有所作为的地方	
沃马特连锁店	我们经营折扣商店	我们提供满足美国中产阶级需要的产品和服务	
施乐	我们生产复印机、传真机和其他办公设备	我们通过扫描、存储、检索、改样、分发、打印和刊印文件使工作成效更高	
斯科特	我们销售草籽和化肥	我们提供赏心悦目的绿色草坪	
家庭仓库	我们销售工具和用于家庭修理及改善的产品	我们提供建议和解决方法，使笨手笨脚的持家人变为装修先生和装修女士	

（二）目标

企业的使命需要转化为企业各管理层次的具体目标。目标是未来一段时间内要达到的目的，是管理者和一切成员的行动指南。

每个管理人员都应该有明确的目标，并负责实现这些目标。例如，国际矿物及化学品公司有许多业务，其中包括化肥业务。化肥分公司没有说其使命是生产化肥，而是将其定义为"提高农业生产力"。这一使命派生出各级目标，包括业务目标和市场营销目标。其中，业务目标是研制能够提高产量的化肥。但是，由于研究费用很高，需要利润支持，因此提高利润成为另一个主要业务目标。利润可通过增加销售或减少成本来提高，销售又可以通过改善企业在美国市场的份额，或进入新的外国市场或者两者兼用的方法来增加。于是，这些目标就成为企业当前的营销目标。

1. 目标的特征

(1) 目标的差异性　体现在不同组织具有不同的目标，相同类型的组织，组织的基本宗旨不同，组织目标也不同；同一类型的组织，其所处的环境、所拥有的组织资源、价值观念等不同，即使其组织目标指标体系相同，其目标的具体数值也常表现出很大的差异。

(2) 目标的多元性　意味着在同一组织中，有不同性质的多个目标。组织目标的多元性，是组织为了适应内外部环境要求而导致的必然结果。表 4－2 为组织所面对的公众多元性目标。

表 4－2　组织所面对的公众多元性目标

股东：	红利	利润
员工：	待遇	人均收入
消费者：	功能、质量	销售量、质量、品种

（续 表）

竞争者：	市场、资源	占有率、核心能力
供应商：	货款收回	信誉
社区：	环境、贡献	捐赠、环保
政府：	税收、守法	税款、计划生育
新闻机构：	公开、形象	企业形象

（3）目标的时间性　意味着目标是必须在未来某一特定时间内达到的；而且，组织目标随着时间的延伸而发展变化。

（4）目标的层次性　可以分为战略目标、战术目标和作业目标。

● 战略目标：整个组织的目标，而非具体某一部分的目标，倾向于较长的时间期限，可能确定未来 2～5 年内组织的行动方案。

● 战术目标：组织主要部门力求实现的目标；应用于中层管理者。大约 1 年左右。

● 作业目标：组织中基层部门、车间班组和个人力图实现的目标。一般是定量化的。

2. 目标的体系

组织内部各个层次的目标相互联系、制约，从而形成一个目标体系。管理者必须将这些多层次、多部门的目标体系，构建成为一个相互关联的整体目标体系。它们的关系如图 4－1 所示。

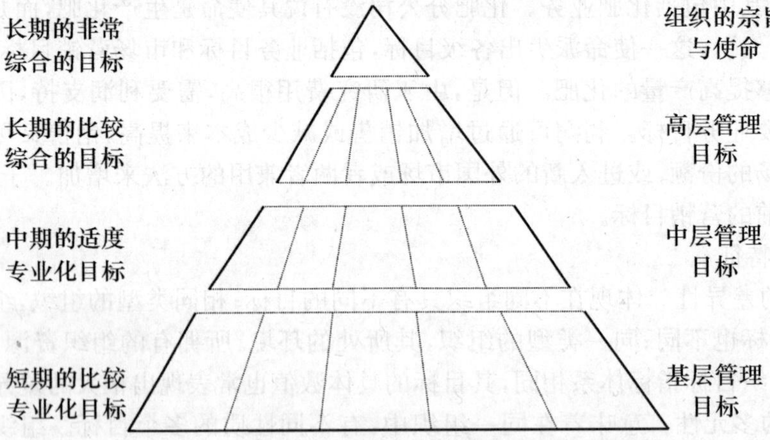

图 4－1　目标网络体系

3. 有效目标的标准

实际上，目标要起到其应有的作用，必须达到特定的要求。

（1）目标必须是先进的　目标是人们努力的方向和要取得的成果。如果目标不具有先进性，那么人们便失去了为之努力的热情，甚至可能出现看似很容易实现的目标却没有人去完成的现象。另外，如果目标不具有先进性，则意味着组织的资源可能被浪费，也就是说，组织没有很好地把握能够取得更大成就的机会。

(2) 目标必须是可实现的　目标的可实现性是目标能够真正起作用的关键。一切过高或过低的目标都会破坏其作用的发挥。过高的目标不仅无法实现,而且会造成计划的失效,严重地挫伤人们的积极性。同时还会大大影响组织各种功能的发挥。因此在目标的制订过程中人们必须全面地分析组织自身的条件与组织所处的外部环境以及这些条件与环境可能会出现的变化,在分析与预测的基础上制订出自己组织的目标。

(3) 目标必须是具体化的　目标的具体性是指目标必须内容明确具体,不能含糊其辞。目标应尽可能地量化,以便在实现过程中能够度量和控制。一般情况下,目标的具体化体现在构成目标体系的一系列指标上,这些指标不但应有数量指标,还应有质量指标;不仅应有绝对数指标,还应有相对数指标、平均数指标和指数指标,等等,并且由它们构成组织目标的具体指标体系。当然,有些目标难以具体量化,只能用文字予以描述,但文字描述也应尽量清晰明确。

(4) 目标必须有明确的时间期限　已确定的目标必须限定在一定时间去实现,即在确定目标的同时必须确定出实现目标的具体时间限制。一般而言,人们应该在确定目标时间之后,再根据组织的具体内外部环境与条件去确定自己的目标。实际上从管理的角度上说,既定目标是一个组织在一定时间内所作的一种自我"承诺",即承诺在既定时间内所要完成的任务。没有时间限定的目标是没有意义的目标,那只是一种空洞的口号而已。

没有一种单一的衡量尺度能够有效地评价一个组织是否成功地履行了它的使命,就像不能简单地用是否勤奋来衡量每个人的好坏一样。过分地强调某一个目标,就容易忽视其他的目标,而其他目标的实现对组织同样是必需的。一项对 80 家美国最大公司的研究成果表明,这些公司所设立的目标平均为 5～6 个。它们除了关心利润目标之外,同时关注了其他多项目标(表 4-3)。〔1〕

表 4-3　对美国一些大公司宣称目标的调查结果

目　　标	承认目标的程度(%)
利润率: 利润的绝对额和投资报酬率	89
增长: 销售额、雇员数量等方面的增长	82
市场份额: 本企业销售额与行业平均销售额的比重	66
社会责任: 认识到组织对更大范围社会的责任,包括帮助治理污染、消除歧视、缓解城市化压力及类似的问题	65

〔1〕 罗宾斯. 管理学. 北京:中国人民大学出版社,1997:156.

（续 表）

目　　　　标	承认目标的程度(%)
雇员福利： 关心雇员的满意程度和他们的工作生活质量	62
产品质量与服务： 生产优质的产品或服务	60
研究与开发： 成功地创造出新产品和新过程	54
多元化： 识别和进入新市场的能力	51
效率： 以最低的成本将输入转化为输出的能力	50
财务稳定性： 财务指标的绩效，避免不稳定的波动	49

（三）战略

是达到组织目标的一种总体的谋略或路径选择。人们常把战略看成是事关组织全局的方案、谋略或韬略。它通常规定组织的长远发展方向、发展重点、组织的行为方式，以及资源分配的优先领域，是组织制订各类具体规划、计划的重要依据。

（四）政策

组织在决策时或处理问题时用来指导人们思考与行动的明文规定。政策有助于将一些问题事先确定下来，避免重复分析，有助于主管人员进行授权。

政策作为评价方案的指南，在决策时具有一定程度的自由处置权。在制订和执行政策时，必须坚持连续性和完整性。

（五）程序

行动的实际指导，详细指出处理具体问题时的例行方法和步骤，规定未来达到某一目标所需行动的先后次序。简言之，程序就是办事手续。程序和规则是强制性的。

（六）规则

一种简单的计划，它是对具体场合和具体情况下允许或不允许采取某种特定行动的规定。规则和程序就其实质而言，旨在抑制思考。

（七）规划

规划是一种典型的计划形式，它规定组织在未来一定时期内的发展目标，为实现这一目标所需要遵循的战略（路径选择）政策，以及任务分配、主要的步骤和所需资源等（表 4－4）。规划可大可小，大的如一项重要的设备投资规划，小的如班组长鼓励下属士气的激励计划。

表 4－4　规划(计划)的内容

要　　素	所要回答的问题	内　　容
前　　提	计划在何种情况下实施？	预测、假设、实施条件
目　　标	做什么？	最终结果、工作要求
目　　的	为什么要做？	理由、意义、重要性(形势和任务分析)
战　　略	如何做？	基本方法、主要战术
责　　任	谁来做？做好做坏的结果	人选、奖罚措施
时 间 表	何时做？	起止时间、进度安排
范　　围	涉及哪些部门或地区？	组织层次或地理范围
预　　算	需要投入多少资源？	费用、代价
应变措施	万一……怎么办？	最坏情况下的计划

(八）预算

预算是将资源分配给活动、项目和程序的一些计划。零基预算(zero-based budget)指的是，将一个项目或者活动作为全新的项目来安排预算。假设这个项目过去并没有安排过预算，因而其预算并不是过去预算的简单继续。所有的项目在每个预算周期中都相互竞争以争取再次获得可用资金。在工商企业、政府机构和其他一些组织中，零基预算被用来确保只有真正有效和能及时完成的项目。预算是以数字表示预期结果的一种报告书。编制预算能够促使人们去详细制订计划，去平衡各种计划。由于预算总是用数字来表现的，所以它能使计划工作做得更细致、精确。

总之，有效的计划要以目标为中心，要制定一个清楚的正确的目标，并坚定不移地围绕目标开展各项工作。计划的着眼点是有限资源的合理使用。如图 4－2 所示。

二、按计划所涉及的时间分类

计划可以按照时间期限的长短分成长期、中期和短期计划。现有的习惯做法是将 1 年及其以内的计划称为短期计划；1 年以上到 5 年以内的计划称为中期计划；5 年以上的计划称为长期计划。但是对一些环境条件变化很快，本身节奏很快的组织活动，其计划分类也可能 1 年计划就是长期计划，季度计划就是中期计划，而月度计划就是短期计划。

以上对长期、中期和短期计划等三种计划以时间的长度进行界定是相对的。例如，“西气东送”是一项巨大的工程，它将涉及许多生产建设领域和地方行政单位的管理活动，所以即使是短期计划也要 3～5 年才能“初显眉目”。而对于时装公司来说，流行时装的时间最多 2～4 个月，这就决定时装公司的短期计划的时间只能是 2～4 个月。对于它们“年度计划”就是中期计划了。没有一个分界线能告诉我们，超过多少时间的计划是长期计划以及少于多

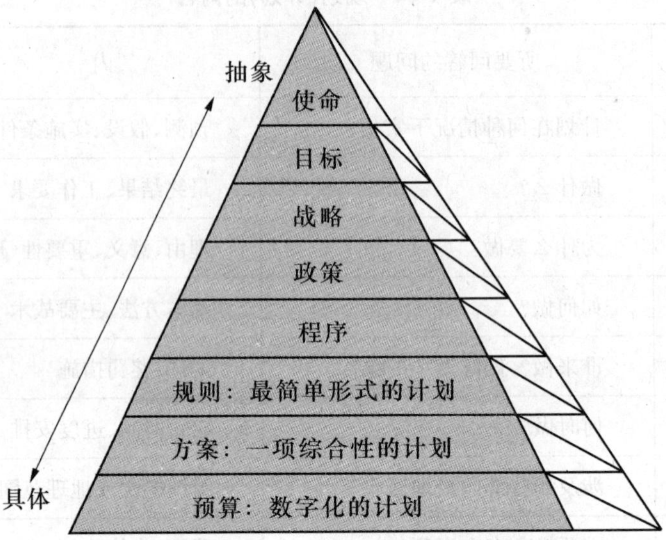

图 4－2　计划的层次体系

长时间的计划是短期计划。我们只能从短期计划与长期计划的相互关系中区分两者，或者说计划期的长短是一个相对的概念。长期计划的目的在于组织活动能力的再生和扩大。

短期计划的目的在于已形成的组织活动能力的充分利用，因而其执行的结果影响到组织活动的效率以及由此决定的生存能力。

三、按企业职能分类

企业职能不同于管理职能。将计划按职能进行分类，就是资源在各部门进行一种合理的具体分配过程。按企业职能分，可将计划分为：业务计划、财务计划、人事计划。

业务计划，包括品种、质量、数量、出产进度计划；

人事计划，包括岗位人数、劳动生产率计划、招聘辞退计划；

财务计划，包括资产负债率、筹资计划、成本计划等；还有物资供应计划、销售计划、技术改造计划等。

四、按计划所涉及的范围分类

按计划所涉及的范围分类，可分为战略计划、管理计划、作业计划。

（1）战略计划　组织中高层管理者编制的计划是战略计划，是上层管理计划，战略计划是指应用于整体组织的，为组织未来较长时期设立总体目标和寻求组织在环境中的地位的计划。战略计划具有这样一些特征：长期性和整体性，以一次计划工作过程规定好相当长的一段时期内组织的大量资源的筹集和使用方向；由于执行的时间长短所受到的影响因素必然很多，同时这些因素之间又有大量、复杂的确定的和不确定的相关关系，尤其是需要及时地做出非确定性分析和推理判断。战略计划的这些特征，决定了它对作业计划和管理计划的指导性作用。

(2) 管理计划　管理计划是由中层管理者负责制定的，是战术性计划。战术性计划是指规定总目标如何实现的细节的计划，其需要解决的是组织的具体部门或职能部门在未来各个较短时期内的行动方案。它的一个较为突出的作用是，管理计划使战略计划更加具体化。管理计划的制订者必须仔细领会和把握战略计划的全部意图，然后将战略计划中的一般性目标和政策，确定为一个个具体的目标和政策，管理计划中再次出现的目标和政策与原先在战略计划中的目标和政策的最显著差别是：详尽地说明各种目标与政策之间的协调关系。管理计划还必须明确规定达到这些目标的时间限制。这样我们可以看出：战略计划的中心是"解决问题"，管理计划的中心是"何时解决问题"。

(3) 作业计划　作业计划是基层管理者再对管理计划进行更加细致的安排。管理计划虽然对战略计划已经做出了详尽的说明和具体的时间规定，但是对于基层管理者而言，他们将会遇到的具体问题是管理计划根本无法一一考虑齐全，并且事先做好处理方法的设计。例如，具体的操作过程、各道工序的完成时间、费用与劳动消耗的预算等，都应该也只能由基层管理者再对管理计划进行更加细致的安排。

五、按照其对执行者的约束力大小分类

计划按照其对执行者的约束力大小也可以分为指令性计划和指导性计划两大类。其中指令性计划一般是由上级主管部门向下级下达的具有严格约束力的计划。指令性计划一经下达，计划的执行者就必须遵照计划开展活动，并且要尽一切努力去完成计划。指导性计划可以是上级主管部门下达的，也可以是同级部门编制的，它对计划执行者不具有严格的约束力，是一种参考性的计划。对于这种计划，计划执行部门可以根据本部门的具体情况，决定是执行计划还是需要对计划进行必要的修改，这样实际上计划执行者就是在指导性计划的指导下开展自己本部门的活动。

六、按照其所涉及的活动内容分类

计划也可以按照其所涉及的活动内容分成综合计划、专业计划与项目计划。其中综合计划一般会涉及组织内部的许多部门和许多方面的活动，是一种总体性的计划。专业计划则是涉及组织内部某个方面或某些方面活动的计划。例如，企业的生产计划、销售计划、财务计划，等等，它是一种单方面的职能性计划。项目计划通常是组织针对某个特定课题所制定的计划。例如，某种新产品的开发计划、某项工程的建设计划、某项具体组织活动的计划等，它是针对某项具体任务的事物性计划。在一个组织中，每个部门都需要制订计划，也都会有自身的计划目标。因此，在一个组织中可能同时存在很多个专业和项目计划。

七、计划的其他类型

包括常设计划与应变计划。

应变计划是公司针对一些可能出现的特殊情况（如突发事件）所做的计划。管理者必须

重视和考虑那些不可控因素，如经济衰退、通货膨胀、技术进步、安全事故等。为使这些潜在的不可控因素的影响最小化，管理者必须对这些因素可能引起的最坏情况进行预测。制定应变计划有助于企业及其雇员在特殊情况发生时，知道该怎样做才能使组织迅速摆脱困境。常设计划是指导日常管理工作和管理行为的基本要点。表 4－5 是计划的类型总结。

表 4－5 计划的类型总结

分类标准	类型
范围	战略性计划、战术性计划、作业计划
时间框架	长期计划、中期计划、短期计划（年度计划、阶段计划）
明确性	指令性计划、指导性计划
使用频率	常设计划、应变计划
程序化程度	程序性计划、非程序性计划
活动内容	综合计划、专业计划与项目计划

第三节 计划方法

计划职能是管理的最基本职能。由于管理的环境是动态的环境，管理活动是个发展变化的过程，计划是作为行动之前的安排，因此计划工作应是一种连续不断的循环。计划工作的过程与方法都是相近的。

一、计划过程

管理工作中，管理者在编制任何计划时，实质上都遵循相同的逻辑设计和步骤，计划制定的步骤为：估量机会、确定目标、确定前提、确定可供选择的方案、评价各种方案、选择方案、制定派生计划、用预算形式使计划数字化。

1. 寻找机会

从企业管理的内忧外患中寻找发展的机会，从企业的现实有利处境中寻找快速成长的机会，寻找机会是制订计划的真正起点。计划工作是一座桥梁，它把我们所处的此岸和我们要去的彼岸连接起来，以克服这一天堑。机会指明了组织要去的彼岸，因此制订计划的第一步是认清企业所在的此岸，认清现在的目的在于寻求合理有效的通向彼岸的路径，即实现目标的路径，分析我们自己的长处和短处，弄清我们所处的地位，做到心中有数，知己知彼。与此同时，搞清楚我们面临的不肯定性因素都有哪些，了解对手、环境与组织自身的实力，并展望我们可能取得的成果与不足。并清楚全面了解对手、环境与组织自身的实力这些因素随时间的变化及相互之间的动态反应。

2. 确定目标

某一个企业或组织在一定的时间和一定的条件下，某一目标可能比其他目标更重要。不同的目标内容和顺序将导致不同的政策和行动，也会有不同的资源分配顺序。因此正确的选择目标内容和顺序都是至关重要的。通过机会分析，组织对于存在的风险与机会有了更加清晰的认识。随之将做出自己对未来发展的判断，再不断地使这种判断明确化，最终成为自己的计划目标。只有确定了计划目标，其他的工作才可能继续开展下去。因为计划目标中将明确规定需要做些什么、计划的重点是什么，为使计划能够顺利实施，需要制订哪些战略、政策、程序和方法以及整个企业或组织要完成的最终目标。最终目标是一个企业努力方向和考核验收的标准，也是整个组织、人事、领导、控制等活动的依据。

3. 确定计划的前提条件

计划工作的前提，就是计划工作的假定条件，即执行计划时的预期环境。确定计划目标，还应该明确指出计划将是在什么环境下实施完成。计划的制订者要向计划的批准者详尽地描述计划是在什么环境状态下实施，并最终实现目标。在环境的描述中先对计划实施到相应阶段时所必须依赖的环境状况做出假设，前提条件并非实际存在的，而是由计划编制者根据其个人所掌握的信息和知识在事前预测出来的，而这些条件是否会发生，会受到各种因素的影响。计划制订者必须熟悉各种预测方法，对不同的环境采用相应的方法准确地做出预测。一个有成就的主管人员不只是当情况发生变化时能及时做出反应的人，而是能预见到变化，因此采取适应情况变化而行动的人。计划工作前提条件按所涉及的范围、表现方式和控制程度可以分为不同的种类。① 按组织的内外环境范围划分可以分为外部前提条件和内部前提条件，外部前提条件包括一般前提条件，如政治、经济、法律、社会和文化等；产品市场条件，如市场是属于垄断市场、寡头垄断，还是自由竞争市场；要素市场条件，包括人力、生产资料市场、资本市场的建立与健全。内部前提条件包括生产能力、实验能力、设计能力等。② 按表现方式可分为定量前提条件以及定性前提条件。比如劳动时间，劳动量，生产的产量、产值、利润，这是属于定量前提条件；定性的前提条件包括经营单位信誉，职工对生产情绪是否高涨，顾客对产品和提供的服务的满意程度。③ 按控制的程度分可分为不可控的、部分可控的、可控的前提条件。而外部的因素多为不可控和部分可控的。政治环境、价格水平、存贷利率是企业不可控的因素；部分可控的前提条件如职工的流动率、市场占有率等；组织的内部要素一般是可以控制的，可控的前提条件如组织内部的政策和规则等。

4. 确定可供选择的方案

条条大路通罗马，任何事物只有一种可行的方案实际是极少见的，完成某项任务总是有许多方法，即每一项行动均有异途存在，称为异途原理。有些异途是潜藏的，只有挖掘各种可行的方案才有可能从中选择出最佳方案。如果只有一种方案，就无所谓决策。管理界有个说法是"如某一事物只有一个方法，此方法大概会是错误的方法。"在管理实践中，管理者挖掘方法的才能与正确选择的才能同样重要。要发掘多种可行方案，必须具有民主气氛。既要群策群力、集思广益，又要思路开阔、大胆创新。

5. 评价各种方案

按照前提和目标来权衡各种因素，以此来对各个方案进行评价。在选择方案时还要考虑以下几点：① 要特别注意发现每一个方案的制约因素。② 在评估方案时，要将每一个方面的预测结果与原有的目标进行比较，既要考虑许多有形的可以用数量表示的因素，也要考虑许多无形的不能用数量表示的因素。③ 要用总体的效益观点来衡量。

6. 选择一种方案

选择方案，就是正式通过方案。选择方案实际就是决策。如何进行选择，可以通过以下三种办法：① 经验。人们通常都认为经验是最好的老师，"前事不忘，后事之师"就是这个意思。② 实验和试点。对于以前从未做过的事，也从未有经验可寻的事物，可以采取实验和试点的办法。③ 建立数学模型进行研究与分析。

7. 制订支持性派生计划

派生计划就是总计划下的分计划。在做出决策之后，要制订派生计划。派生计划也可以称之为细节计划。基本计划需要派生计划来扶持，只有派生计划完成了，主计划才有保证。要制订相关的政策。这里的政策是组织为保证计划的顺利实施，并在规定的时间中达到计划目标而制订的行动指导方针。例如，组织确定了计划的目标——改变在中国市场的营运方式，重新走入辉煌，为实现这一目标制定了一整套行动措施——采取店铺加推销员的销售方式。但是要使计划得以顺利实施，公司必须再制订相应的政策，来规范和调整组织所有成员的行为。组织的最高管理者必须清楚地认识这点：在计划实施的过程中，下属总会不断地参考自己个人目标的实现程度来调整自己的行为，从而使这种行为偏离组织对其的要求。调整这些偏离的行为的最好办法是通过政策去实现。

8. 用预算形式使计划数字化

计划的最后一步是将计划数字化。即把计划转为预算，使之数字化，通过数字来大体反映整个计划。预算可以成为汇总各种计划的工具。预算也是一种将资源分配给特定活动的数字型计划，预算就是数字化的计划。

二、计划方法

计划工作与其他管理工作一样必须强调效率。提高计划工作效率的最好办法就是采用最科学的计划方法。传统的计划方法使得计划是凭借计划制订者的经验再加上一定的信息来做出的，带有很大的随意性。对于经济关系很简单，环境变化又并非"变幻莫测"的情况，这种计划方法常容易取得成功，而对于当今复杂多变的经济，管理者再也无法使用"拍脑袋"的办法来制订计划。计算机技术的发展使计划方法有了一个根本的改变。我们就只对计划方法本身进行探讨。

（一）滚动计划法

滚动计划法原理：近期详细计划执行完毕后，根据执行情况对原计划进行修正细化，此后便根据同样的原则逐期滚动，每次修正都向前滚动一个时段，从而使战略计划与执行计划、长期计划与短期计划有机协调起来，使战略计划与长期计划不断适应新的情况。

由于在计划执行的过程中环境变化以及具体的执行情况等都会与计划制订时的预测发生一定的偏差，这就需要定期对计划做出必要的修正。滚动计划法就是一种定期修正未来计划的方法。就如我们前面对长期计划所作的定义中所述，长期计划受未来不确定因素的影响很大，在长期计划的执行中，强调计划的严肃性而要求只能按几年前制定的计划来做，无疑会造成大量的损失。滚动计划法则可以使我们避免这种状况的发生。图 4－3 是利用滚动计划法的示意图。在计划开始的第一阶段(第一年)计划制订者必须搜集各种有关计划执行过程中出现的问题的信息,及时查明原因作为对第二阶段计划修订的重要依据。这样,信息的搜集与分析处理工作将是十分繁重但又出不得一丁点差错的工作。现在这些工作都可以通过计算机及网络来进行,不仅速度快而且准确率很高。滚动计划法有这样几个优点:

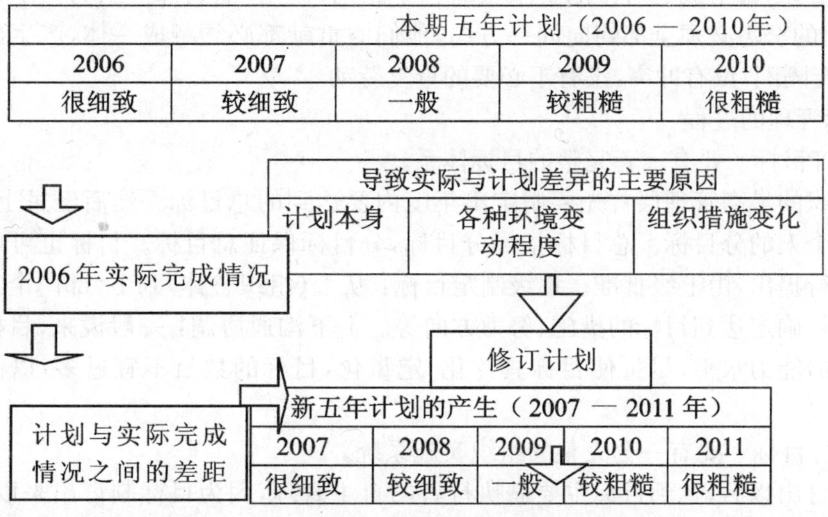

图 4－3　利用滚动计划法编制长期计划示意图

(1) 适合于组织中的各种计划的编制与修订。可以是综合计划也可以是局部计划,可以是长期计划也可以是中期或短期计划。

(2) 使计划的预计时间缩短,提高了计划的准确性。就长期计划而言,编制这种计划时对 3 年后的目标无须做出十分精确的规定,从而使计划在编制时有更多的时间对未来 1～2 年的目标做出更加准确的规定。

(3) 使长期、中期、短期计划更好地结合在一起。滚动计划法就是通过短期计划的实际执行情况,做出对下期计划修正的判断,使短期计划与中期计划结合在一起。滚动修正又使中期计划与长期计划,本期五年计划与下一五年计划的第一年计划相衔接。保证计划的连贯性。

(4) 使计划更富有弹性。每一阶段的计划都是以上一阶段的实际情况再加上对未来环境状况的估计后修订的结果,使计划更能适应环境的变化。由于实际情况与计划时的设想情况会出现偏差,这就要求对计划做出修正,管理者可以通过调整预算来完成对计划的调整目标。常见的预算调整办法有两种,一种是将预算与活动成果挂钩,即随成果的不断产生和扩大,增加预算的下拨规模。另一种是滚动预算,即每隔一定时间对预算做出修正,使之更加符合实际状况。

计划编制方法还有投入产出法与 PERT 网络分析法等。

(二) 目标管理

1. 目标管理的含义

目标管理是下级与上级共同决定具体绩效目标,定期检查目标进展情况,并基于目标完成情况来确定奖酬的一种管理制度。美国管理学家海因茨·韦里克认为，目标管理是一个全面的管理系统，这个系统将许多关键管理活动连接在一起，使组织和个人目标得以高效率地完成。最早提出目标管理概念的是彼德·德鲁克(Peter F. Drucker)，他在1954年所著的《管理的实践》一书中提出这个概念——“目标管理”(Management by Objectives，MBO)。德鲁克认为，所谓目标管理，就是管理目标，也就是依据目标进行管理。任何企业必须成为一个真正的整体，每个成员所作的贡献虽然各不相同，但是，他们都必须为一个共同的目标作贡献，他们的努力必须全都朝向同一方向，他们的贡献都必须融成一体，产生出一种整体的业绩：没有隔阂，没有冲突，没有不必要的重复劳动。

2. 目标管理的过程

(1) 制订目标　要有一套完整的目标体系。

一个组织的最高管理层首先要制定出年度内要达到的总目标。然后经过上下协商，定出下级以及个人的分目标。总目标指导分目标，分目标保证总目标。目标也可以由下级部门和职工自行提出，由上级批准。逐级制定目标：从上(组织整体)到下(部门个人)分解，从下到上保证。确定达到目标的措施、努力方向等。上下沟通协调：一般说来，目标任务要略高于执行者的能力水平，尽量使目标具体化、定量化，目标的数目不宜过多，以便于检查和考核。

(2) 执行目标　要有一套完整的组织实施系统。

目标制订出以后，达到目标主要靠执行者的自主管理，因为目标制订出来以后，就靠组织的每个人去努力完成，如果上级干预过多，就会限制每个人的主观能动性的发挥，管理者还要根据组织的目标，给以下级用人、开展业务等权力，下级部门可行使这些权力，充分利用上级给予的这些权力达到自己的工作目标。上级必须支持下级来达到他们的目标，给以指导协助，提出问题，提供情报以及创造良好的工作环境。

(3) 评价成果　要有一套完整的检查和评价检验系统。

● 自检：自检是一种很重要的方法，通过自己对自己工作的检查，发现自己的错误，更有助于发挥个人的积极性，保持个人的自尊，现代管理学更强调以人为本，所以自检是现代管理的一种很好的方法，也很受先进企业的欢迎。但是自检也有缺点，因为人有很多习惯，出现错误也是习惯使然，很难发现，所以还要有其他的检验方法，如互检、专职检验等。

● 商谈：上级通过与下级交谈，了解下级工作完成状况，双方达成一个共识，这也是以人为本的一种体现。出现成绩，上级给予肯定，如果有不足，当面给下级提出，这样通过声音、面部表情等身体语言的交流，迅速获得情感的反馈，了解下级接受问题的态度，可以进一步确定所提问题的合理性。

● 评价奖罚：凡按期完成目标任务的成绩显著的单位和个人，应给以表彰和奖励，以便进一步改进工作，鼓舞士气，为下一期的目标管理而努力。对不按期完成目标任务的单位和个人，应给予必要的惩罚，甚至在职务上给以降级。

● 制订新的目标再开始新的循环。完成上述过程以后，再制订新的目标，开始新的循环。

3. 目标管理的要素

目标管理(MBO)是让主管人员与员工亲自参加目标制订，在工作中实行“自我控制”，并努力完成工作目标的一种管理制度或方法。包含4个要素：明确目标，参与决策，规定期限和反馈绩效。

(1) 目标明确 目标必须是可以量测和评估的具体目标。

(2) 参与决策 目标不是管理者单边设定的。可由管理者和员工共同设定目标,再决定如何达成目标。

(3) 规定期限 每个目标都必须在预定的时间内达成。时限清楚,或3个月、6个月,或一年。

(4) 绩效反馈 提供员工进度反馈,以达成具体目标。定期举办稽核会议激励、监控、改善自己的行动、主管与员工一起检讨进度。

4. 目标管理的特点

目标管理的一个鲜明特点是综合运用了科学管理理论和行为科学理论。在目标管理中,目标不是用来进行控制的,而是用来激励下级的。目标管理强调将组织目标转化成为个人目标,并通过组织成员的自我控制取得成就。因此,对于组织成员而言,目标管理是一种自我控制的管理,而不是传统的由别人进行统治的管理。

目标管理的优点有以下几点。

(1) 有助于提高管理水平 目标管理促使主管人员考虑他们将用什么办法来实现目标。为此需要什么样的人员,需要什么样的资源和给予什么样的帮助。比如企业有月报表、日报表、季报表、销售量、销售额、毛利额的考核,由被考单位签字承认,由考评办汇总、分析、整理,将信息反馈给有关部门。这一系列的报表、统计、数据,就会促使主管人员使用微机辅助进行信息处理,以提高效率、加强管理。

(2) 有利于暴露组织的缺陷 目标管理可以促使主管人员把组织的作用和结构搞清楚,从而尽可能地把主要目标所要取得的成果落实到对实现目标负有责任的岗位上。

(3) 有利于调动人们的积极性、创造性和责任心 促进参与、交流、沟通,明确任务,发挥每个人的积极性和创造性。因为目标管理使人们不再只是做计划工作的奴隶,只是实施指导和等待决策,而是他们现在就有明确的个人目标,甚至他们自己就是决策人。

(4) 有利于更有效地控制 控制就是测定工作,以便保障任务的完成。目标管理实际上就是制定了一套可考核的标准,使管理人员有进行监督和控制的一套标准,以便于他们纠正计划实施中出现的偏差。

同时,目标管理也有以下的缺点。

(1) 目标管理执行比较困难 目标管理看起来很简单,但是其作用到底如何,人们心中并没有把握,而且参与目标的人能够得到什么好处心中无数,所以目标管理执行需要广泛的宣传使其得到普及,在组织内部要建立起自我管理和自我控制的机制。

(2) 适当的目标不易确定 具体制订可考核的指标是一项非常繁杂的任务,需要有先进的管理思想、手段和方法。

(3) 目标一般是短期的 目标一般是短期的,很少超过一年而常常是一个季度和更短一些,所以目标管理的弊端是显而易见的,很可能会使短期目标和长期目标脱节。

(4) 目标管理缺乏灵活性 不灵活;容易产生本位主义思想;人们可能过分使用定量目标等。

思考题四

1. 什么是企业的使命?
2. 目标有效性的含义是什么?
3. 计划工作的特点有哪些?
4. 计划有哪些类型?
5. 编制计划一般要注意哪些基本的过程?
6. 如何利用滚动计划方法?
7. 目标管理的含义、要求、特点是什么?

【案例四】　东芝公司目标管理

谈到目标管理,不得不提及东芝公司独具特色的目标管理方式。目标管理作为一种先进的管理方式,并非由日本人首创,但是东芝公司接受和借鉴了德鲁克的"目标管理"的管理理念,并应用到实践,有效地提升了企业的绩效。

(一) 东芝公司目标管理主要包括以下四个部分。

(1) 制订目标。在目标管理实施中,东芝公司首先把目标的制订放在首位。在制订目标时要求两点:员工的目标和企业的目标保持一致;每个人都要制订切实的目标。另外在制订目标时还遵守了以下原则:如目标数量不宜过多,目标的内容具体明确、目标难度以略高于本人能力为准、不能失去长远的观点等。

(2) 东芝目标管理的特征。东芝目标管理的特征主要包括两点:直接结合经营需要的一贯性,即目标管理必须从企业的整个经营体制出发,保持完整的一贯性;以个人为中心提高能力,具体来说,每个人的目标,是按照本人的能力、适应性和性格等特点来确定的。

(3) 目标管理的结构。东芝公司的目标管理,重要的前提就是相信每个人的能力和积极性,恰如其分地明确每个人的工作和任务,然后通过权力下放和自我控制,确立好整体的目标体系以及每个人的目标体系。在目标管理的最后阶段,实施成果评价,并与绩效考核挂钩,给予相应的奖惩措施,提高员工的积极性。

(4) 目标管理的实施。在东芝目标管理的实施过程中,坚持少而精主义和能力主义。此外在实施过程中还坚持"信任下级"原则,适当下放权限,上下级之间建立信任;最后,依据达到程度、困难程度、努力程度三个要素进行成果评价,进行相应的奖励,保证目标管理的有效性。

(二) 东芝公司目标管理的成功之处。

(1) 具备一套完善的管理流程。东芝公司的目标管理之所以成功,离不开与之相匹配的一整套管理流程。首先高层管理人员确定公司未来的战略和目标。其次由上至下,逐级确立各级的任务和目标。其中下级的目标也是多次和上级进行沟通,双方一致商定之后,最终确立下来,保证了最终目标的制订是下级员工接受和认可的。在执行过程中,东芝组织的高层领导密切关注和参与，同时让所有员工都参与到目标管理体系中，达到了全员认可，全员参与的效果。最后将绩效与目标管理的成果评价结合起来，确保员工能从中受到激励，让员工更有积极性。

(2) 对细节的注意。东芝公司严格遵循了目标管理的四个要素，设置的目标要明确，让员工参与决策，规定了目标管理的一定时限，通常是半年或者一年，最后将成果评价与人事安排结合起来。此外，东芝还特别注意营造平等的氛围，让上下级之间多沟通，建立深厚的信任。通过实行目标卡片制，并以此作为直属上下级之间订立的合同，让员工做出承诺，提高员工实现目标的可能性。

(3) 高层管理人员和基层员工共同参与。东芝公司的目标管理，就是高层人员亲自关注和参与，从而提高了目标管理被重视的程度，扫清了一些不必要的障碍。让员工参与决策，让他们产生了主人翁意识。日本东芝公司编写的《目标管理实践》中指出：每一个职工，由于亲自参加制度目标，无疑会感到自己为达到目标负有责任，并以极大的热情投入工作。

(4) 基于Y理论，充分信任员工。东芝公司的目标管理基于Y理论，认为“人，就其本性而言，有劳动的欲望、自我提高的欲望和承担责任的能力”。本着这种思想，东芝公司形成了信任员工的氛围，对他们抱有积极的期望，激发员工的工作热情，同时上级下放权力，无权过分干涉员工达到目标的具体措施。甚至一定程度上为这种员工自主承担风险，允许员工失败，认为这是对员工的教育投资。

(5) 以员工为中心，提高员工能力。东芝公司的目标管理的一个重要特点就是，以员工为核心，提高员工能力。东芝公司把重点放在“提高能力”上，就是要使目标连锁体系中不能充分展开的下级也能实行目标管理。东芝让员工制订略高于自己能力的目标，保证了员工能力的提高，从目标管理的心理功能解析来看，目标管理对人的心理具有定向、控制、激励、凝聚、反馈五个功能，一旦成功达到目标，还有助于提高个人的自信心，使员工获得成长。另外，为了保证每个人的努力方向与企业的总目标相一致，又采取了“自上而下有组织地展开”和“以联合讨论为中心展开”这两项措施。组织中常常出现个人利益与集体利益相冲突的情况，这时员工就不得不同时牺牲个人兴趣和利益，来服务组织目标。要想使员工从“要我做”变为“我要做”，就必须借助目标管理这种管理原则。东芝公司通过让个人目标与集体目标相一致性，就会让员工自觉自愿的为了集体目标而努力。

(6) 与人事管理结合，评价成果并还业奖惩。东芝公司的目标管理，最后的一个环节就是与人事考评、晋升、继任者培养等相结合，依照制定的标准对成果进行评价。有了激励制度，才能保证员工有动力更好地完成自己的目标。最后的成果评价，保证了员工的努力有一个被认可的流程，对员工的奖励可以成为下一阶段员工实现目标的巨大动力，从制度上构成了良性的循环。

案例思考题：分析东芝公司独具特色的目标管理方式有哪些值得学习和借鉴之处？

第五章 决 策

第一节 决策概述

在组织中，所有的管理者都必须进行决策，其目前的所作所为将影响到组织的未来。管理者，尤其是高层管理者又被称为决策者，管理者的决策行为是决定性的，决策决定着组织如何解决问题，决定着资源的有效分配以及组织目标的实现。管理者扫描组织环境，识别问题和机会，从而做出相应的决策，并监视其产生的结果，判断是否应再做出追加决策。管理决策的范围极其广泛，决策活动广泛存在于诸如计划、组织、控制、领导等各项管理职能中。

一、决策的内涵

决策(Decision Making)是组织或个人识别并解决问题以及利用机会的过程。决策的这一含义，具有以下四个方面的特征：

(1) 问题性　决策始于问题，决策总是为解决某一问题而做出的决定。决策始于问题本质的含义是进行一项有效的决策活动必须同时具备以下几个前提：① 在组织现状与组织目标之间客观地存在着一定的差距；② 决策者一定已经清楚地认识到这种差距的重要性及其影响；③ 必须能够有效地去激励决策者努力缩小这种差距；④ 应当拥有采取旨在缩小这种差距的行动所必需的资源。如果没有第一或第二个前提，决策活动只能是无的放矢，缺乏存在的价值；如果缺乏第三或第四个前提，决策活动只能是纸上谈兵，流于形式，缺乏现实性，决策是为了正确行动，不准备实践，就用不着决策。

(2) 目标性　决策的根本目的是为达到组织的目标。决策必须有明确的目标，没有目标就没有方向，没有目标就没有决策的标准与依据，“没有目标的决策是不存在的”，决策的目的不仅是解决存在的问题，更重要的是利用机会。

(3) 选择性　决策是指为了达到一定的目标，从两个以上的可行方案中选择一个合理方案的分析判断过程。决策就是在众多可行方案中作选择，如果只有一个方案存在的话，也就不存在决策；要制订出正确的方案，决策必须以大量的信息为基础，对于面向未来的选择，要进行科学的预测。

(4) 过程性 决策是一个多阶段、多步骤的分析判断过程，决策贯穿于管理活动的各个阶段、每个环节的全过程。决策的过程性特点可以从两个方面去理解。组织决策不是一项决策，而是一系列决策的综合；这一系列的决策本身就是一个过程，决策是一个过程，是时期行为，并非时点行为。

二、决策的要素

决策要素是从事决策活动的必备条件，包括：

(1) 决策主体 决策的主体或决策者可以是单独的个人或组成群体的机构。

(2) 决策目标 决策行动所期望达到的结果和价值。

(3) 自然状态 即不可控因素，是不以决策者主观意志为转移的情况和条件。

(4) 备选方案 可供选择的各种可行方案。

但要注意的是，这四个要素是贯穿整个决策过程的，我们不能将它分阶段来分析，而是四个要素综合去分析才能得到一个比较准确的判断。

三、决策的过程

理解决策的一般过程，是决策者进行决策的基础。决策是解决问题的过程。管理人员每天要解决的问题很多，问题的难度和特点也会不一样，如果能够找到解决问题的共同思路，将不仅仅有助于问题的解决，还有助于提高管理工作效率。管理决策学派代表人物赫伯特·西蒙(Harbert A. Simen)认为，作为管理决策者的经理，其决策制订包括4个主要阶段：① 情报活动：找出制订决策的理由，即探寻环境，寻求要求决策的条件；② 设计活动：找到可能的行动方案，即创造、制订和分析可能采取的行动方案；③ 抉择活动：在各种行动方案中进行抉择；④ 审查活动：对已进行的抉择进行评价。现有的决策过程的划分有三阶段法、四阶段法、六阶段法、八阶段法等。这些划分只是程度不同，内容比较相似，均以决策是人们为了达到一定目标，在掌握充分信息的基础上，科学地拟订各种方案并加以评估，最终选出合理方案的过程为本质特征作为分类的出发点。在本书中，我们遵循西蒙的思想，采用四阶段分类方法，对于非程序化决策而言，决策过程更具有应用价值，决策者几乎需要利用整个过程；而程序化决策因其可以通过规则或政策加以解决，因而没有必要投入很多时间制订和评价、选择行动方案。决策过程分为四个阶段：① 诊断问题、识别机会；② 确定目标、拟订方案；③ 评价方案、选择方案；④ 实施方案、反馈结果。如图5-1所示。

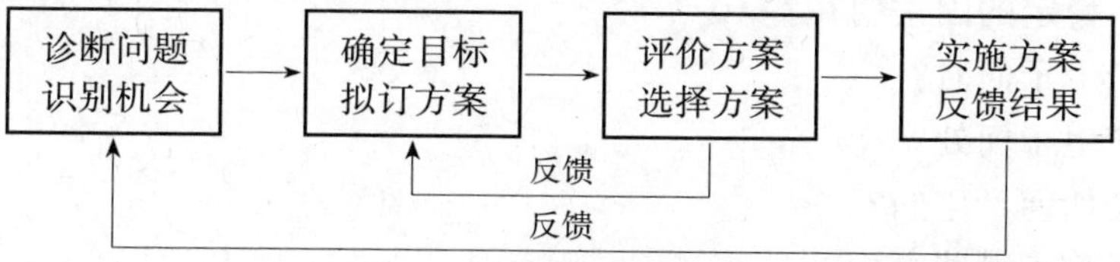

图5-1 决策过程

决策过程的前三个阶段，其实跟人类的逻辑思维过程是相一致的，即：问题是什么？有哪些解决方案？哪一个方案最好？最后一阶段是实施情况的一个总结，它往往是下一轮决策的一个起点(问题的来源)。下面就对这四个阶段作具体分析。[1]

（一）诊断问题、识别机会

1. 诊断问题

诊断问题是一项决策过程的开始,以后各个阶段的活动都将围绕所识别的问题展开。如果识别问题不当,所做出的决策将无助于解决真正的问题,因而将直接影响决策效果。问题,是指实际状况与期望状况之间的差距。任何决策均源自问题的存在,决策过程的起点是发现需要做出决策的问题。有了现实提出的、需要解决的问题才有必要做出决策。当组织绩效没有达到设定的预期目标时,问题就产生了。当组织的管理者觉察到可能超越目前组织目标的潜在绩效时,就存在着机会。诊断问题、识别机会是管理决策的第一步。界定问题与寻找机会,需要组织管理者扫描组织的内外部环境,尤其是那些值得管理者注意的问题。管理者通过审视环境,判断组织是否令人满意地朝着既定目标前进。在决策中有些问题非常直观,或在组织中经常、反复地出现,属于经常性问题。决策者对这些问题是熟悉的,而且与问题相关的信息是确定、完整的和容易获取的。我们把这些直观、熟悉的和易确定的问题称为结构良好问题。但管理者面临的许多问题属于结构不良问题,它们是新问题、非同寻常的问题或者是复杂问题,有关问题的信息是不完整的或含糊的(图 5-2)。

图 5-2 问题的类型、决策类型与组织层次

问题原因和症结的诊断分析

一旦问题和机会引起管理者的注意,问题的出现可能来自于组织内部或个人的内在心理,下一步就是要弄清楚问题的原因和症结。诊断或界定是管理决策的一个环节,诊断有助于管理者分析问题的症结。如果管理者忽视这一环节,不深入分析问题的原因而急于形成各种方案,就可能犯错误。

在这一环节,管理者必须审慎地回答如下问题:

导致组织不稳定的因素何在?

这些因素产生于何时?

这些因素产生于何处?

这些因素是如何产生的?

这些因素影响了哪些方面?

这些因素的关键因素何在?

[1] 谭力文. 管理学. 武汉:武汉大学出版社,2004:105.

这些因素的相关因素何在?

这些因素持续的结果会怎样?

这些问题有助于管理者明确组织实际发生了什么和为什么发生的。还要根据各种现象诊断出问题产生的原因,这样才能考虑采取什么措施,选择哪种行动方案。利用鱼骨图等诊断分析工具逐步发现原因并分清主次。

2. 识别机会

所谓机会,就是客观环境和条件的变动,为组织的进一步发展所提供的可能性。透过机会,管理者可以看到提高组织绩效的可能性。在一个组织中,决策者的重要责任就是要分辨:在什么情况下需要做出什么样的决策。这就要求决策者能及时发现问题、抓住机遇,对下一步行动做出决策。任何一个组织所处的环境总是在不断发展变化的,在新的环境下就会出现或存在新的问题。

(二) 确定目标、拟订方案

1. 确定目标

针对这些问题确定应该达到何种效果,即确定决策的目标。决策者可以通过询问诸如"进行决策要达到什么效果?"等问题帮助其制订目标。由于未必存在满足所有这些问题构成要素的解决方法,所以决策者在找到问题及其原因之后,应该分析问题的各个构成要素,明确各构成要素的相互关系并确定重点,即确定目标。确定目标分为:

(1) 明确决策目标,要注意以下几方面要求:① 提出目标的最低和理想水平;② 明确多元目标间的关系;③ 限定目标的正负面效果;④ 保持目标的可操作性。

(2) 明确组织目标应进行哪些工作?① 提出目标;② 明确多元目标之间的相互关系,明确主要目标与非主要目标的关系;③ 建立目标:权衡目标执行的有利结果和不利结果,制定一个界限。

(3) 目标应当具备哪几个特征?① 可以计量;② 可以规定其期限;③ 可以确定其责任者。

确定目标是决策中的最重要环节。通过定义问题,可以确定一系列的目标。为了确保有效性,目标应该符合一定的标准。明确目标时要注意有明确各目标的概念、内容、目标的时间要求、分目标的关系、决策目标的约束条件。决策目标尽量用数量表示。

2. 拟订方案

根据所识别的问题,在决策者面临的众多的约束条件的限制下,尽力寻找出多个可行的行动方案,对每个行动方案的潜在结果进行预测。可供选择的行动方案是指用来解决某一问题的两个或两个以上的行动方案。决策者必须针对其所面临的问题,尽可能多地发展出所有可以解决该问题的可行替代方案。没有替代方案就没有决策。我们可以将方案想象为一种工具,它可以用来消除组织目前的绩效与所预期的绩效之间的差距。提出可行性方案,一旦识别问题和机会,并找到了问题的症结,决策者就可以开始寻找问题的解决方案。对于程序化决策,方案很容易确定。而在非程序化决策中,则需要提出符合组织利益的新的方案。

(三) 评价方案、选择方案

1. 评价方案

在这个阶段,决策者必须针对每个行动方案提出这样一个关键问题,即"这是在所有已知的约束下最好的行动方案吗?”为了回答这一问题,决策者应该预测和合理估计各种行动方案结果可能发生的概率,分析各个行动方案可能发生的潜在后果。在此基础上,对上一阶段所形成的各个行动方案进行比较。

拟订备选方案的活动开始之前,必须明确决策的目标,明了现状以及明确对方案的约束,这样,所拟定的备选方案才可能有正确的方向,所拟定的备选方案才是可行的。一个决策方案是否可行,必须通过制订具体措施来考察及评价。这些具体的措施包括作业组织、人员配备、经费预算、日程安排,等等。评价方案的实施结果是识别方案优劣的重要依据。估计决策效果的基本依据是是否能够避免出现影响最终效果的不良副作用。大部分决策理论规定了预测风险的程序。程序根据不同的情况发生不同的变化——从运筹学模式的概率分析到纯主观推测。

认识到风险的存在是重要的,但还远远不够,必须进一步估计其重要程度。在估价风险时我们要考虑到两个因素:可能性与严重性。根据可能性因素推断出哪一种情况会发生,若某一事件肯定发生,再根据“严重性”因素推测出该事件将对局势的影响程度。

对备选方案进一步的认识取决于是否获得新的信息资料,这些信息资料是不可能预先猜测的。在测定风险时应该按顺序审查所有方案,努力预测在实施各个方案时可能遇到的各种困难。需要指出的是,逐一审查测定各个备选方案是非常重要的。

风险程度指数可以帮助我们做出更加合理的决策,这些数据使我们对各个备选方案效率进行充分的比较。应该指出,风险指数相互之间并没有联系,没有用以比较指数的公式。我们必须提出以下问题:“我们将要获得的效果是否值得我们冒这个风险?”领导不是急于最大限度地减少风险,而是争取风险达到可以接受的和可以抑制的程度。

综上,我们必须对每一个备选方案所希望的结果和不希望的结果出现的可能性进行检验,可运用一些标准来对这些备选方案进行比较。在这些标准中可用到的一些因素有每个备选方案涉及的风险、可以利用的时间和需要的时间、可利用的设施和资源以及费用效益分析。评价备选方案可以采用表格方式来进行比较,如表 5-1 所示。

表 5-1　备选方案的比较

比较因素	备选方案 1	备选方案 2	备选方案 3	备选方案 4
要求的时间				
包括的成本				
涉及的风险				
收益或优点				
局限性				

如果所有的备选方案都不能令人满意,决策者还必须进一步寻找新的备选方案。决策者必须根据工作的目的来评价每一个备选方案的效用。

2. 选择方案

决策就是在若干可行性方案之间做出选择。

如果只拟订一个可以达到决策目标的方案，就难以辨别该方案是好还是坏、是优还是劣，也没有选择的余地，没有选择就没有决策。所以只有围绕实现决策目标拟定出一定数量的可行方案，以供比较选择，决策才能做得合理。理论上说，在时间允许的情况下，方案越多，可供比较借鉴的范围越大，因而选择的方案也就更加优越。一旦提出多个可行性方案，就必须在其中进行选择，确定一个最有成功希望的方案。这一方案应符合组织的整体目标和价值观，并能以较少的资源投入获得预期效果。在不确定性决策中，方案的选择很大程度上取决于管理者的个性和承担风险的愿望，即风险偏好。此外，立足于组织的整体目标和价值观，也有助于管理者做出正确决策。选择方案的方法有三种：一是经验，二是实验，三是研究和分析。

（四）实施方案、反馈结果

1. 实施方案

方案成功与否，关键在于它是否被成功地落实，付诸行动。一些方案不能转化为切实的行动，不是因为方案缺乏可行性，而是因为管理者缺乏执行方案的基本资源和能力。推行方案可能需要与决策所涉及的人员进行磋商、交谈、激励，领导技能在方案执行中发挥着重要作用。

2. 反馈结果

决策过程的最后一个步骤是从反馈中进行学习。成功的管理者善于从以前的决策经验中进行反思、总结，会从经验中得到提高。相反，不进行反馈分析的管理者就会停滞不前，而且会在同样问题上犯错误。反馈就是把决策作为一个学习过程。许多重大问题往往是在尝试若干方案后才能有效解决的。职能部门对各层次、各岗位的方案执行情况进行检查和监督，并将信息反馈给决策者；决策者根据反馈信息对偏差部分及时采取有效措施；对目标无法实现的应重新确定目标，拟订可行方案，并进行评估、选择和实施。

为了避免在同一个地方摔倒，管理者必须建立一种从前人决策结果中进行学习的正式程序，这种程序应该包括以下步骤：

(1) 将实际结果与期望的结果相比较。

(2) 分析为什么有些决策期望落空了。

(3) 制定出有助于未来决策的方针、原则。

四、决策模型

（一）理性决策模型(Rational Decision Model)

理性决策模型基于经济学的假设，在20世纪早期较为流行。“经济人”假设认为，人类从事经济活动的目的是追求利润最大化，它忽视了人所具有的情感态度及价值观。在“经济人”假设基础之上，形成了完全理性决策理论。这一理论认为，决策者具备完全的理性知识，追求效用最大化，通过冷静、客观的思考进行决策。完全理性决策者做出的决策是完全客观和合乎逻辑的，并且是处于对组织的经济利益最优化的考虑。理性决策模型的基本假设是：

(1) 决策者完成已知并达成共识的目标，问题已经被精确地阐明和详细地界定清楚。

(2) 决策者可以收集完整的信息，从而使决策状态成为确定性的。所有可行性方案和可能的结果都是可以量化和评估的。

(3) 备选方案评估标准是明确的或可以确定的。决策者选择能够使组织利益最大化的方案。

(4) 决策者是理性的。他合乎逻辑地评估标准和偏好(权重),评估每一方案,并做出使组织利益最大化的决策。

理性决策模型详细说明了决策者"应该"如何做决策,为组织如何取得理想的结果提供了指南。但是,它并没有说明管理者实际上是如何做出决策的。理性决策模型的价值在于它促使决策者在制定决策时具有理性。

理性决策模型代表一种"理想的"决策模型。当把古典模型用于程序化决策或风险性决策时,它是最有价值的,因为相关信息可以收集到,概率也可以计算出来。

例如,NBC电视网络运用计算机系统,快速、高效地优化广告时段的安排。当广告商提出要求时,广告计划人员将所有的信息输入计算机系统中,包括客户愿意为广告支付的预算金额、客户希望达到的受众数量、目标受众的人口统计特征、广告的单位长度、广告播出多少周,等等。管理者根据重要性程度对节目和节目播出年份的周数进行排序,所有这些数据,连同每一周可以使用的广告时段信息和其他约束条件,都要输入计算机系统中,由该系统来生成用最少数量的广告资源满足客户需要的广告计划。正是通过使用古典模型,NBC优化了自己的广告计划,既满足了客户需要,又节省了广告资源。

(二) 行政决策模型(Administrative Decision Model)

20世纪50年代之后,人们认识到建立在"经济人"假说之上的完全理性决策理论只是一种理想的模式,不一定能够指导实际中的决策。与理性决策模型的观点不同,行政决策模型提出管理者很难做出在经济上理性的决策。

1. 有限理性和满意性

管理学家赫伯特·西蒙通过对管理者的决策行为的研究,提出了"有限理性"标准和"满意性"原则,用"社会人"取代"经济人",大大拓展了决策理论的研究领域,产生了新的理论——有限理性决策理论。

有限理性决策模型是一个比较现实的模型,它认为人的理性是完全理性和完全非理性之间的一种有限理性。它的主要观点如下:

(1) 决策者所拥有的信息是不完整的。

(2) 决策者追求理性,但又不是最大限度地追求理性,他只要求有限理性。

(3) 决策是追求满意解,而不是最佳解。

有限理性(bounded rationality),是人们保持理性的程度是有局限性的。组织令人难以置信地复杂化,管理者有时间和认知能力处理的仅仅是有限数量的信息并凭此做出决策。

由于管理者没有时间或认知能力处理有关负责决策的全部信息,所以他们认为感到满意就行了。满意性(satisfacting),是指决策者选择能够满足决策标准最低要求的第一个解决方案。管理者不会为了确定使经济效益最大化的唯一方案,努力去寻求所有可能的备选方案,但是会选取能够解决问题的第一个方案,不论是否可以假设还有更好的方案存在。

例如,在商务旅游中,一位主管恰好在重要会议之前打翻了咖啡,弄脏了他的短衫。此时,他会冲向附近的服装店,购买他发现的第一件令他满意的衣服换上。他没有时间也没有机会将所有的短衫都看完,但是能够买到一件解决燃眉之急的衣服,他就满意了。

2. 直觉

管理决策的另一个重要方面就是直觉。直觉反映了根据过去的经验但不经过有意识的思考,而对决策形势的迅速感悟。直觉决策并不是随意的或者非理性的,它是根据多年的实践和经验做出的,这些实践经验能够使决策者迅速确定解决方案,而不需要经过艰辛的计算过程。

例如,消防队员凭借经验,通过识别火灾的典型情况或反常情况来做出决策。与此类似,在商务领域,管理者一直在感知和处理或许他们还没有意识到的信息,他们的知识和经验积累帮助他们做出决策,这些决策可能就具有不确定性和混合性的特点。直觉研究表明,无意识心理具有认知能力,这种认知能力有时超过了有意识心理的认知能力。

(三) 政治决策模型(Political Decision Model)

政治决策模型常用于当条件不确定、信息有限、管理者对组织所面临的问题、追求什么目标或者采用什么行动计划有异议时制订非程序化决策。大多数组织决策都涉及众多追求不同目标的管理者,他们不得不相互交谈以分享和达成协议。通过政治决策模式的运作,可取得一个能使大多数人满意的解决方案。

政治决策模型非常类似大多数管理者和决策者经营所在的现实环境。决策是复杂的,涉及很多人;信息往往模棱两可,在问题及其解决方案上观点的不一致和冲突又是很常见的。政治决策模型有以下四个基本假设:

(1) 组织是由不同利益、目标和价值观的群体组成的。管理者对问题的轻重缓急的看法不一致,因而可能不会理解和共享其他管理者的目标和利益。

(2) 信息是模糊的、不完整的。保持理性的努力是有限度的,其原因在于众多问题的复杂性和个人及组织自身的局限。

(3) 管理者没有时间、资源或者能力去识别问题的各个维度并处理所有的相关信息。未来收集信息和减少含糊性,管理者相互沟通、交换意见。

(4) 未来决定目标和讨论方案,管理者要同其他的管理者辩论、谈判。决策是管理者之间讨价还价和辩论的结果。

例如,支持某一特定方案的管理者,与其他高级主管进行非正式的交谈,努力劝说他们支持该决策。当结果不可预见时,管理者就通过讨论、谈判和讨价还价来赢得支持。

第二节 决策类型

一、程序化决策与非程序化决策

程序化决策所解决的问题是在组织内经常、反复出现的常例性问题,或结构良好问题。它为解决重复性问题确定例行方法。程序化决策的指南包括程序、规则和政策。非程序化决策所解决的问题是结构不良问题。一般的,管理者所处的层级越高,越将面临结构不良问题。然而,在现实管理决策中,完全程序化或完全非程序化决策是很少的,它们之间没有明显的分界线。采用程序化决策有利于提高组织效率。只要有可能,管理决策都应当程序化。

1. 程序化决策

即在问题重复发生的情况下，决策者通过限制或排除行动方案，按照书面的或不成文的政策、程序或规则所进行的决策。这类决策要解决的具体问题是经常发生的，解决方法是重复的、例行的程序。例如，在组织对每个岗位的员工工资范围已经做出了规定的情况下，对新进入的员工发放多少工资的决策就是一种程序化的决策。实际上，多数组织的决策者每天都要面对大量的程序化决策。

程序化决策虽然在一定程度上限制了决策者的自由，使得个人对于"做什么和如何做"有较少的决策权，但却可以为决策者节约时间和精力，使他们可以把更多的时间和精力投入到其他更重要的活动中去。值得注意的是，为了提高程序化决策的效率和效果，必须对赖以处理问题的政策、程序或规则进行详细的规定，否则，即使是面对着程序化的问题或机会，决策者也难以快速地做出决策。例如，一个一个地对处理顾客的抱怨做出决策，不但会消耗大量的时间而且成本较高；一项"购后 14 天内保证换货"的政策却可以极大地简化问题，从而使决策者能够有更多的时间处理一些更棘手的问题。

2. 非程序化决策

非程序化决策旨在处理那些不常发生的或例外的非结构化问题。如果一个问题因其不常发生而没有被包容在政策之中，或因其非常重要或复杂而值得给予特别注意时，就有必要作为非程序化决策进行处理。事实上，决策者面临的多数重要问题，如怎样分配组织资源，如何处理"问题产品"，如何改善社区关系等问题，常常都属于非程序化决策问题。随着管理者地位的提高，所面临的非程序化决策的数量和重要性都逐步提高，面临的不确定性增大，决策的难度加大，进行非程序化决策的能力变得越来越重要，进行决策所需的时间也会相对延长。因此，许多组织都一方面设法提高决策者的非程序化决策能力，另一方面尽量使非程序化决策向程序化决策方向转化。有关程序化决策和非程序化决策在不同组织中的例子如表 5－2 所示。

表 5－2　程序化与非程序化决策在不同组织中的例子

决策种类	问　题	解决程序	例　子
程序化决策	重复、例行	各种规则、 标准的运行程序 政策	企业：处理工资单 大学：处理入学申请 医院：准备诊治病人 政府：利用国产汽车
非程序化决策	复杂、新的	创造性问题的解决方式	企业：引入新的产品 大学：建立新的教学设施 医院：对地方性疾病采取措施 政府：解决通货膨胀问题

3. 程序化决策与非程序化决策的相互转化

程序化决策与非程序化决策的划分不是绝对的，两者之间并没有严格的界限，在特定的条件下，两者还可以相互转化。例如，一项关于定价的程序化决策，可能会因为原料与产品供应情况、市场需求情况、竞争对手定价策略等方面的变化而转化为非程序化决策。同样，有关某项资源分配的非程序化决策也可能会因为信息的充分性而向程序化决策转化。完全的程序化决策与完全的非程序化决策仅仅代表着事情存在的两个极端状态，在它们之间还存在着许多其他类型的决策状态，就如同在黑色与白色之间还有许多既包含一定数量的白色，又包含一定程度的黑色的其他颜色一样。

随着现代决策技术的发展，很多以前被认为是完全的非程序化决策问题已经具有程序化决策的因素，程序化决策的领域日益扩大。一方面，运筹学等数学工具广泛地应用到以前被认为是靠判断力的决策中来；另一方面，计算机的广泛应用，已经将数字技术扩展到一些很大但又不能用自动化程度很差的计算设备解决的问题上去。这些都进一步扩展了程序化决策的范围。

二、群体决策与个体决策

从决策的主体来区分，决策分为群体决策与个体决策。如果决策的整个过程由一个人来完成，这种决策就称为个人决策。如果决策的整个过程由两个人以上的群体完成，这种决策就称为集体决策，其中，参与决策的人组成了决策群体，参与决策的常常包括一些下级管理人员。决策可以通过委员会、任务小组、部门参与或信息联盟等来制定。群体决策是为充分发挥集体的智慧，由多人共同参与决策分析并制定决策的整体过程。决策常常是由管理者个人做出的，但也可能是由集体做出的，当然决策的执行活动必须由组织来完成。决策是在一定历史阶段产生的，体现着时代的特征。随着环境的变化，决策也日益呈现出一些新的特点，其中最典型的就是群体决策受到重视并获得迅速发展。

1. 群体决策的兴起

对于那些复杂的决策问题，往往涉及目标的多重性、时间的动态性和状态的不确定性，这是单纯个人的能力远远不能驾驭的。为此，群体决策因其特有的优势得到了越来越多的决策者的认同并日益受到重视。首先，决策者面临的内外部环境日益复杂多变，许多问题的复杂性不断提高。相应的，要求综合许多领域的专门知识才能解决问题，这些跨领域的知识往往超出了个人所能掌握的限度。其次，决策者个人的价值观、态度、信仰、背景有一定的局限性。而这些因素会对要解决的问题类型和解决问题的思路和方法产生影响。

2. 群体决策的优点

在多数组织中，许多决策都是通过委员会、团队、任务小组或其他群体的形式完成的，决策者经常必须在群体会议上为那些具有新颖和高度不确定性的非程序化决策寻求和协调解决方法。结果，许多决策者在委员会和其他群体会议上花费了大量的时间和精力，有的决策者甚至花费高达80%以上的时间。因此，分析群体决策的利弊以及其影响因素，具有重要的现实意义。尽管人们并不一致认为群体决策是最佳的决策方式，但群体决策之所以广泛流行，正是在于群体决策具有以下几个明显的优点。

(1) 群体决策有利于集中不同领域专家的智慧，应付日益复杂的决策问题。通过这些专家的广泛参与，专家们可以对决策问题提出建设性意见，有利于在决策方案得以贯彻实施之前，发现其中存在的问题，提高决策的科学性。

(2) 群体决策能够利用更多的知识优势，借助于更多的信息，形成更多的可行性方案。由于决策群体的成员来自于不同的部门，从事不同的工作，熟悉不同的知识，掌握不同的信息，容易形成互补性，进而挖掘出更多的令人满意的行动方案。

(3) 群体决策还有利于充分利用其成员不同的教育程度、经验和背景。具有不同背景、经验的成员在选择收集信息、要解决问题的类型和解决问题的思路上往往都有很大差异，他们的广泛参与有利于提高决策时考虑问题的全面性，提高决策的科学性。

(4) 群体决策容易得到普遍的认同，有助于决策的顺利实施。由于决策群体的成员具有广泛的代表性，所形成的决策是在综合各成员意见的基础上形成的对问题趋于一致的看法，因而有利于与决策实施有关的部门或人员的理解和接受，在实施中也容易得到各部门的相互支持与配合，从而在很大程度上有利于提高决策实施的质量。

(5) 群体决策有利于使人们勇于承担风险。据有关学者研究表明，在群体决策的情况下，许多人都比个人决策时敢于承担更大的风险。

3. 群体决策可能存在的问题

群体决策虽然具有上述明显的优点，但也有一些特殊的问题，如果不加以妥善处理，就会影响决策的质量。群体决策容易出现的问题主要表现在三个方面：

(1) 速度、效率可能低下。群体决策鼓励各个领域的专家、员工的积极参与，力争以民主的方式拟定出最满意的行动方案。在这个过程中，如果处理不当，就可能陷入盲目讨论的误区之中，既浪费了时间，又降低了速度和决策效率。

(2) 有可能为个人或子群体所左右。群体决策之所以具有科学性，原因之一是群体决策成员在决策中处于同等的地位，可以充分地发表个人见解。但在实际决策中，这种状态并不容易达到，很可能出现以个人或子群体为主发表意见、进行决策的情况。

(3) 很可能更关心个人目标。在实践中，不同部门的管理者可能会从不同角度对不同问题进行定义，管理者个人更倾向于对与其部门相关的问题非常敏感。例如，市场营销经理往往希望较高的库存水平，而把较低的库存水平视为问题发生的征兆；财务经理则偏好于较低的库存水平，而把较高的库存水平视为问题发生的信号。因此，如果处理不当，很可能发生决策目标偏离组织目标而偏向个人目标的情况。

4. 进行有效的群体决策

群体决策是群体成员相互作用的产物，每个人的选择可能会存在差异，甚至截然相反，有时还往往与个人或某一集团的利益密切相关，因而群体的选择受到群体成员行为的影响，特别是任务与情绪交织在一起。因此人们设计出诸如德尔菲法、戈登法、头脑风暴法等方法，试图消除可能的紧张、变化无常、对抗等消极力量。同时，群体结构的模式、规范和作用对群体决策也有深远的影响，而友谊、权力、地位更在群体成员相互作用中起着微妙的作用。事实上，群体的内聚力、团队精神、择优规则和时间的紧迫性等都会对决策质量产生重要影响。

有效的群体决策应具备的主要特征：根据群体决策实践中积累的经验，有效的群体决策应至少包括以下几个特征。

(1) 决策的有效性，即能够迅速地做出决策。这与决策者所期望的急迫程度、正确程度以及创新程度有关，并由群体决策成员的知识、能力、参与的程度以及发挥影响的程度所决定。

(2) 决策的开放性，即决策群体不受个人特定的见解(有时可能是偏见)所支配。这是由决策群体成员的价值观的差异和思想的开放程度所决定的。

(3) 决策的合理性，即采用合理的决策程序，做出合理的选择。这是由决策步骤的合理性和科学性所决定的。

对群体决策产生消极影响的因素：群体决策的优势来源之一就是公开讨论，但一些行为因素却妨碍这种优势的产生，主要表现在：

(1) 求同的压力，即所谓的“随大流效应”。经过一段时间的讨论之后，意见一致的倾向在成员间可能突然加强。

(2) 群体中主要气质类型的影响。

(3) 地位歧视，结果导致地位较低的参与者受到地位较高的参与者的排挤而随波逐流，尽管他们深信他们的观点才是最正确的。

(4) 被认为是某个问题领域专家的参与者企图影响他人的努力，等等。

(5) 宗派与集团。群体中往往分化成三人一帮、两人一伙，相互间缺乏共同利益，对问题的看法也不一致，一旦出现分裂，就很难重归于好，影响决策质量。

5. 群体决策所应遵循的原则

由于群体决策成员的价值观和目标的多样化，加之各自的影响力及拥有的信息上存在的差异，群体决策具有许多个人决策所没有遇到的特殊问题，为了妥善解决这些问题、激发群体决策的创造力，决策群体应坚持以下几个原则。

(1) 努力产生一个能够促进创造性思考过程的决策者为领导，有一个与问题相关的不同种类的人才广泛参与的群体结构，以使组织能够获得所有相关领域的知识。有时还可以邀请那些不受组织制约的外部专家参与。

(2) 促使群体中的每个成员承担起和大家一起探索的群体角色。

(3) 使群体决策的过程具有以下特征：① 不是倾向于与领导交流，而是主动地与群体中的所有其他成员进行沟通；② 每个群体成员都能够全身心地投入进来；③ 把形成思想与评价思想合理分开，把识别问题与制订行动方案合理分开；④ 恰当地转移角色，增强成员间的理解和合作气氛，进而有利于产生更多更好的行动方案；⑤ 延缓做出判断，避免过早地思考行动方案，使得重心能够保持在分析和探索方面。

(4) 创造轻松的、没有压力的群体环境，从问题出发而不是从短期收益出发，培育成员之间相互鼓励的群体风格。

(5) 追求一致，但不排除在难以达成共识的情况下接受大多数原则。

三、确定型决策、风险型决策和不确定型决策

在一个理想的世界中，管理者可以得到任何他所需要的与决策有关的信息，并据此做出决策。然而在现实中，任何事物都存在着变数，我们很难获得事物的完全信息。在这种情况下，管理者很容易做出错误决策，达不到预期目标。根据信息可获得的完全程度、未来情况的可预测程度、相应的决策失败的可能性，可以把决策面临的状态分成三种典型的状态，即具有高度可预测性的确定性、具有一定预测性的风险性和具有高度不可预测性的不确定性。管理者总是试图最大限度地获得有关信息，以此来降低决策的不确定性和相应的决策失败的可能性。

(1) 确定性。确定性意味着决策所需要的所有信息都是完全的、充分的、可靠的和容易获得的。因此，事物的未来状态可以精确预测，管理者对决策结果有着清晰、明确的认识，从

而能够做出理想而准确的决策。在此状态下，决策者掌握准确的、可靠的、可衡量的信息，以至于能够确切地知道决策的目标以及每个可行方案的结果，因此常常可以很容易就迅速地对各个可行方案进行合理的判断。

(2) 风险性。风险性属于这样一种状态，即决策者虽然不能准确地预测出每一个行动方案的可能结果，但却因拥有较充分的信息而能够对各个方案产生预期结果的概率(发生的可能性)做出合理的估计。风险性意味着决策有一个明确定义的目标，有关信息是可以获得的，并且是非常完善的，但决策方案的未来结果取决于事件发生的相应概率。不过，因为信息是充分的，因此可以对方案的未来结果进行评估。运用统计学方法，可以对每种方案失败与成功的可能性进行数量化分析与比较，从而淘汰收益低的方案。

(3) 不确定性。即对于因面对不可预测的外部条件或缺少所需的信息而不能预测出各个行动方案或其可能结果的状态。不确定性意味着决策有一个明确定义的目标，但是管理者所掌握的关于方案或未来事件的信息却是不完全的、不充分的，管理者没有足够的信息来评估每一种方案的风险。在这种情况下，管理者不得不依靠推测和估计来进行决策。

从确定性状态、风险性状态到不确定性状态，决策者面临的不确定性和风险在增大，进行决策的难度在增加，花费的时间在增多。因此，人们常常将决策划分为三大类，即确定型决策、风险型决策和不确定型决策。

(一) 确定型决策

决策者确切知道自然状态的发生，每个方案只有一个确定的结果，方案的选择取决于各个方案结果的比较。用统计学语言来描述，确定型决策具有如下特征：① 可供选择的方案有若干个；② 未来经济事件的自然状态是完全确定的；③ 每个方案的结果是唯一的，是可以计量的。(这里的自然状态是决策者不能控制的因素。其中，自然的含义很广，包括各种自然因素和社会因素，如降雨量、气温、物价、需求量等。每种自然还有若干种不同的状态。不同自然的不同状态的各种组合，都会影响到某一行动的结果。)

(二) 风险型决策(随机决策)

自然状态不止一种，决策者不用知道哪些自然状态会发生，便能知道有多少种自然状态及每种自然状态发生的概率，也称“统计型决策”。用统计学语言来描述，它是从同时具备下列五个条件的问题中选定最优方案的决策。① 有一个明确的目标；② 有两个以上可供选择的行动方案；③ 存在两种以上不以主观意志为转移的客观自然状态；④ 不同行动方案在不同状态下的损失和利益可计算；⑤ 自然状态出现的概率是可以确定的或可估计的。

(三) 不确定型决策

在不稳定条件下进行的决策，决策者可能不知道有多少种自然状态，也不能知道每种自然状态发生的概率。用统计学语言来描述，不确定型决策具有如下特征：① 可供选择的方案有若干个；② 未来经济事件的自然状态发生与否是不确定的；③ 各自然状态可能发生的概率也是无法确定的。当然，在这种情况下也必须尽可能减少决策的不确定性。管理者可以运用更富有创造性的方法进行决策，或运用个人经验判断哪一种方案是最优的。

四、战略决策和战术决策

战略是一个组织为实现目标而对主攻方向以及资源分配进行布置的总纲。战略决策是关于企业长远目标和政策的一个决定，比如一个企业的长期投资目标的决策，及这类投资的财务来源、产品和市场选择及类似的长期性问题。而战术决策是诸如小型投资活动、产品的改进、市场方面的策略性规划以及类似的决策问题。

战略决策主要是由企业的董事会等高级主管人员来做，属全局问题。而战术决策主要是由部门和职能部门来做，属局部利益。战略决策是涉及企业的整个组织，而战术决策只是涉及一个部门或单个项目，战略决策往往与长期计划相联系，而战术决策与中短期计划相联系。战略决策和战术决策的关系很紧密，战术决策取决于战略决策，比如企业有一个重大的技术发明、产品设计，为了迎接新技术的挑战，产品得到了重大的变化，那么战术决策也会作相应的调整，引起各车间生产计划的重大调整。

由于决策活动普遍存在，决策领域极其广泛，不同组织中的决策者在背景、生活方式等方面又存在着明显差异，因此决策活动复杂多样。实践表明，为了有助于决策者制定行动方案、明确决策目标并进行科学的决策，就必须分清决策的类型，表 5-3 区别与总结了决策类型。

表 5-3 决策分类

分类标准	决策分类
(1) 决策的重要程度	战略决策、战术决策
(2) 决策的重复性	程序化决策、非程序化决策
(3) 决策的条件	确定型、风险型、不确定型决策
(4) 决策的方法	定性决策、定量决策
(5) 决策目标的多少	单目标决策、多目标决策
(6) 决策次数	单级决策、多级决策
(7) 决策影响的时间	长期决策、短期决策
(8) 决策的主体	集体决策、个人决策
(9) 决策的起点	初始决策、追踪决策

第二节 决 策 方 法

一、定性决策方法

定性决策方法也称决策软技术，其实质在于它能最充分发挥人们的潜在能力和创造性，因而对解决因素比较复杂的综合性的决策问题起着重要的作用。常用的有头脑风暴法、德尔菲法、戈登法、形态分析法、特别列举法、经营单位组合法和政策指导矩阵，等等。

(一) 德尔菲法

德尔菲法是一种主要靠人的经验和综合分析能力进行预测的方法。请专家背靠背地对需要预测的问题提出意见，决策者将各专家意见经过多次信息交换，逐步取得一致意见，从而得出决策方案。其主要特点是：① 不记名投递征询意见。根据所需预测的内容选择有关方面的专家，并将预测内容设计成含义明确的问题，规定统一的评价方法，然后将上述问题邮寄给他们，背对背地征询意见。② 统计归纳。收集各位专家的意见，然后对每个问题进行定量统计归纳。通常用回答的中位数反映专家的集体意见。③ 沟通反馈意见。将统计归纳后的结果反馈给专家，每个专家根据反馈信息，慎重考虑其他专家的意见，然后再提出自己的意见。如此反复多次，一般经过 3～5 次，就可以取得比较集中一致的意见。

（二）头脑风暴法

头脑风暴法，也称为思维共振法、畅谈会法、专家意见法，即通过有关专家之间的信息交流，引起思维共振，产生组合效应，从而导致创造性思维。将对解决某一问题有兴趣的人集合在一起，在完全不受约束的条件下，敞开思路，畅所欲言。

运用此种方法必须遵循以下原则：① 严格限制预测对象范围，明确具体要求，独立思考，开阔思路，不重复别人的意见；② 不能对别人意见提出怀疑和批评，对别人的意见不作任何评价，要认真研究任何一种设想，而不管其表面看来多么不可行；③ 鼓励专家对已提出的方案进行补充、修正或综合；④ 解除与会者顾虑，创造发表自由意见而不受约束的气氛；⑤ 提倡简短精练的发言，尽量减少详述；⑥ 与会专家不能宣读事先准备好的发言稿；⑦ 与会专家人数一般为 10 至 25 人，会议时间一般为 20 至 60 分钟。

二、定量决策方法

（一）确定型决策方法

确定型决策是在未来自然状态为已知条件下的决策，即每个行动方案达到的效果可以确切地计算出来，从而可以根据决策目标作出肯定抉择的决策。该决策具有反复、经常出现的特点。决策过程和方法常是固定的程序和标准的方法，因此又称作程序化决策。对于这类问题的决策，可以应用线性规划等运筹学方法，或借助电子计算机进行决策。这类决策主要由管理人员来执行。

● 比较决策：这是在未来事件自然状态完全确定的情况下，按照一定的数学模型计算后进行比较的方法。例如，经济批量法、盈亏平衡点法、投资回收期法、追加投资回收期法、贴现现金流量法、净现值法、边际利润法等。

● 最优化决策：即线性规划法，获得正确和完整的资料，是成功应用线性规划法的前提条件。线性规划法是在提出决策准则的基础上，通过线性模型解得最优策略。但是，它只能为决策提供数量依据而不能以此决策。因为在建立线性规划模型过程中，总会有一些因素不能定量化，尤其是那些重要因素不能定量化时，更不能以此决策，因此这就必然受到一定的局限。

1. 盈亏平衡分析法

也称量本利分析法，就是运用量、本、利之间的关系理论，研究决策方案的销量，生产成本与利润之间的函数关系的一种数量分析方法。盈亏平衡点就是总成本等于销售收入的点。在这个点上，产品没有利润，刚好保本，收支平衡。

$$\begin{cases} S = PQ & S\text{——收入，} \quad P\text{——价格，} \quad Q\text{——销量} \\ C = F + VQ & C\text{——成本，} \quad F\text{——固定成本，} \quad Q_0\text{——产量，} \quad V\text{——单位变动成本} \end{cases}$$

盈亏平衡点表示方法：

(1) 以产量 Q_0 表示：

$$PQ_0 = F + VQ_0, Q_0 = \frac{F}{P-V}$$

(2) 以销售收入 S_0 表示：

$$Q_0 = \frac{F}{P-V}$$

$$S_0 = PQ_0 = F/\left(1-\frac{V}{P}\right)$$

(3) 以生产能力利用率表示：

$$E_0 = (Q_0/Q^*) \times 100\%$$

Q^* 表示设计生产能力。

(4) 以达到设计生产能力时的单价 P_0 表示：

$$P_0Q^* = F + VQ^*, \qquad P_0 = V + (F/Q^*)$$

[例题] 某产品市场销售价格为 10 元/件，其固定成本为 10 000 元，变动成本为 5 元/件，试求其盈亏平衡点。又假定企业可以销售 5 000 件，问企业的利润是多少？

解：

① 盈亏平衡点＝固定费用/(单价－单位变动费用)＝10 000/(10－5)＝2 000 件

② 利润＝(单价－单位变动费用)×销量－固定成本

＝(10－5)×5 000－10 000＝15 000 元

③ 盈亏平衡点结果分析

根据①的计算结果，说明 2 000 件是一个保本点，只有当销售量大于 2 000 件时才有盈利，低于 2 000 件，亏损无疑。如果市场对产品的需求只有 1 900 件的量时，企业也不能接受生产该产品的要求。

2. 线性规划方法

运筹学的思想在古代就已经产生了。但是作为一门数学学科，用纯数学的方法来解决最优方法的选择安排，却是在 20 世纪 40 年代才开始兴起的一门分支。线性规划方法用于解决两类问题：

(1) 资源一定的条件下，力求完成更多的任务，取得好的经济效益。

(2) 任务一定的条件下，力求资源节省。

(二) 风险型决策方法

1. 期望值法

计算各方案的期望值，据期望值比较，判断方案的优劣。

2. 决策树法

决策树法是风险型决策问题的一种基本决策方法。是用树状图来描述各种方案在不同自然状态下的收益，据此计算每种方案的期望收益从而做出决策的方法。由于这种决策方法的思路如同树枝形状，因此称为决策树法。所谓决策树是以一个树状图示来表示决策问题的各种可能性,并用一些符号表明各种不肯定事件可能发生的概率,在此基础上进行择优决策。

［例题］　某企业为了扩大某产品的生产,拟建设新厂。据市场预测,产品销路好的概率为0.7,销路差的概率为0.3。有三种方案可供企业选择:

方案一: 新建大厂,需投资300万元。据初步估计,销路好时,每年可获利100万元;销路差时,每年亏损20万元。服务期为10年。

方案二: 新建小厂,需投资140万元。销路好时,每年可获利40万元;销路差时,每年仍可获利30万元。服务期为10年。

方案三: 先建小厂,3年后销路好时再扩建,需追加投资200万元,服务期为7年,估计每年获利95万元。

哪种方案最好? 画出该问题的决策树,如图5-3所示。

图5-3中的矩形节点称为决策点,从决策点引出的若干条树枝表示若干种方案,称为方案枝。圆形节点称为状态点,从状态点引出的若干条树枝表示若干种自然状态,称为状态枝。图中有两种自然状态: 销路好和销路差,自然状态后面的数字表示该种自然状态出现的概率。位于状态枝末端的是各种方案在不同自然状态下的收益或损失。据此可以算出各种方案的期望收益。

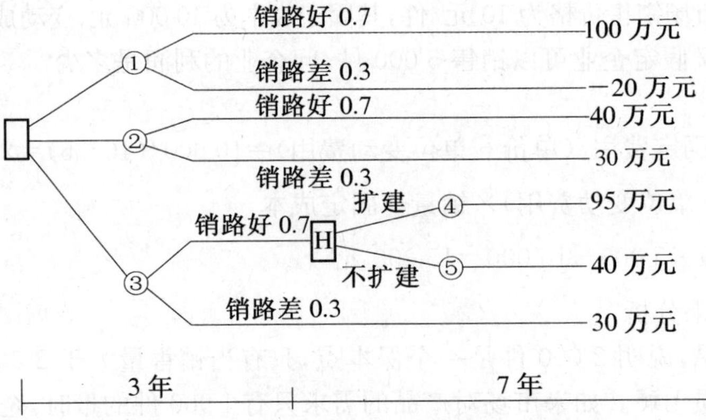

图5-3　决策树

方案一(节点①)的期望收益为: $[0.7\times100+0.3\times(-20)]\times10-300=340$(万元)

方案二(节点②)的期望收益为: $(0.7\times40+0.3\times30)\times10-140=230$(万元)

至于方案三,由于节点④的期望收益为 $95\times7-200=465$ 万元大于节点⑤的期望收益 $40\times7=280$ 万元,所以销路好时,扩建比不扩建好。结点③的期望收益为: $(0.7\times40\times3+0.7\times465+0.3\times30\times10)-140=359.5$(万元)

计算结果表明,在三种方案中,方案三最好。需要说明的是,在上面的计算过程中,我们没有考虑货币的时间价值,这是为了使问题简化,但在实际中,多阶段决策通常要考虑货币的时间价值。

(三) 不确定型决策方法

在对决策问题的未来不能确定的情况下,通过对决策问题的变化的各种因素分析,估计有几种可能发生的自然状态,计算其损益值,按一定的原则进行选择的方法。

1. 乐观准则

这种方法的出发点是假定决策者对未来的结果持乐观的态度,总是假设出现对自己有利的状况。乐观准则也称"大中取大原则"，由于这种方法也可能得到损失最大的结果，因而称之为"冒险投机的原则"。大中取大法，找出每个方案在各种自然状态下最大损益值，取其中大者，所对应的方案即为合理方案，这种方法的决策目标是在最好的自然状态下获得最高的收益。

2. 悲观准则

这种方法的基本思想是假定决策者从每一个决策方案可能出现的最差结果出发，且最佳选择是从最不利的结果中选择最有利的结果。在决策者不知道各种自然状态中任何一种发生的概率的情况下，这种方法的决策目标是避免最坏的结果，力求风险最小。保守法也称"小中取大原则"、"悲观原则"。运用此法进行决策时，首先要确定每一可选方案的最小收益值，然后从这些最小收益值中选出一个最大值，与该最大值对应的方案就是决策所选择的方案。

3. 折中准则

折中准则是介于悲观准则和乐观准则之间的一个准则。其特点是对客观状况的估计既不完全乐观，也不完全悲观，而采用一个乐观系数 α 来反映决策者对状态估计的乐观程度。如果偏于悲观，乐观系数值可取小一点。用乐观系数法进行决策时，选择各方案乐观期望值最大者作为决策方案，乐观期望值按下式计算：乐观期望值 $=$ 最高收益 $\times\alpha+$ 最低收益 $\times(1-\alpha)$。

4. 后悔准则

也称遗憾准则、最大后悔值最小化法，在决策过程中，当某一种状态可能出现时，决策者必然要选择使收益最大的方案，但如果决策者由于决策失误而没有选择使收益最大的方案，则会感到遗憾和后悔。后悔或遗憾准则的基本思想就是在于尽量减少决策者的遗憾，使决策者不后悔或少后悔。在决策者不知道各种自然状态中任何一种发生的概率的情况下，这种方法的决策目标是避免较大的机会损失。运用此法进行决策时，首先要计算出各种方案在每种自然状态下的后悔值，然后确定每一可选方案的最大机会损失。最后，在这些方案的最大机会损失中选出一个最小值，与该最小值对应的方案即是决策选择的方案。后悔值或机会损失值，是在一定自然状态下由于未采用最好的行动方案，失去了取得最大收益的机会而造成的损失。后悔值等于该自然状态下最大损益值减去相应损益值。

5. 等可能准则

这种准则的思想在于将各种可能出现的状态"一视同仁"，即认为它们出现的可能性都是相等的。然后再按照期望收益最大的原则选择最优方案。下面通过举例来介绍这些方法。

［例题］ 某企业有四种新产品方案待选，估计销路和损益情况如下表 5-4 所示，试分别用乐观准则、悲观准则、后悔准则、折中准则选择最优的产品方案。

表 5-4 损益值(万元)

方案 / 状态	A_1	A_2	A_3	A_4
最好状态 S_1	600	800	350	400
S_2	400	350	220	250
S_3	−150	−300	50	90
最差状态 S_4	−350	−700	−50	−100

解

（1）小中取大法　采用这种方法的管理者对未来持悲观的看法，认为未来会出现最差的自然状态，因此不论采取哪种方案，都只能获取该方案的最小收益，并找出各方案所带来的最小收益，即在最差自然状态下的收益，然后进行比较，选择在最差自然状态下收益最大或损失最小的方案作为所要的方案。

在本例中，A_1 方案的最差收益为－350 万元，A_2 方案的最差收益为－700 万元，A_3 方案的最差收益为－50 万元，A_4 方案的最差收益为－100 万元，经过比较，A_3 方案的最差收益最小，所以选择 A_3 方案。

（2）大中取大法　采取这种方法的管理者对未来持乐观的看法，认为未来会出现最好的自然状态，因此不论采取哪种方案，都能获取该方案的最大收益。采用大中取大法进行决策时，首先计算各方案在不同自然状态下的收益，并找出各方案所带来的最大收益，即在最好自然状态下的收益，然后进行比较，选择在最好自然状态下收益最大的方案作为所要的方案。

在本例中，A_1 方案的最好收益为 600 万元，A_2 方案的最好收益为 800 万元，A_3 方案的最好收益为 350 万元，A_4 方案的最好收益为 400 万元，经过比较，A_2 方案的最好收益最大，所以选择 A_2 方案。

（3）最小最大后悔值法　管理者在选择了某方案后，如果将来发生的自然状态表明其他方案的收益更大，那么他（或她）会为自己的选择而后悔。最小最大后悔值法就是使后悔值最小的方法。采用这种方法进行决策时，首先计算各方案在各自然状态下的后悔值（某方案在某自然状态下的后悔值＝该自然状态下的最大收益－该方案在该自然状态下的收益），并找出各方案的最大后悔值，然后进行比较，选择最大后悔值最小的方案作为所要的方案。

由表 5－5 可以看出，A_1 方案的最大后悔值为 300 万元，A_2 方案的最大后悔值为 650 万元，A_3 方案的最大后悔值为 450 万元，A_4 方案的最大后悔值为 400 万元，经过比较，A_1 方案的最大后悔值最小，所以选择 A_1 方案。

（4）折中准则。采用一个乐观系数 α 来反映决策者对状态估计的乐观程度。乐观系数＝0.2，悲观系数＝0.8。乐观期望值按下式计算：乐观期望值 ＝ 最高收益 $\times\alpha$ ＋ 最低收益 $\times(1-\alpha)$。

A_1 方案的乐观期望值－160，A_2 方案的乐观期望值－400，A_3 方案的乐观期望值 30，A_4 方案的乐观期望值 0。经过比较，A_3 方案的乐观期望值最大，所以选择 A_3 方案（表 5－5）。

表 5－5　非确定型决策方法举例

状态 \ 方案	A_1	A_2	A_3	A_4	行最大值
最好状态 S_1	600	800	350	400	800
S_2	400	350	220	250	400
S_3	－150	－300	50	90	90
最差状态 S_4	－350	－700	－50	－100	－50
等可能性法（每种状态的概率为 0.25）	125	37.5	142.5	<u>160</u>	
保守法（列最小值）	－350	－700	<u>－50</u>	－100	

（续 表）

状态 \ 方案		A_1	A_2	A_3	A_4	行最大值
冒险法(列最大值)		600	800	350	400	
折中法(乐观系数＝0.2,悲观系数＝0.8)		－160	－400	30	0	
最小最大后悔值法	后悔值	200	0	450	400	
		0	50	180	150	
		240	390	40	0	
		300	650	0	50	
	最大后悔值	300	650	450	400	

三、决策支持系统(DSS)[1]

1. 决策支持系统的基本概念

决策支持系统是“一个交互式的基于计算机的系统,它利用数据库(DB)、模型库(MB)和方法库(AB)以及很好的人机会话部件和图形部件,帮助决策者进行半结构化和非结构化决策的所有过程”。该定义的要点是:

(1) 以有效性为主要目标　电子数据处理 EDP 和管理信息系统 MIS 为决策者提供了高效率的信息处理工具和技术,对于提高数据处理的速度和节省人力起了很好的作用。但这两种系统对于如何提高决策的正确性和效果则考虑很少。“高效率”不等于“高效果”,只有在“高效果”的前提下讲“高效率”才有意义。

(2) 支持决策的全过程　DSS 要按照决策者的意志,在不同的决策阶段提供不同的支持,即支持决策的全过程。

(3) 是支持而不是代替　DSS 要能够支持半结构化或非结构化决策问题。这类决策含有大量的不确定因素,无确定的求解模式,不能清楚地描述,需要反复通过人机对话,发挥决策者的主观能动作用,经验和智慧。DSS 对决策者只能起“支持”和“辅助”的作用,永远不能代替决策者的重要思维和最终判断。决策者的主观能动作用、经验、智慧和判断在决策中将永远起主导作用。

(4) 用户驱动　DSS 是一种用户驱动的动态系统,用户应当参与系统开发和使用的全过程。系统应对用户的要求和环境变化具有快速响应能力,在此意义上,人们称 DSS 为一种自适应系统。

(5) 模型驱动　DSS 是一种模型驱动程序,模型库和模型管理系统是 DSS 软件系统的核心。可利用系统的模型构造语言、构造新模型,进行模型修改、删除、编目、存取等操作。DSS 的所有分析设计和运行都是以决策模型为主要依据的。

(6) 智能模型　DSS 是一种具有智能作用的计算机系统,它不仅能有效地利用原有的数据、模型、方法和知识,而且还可以生成新的数据、模型和方法。这是 DSS 的重要特征之一。

---

〔1〕 DSS: Decision Support System

2. 决策支持系统的基本功能

(1) 及时收集、整理、存储和提供本系统与决策过程有关的各种数据。例如,物资入库出库、库存及物资合同、财务结算等方面的动态数据。

(2) 收集、整理、存储并提供本系统之外的与决策过程相关的信息。例如物资市场的货源、价格、用户需求等信息。

(3) 存储并提供所需要的各种辅助决策模型。如:市场预测模型、经济订货批量模型、财务分析模型等。

(4) 对系统所使用的数据、模型、方法进行组织、维护和管理。如:根据用户的需要,能方便地变更数据模式,增删或修改模型和使用方法。

(5) 具有较强的数据处理能力,能够在所要求的时间内,灵活地运用模型和方法对数据进行分析、汇总和加工,以获得综合的数据和预测信息。

(6) 帮助明确决策目标,建立修改模型,提供各种备选方案,并对方案进行评价和优选。

(7) 在原有数据、模型和方法的基础上,再生成新的数据、模型和方法。

(8) 提供方便的人机对话接口和图形输出功能,具有良好的数据传输能力,以保证及时准确地把所需的数据和信息提供给决策者。

3. 决策支持系统的类型

讨论决策支持系统的分类,有利于了解决策支持系统的应用领域和不同决策支持系统的特点。关于决策支持系统的分类方法,大致有以下几种:

问题结构:结构型、非结构型;

决策功能:产品开发、市场销售、经费使用等;

决策层次:战略规划、管理控制、操作运行;

模型化方法:模拟与最优化;

计算机处理方式:交互式与批处理。

4. 决策支持系统的结构组成

就DSS本身而言,它是一个由软件、硬件和使用它的用户等部分组成。从软件角度看,一个决策支持系统由人机接口子系统、数据库子系统、模型库子系统、方法库子系统组成。图5-4表示了DSS的结构模式及各部分之间的关系。

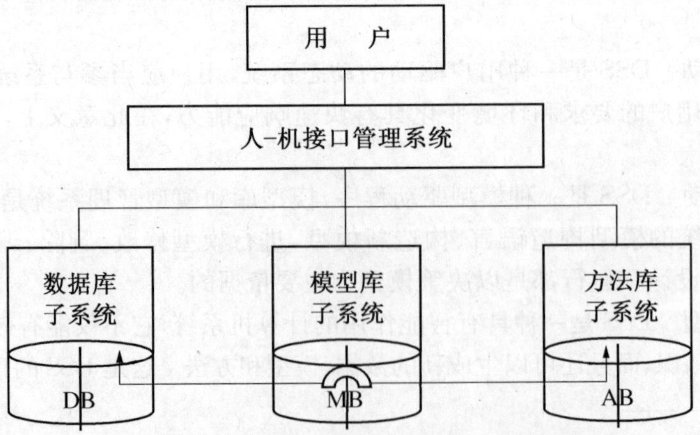

图5-4　DSS的结构模式及各部分之间的关系

5. 决策支持系统的应用和发展

自从DSS开发以来,它逐渐成为一种正规的、普遍使用的信息系统,其软件和硬件已进入市场,进而商品化和通用化。从所支持的对象来看,DSS广泛地用于宏观控制决策、中长期规划决策、企业生产计划与财务管理决策、系统开发决策、经济分析和规划决策、资源管理决策、投资规划决策等方面。DSS在不断的开发和应用中得到发展和扩充,并得到了更深层次的挖掘。

(1) 群体决策支持系统(GDSS) GDSS支持一群人(董事会、厂长会、特殊任务班子、远程工作组等决策团体)的决策活动。为保证群体的决策,系统要有较好的通信条件和多用户的实时系统,有的还要具备大型的图形显示系统。目前,分布式系统应用较普遍,即决策者可以利用共享的模型库和数据库,也可以拥有自己专用的模型库和数据库。

(2) 智能决策支持系统(IDSS) 由于传统的决策支持系统对非结构化决策支持突破甚少,因而,人们开始了对智能决策支持系统的研究。美国学者Hill指出:IDSS的“智能”主要体现在“深度知识库”。所谓深度知识,指的是更抽象、更基础的知识,也可以说是知识的知识。例如,牛顿第二定律是弹道轨迹的深度知识。构建在深度知识库基础上的DSS将形成IDSS。DSS的长期发展趋势将依赖于先进的人工智能硬件和软件的发展。这方面,重要的目标之一是开发自然会话语言,使机器能够理解人的语言,实现人机自然语言交互。

(3) DSS与专家系统集成 DSS与专家系统(ES)的集成是一个令人感兴趣的发展方向。专家系统是一种拥有大量专家知识和经验的计算机智能系统。它利用人工智能技术,根据专家知识和经验进行推理和判断,模拟专家进行决策的过程来解决复杂的问题。ES引入DSS将增强DSS的推理能力和对专家知识的有效利用。在总体目标上,DSS和ES都在寻求强化决策技能,提高决策质量。DSS通常用于回答“What if”一类问题,而DSS与ES的结合能够回答“Why”一类问题。

(4) DSS与办公室自动化的集成 提高决策支持能力是办公自动化发展的一个重要方向。DSS与OA、MIS之间存在着密切的联系,即互相交叉、渗透和支持。DSS利用OA和MIS加工、处理各种数据和信息,帮助决策者分析和处理问题,提供决策支持。MIS侧重于数据的存储、加工和提供;DSS侧重于分析模型的生成和运用;对于OA来说,两者都是必需的,同时还要有较强的文档处理和行政管理能力,进而提高办公室的工作效率和效益。

思考题五

1. 简述决策在管理工作中的作用。
2. 决策者的理性限制表现在哪些方面?
3. 何谓乐观准则、悲观准则、后悔准则?
4. 决策过程包括哪几个阶段的工作。
5. 了解程序化决策、非程序化决策,针对每一种类型的决策都举出例子。
6. 如何将不确定型决策转化为确定型决策?
7. 如何应用德尔菲法做决策?

8. 确定型决策、风险型决策、非确定型决策有何区别？

9. 群体决策为什么会受到人们的重视？群体决策有哪些优缺点？

【案例五】谷歌收购摩托罗拉

2011年8月15日，谷歌和摩托罗拉宣布，双方已签订协议，谷歌将以每股40美元、总金额125亿美元收购摩托罗拉移动股权。

曾几何时，摩托罗拉就是无线通信的代名词。自摩托罗拉1928年创立，它在技术上开创了IT和通信行业无数个第一：1943年发明了第一个手持双向对讲机，1956年推出第一款寻呼机，1973年发明了第一款手机“大哥大”，更是全球第一款商用手机、第一款GSM数字手机、第一款智能手机的拥有者。可以说，摩托罗拉见证了迄今为止整个手机的发展史。从2000年开始相继上市的摩托罗拉V系列成为巅峰之作，尤其是2004年摩托罗拉V3横空出世，已然成为时尚、品位、财富、地位的象征。

就在摩托罗拉陶醉于已有成绩沾沾自喜时，它只重视硬件而忽略售后服务、只重视销售而忽略系统维护的行为，很快惹怒了在使用手机过程中不断发现各类问题的消费者，“界面及软件不友好、功能和易用性差”等抱怨声不断。

摩托罗拉V系列为摩托罗拉带来了前所未有的成功。但这种光环背后，是摩托罗拉的产品更新存在问题，系列化演进不足。只是在外观硬壳上做文章，但功能没有出现革新性变化，能够继承V3辉煌的产品一直没有出现。更让消费者和渠道商无法忍受的是，不同渠道之间的窜货使得价格快速“跳水”，让他们觉得被欺骗。而此时，诺基亚推出的智能手机迅速占领市场，取代了摩托罗拉。

2008年1月份，摩托罗拉发布的2007年第四季度财报显示：受手机业务亏损拖累，四季度净利润同比下滑了84%。曾经市场份额一度超过50%的摩托罗拉手机2008年底市场份额不足7%。

摩托罗拉在2011年1月一分为二，拆分成摩托罗拉移动公司和摩托罗拉解决方案公司，前者主攻智能手机业务，后者专注于与企业、政府合作，以公共安全无线电业务为主。拆分后的摩托罗拉移动颓势难改，至2011年第二季度其手机的市场份额仅为2.9%。

摩托罗拉手机在信号质量、手机品质上都令人赞赏。之所以短短几年时间一泻千里，对技术趋势把握上的错误、产品更新换代周期太长、对单一明星产品过度依赖以及忽视消费者体验是元凶。

2011年8月15日，谷歌收购摩托罗拉。中国移动研究院院长黄晓庆指出：“摩托罗拉移动之于谷歌最重要的价值，不是它的忠实消费群和品牌价值，而是它超过1.7万项的专利和专利申请。”因为本地化服务、电子邮件传输、软件应用管理以及3G技术等专利是移动设备行业的核心技术，这是谷歌用来抗衡苹果和微软的有利“武器”。

1. 谷歌为什么选择摩托罗拉？

对于此项收购的动因，谷歌CEO Larry Page解释称，谷歌一直在寻求“以新的方式”为Android生态系统提供支持。而之所以相中摩托罗拉，是因为后者在押宝于Android操作系统之后，其移动业务快速进入了上升轨道，并将获得爆发性增长。

另一方面，也是更为关键的一个方面，即摩托罗拉庞大的移动专利技术。Larry Page

称，谷歌收购摩托罗拉移动之后，双方专利的组合将提高竞争力，并将有助于应对来自微软、苹果及其他公司的威胁。

据摩托罗拉移动首席执行官 SanjayJha 介绍，目前摩托罗拉移动有 1.7 万项专利，另外还有 7 500 项专利申请正处于审批程序。业内人士普遍认为，谷歌以 125 亿美元的价格收购摩托罗拉移动并不算贵，对于此前饱受专利诉讼困扰的 Android 而言，摩托罗拉的这些专利将大幅增加谷歌在专利之争中的筹码。

2. 这项收购对摩托罗拉意味着什么？

对于一度陷入低谷的全球老牌手机生产厂商摩托罗拉来说，押宝 Android 也许是其重振市场的必然之路。实际上，借助 Android 智能手机，摩托罗拉已经走出了公司发展最困难的时期，其手机业务也已逐步进入上升期。

摩托罗拉移动技术公司资深副总裁兼大中华区总裁孟樸认为，谷歌的收购，说明在采用 Android 系统的手机厂商中，摩托罗拉移动较其他厂商具备相对明显的优势。

需要注意的是，在此次资本层面的收购完成之后，摩托罗拉移动将作为一个独立的业务部门运行。这意味着，至少在短期内，摩托罗拉的手机品牌名称将不会有变化。

另一方面，谷歌在平台、地图、应用等方面的雄厚积累，将为摩托罗拉手机的研发、生产甚至渠道产生较大促进作用。电信业专家项立刚分析认为，在这样的整合之下，“形成一个新的生态链是顺理成章的事”。

3. 谷歌是否会失去 HTC、三星等合作伙伴？

除了对谷歌、摩托罗拉移动两方的影响之外，这项收购也打破了全球手机行业的既有格局。HTC、三星、索尼爱立信等同样拥抱 Android 的手机厂商，将会面临怎样的选择？

此收购案消息一出，HTC、索尼爱立信等公司的高管几乎一致地表达了积极的看法——对谷歌坚守保护 Android 及其合作伙伴的承诺表示欢迎。

尽管如此，尽管谷歌一再强调“收购摩托罗拉移动之后，Android 将继续保持开源”，但对于这些手机厂商而言，他们仍将面临一个重大的选择——究竟是继续拥抱 Android，还是另谋出路。如果这些手机厂商选择继续使用 Android 操作系统，可能会面临一些不完全平等的竞争；而如果选择向微软靠拢，或者再做一个操作系统，也非易事。

未来一两年外界将看清谷歌和摩托罗拉的合作。也许谷歌会继续一视同仁地对待其 Android 的合作伙伴，但它为何又要在一个会拖垮其边际利益的硬件制造商身上砸下 125 亿美元？仅仅为了专利么？

案例思考题：

1. 你认为谷歌做出收购决策的因素有哪些？
2. 如何看待谷歌的这项决策？

第六章 战 略

第一节 战略概述

一、战略的概念

战略一词来源于希腊语 Strategos，原意为"将军指挥军队的艺术"。而将战略一词应用到企业管理中，最初是 1938 年出现在巴纳德(C. I. Bernad)的名著《经理的职能》一书中，在 1965 年美国经济学家安索夫(H. I. Ansoff)所著《企业战略论》一书问世后开始被广泛应用。传统企业战略定义的代表是美国哈佛大学的迈克尔·波特(Michael Porter)所提出的"战略是公司为之奋斗的一些终点与公司为达到它们而寻求的途径的结合物"。这一定义概括了 20 世纪 60 年代和 70 年代对企业战略的普遍认识。它强调了企业战略的一方面属性——计划性、全局性和整体性。现代企业战略的定义是明茨伯格(H. Mintzberg)于 1989 年所提出的，他将战略定义为"一系列或整套的决策或行动方式"，"战略是计划(Plan)、计策(Ploy)、模式(Pattern)、定位(Position)和观念(Perspective)这 5P 的有效组合"，这套方式包括刻意安排的(或计划性)战略和任何临时出现的(或非计划性)战略。这一定义强调的是企业大部分战略是由事先的计划和突发的应变的组合，即企业战略的另一方面属性——应变性、竞争性和风险性。

近年来，由于企业内外部环境变化速度的加快，原有定义以计划为重点的概括已经不够准确，因为企业中许多成功的战略是在事先无计划的情况下产生的。于是很多学者开始研究组织的有限理性，并将重点放在组织在不可预测或未知的内外部因素约束下的适应性上。本书使用英国著名学者杰森和舒勒 1999 年对战略的定义："战略是通过有效地组合组织内部资源，以在动态的环境中确定组织的发展方向和经营范围，从而获取竞争优势，满足市场需求，实现股东利益最大化目标。"[1] 在此定义中，"发展方向"研究组织的未来蓝图；"经营范围"研究组织要做什么；"竞争优势"研究组织的独特性；"动态的环境"研究组织与外部环境匹配。战略思维的含义是以长远的观点和开阔的视野，审视组织和竞争环境，并考虑怎样使其相适应。理解战略概念、战略层面以及战略的制定与执行是战略思维的一个重要开端。战略的出发点有一个核心的指导思想，在这个指导思想下，战略、纲领性最终要落实到行动上，这个行动一定是连续的集中的一致的行动。组织战略主要规定了组织的发展方向、发展

〔1〕 达夫特. 管理学. 北京：机械工业出版社，2003：227.

重点、行为方式以及资源分配的优先领域。

(一) 愿景(Vision)

愿景：所向往的前景，公司未来发展的路径，公司未来的发展方向，公司力求达到的产业目标，公司将要开发的能力，公司将要满足的客户。确定愿景时要注意：不同的利益相关者有不同的愿景、不同的使命；或不同的利益相关者对愿景、使命、战略目标有不同的期望；如果让愿景、使命、战略目标能够起到实际作用，在设立时就必须对不同的因素加以协调。

战略意图是企业在竞争环境中取胜的一种承诺。加里·哈默尔和C. K. 普拉哈拉德教授对成为全球领先者的公司进行了分析，他们发现，那些公司从上到下有一种志在必得的信念，不仅体现在高层，而且渗透到整个公司。这种信念被称作战略意图，可以通过以下实例加以说明：小松公司(Komastsu)的战略意图是“包围它的主要竞争对手卡特彼勒”；佳能公司的意图是“击败施乐”；本田公司的战略意图是成为汽车制造业的先锋，“第二个福特”。两位作者指出，战略意图需要领导的个人投入和承诺，战略意图的陈述随着时间的推移而稳定，其核心是必胜。

(二) 使命(Mission)

企业使命的思想很大程度上是建立在彼得·德鲁克(Peter F. Drucker)在20世纪70年代中期创立的一系列指导思想上的。德鲁克曾说，问“我们的业务是什么?”，就等于问：“我们的任务是什么?”，以此作为使一个企业区别于其他类似企业的长期适用的对经营目标的叙述。企业使命是说明企业的根本性质和存在的理由，说明企业的宗旨、哲学、信念、原则，根据企业服务对象的性质揭示企业长远发展的前景，为企业战略目标的确定与战略制定提供依据。

企业使命是企业存在的理由，是企业在社会进步和经济发展中的责任，应反映所有者和其他利益相关者的价值观和期望。确定使命时要注意：确定使命不是描述企业应该赚钱这样一个众所周知的问题；使命确认的核心是考虑清楚企业如何能够赚钱，企业怎样才能保证长久地赚钱，企业应该生产什么(顾客是谁？他们需要什么？怎样才能满足他们的需要)，企业能够生产什么(核心资源与能力)。使命描述：企业的最终顾客、产品或服务、市场、技术、生存、发展与盈利(在考虑与股东的关系时)、经营宗旨、公众形象、职工。那么什么才是一个成功的使命陈述呢？通常一个好的使命陈述应具有以下三个特点。

(1) 概括性。使命陈述一方面应有足够的概括性，过于具体的规定将限制企业的创造性发展，而另一方面陈述又不应过于笼统，排除一些与企业发展严重违背的战略选择也是十分必要的。所以一个好的使命陈述应该在具体性和概括性中间寻找一个适当的平衡点，是基于对未来的内外部环境分析和展望而得出的，同时它还应该是动态性的，以便根据环境变化和企业发展做出适当的调整。

(2) 用户导向。成功的使命陈述应把对用户的正确预期放在第一位。对企业来说任何时候，用户的需求都是第一位的。一个有效的使命陈述应能够唤起人们对企业的好感和热情，并促使读者做出行动。

(3) 社会责任心。战略制定者在制定使命陈述时不仅要考虑企业和各类股东的责任，还要考虑企业对用户、环境、社会和其他组织所负有的责任。企业在经营过程中必然要涉及社会责任的问题，而社会也会直接影响到企业的用户、产品、市场、服务等一系列方面。所以企业的社会责任应该在战略制定时就得到确定和表达，在战略实施时得到贯彻。很多企业都在力求使外人相信他们是以对社会负责的态度而从事经营活动的，使命陈述就是表达这一态度的有效工具。

维恩·麦金尼斯(Vern McGinnis)认为，一项使命陈述应当包含① 对企业进行定义并表明企业的追求；② 内容要窄到足以排除某些风险，宽到足以使企业有创造性地增长；③ 将本企业与其他企业相区别；④ 可作为评价现时及将来活动的基准体系；⑤ 叙述足够清楚，以便在组织内被广泛理解。

那么具体的使命陈述应包含哪些要素呢？虽然各企业的使命陈述在长度、内容、形式和具体性方面各有不同，但绝大多数的战略管理专家认为一个有效的使命陈述应包含以下九种要素。一个有效的使命陈述应尽量完整地包括下列要素：

(1) 用户：企业的用户是谁？

(2) 产品或服务：企业的主要产品或服务项目是什么？

(3) 市场：企业在哪些地域竞争？

(4) 技术：企业的技术是否是最新的？

(5) 对生存、增长和盈利的关切：企业是否努力实现业务的增长和良好的财务状况？

(6) 观念：公司的基本信念、价值观、志向和道德倾向是什么？

(7) 自我认知：公司最独特的能力或最主要的竞争优势是什么？

(8) 对公众形象的关切：公司是否对社会、社区和环境负责？

(9) 对雇员的关心：公司是否视雇员为宝贵的资产？

表 6-1 从上述 9 个方面给出了一些公司任务陈述的摘录。

表 6-1　使命陈述九种要素范例

1. 用户
我们坚信，我们对医生、护士、患者、母亲和其他所有使用和享受我们的产品与服务的人负有重要的责任。(强生公司)
2. 产品和服务
爱麦克斯公司(AMAX)的主要产品是钼、煤、铁矿石、铜、铅、锌、石油和天然气、砷碱、磷酸盐、镍、钨、银、金、镁。(爱麦克斯公司) 美孚石油公司(印第安纳)(Stand Oil Company,(Indiana))的业务是：寻找和开采石油、天然气、液化天然气，以这些为原料为社会生产高质量的产品，并以合理的价格向消费大众销售这些产品和提供相应的可靠服务。(美孚石油公司)
3. 市场
我们将竭尽全力使科宁玻璃制造公司(Corning Glass Work)取得全面的成功，并使它成为全球市场上的竞争者。(科宁玻璃制造公司) 我们注重的是北美市场，尽管我们也要开拓全球市场。(布洛克威公司)
4. 技术
数据控制公司(Control Data)经营应用微电子和计算机产业，其两个主要业务领域为计算机硬件和计算机升级服务，具体服务范围为计算、信息、教育和金融。(数据控制公司) 本公司经营领域的共同技术为离散粒子镀膜。(纳休阿公司(Nashua))

（续 表）

5. 对生存、增长和盈利的关切
在这方面，公司将谨慎经营，保证盈利和增长，以取得胡佛环球公司的最终成功。（胡佛环球公司(Hoover Universal)） 通过收集、评价、生产和营销有价值的信息而满足全球需求，同时使我们的用户、雇员、作者、投资人及整个社会受益。（麦格劳-希尔出版公司(McGraw-Hill)）
6. 观念
我们坚信，人的发展是最有价值的文明目标，而独立自主则是促进人们能力增长的最首要条件。（太阳公司(Sun Company)） 玫琳凯公司(Mary Kay Cosmetics)的全部宗旨都基于一条重要的原则，即分享与关怀。出于这种精神，人们将愉快地贡献他们的时间、知识与经验。（玫琳凯化妆品公司）
7. 自我认知
克朗·泽勒巴克公司(Crown Zellerbach)将通过释放其全体雇员的能量和利用他们的建设和创造能力，在未来 1 000 天的竞争中实现飞跃。（克朗·泽勒巴克公司）
8. 对公众形象的关切
分担世界性的环境保护责任。（道氏化学公司(Dow Chemical)） 为增强社会经济力量作出贡献。在我们从事业务活动的所有国家，以及在地方、州和全国范围内都作为一个优秀的公司公民而发挥作用。（辉瑞公司(Pfizer)）
9. 关心雇员
以良好的工作条件、高超的领导方式、按业绩付酬的原则、有吸引力的福利待遇、个人成长的机会和高度的就业保障，来招集、培养、激励、回报和留住高能力、高品格和有奉献精神的人员。（瓦克维亚公司(Wachovia Corporation)） 与本地区其他就业机会所能提供的报酬相比，本公司雇员的工资和奖金要有竞争力，并且要与他们为公司的高效经营所作出的贡献相符合。（电力天然气公共服务公司(Public Service Electric and Gas Company)）

通过以上的介绍，我们将使命陈述的重要性、特点和包含因素做了一个简要的概括。企业使命陈述是企业战略管理的重要组成部分，它为战略的制定、实施和评价活动确定了方向。当战略制定者、管理者和雇员制定并传播一个明确的企业任务时，企业会增强其目的性的观念。德鲁克认为，制定明确的企业使命和目标是战略制定者最为重要的责任。

（三）目标

企业使命作为指导企业战略发展的目标和依据，用来指导实践则显得比较抽象和粗略。所以我们在这里引入了企业目标的概念。德鲁克对于企业目标曾作过恰如其分的概括，他说："各项目标必须从'我们的企业是什么，它将会是什么，它应该是什么'引导出来。它们不是一种抽象，而是行动的承诺，借以实现企业的使命，它们也是一种用以衡量工作成绩的标准。换句话说，目标是企业的基本战略。"目标代表我们未来所希望变成的状态。企业目标既要包含组织发展目标，又要反映个人发展目标，要让下属参与目标设定。目标应当具有的特征包括：数量化、可度量、实际、好理解、有挑战性、分层次、可达到以及适用于企业内各部门，每项目标都应当有实现时间表。

（1）战略目标。是指企业在其战略管理过程中所要达到的市场竞争地位和管理绩效的目标，包括在产业中的领先地位。总体规模、竞争能力、技术能力、市场份额、收入和盈利增长率、投资回收率以及企业形象等。一般都是与组织使命相一致的关于组织发展方向和要在较长时期内达到的水平的描述。

（2）长期目标。是指企业在一个相对较长的期间内，所力求实现的生产经营的结果。长期目标的计划期一般为3～10年，是公司战略和业务战略的基本出发点，并以市场占有率、投资收益率与股票价格等财务指标来衡量企业战略的最终有效性。

（3）年度目标。是指企业实施企业战略的年度作业目标，是战略实施中的一种必要手段。它与企业的长期目标有着内在联系，为监督和控制企业的绩效提供具体的、可以衡量的依据，具有较强的可操作性。

通过以上的介绍，我们可以得出：企业战略目标是指企业在一定时期内沿其经营方向所预期达到的理想成果。企业目标体系的建立就是将事先设定的企业使命转化为具体的业绩目标。企业战略管理简单来说就是指企业管理者在企业经营过程中建立企业目标体系，并为达到这些目标而采取适当的行动。需要回答的问题：我在哪里，我到哪里，我怎么从这里到那里。

没有目标就没有战略，目标的层次体系如图6－1所示。企业的各个层次，包括公司、分部和职能部门都需要有自己的长期目标。长期目标是度量管理绩效的重要标准。很多实际和学术工作者都将美国工业竞争力的下降在很大程度上归因于美国企业界的短期、而不是长期的战略取向。阿瑟·D. 利特尔认为，对管理者的奖励须在很大程度上以长期战略的实施和长期目标的实现为依据，激励必须同时以长期目标和年度目标的实现情况为依据。

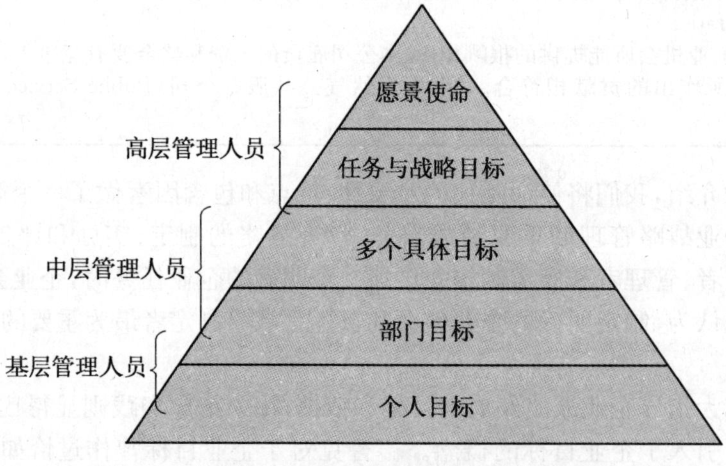

图6－1　目标的层次体系

二、战略的层次

企业战略目标是个十分复杂的目标体系，往往牵涉到企业内部很多部门的直接利益，为了能够在总体和细节上都很好地贯彻企业战略，我们将企业战略分为三个层次：总体战略、业务战略和职能战略。

1. 总体战略

总体战略，又称公司战略，是企业中最高层次的战略。它需要根据企业的目标，选择企业可以竞争的经营领域，合理配置企业经营所必需的资源，使各项经营业务相互支持、相互协调。总体战略常常涉及整个企业的财务结构和组织结构方面的问题。

公司层战略关心的问题是：公司的事业（业务）是什么，公司应拥有什么样的事业（业务）组合。其战略行为一般涉及拓展新的业务，如事业单元、产品系列的增加（或剥离），以及在新的领域与其他企业组建合资企业，等等。

2. 业务战略

当一个组织从事多种不同事业时，建立**战略事业单元**更便于计划和控制。战略事业单元代表一种单一的事业或相关的业务组合，每一个事业单元应当有自己独特的使命和竞争对手。这使得每一个战略事业单元应该有自己独立于公司其他事业单元的战略。

业务战略也称竞争战略，它是多元化经营企业的二级战略，其内容涉及各业务单位的主管和各级管理人员，他们的任务就是将总体战略所包括的企业目标、发展方向和措施具体化，形成本业务单位具体的竞争与经营战略。为了保证企业的竞争优势，制定的业务战略要针对不断变化的外部环境，合理有效地控制企业内外部资源的分配和利用，在各自的经营领域中展开竞争。经营战略的目的是通过集中一个具体的行业，或者一个产品实现利润和市场占有率的最大化。不过需要注意的是，只有多元化企业才需要区分总体战略和业务战略，而对于一家单一业务的企业来说，业务战略也就是总体战略。

事业层战略关心的问题是：在我们的事业领域里如何进行竞争？事业层战略规定该事业单元提供的产品或服务，以及向哪些顾客提供产品或服务。其战略行为包括广告宣传、研究与开发（研究是指通过发明新技术来创造一种新产品或新工艺或改进现有产品；发展则是将已有发明推广于生产过程或其他产品）、设备条件的改善以及产品系列拓展、收缩的方向和程度。

3. 职能战略

职能战略，又称职能层战略，它涉及的是企业内各职能部门，如营销、财务、生产、R&D、人力资源、信息技术等部门。职能战略的目的是提高工作的有效性和效率，就是为了使各部门能够更好地配置资源，提高生产效率、组织效率，以便更好地为上一级战略服务。由于各职能部门的主要任务不同，在企业经营中所起的作用也大相径庭，故很难归纳出职能战略的核心要素和特点。但在各部门的职能战略中，协同性都是一个非常重要的核心要素，这种协同作用首先体现在单个的职能中各种活动的协调性与一致性上，其次体现在不同职能战略和业务流程或活动之间的协调性和一致性上。

职能层战略关心的问题是：我们如何支持事业层战略。职能部门如研究与发展、制造、市场营销、人力资源和财务部门，应当与事业层战略保持一致。

图 6－2 的左下角就体现了职能战略的基本内容以及职能战略与业务战略的关系。介绍过三个层次的战略后，我们可以看出总体战略，业务战略和职能战略都是企业战略管理的重要组成部分，区别在于其侧重点和影响的范围有所不同（图 6－2）。

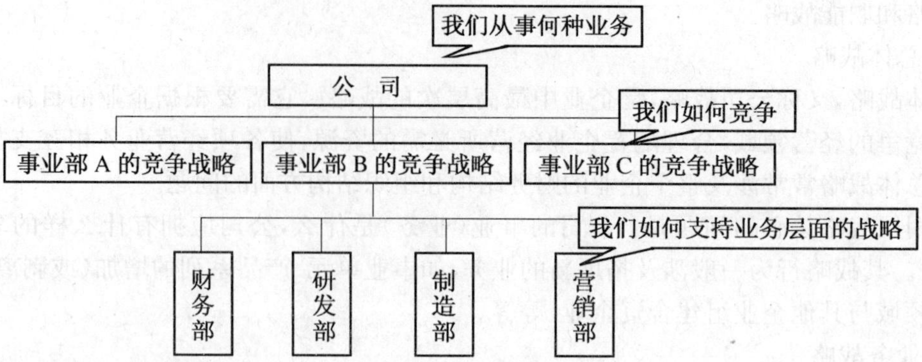

图6-2　战略的层次

三、战略的类型

从本质意义来看战略的分类，战略类型划分主要目的是要弄清企业实现战略目标的途径有多少种。战略类型是企业战略的表现形式，与其他事物和现象的分类一样，划分的角度和标准不同，那么企业战略的类型就不同。战略的类型的具体选择可以说是多种多样的，每一种具体的选择都会有或大或小的区别，当然每一种选择都有其充分的理由和具体的条件。我们之所以尝试对企业丰富多样的战略选择进行分类，不是想限制企业的战略，而是想在很短的时间内告诉企业管理者，有多少种基本的企业的战略可供选择以及每一种选择的基本理由是什么。

1. 迈克尔·波特的一般竞争战略

20世纪80年代，迈克尔·波特《竞争战略》《竞争优势》和《国家竞争优势》先后出版，并得到广泛传播。波特认为，企业可通过以下三方面获得竞争优势：低成本、差异化和专一化，波特将其统称为一般竞争战略。

- 低成本战略强调以很低的单位成本和价格为价格敏感的用户生产(表6-2)标准化的产品。在广泛市场领域实施标准化、基本性能、低价格的产品战略。
- 差异化战略强调为价格相对不敏感的用户提供某行业中独特的产品与服务。在广泛市场领域实施独特性能、高质量、高服务、高品位、高价格的战略。
- 专一化战略强调提供满足小用户群体需求的产品或服务。又称专一经营战略。即企业在实行成本领先战略或差异化战略时，把目标市场锁定在某个特定的顾客群或某个细分市场。在狭窄市场/具体产品上分别采用上述两种战略。

分析可见，可得到更多资源的大公司一般可采取成本领先战略或差异化战略进行竞争，而小公司则往往以专一化战略进行竞争(表6-2)。

表6-2　企业竞争战略取向的选择

		市　场　范　围	
		大市场	小市场
努力目标	低成本	成本领先战略取向	成本专一化战略取向
	差别化	广义差别化战略取向	差别专一化战略取向

2. 安索夫的企业经营战略

1957年,安索夫就根据自己的研究心得在著名的《哈佛商业评论》上发表了一篇讨论多元化经营战略的论文,提出了“产品市场匹配”的概念。企业经营战略实质是四种因素(现有产品、未来产品、现有市场和未来市场)的合理组合,据此,安索夫提出了四种组合战略。

● 市场渗透战略：现有产品和现有市场的组合。通过积极的营销扩大市场份额,通过集中于对现有市场的渗透实现增长。

● 产品开发战略：现有市场与未来产品的组合。对当前市场开发研究新型产品以扩大销售。

● 市场开发战略：现有产品与未来市场的组合。通过集中对现有产品的促销实现增长,将现有产品打入新的市场区域。

● 多元化战略：未来产品与未来市场的组合。针对新市场开发相适应的新产品。

这四种战略是日后著名的“安索夫矩阵”的雏形,成为安索夫战略理论体系的主要构成部分。新市场的概念不限于地域的区别,用户特征进行分类,也会产生新的市场。新产品也不见得是全新功能,某些功能的改进也算新产品。市场开发战略,根据地域范围的不同,则产生了国际化战略这一称谓。以上战略在本质上仍是差异化战略的延伸,即市场的差异化和产品的差异化。

3. 一体化战略

一体化战略是以企业当前活动为核心,主要通过在纵向和横向两个方面上合并或兼并其他企业,取得规模经济增长的一种战略方案。它有横向一体化和纵向一体化两种基本形式。企业在经营中,除产品开发与市场开发等战略外,有时为加强对行业上游或行业下游资源的控制,如对供应商的控制或经销商的控制。

纵向一体化战略可使公司获得对销售商和供应商的控制。纵向一体化分为前向一体化和后向一体化。

前向一体化战略指获得分销商或零售商的所有权或加强对他们的控制。当今有越来越多的制造厂商(供应商)正在通过建立网站向用户直销而实现前向一体化,以面向用户为前向,获得对经销商的所有权或对其加强控制,称为前向一体化。例如,企业可以考虑收购或兼并一个或几个批发商或零售商来扩大企业的生产边界,即自己建立产品的销售渠道。

后向一体化战略是指获得供货方公司的所有权或增强对其的控制。当公司目前的供货方不可靠、供货成本太高或不能满足公司需要时,尤其适合采用后向一体化战略。获得对供应商的所有权或对其加强控制,称为后向一体化。例如,企业可能通过收购或兼并一个或几个供应商来扩大企业生产的生产边界,即自己生产自己所需的原材料或零部件。

横向一体化战略是指获得与本企业竞争公司的所有权或增强对其的控制。则指获得同行业竞争对手的所有权或对其加强控制。例如企业可以通过收购或兼并一个或几个竞争者来扩大企业的生产规模,这种战略也称为水平一体化成长战略。

4. 防御型战略

防御型战略是企业对未来的发展采取守势的方式,一般适用于企业的某些特殊的时期。防御型战略有三种基本类型：收缩战略、剥离战略、结业清算战略。

● 收缩战略指企业通过减少资产而重组企业,以扭转销售和盈利下降的一种发展战略。这种战略有时也称转向战略或重组战略。收缩战略应用的目的是加强企业所具有的基本的和独特的竞争能力。在一些情形下,破产可以说是一种有效的收缩战略。

● 剥离战略。剥离战略就是出售企业的分部、分公司或任何一部分。通过拆离或资产削减那些不赢利,或需要资金太多,或与公司的其他活动不相适宜的业务,使企业能致力于集中加强自己核心竞争优势的一种发展战略。

● 清算(结业清理)战略。为实现其有形资产价值而将公司全部资产分块售出被称为清算。清算等于承认失败,因而是一种在感情上难以接受的战略。然而,停止营业可能是比继续大笔亏损更为有利的选择。

5. 国际化战略

在市场开发的战略中,从目标市场的性质划分,又可以划分为两大战略类型:一是国内市场开发战略,二是国际市场/国际化战略。国际化战略可以划分为四种不同的类型:① 国内市场战略,即按照国内市场进行生产,然后向国际市场出口;② 多国市场战略,即以若干个国家为目标市场,采用不同的营销组合去服务于这些国家的市场,从而可以获得很高的地区反应;③ 全球化战略,即以一个营销组合服务全球市场,从而可以获得最大的规模经济效益;④ 跨国战略,是上述两种战略的结合,说明采用这种战略的企业必须同时追求规模效益和灵活地作出反应。

6. 多元化战略

是在企业原来业务领域里寻找新的发展机会的一种发展战略。多元化发展战略有四种基本类型:同心多元化发展战略、横向多元化发展战略、纵向多元化战略和混合型多元化发展战略。在一体化战略中,企业整个经营业务仍限制在原行业范围内,而在多元化战略中企业则进入与本行业不相关的行业和市场中去。

理查德·鲁姆特用相关性这个术语来衡量公司的产品组合、技术和市场的相似程度,并用分享相关技术特征和产品特征或分销渠道的产品市场活动对公司收入的贡献程度来衡量相关性。鲁姆特根据经营活动的相关性将公司分为四种类型,其中前两种可以称为低程度多样化经营。

(1) 单一业务公司(Single Business):95%以上的年收入来自于单一活动或行业的公司。

(2) 主导业务公司(Dominant Business):70%到95%的年收入来自于主营业务的公司。通常,主导业务拥有纵向一体化的几个层次(如炼油),然后通过横向一体化(如向石油开采方向发展,或向石油深加工方向发展)逐渐成为主导型业务企业。

(3) 相关业务公司(Related Business,):主营业务的收入占总收入的比例低于70%,同时企业的各项业务之间以某种形式相互关联。这种形式也可称为中等程度多样化经营。

(4) 不相关业务公司(Unrelated Business):主营业务的业务额占总销售额的比例低于70%,并且各项业务之间没有关联的企业,也可称为不相关多样化经营。

当然,在实际的分类中,我们更要重视各项业务之间的联系。例如,我们可以把一家既生产计算机软件又生产计算机硬件的企业看做是相关多样化企业。但是,假如上述两项业务是完全独立、互不相干的,既没有研究开发上的合作,又没有生产制造上的合作,更没有销售上的联系,所用的品牌等无形资产也不相关,那么,这家企业就属于不相关多样化。

第二节 战略管理

战略管理(Strategic Management)是为了实现组织目标,组织和其所处的外部环境之间高度协调而制定和实施的过程中所采取的一系列决策和行动。一般包括战略制定、战略实施和战略评价三个阶段。战略管理的目的是谋求相对优势:客户可识别且认同的优势。战略管理的基础是战略思维,战略思维意味着以长远的目光、以全局的观念来审视组织发展和竞争环境,谋求企业与不断变化的外部环境间平衡。

通过战略管理可以把企业内部力量和企业外部机会成功地结合起来,寻求企业发展并保护企业处于劣势的方面免受外部环境冲击;通过战略管理有助于组织对竞争者做出快速反应,有效地利用可获得的资源;通过战略管理,有助于经理们明确组织的发展方向、发展重点、行为方式、资源配置的优先次序以及组织如何作为一个整体而有效运作,从而更好地实现战略目标。一般而言,战略管理涉及如下几个基本要素:

(1) 业务范畴　涉及哪方面的业务、产品或服务?

(2) 独有优势　优于竞争对手的优势是什么?如成本,分销网络或客户关系,等等。

(3) 资源配置　对资源的认识、运用和分配。

(4) 协同作用　组织中不同部门如何有效合作,以取得协作增效的效果。

一、战略管理的过程

进行战略管理的过程分为战略制定、战略实施和战略评价三个步骤,图 6-3 是典型的综合战略管理示意图。

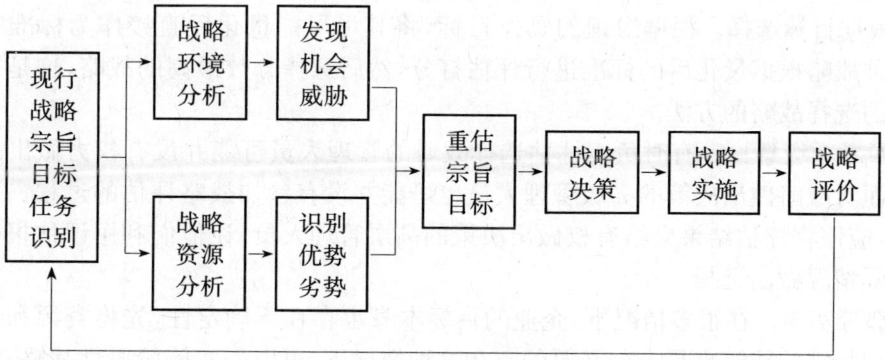

图 6-3　战略管理的过程

(一) 战略制定

一般来说,战略制定包含三个关键步骤:

企业使命陈述——了解企业使命与企业目标;

环境与资源分析——对企业的外部环境和自身的条件和竞争优势进行分析;

战略决策——根据战略目标对备选战略进行战略分析与选择。

1. 企业使命陈述

使命陈述(Mission Statement)有时也被称为任务陈述、纲领陈述、目的陈述、宗旨陈述、信念陈述、经营原则陈述或对“企业业务定义”的陈述。使命陈述的目的就是明确企业的使命和目标,揭示了企业想成为什么样的组织和要服务于哪些用户这样的愿景内容。一个企业并不是由它的名字、章程和公司条例来定义的,而是由它的使命和目标来定义的。一个好的企业使命陈述可以起到集中企业资源、统一企业意志、振奋企业精神的作用,从而引导、激励企业取得出色的业绩。作为战略制定者,首要任务就在于认定和表明企业的使命。

2. 环境与资源分析

环境分析包括外部环境分析和企业内部资源分析两个部分,当企业确定企业使命后,就进入到内外部分析的步骤。它是制定企业战略的重要依据,因为企业的内部资源是企业进行生产经营活动的基础,一切战略的制定和实施都必须建立在企业现有的实力基础上。同时,企业总归要生存在某一特定的外部环境之中,这一环境直接或间接地影响着企业的生产经营。由此可见,进行环境分析对企业战略管理是十分重要的。

3. 战略决策

进行过环境分析后,战略制定者就可以根据企业外部环境和自身实际情况选择相应的战略了。但是企业战略方案的种类有很多,形式也是多种多样,究竟应该如何选择适合本企业的战略,这也是战略制定者要面对的难题之一。企业的理想战略首先应当能够利用外部市场的机会并且减轻外部不利因素的影响,同时它也应当能够强化企业内部的优势并改进自身存在的不足。环境分析通常只能给战略制定者提供若干种可行的方案,而实际选择战略的过程则要求决策者考虑多方面的因素,进行多方面的均衡。这一选择的过程将远比想象中的更复杂曲折,在选择某一特定战略的过程中,以下几个因素影响着战略制定者的选择结果:① 企业对外界环境的依赖程度;② 管理者对待风险的态度;③ 企业过去的战略;④ 企业中的权力关系;⑤ 中层管理人员和职能人员的影响。

基于以上因素的考虑,战略制定者可以采用以下几种制定战略决策的方法。

(1) 根据目标选择。根据组织的具体目标,将其尽可能量化后直接作为标准来挑选战略。将各种战略根据量化后的标准进行评估打分,然后选择分数最高的战略,这是一种运用比较广泛的选择战略的方法。

(2) 参考上级意见。有时负责评估选择战略的管理人员可能并没有权力做出战略选择的决定。而对战略做出决策的高级管理人员也可能并没有参加战略评估的过程。那么在这种情况下,应该将评估结果交给有权做出决策的高层管理人员,让他们利用评估报告并结合公司的实际情况做出选择。

(3) 部分实施。在很多情况下,企业的目标本身也存在不确定性,先将资源和力量集中起来以实现特定的战略也是十分必要的。在这种情况下,可以先实施阶段性战略,将企业的一部分资源先合理地使用起来,而将最终的战略目标决定推迟,直到在将来的某一天,在获取了足够的经验后再将目标完善。部分实施战略的另一个优点是,它通常可以通过对最底层组织的授权而得以实现。

(4) 外部机构。在企业内具有同样权力而具有不同利益关系者,常常会对战略的选择持相反意见。那么在这种情况下,通过外部机构,如咨询公司或者上级机关为公司评估并选择战略。由于外部机构的评估比较客观,在这种情况下由其来选择战略也是比较合理的。

在战略的评估过程中往往还需要利用一定的战略评价办法或者类似工具来帮助选择。

(二) 战略实施

企业战略实施要遵循三个原则,即适度合理性的原则、统一领导与统一指挥的原则、权变的原则。为贯彻实施战略,要建立其贯彻实施战略的组织机构,配置资源,建立内部支持系统,发挥好领导作用,使组织机构、企业文化均能与企业战略相匹配,处理好企业内部各方面的关系,动员全体员工投入到战略实施中来,以保证战略目标的实现。

战略实施可能是战略管理中最困难、最重要的部分。在目前的竞争环境中,人们越来越认识到战略制定和战略实施中协同作用的重要性。战略的制定和实施,需要远见卓识、直觉和员工参与。战略实施涉及多种工具的应用。一旦战略已经确定,就需要运用领导、组织、信息和控制系统以及人力资源管理的手段来加以落实。

(1) 领导。领导是一种影响组织成员的思想和行动的能力和过程。领导能力包括说服、激励下属,以及变革公司价值观念和文化的能力。管理者可以通过向员工发表演说、发布公告、建立共同体(联盟)以及说服等形式使中层管理人员及其他员工接受其远见卓识。如果管理者能够使员工参与决策,战略实施可能更加容易,因为员工已洞悉战略并愿意为执行战略作出许诺。本质上,领导就是激励员工采取新的行动。对于公司的某些战略而言,其核心可能就是向员工渗透新的价值观和态度。

(2) 组织设计。组织设计始于组织结构图(用图的形式表示公司机构的全貌),它涉及管理者的职责、权利的分层以及部门的一体化。组织设计还涉及权限的下放程度、任务设计,等等。

(3) 控制系统。控制系统包括奖励制度、资源分配预算、信息系统以及组织的政策、程序、规则等。公司通过这些制度的变革推进战略的实施。

(4) 人力资源。组织的人力资源就是员工。公司运用招聘、选拔、培训、调任、提升以及解雇等手段来实现战略目标。例如,培训员工理解新战略的意图和重要性,提高员工所需的专业技能和绩效。

(三) 战略评价

战略评价的定义是:设计一个或多个战略组合模型来分析企业战略的结构,用以确定各战略的优劣及其相应的投资顺序。由于战略管理决策会对企业产生显著的和持久性的影响,错误的战略决策会给企业带来严重的伤害,而且很难甚至无法予以扭转,因此战略评价对企业利害关系重大,及时的评价可以使管理者对潜在的问题防患于未然。它包括三项基本活动:① 考察企业战略的内在基础,② 将预期结果与实际结果进行比较,③ 采取纠正措施以保证行动与计划的一致。

1. 战略评价的指标

在通常情况下,战略制定者往往会采用一系列的标准来评价企业战略实施的情况,这些标准可以是定性的,也可以是定量的,但必须与企业的战略目标保持一致,并且通过它可以反映出战略评价的实施情况。常用的指标有:投资收益率、附加价值指标、股东价值、高层管理人员评价指标、关键表现域指标、评价战略实施环境变化、实际效果评价等。

2. 战略评价的步骤

明确了评价指标后,就可以开始战略评价的操作了,评价企业战略方案主要分成以下10个阶段。

(1) 分析企业各战略方案是否与国际环境、宏观环境及行业环境未来发展趋势相适应。

(2) 分析企业现在的经营状况及发展趋势。主要分析企业经营和效益的情况、企业产品的竞争力、产品结构与市场地位分析。

(3) 保持企业现有的战略,能否达到企业最终的战略目标,差距在哪里。

(4) 与企业的战略目标相比,各种战略方案的有效性如何,存在何种差距,研究可缩小差距的其他战略方案。

(5) 各种战略方案对企业资源的要求。分析现有企业资源能否满足各战略方案的需要,即分析企业资源现状、资源结构和资金利用情况。

(6) 各种战略方案对企业组织与管理方面的要求。分析企业现在的组织职能与管理现状,企业现有组织与管理现状能否满足各战略方案的要求,从组织与管理上应作哪些调整才能保证战略的实施。

(7) 各种战略方案的内部一致性分析,即分析每个经营战略方案对企业内部的研究开发、生产发展、市场营销、人力资源、财务资金等方面要求是否协调一致,有无相互矛盾。

(8) 在各种战略方案中各阶段战略划分是否恰当,企业在各阶段中承受能力如何。

(9) 比较各种战略方案的优缺点、风险及效果,提出战略性的补偿措施。

(10) 预估在企业战略实施中将会遇到的困难和阻力以及克服的可能。

3. 战略评价的方法

企业战略评价的方法有很多,例如战略评价框架、波士顿矩阵、通用矩阵以及生命周期分析法、战略评价框架分析法等。

二、战略管理与竞争优势

战略管理是审慎选择的明确目标,而目标始于对环境、资源的系统透视。从战略管理的角度而言,制定战略最关心以下问题:企业战略分析的关键要素是什么,企业的竞争优势从何而来,如何保持企业的竞争优势,企业如何扩张?下面介绍两种目前应用比较广泛的用于分析企业竞争优势的理论:产业组织理论和资源基础理论。

(一) 产业组织理论

产业组织理论,又称产业经济学,是国际上公认的相对独立的应用经济学科,是国外经济学核心课程之一,也是近年来经济学最活跃、成果最丰富的领域之一。它起源于20世纪30年代。与现代企业理论(1937年源于科斯)大致同时产生。该理论始于哈佛大学的梅森(Edward S. Mason)。他本人与他的学生Joe S. Bain发展了这一理论,形成了哈佛学派。该学派使用的是结构—行为—绩效方法,认为大企业对于市场具有控制力,产业的集中度与非竞争行为有关。所使用的是描述的方法。

产业组织理论中的芝加哥学派产生于20世纪60年代末。代表人物是斯蒂格勒(George J. Stigler)。该学派认为市场上不存在持久的垄断力量。市场的竞争会在短期消除垄断。主张用现代微观经济学理论即价格理论研究产业组织。两个学派在垄断对市场的控制力上有分歧。但是两者所研究的问题则相互补充。

20世纪70年代发展起来的博弈论则作为一种新的方法用于研究产业组织理论。博弈论使得人们能够方便地研究非竞争条件下的策略行为。

产业组织理论是从微观经济学中分化发展出来的一门相对独立的经济学科,微观经济学是它的理论基础，不过，产业组织学虽然是一门实用性很强的经济学科，但在近10多年的发展过程中，它又有了自己的理论和方法，成为一门相当理论化的学科。关于产业组织学的学科范围在主流经济学界意见也是基本一致的，1996年牛津大学出版社曾出版过一部由阿宁德亚·森(Anindya Sen)主编的《产业组织学论文集》，汇集了19篇产业组织学领域的名作。森在导言中指出："产业组织学(IO)的定义可以较宽，包括企业理论、规制、反垄断政策、合同理论以及组织理论的某些内容。"简单地说，产业经济学以市场与企业为研究对象，从市场角度研究企业行为或从企业角度研究市场结构。

产业组织理论在企业战略管理领域中的主要贡献就是将以结构—行为—绩效方法为主要内容的有关产业理论引入到战略分析中来，比如产业结构、产业内优劣对比、进入壁垒、退出壁垒、壁垒后的相互勾结等，为解释企业如何制定战略和获取持续超额利润提供了较为可靠的经济分析依据。但该理论也存在着致命的缺陷。

(1) 仍然将企业作为"黑箱"，产业内企业是同质的，企业战略的选择取决于企业与外部力量的外部位势，未来企业的内部成长和自身力量的变化并不是现在企业制定战略所考虑的问题。对于这个问题，波特在《竞争优势》中做了一定的修订，认为企业的竞争优势来源于企业内部相互关联的活动，但从逻辑上，这是第二位的。

(2) 波特是以产业作为研究对象。企业在进入一个新产业时，首先是根据产业的结构吸引力选择一个产业；然后，在竞争者理性的前提假设下，对其战略作一个合理判断后制定一个进入战略；最后，进行战略性投资，购买所需的资产，整合企业内部活动，参与竞争。因此，用该理论指导企业，很容易诱导企业进入一些看似利润高，但缺乏经验或与自身竞争优势毫不相关的产业，进行无关联的多元化战略。而进入20世纪80年代后期，出现的事实却是大量的企业开始"回归主业"。一些实证显示同一产业内企业间的利润差距并不比产业间的利润差异小，在没有吸引力的产业中可以存在利润水平很高的企业，而在吸引力很高的产业，也有经营状况不佳的企业。

(二) 资源基础理论

波特的竞争战略理论具有局限性。波特的竞争战略理论强调产业结构的重要性，但是产业结构特征和演变只是企业制定竞争战略的主要依据之一。实证分析表明，产业内不同企业所获利润的差异往往大于产业间的利润差异。这表明传统战略理论将竞争优势完全归功于行业结构或市场力量是不恰当的。因此，战略分析的重点开始由企业外部向企业内部转移，即逐步由注重企业生存的外部环境发展到注重企业的内部条件。

针对产业组织理论的上述不足，20世纪80年代中期，一些学者摒弃主流经济学派的价格均衡分析方法，在以潘罗斯(Penros)倡导的"企业内在成长论"的基础上提出了基于资源基础的公司战略理论，主要代表人物有：鲁梅尔特(Rumelt)、沃尔纳菲特(Wermerfelt)等学者。

资源基础理论认为：各个企业之间的资源具有很大的差异性，而且不能完全自由流动，当一个企业拥有一种竞争对手所不具有的特殊资源时，这种特殊资源就可能会为企业带来潜在的比较优势。具有行政组织结构的企业之所以赢利，是因为他们拥有企业特有的稀缺资源，它可以产出成本显著低或质量非常高的产品，即有效益的产品；这种资源依附于企业内在组织中，具有无形性和知识性，难以模仿，为企业专有。因此企业的竞争优势并不是在产业组织理论所强调的市场中，而是在企业内部，依赖于企业的异质性的、非常难以模仿的、效率高的专有资源；并且企业有不断产生这种资源的内在动力，保持企业的竞争优势在于不断地形成、利用这些专有的优势资源。从这里看出竞争优势是内生的，同时是存在路径依赖（Path Depend）的。按此理论，企业在实施一个进入战略时，首先是确定公司的独特专有资源；而后，确定在何种市场上可使这些资源获得最优效益；最后，确认实施的方法：是进入该领域，还是出售这些专有资源给该领域的相关企业。因此，用该理论指导企业进行扩张时，通常是相关多元化。

1990 年 C. K. Prahalad 和 Cary Hamel 在《哈佛商业评论》上发表了一篇具有创新性的文章，引入了“核心竞争能力”（Core Competitive Competence）一词，他们认为核心能力是指“组织中的积累性学识，特别是关于如何协调不同生产技能和有机结合多种技术流派的学识”，因此，这里所谓的“核心能力”实质上是指企业所有能力中最根本的部分，企业通过这种能力的辐射作用来影响其他能力的发挥。企业的成功不完全依赖于市场结构因素，也不完全依赖于企业向市场提供的产品因素，而更依赖于企业对市场变化的反应能力。只有具备这种能力的企业，才能在市场中得以长期生存。

而美国麦肯锡咨询公司对企业核心能力下的定义是：企业核心能力是某一组织内部一系列互补的技能和知识的组合，它具有使一项或多项关键业务达到行业一流水平的能力。以核心竞争力为基础性概念的核心能力学派认为，与其说市场竞争是一种基于产品之上的竞争，不如说是基于企业核心能力的竞争。企业核心能力理论的主要观点是：与企业外部环境相比，企业内部资源对于企业的市场竞争优势具有决定性作用；企业内部能力、资源和知识的积累，是企业获得超额收益和保持企业竞争优势的关键。但同时，企业是一个开放的系统，需要有来自外部的多种资源的投入。企业在实现目标和协调配置资源能力方面的重要差异，使一些企业可能通过运用与其他企业差不多的资源获得独特的能力。

资源基础理论可以弥补产业组织理论存在的不足，但同样存在着缺陷：过分强调企业内部而对企业的外部重视不够，不能适应环境变化的需要；对专有资源的确定过于模糊，操作起来非常困难；尤其重要的是，正如能力学派批评波特的竞争位势容易被模仿一样，波特认为由于大量存在的企业管理咨询专家，企业的这种专有资源同样容易被仿制，并且非常容易过时。此外还有其他一些比较重要的战略分析理论，例如竞争位势理论、战略缺口理论、动力能力理论等。

通过上面的介绍可以看出，企业在进行战略与竞争优势分析时，应该综合采用考虑行业和其自身的竞争优势，结合实际制定自己的战略目标。只有这样才能做到有的放矢，令企业的竞争优势发挥至最大。

第三节　战　略　工　具

何谓战略管理的工具？就是我们在战略管理中日常随身携带的锦囊，在战略管理过程中，为我们指点迷津，派上用场，让我们时时有备无患，处处运筹帷幄。

一、波士顿矩阵（BCG）

战略能力分析的一个重要的组成部分就是评估构成公司业务组合的合理程度，下面我们介绍分析业务组合的矩阵：波士顿矩阵（BCG）。

波士顿矩阵(Boston Consulting Group,BCG Matrix)是美国波士顿咨询公司在1960年提出的一种投资组合分析方法。这种方法是将企业生产经营的全部产品或业务组合作为一个整体进行分析,常用来分析企业相关经营之间现金流量的平衡问题。通过这种方法,企业可以找到企业资源的产生单位和这些资源的最佳使用单位。

波士顿矩阵的X轴表示企业在行业中的相对市场份额,也就是企业某项业务的市场份额与这个市场上最大竞争对手的市场份额之比,通过它来反映企业在市场上的竞争地位,以相对市场份额的1.0～1.5为分界线,划分为高、低两个区域。

波士顿矩阵的Y轴表示企业的市场增长率,是指企业所在产业某项业务前后两年市场销售额增长的百分比。这一增长率表示每项经营业务所在市场的相对吸引力。通常用10%作为增长率高、低的分界线。

根据刚刚介绍的产业市场增长率和企业相对市场份额标准,波士顿矩阵可以把企业全部的经营业务定位于四个区域中(图6-4)。这四个区域分别为:

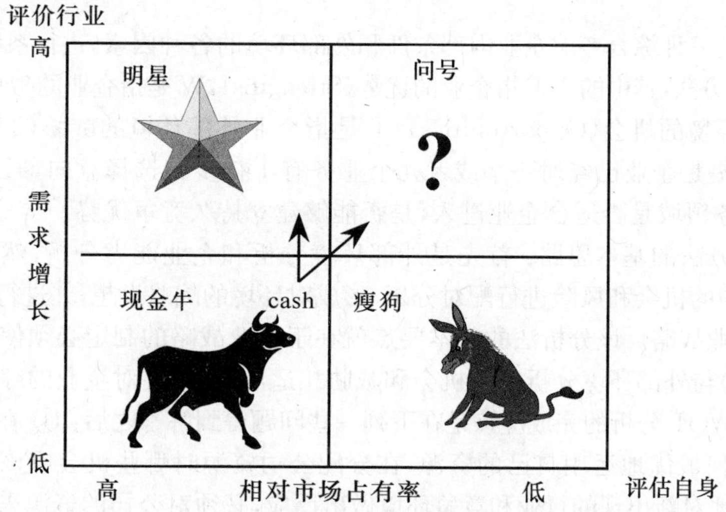

图6-4　波士顿矩阵

(1) 高增长—强竞争地位的“明星”业务。这类业务处于迅速增长的市场,具有很大的市场份额。在企业的全部业务中,“明星”业务的增长或获利有着极好的长期机会,但它们也是企业资源的主要消费者,需要大量的投资。为了保护和扩展“明星”业务在增长的市场上占主导地位,企业应在短期内优先供给它们所需的资源,支持它们的高速发展。

(2) 高增长—弱竞争地位的“问号”业务,它所在产业的市场增长率高,企业需要大量的投资支持其生产经营活动;而另一方面它的市场相对份额地位较低,产生的收益并不高。在这种情况下,企业应对“问题”业务未来的盈利能力进行分析,决定是否要进一步进行投资,或是将投资转移至收益较高的“明星”业务。

(3) 低增长—强竞争地位的“现金牛”业务。这类业务处境有利,盈利率高,本身不需要投资,还能为企业提供大量资金,用以支持其他业务的发展。

(4) 低增长—弱竞争的“瘦狗”业务。利润很低,不能成为企业资金的来源。如果这类业务尚能自我维持,则应缩小经营范围,加强内部管理。如果这类业务已彻底失败,企业应及早采取措施,清理业务或退出经营。

波士顿矩阵分析法作为最早的组合分析法之一，是十分有价值的一种思想。它通过企业内部业务的综合分析，得到企业的业务发展战略的理论依据。并能用来帮助企业推断竞争对手相关业务的战略，更好地指导企业生产经营。但是波士顿矩阵分析法与其他所有分析技术一样，将企业业务划归为“明星”、“问题”、“现金牛”和“瘦狗”之一未免过于简单，很多位于矩阵中部的业务就无法明确归类。此外它通过资金来完全代表企业资源也并不十分准确，有的企业中，要进行规划和均衡的重要资源往往不是现金，而是时间和组织中人员的创造力。而且波士顿矩阵在具体运用中有很多的困难，如正确地应用组合计划对管理人员来说意味着巨大的变革，不能保证企业部门的积极配合，有的学者因此提出，自由竞争市场可能在配置资源上会更加有效。

二、SWOT 矩阵

（一）SWOT

SWOT 分析是一种综合考虑企业内部条件和外部环境的各种因素，进行系统评价，从而选择最佳经营战略的方法，其中的 S 是指企业的优势（Strengths），W 是指企业的劣势（Weakness），O 是指企业外部环境的机会（Opportunities），T 是指企业外部环境的威胁（Threats）。使用 SWOT 方法的前提是企业已经对一个或者几个业务有了初步的选择意向，通过分析可以进一步考察这些业务领域是否适合企业进入，是否能够建立持久竞争优势。

SWOT 分析方法的基本思路：首先是外部环境分析和企业能力分析，然后将企业的优势和劣势与环境中的机会和风险进行配对分析，形成对环境的战略设想，并进行持久竞争优势检验，最后形成企业战略。该分析法的基本要点就在于企业战略的制定必须使其内部能力分析中的优势和劣势与外部环境分析中的机会和威胁相适应，并且要对企业的综合情况进行客观公正的分析。SWOT 分析的完成应该是在下列一些问题得到解答之后：① 在公司现有的外部环境下，公司如何最优地运用自己的资源，在分配公司资源时哪些机会应该拥有最高优先权。② 为了更好地对新出现的行业和竞争环境做出反应，必须对公司的资源采取哪些调整行动。③ 是否存在需要弥补的资源缺口，公司需要从哪些方面加强其资源。④ 要建立公司未来的资源必须采取哪些行动。表 6－3 表示的是 SWOT 分析中通常需要考虑的内外部因素。

表 6－3　SWOT 分析要素

内部资源因素		外部环境因素	
潜在内部优势(S)	潜在内部劣势(W)	潜在外部机会(O)	潜在外部威胁(T)
产权、竞争、成本优势 特殊能力 产品创新 规模经济性 良好的财务资源 高素质的管理人员 公认的行业领先者 买方的良好印象 适应力强的经营战略 其他	设备老化 产品线太窄 技术开发水平滞后 营销水平低于其他竞争者 管理不善 不明原因的利润率下降 资金拮据 成本过高 其他	纵向一体化 市场增长迅速 可以增加互补产品 能争取到新的用户群 有进入新市场的可能 有能力进入更好的企业集团 在同行业中竞争业绩优良 扩展产品线满足用户需要 其他	市场增长较慢 竞争压力增大 不利的政府政策 新的竞争者进入行业 替代产品销售额逐步上升 用户讨价还价能力增强 用户需要与爱好逐步转变 通货膨胀递增 其他

（二）SO、WO、ST、WT 战略

从表现形式上来看，SWOT 一般采用十字图结构。具体方法是建立一个十字象限。X 轴表示为内部优势与劣势，Y 轴表示外部机会与威胁，然后将表 6－3 所示各类要素逐项打分，按其重要程度加权并求其代数和，再将所得结果在 SWOT 分析图上具体定位，根据其所在的象限，确定企业战略能力。根据所在象限不同，企业战略可以分为：

(1) 增长型战略(SO)，就是依靠内部优势去抓住外部机会的战略。如一个资源雄厚的企业(具有内部优势)发现某一国际市场尚未饱和(存在外部机会)，那么它就应该采取 SO 战略去开拓这一市场。

(2) 扭转型战略(WO)，就是利用外部机会来弥补企业内部劣势的战略。例如当市场上对于某项业务的需求快速增长的时候(外部机会)，企业自身却缺乏这一方面的资源(内部劣势)，企业就应该抓紧时机采取扭转型战略，购买相关设备、技术，雇用技术人员或者干脆并购一个相关企业，以抓住这个机会。

(3) 多种经营战略(ST)，就是利用企业的优势去避免或减轻外部威胁的打击。如一个企业的销售渠道很多(内在优势)，但是由于种种限制又不允许它经营其他产品(外在威胁)，那么企业就应该采取多种经营战略，在产品的多样化以及其他方面多下功夫。

(4) 防御型战略(WT)，就是减少内部弱点同时避免外部威胁的战略。例如一个资金不充裕(内在劣势)，而市场对其产品的认知度又不高(外在威胁)的企业就应该采取防御型战略，稳扎稳打地强化企业管理，提高产品质量，稳定供应渠道，或者以联合、合并的方式谋求长期的生存和发展(表 6－4)。

表 6－4　SO、WO、ST、WT 战略

优势劣势 机会威胁	优势(S)：列出优势	劣势(W)：列出劣势
机会(O)：列出机会	SO 战略：发挥优势，利用机会	WO 战略：利用机会，克服劣势
威胁(T)：列出威胁	ST 战略：利用优势，回避威胁	WT 战略：减少劣势，回避威胁

三、平衡计分卡

20 世纪 90 年代初，哈佛商学院的 Rober Kaplan 和诺朗诺顿研究所所长 David Norton 发展出一种全新的组织绩效管理方法——平衡计分卡(BSC)。

平衡计分卡反映了财务、非财务衡量方法之间的平衡，长期目标与短期目标之间的平衡，外部和内部的平衡，结果和过程平衡，管理业绩和经营业绩的平衡等多个方面，所以能反映组织综合经营状况，使业绩评价趋于平衡和完善，利于组织长期发展(图 6－5)。

平衡计分卡中的目标和评估指标来源于组织战略，它把组织的使命和战略转化为有形的目标和衡量指标。BSC 中的客户方面，管理者们确认了组织将要参与竞争的客户和市场部分，并将目标转换成一组指标。如市场份额、客户留住率、客户获得率、顾客满意度、顾客获利水平等。BSC 中的内部经营过程方面，为吸引和留住目标市场上的客户，满足股东对财务回报的要求，管理者需关注对客户满意度和实现组织财务目标影响最大的

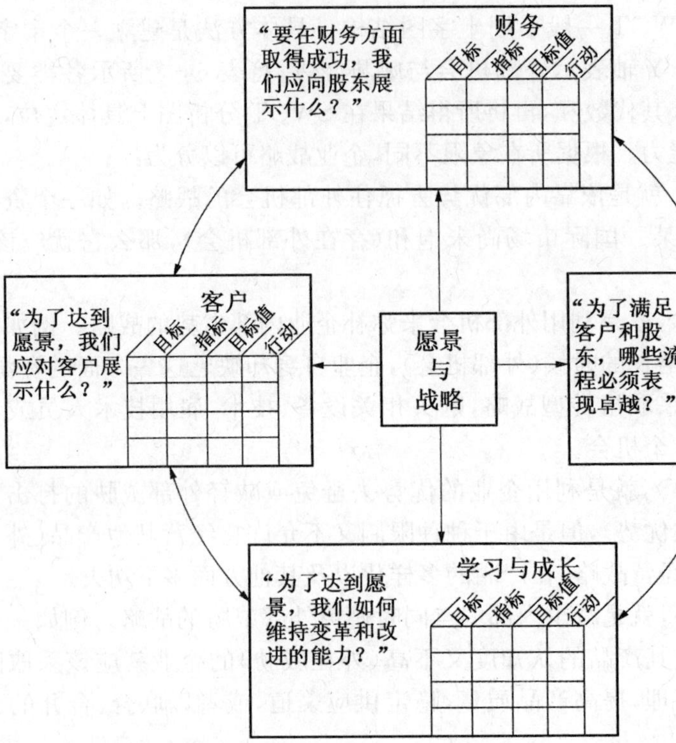

图 6－5　平衡计分卡

那些内部过程，并为此设立衡量指标。在这一方面，BSC 重视的不是单纯的现有经营过程的改善，而是以确认客户和股东的要求为起点、满足客户和股东要求为终点的全新的内部经营过程。BSC 中的学习和成长方面确认了组织为了实现长期的业绩而必须进行的对未来的投资，包括对雇员的能力、组织的信息系统等方面的衡量。组织在上述各方面的成功必须转化为财务上的最终成功。产品质量、完成订单时间、生产率、新产品开发和客户满意度方面的改进只有转化为销售额的增加、经营费用的减少和资产周转率的提高，才能为组织带来利益。因此，BSC 的财务方面列出了组织的财务目标，并衡量战略的实施和执行是否在为最终的经营成果的改善作出贡献。BSC 中的目标和衡量指标是相互联系的，这种联系不仅包括因果关系，而且包括结果的衡量和引起结果的过程的衡量相结合，最终反映组织战略。

四、宏观环境分析工具

(1) 分析哪些宏观环境因素正在影响组织。

(2) 确定在当前及未来几年，哪个宏观环境因素的影响最重要。

(3) 找到最关键因素（现状）和未来的变化，以什么机制来影响环境，确定是机会还是威胁。

表 6－5 PEST 分析

政治的/法律的(P)： ● 环境保护法 ● 税收政策 ● 外贸政策 ● 劳动法	经济的(E)： ● 经济周期 ● GNP/可支配收入的趋势 ● 利率/货币供给 ● 通货膨胀 ● 失业率 ● 能源适用性及成本
社会文化的(S)： ● 人口统计 ● 收入分配 ● 社会稳定性 ● 生活方式的变化/对工作和休闲的态度 ● 消费模式 ● 教育水平	技术的(T)： ● 政府研发投入/对技术的重视 ● 新技术的发明/进展 ● 技术传播速度 ● 折旧和报废速度

五、行业结构分析工具：驱动产业竞争的五种力量

行业，是指具有某种同一属性的企业的集合，又是国民经济以某一标准划分的部分，例如汽车行业、家电行业，它是介于微观经济的细胞（企业）与宏观经济单位（国民经济）之间的一个集合概念。行业环境分析就是通过对这一集合概念的分析，以期得到对企业战略有价值的信息，更好地指导战略管理过程。

（一）产业竞争的五种力量

20 世纪 80 年代初，迈克尔·波特从产业组织理论的角度，提出了产业竞争结构分析的基本框架——五种竞争力分析。即现有竞争者、购买者、供应者、替代者、潜在进入者五种产业结构力量，波特认为：公司制定战略与其所处的外部环境（即市场）是高度相关的，并且最关键的环境因素是企业所处的产业。产业的结构影响着竞争的规则，五种竞争力量模型的综合作用随产业的不同而不同，其结果是使不同产业或同一产业在不同发展阶段具有不同的利润水平，进而影响着公司战略的制定。关键点是确定企业在产业中的合理位势，通过战略的实施对五种竞争力量产生影响，从而影响到产业结构，甚至可以改变某些竞争规则。产业的吸引力和企业在市场中获得的位势就成了竞争优势的来源。为了保持这种优势，必须不断地进行战略性投入以构筑行业壁垒和保持优势位势。

1. 现有企业之间的竞争

现有企业的竞争是指市场内企业为争夺市场占有率而进行的竞争及产业内竞争行为的强度。它强调公司通过降低价格、产品创新、广告、赊销或者促销活动等不断追求优于竞争者的经营绩效。不过，市场上也可能只有很少的竞争活动，公司满足于其占有的市场份额，他们无意于通过挑起价格战等去改变市场平衡。波特认为有很多因素决定着一个产业中的竞争程度。

(1) 需求缓慢增长或下降。如果需求缓慢增长，公司只有通过从竞争者那里夺得市场

份额才能保持其历史增长速度。

(2) 高固定成本(成本构成)。如果产业的成本构成中包括很高的固定成本,而边际成本很低,那么,公司将承受着必须充分利用其生产能力的巨大压力。

(3) 周期性波动导致生产能力周期性过剩。在生产能力闲置(或出现剩余生产能力)时,公司为了保证工厂开工,将会加剧产业内的竞争程度。

(4) 低转换成本。当购买者从一个供应商转换到另一个供应商时,就会发生转换成本(Conversion cost)。转换成本可以是有形的,也可以是无形的(如与某供应商之间的顺利的合作关系)。

(5) 产品差异程度与品牌特征。

(6) 市场集中度。

对现有企业间竞争的估计需要对市场结构、产品差异、销售过程的性质、生产能力的利用等情况进行详细分析。顾客的作用是很重要的,当他们认为能够通过逛商店来比较不同的替代产品,从而节省大量费用时,现有企业间的竞争将更加激烈。

2. 进入障碍

利润对投资者是一个信号,并能经常导致潜在进入者。新的进入者进入市场的最终结果,必然是降低产业的获利水平,然而市场上存在很多障碍,可以阻止潜在进入者进入其中。进入障碍是指那些允许现有企业赚取正的经济利润,却使产业的新进入者无利可图的因素。

(1) 规模经济。如果大规模经营可以产生显著的成本优势,那么新进入者就必须达到这种规模。否则,单位成本将限制其获利能力。规模经济同样存在于广告、采购、研究与开发和售后服务等活动之中。

(2) 资本需求。如果资本成本很高,也会限制潜在进入者的数量。资本成本包括生产设施建设,研究与开发费用,建立销售网点费用以及产品初期促销费用等。

(3) 学习曲线效应。经验的不断积累可以使人们逐步发现更有效的工作方法。因此,通过学习经验的积累可以降低单位成本。新进入者可能因缺乏经验而处于高单位成本的劣势。

(4) 专有技术。专利能够保护防止新的进入者。专有技术或者专门技能将增加进入的难度。

(5) 顾客忠诚(或产品差别化)。顾客可能特别偏好某种品牌,或者与现有供应商建立了非常密切的关系,而不愿意割断这种关系。新进入者要争取顾客必须劝说顾客,使其认为发生的转换成本是值得的。

(6) 获得销售渠道。

(7) 转移成本。顾客由于选择新的进入者的产品而承受很高的转移成本是另一种进入障碍。

(8) 政府政策。

(9) 获得低成本投入。

进入障碍也可能是战略性的。例如,现有企业可以保持剩余的生产能力或以削价来威胁。退出障碍同样也可以作为进入障碍,因为它提高了那些最终可能失败的新进入者的财务赌注。

3. 替代威胁

与潜在进入者一样,替代品能够夺取业务和加强现有企业之间的竞争。替代品为被替代品的价格规定了最高水平。新的替代品通常代表着新的技术,即使这些替代品最初看来是无害的,但新的替代品的出现可能会给现有厂商和产品施加强大的威胁。在下列情况下,替代品的威胁是很大的：

(1) 有许多相同的有效成本方法满足相同顾客的需要；

(2) 顾客转向替代品只承担很小的转移成本；

(3) 顾客对价格非常敏感，而替代品价格很低。

4. 购买者的议价能力

购买者的议价能力即顾客或客户通过价格谈判从销售者或供应商那里获得价格优惠或较低价格的能力。强议价能力意味着能迫使价格下降，从而减少销售者的利润。顾客或客户在如下情况下具有强大的议价能力：

(1) 购买次数很少，但购买量巨大；

(2) 购买者承受很低的转换成本，具有较低的忠诚度；

(3) 购买者面对很多小的销售商；

(4) 对于购买者来说，所购买的产品并不重要，购买者可以接受它，也可以放弃它；

(5) 购买者掌握了大量的关于竞争性产品的信息，他们可以利用这些信息进行讨价还价；

(6) 当存在实际风险时，购买者决定后向一体化，即自己生产而非购买。

5. 供应商的议价能力

与上述情况相对的是，在不影响销售的情况下，供应商提高售价的能力就是其议价能力。供应商拥有议价能力的主要原因是：

(1) 对于购买者来说，对外采购是非常重要的；

(2) 购买者变换供应商时将产生很高的转移成本；

(3) 供应来源非常有限；

(4) 对供应商来说，任一购买者都不是重要的顾客；

(5) 当存在实际风险时，供应商决定前向一体化。如汽车制造商不再经过经销商销售，而是建立自己的分销子公司。

如果供应商是强大的，它们就能提高产品的价格，从产业中获得更大的利润。如果公司面临着强有力的供应商和购买者，那么，该公司的利润就会受到严重影响。

通过上述分析，其意义在于为管理者提供一种思考竞争环境的框架。

当然，产业竞争状态总是不断变化的，因此管理当局需要定期地对其所处产业的竞争状态进行重新评估。

(二) 行业的生命周期理论

行业的划分通常是以生产相同或者相似的产品来作为依据的，所以我们通过观察产品的生命周期就可以了解整个行业目前的发展状况，同时也可以通过对比得知企业目前处于怎样的竞争地位。

如表 6 - 6 所示，行业生命周期可以分为四个阶段：开发期、成长期、成熟期和衰退期。在开发期，产品设计尚未定型，销售增长缓慢，产品的开发、推销成本高，利润低甚至亏损，竞争较少，但风险很大；到了成长期，顾客认知度迅速提高，销售和利润迅速增长，生产成本不断下降，生产能力出现不足，出现竞争，但企业承担风险的能力增强；进入成熟期，重复购买成为顾客行为的重要特征，销售趋向饱和，利润不再增长，生产能力开始过剩，竞争激烈，现有的企业面临的风险较小；最后到了衰退期，销售和利润大幅度下降，生产能力严重过剩，竞争的激烈程度由于某些企业的退出而趋缓，企业可能面临一些难以预料的风险。

表 6-6 行业寿命对战略的影响

阶 段	开 发	成 长	成 熟	衰 退
市场发展	缓慢	迅速	下降	亏损
市场结构	零乱	竞争对手增多	竞争激烈,对手成为寡头	取决于衰退的性质或形成寡头或出现垄断
产品系列	种类繁多,无标准化	种类减少,标准化程度增加	产品种类大幅度减少	产品差异度小
财务含义	启动成本高,回本无保障	增长带来利润,但大部分利润用于再投资	带来巨额利润,再投资减少,形成现金来源	采取适当的战略保持现金来源
现金使用或来源	大量使用现金	趋于保本	重要现金来源	现金来源(如果战略不适当可能使用大量现金)
产品含义	一次性或批量生产,未能流水生产或大量生产	经验曲线上升,成本下降	强调降低成本高效率	行业生产能力下降
研究和开发含义	大量的用于产品和生产过程	对产品的研究减少,继续生产过程研究	很少,只有必要时才进行	除非生产过程或重振产品有此需要,否则无支出

行业生命周期理论是研究行业性质最重要的概念之一。

了解行业的生命周期的意义在于:

(1) 在编制总体战略时,企业可以基于此分析决定在多元化发展中如何选择正确的业务组合,降低风险,提高收益;

(2) 在编制企业战略时,企业可以基于此分析决定对于某一行业中是进入、维持还是退出,以及进入某一行业是采取购并方式还是采取新建的方式;

(3) 在业务战略中,企业可以基于此分析决定企业的竞争战略是定位于差异化还是成本领先。

六、价值链

企业价值链理论是迈克尔·波特教授在 1985 年提出的,他在对企业各项生产经营活动进行审查、分析和归类后提出:企业的经营可以视为一个由设计、生产、营销、交货以及对产品起辅助作用的各种价值活动的集合,这样的集合就叫做价值链。

价值:客户对企业提供给他们的产品愿意支付的价格。价值通过总收入来度量。如果企业获得的价值超过其制造销售产品的成本,就有利可图。战略的目标是为客户创造超过其成本的价值。

价值链:根据波特的理论,一个企业的业务过程可以被描述为一条价值链(Value Chain),

其中所有开发和营销产品或服务的活动所带来的总收入除去其总支出便是这一链条所增加的价值。虽然同一行业中的企业都有大致相同的价值链，但是仔细分析后会发现，不同企业的价值链在细节上却有很大不同，这是由于不同的企业具有不同的竞争优势，因此造成价值链的差异。价值链分析法的目的就是通过分析企业内部条件，找出对顾客最有价值、企业最有优势的活动，加以改进提高，以达到提高企业竞争力的目的。

从图 6－6 可以看出企业的生产经营活动分为基本活动和辅助活动两大类，基本活动是指生产经营的实质性活动，这些活动直接与商品的价格流转有关，是企业的基本增值活动，在物质形态上制造、销售产品，发送产品和售后服务所包含的各种活动。辅助活动是为基本活动提供服务和支持并且之间也互有联系的活动，它们是企业竞争优势的主要来源，提供采购、技术、人力资源和各种企业范围内的职能，支持基本活动的活动。

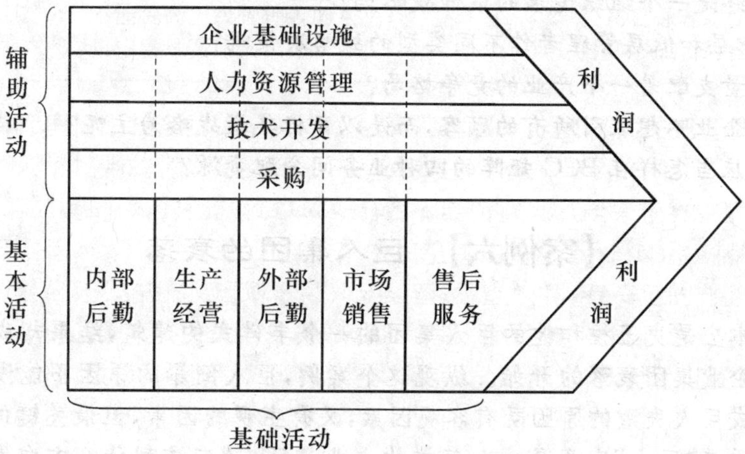

图 6－6　价值链[1]

基本活动包括：

(1) 内部后勤：包括资源接收、储存和分配活动，如原材料搬运、仓储、库存控制、车辆调度等。

(2) 生产作业：将各种投入转化为最终产品，如加工制造、检测、包装、设备维护等。

(3) 外部后勤：包括产品发送、储存、运输等。

(4) 市场营销：包括市场营销各种活动，如广告促销、销售队伍、定价、销售渠道等。

(5) 服务：包括安装、维修、培训和提供备件等。

辅助活动包括：

(1) 采购：这是指企业整个价值链各项活动中的投入，而不仅是内部后勤的采购活动，包括各项活动所需原材料、易耗品、机器设备、办公设备及建筑物等。

(2) 技术开发：这里的技术开发不仅是指研究与开发中的技术与开发，是指可以改进企业产品和工序的一系列技术活动。它发生在企业很多部门，一个企业的技术水平直接关系到企业产品的功能、质量、资源利用效率及企业运行效率。

(3) 人力资源管理：是指企业职工的招聘、雇用、培训、提拔和退休等各项管理活动。它

〔1〕 戴维. 战略管理. 北京：经济科学出版社，2001：150.

支持着企业中的各项活动和整个价值链，对企业生产经营起着重要的作用。

(4) 企业的基础设施：并不与特定的基本活动相联系，但支持整个价值链。

以上价值链的分析将企业的所有活动进行系统分割，使我们认识到各项活动对企业竞争优势所起的作用是不同的。要使企业整个价值链体系达到最优，就应该抓住价值链中的关键环节进行分析，为企业对现实及潜在的优势和劣势进行内部分析提供有效的指导方法。

思考题六

1. 增长始终是一个组织追求的最佳战略吗？
2. 高层、中层和低层管理者作不同类型的战略决策吗？
3. 什么力量支配着一个产业的竞争格局？
4. 为什么企业不想吸引所有的顾客，而是以目标集聚战略为主呢？
5. 管理者应当怎样在 BCG 矩阵的四种业务间分配资源？

【案例六】　巨人集团的衰落

巨人大厦本应是史玉柱和他的巨人集团的一个丰碑式的建筑，结果却成了一个拥有上亿资产的庞大企业集团衰落的开始。纵观这个案例，巨人倒塌的原因不能浅显地归纳为投资的失误。促成巨人失败的原因既有客观因素，又有主观的因素，但最关键的还是史玉柱本人主观上没有看清“巨人”究竟是一个怎样的企业，“巨人”应该朝什么方向发展。面对一个白手起家的民营企业，资本规模迅速扩大，真正成长成一个“巨人”时，企业的战略规划开始显得越来越重要。巨人的衰落，正是由于战略的严重失误导致的，可以归结为一句话：在没有有效的环境分析、稳健的资金保障和完善的管理机制下，采取激进的扩张战略。

巨人选择做一个混合式多样化发展的企业，出发点是为了分散经营的风险，但在对各个行业没有进行必要的研究，对整个产业环境缺乏预测和分析的情况下，贸然扩张只会使风险更大。

1. 多元化战略与市场覆盖的矛盾

巨人的发展显然想走混合型多样化的道路，但它忽视了混合化经营的基本要求：资金充足并且每个事业达到行业的平均利润。从生物工程的部分可以看出，尽管巨人在生物保健方面异军突起，但整个生物工程却是亏损的。实行多元化战略并不意味着每个产业的细分市场都要进入，应该按照企业的特长和现有资源进行取舍。它想做市场的全覆盖，但忽视了生物工程行业的特殊性：资金要求巨大。该产业的亏损就是没有做到细分市场的取舍，没有做到每个细分市场达到行业平均利润。

2. 多元化战略与巨人大厦的矛盾

与上面的矛盾相似，多元化战略需要强大、充裕的资金做后盾。巨人大厦的巨额支出显然是与战略不相符的。一个行业的发展往往要经过“问号—明星—金牛—瘦狗”的过程，建造巨人大厦的资金来自生物保健的赢利，显然在这个决策做出之前管理成没有理智地判定生物保健的所处阶段，导致了连锁效应。

3. 短期利润与长期稳定的矛盾

战略的宗旨就是长期生存稳定发展，发展应建立在稳定的前提下。

巨人进入房地产行业，本身就是一种很偶然的行为，并不是出于战略的考虑，通过对房地产行业的研究而制定出的战略计划的一部分。回顾巨人大厦的建设，从目的到楼层都一改再改，然而就是在这种目标不清晰的情况下，投入的资金却越来越多，对于上亿元这么庞大的预算，巨人对资金的保障显得过分自信，不够谨慎。

进入生物工程领域也是同样的道理。巨人以做电脑软件发家，后来又进入房地产，生物工程，每一次扩张的唯一理由都是短期的“高利润”，而忽视了高利润往往意味着高风险，并且一个产业的高利润不可能保持很长时间，只要该产业没有很高的壁垒，竞争者必然蜂拥而入，而巨人又缺乏在该产业的基本专业知识技能，没有长期的规划，产品研发；脑黄金的成功只是一个好主意加上成功营销的战术上的胜利，巨人对这一胜利明显感到无所适从，管理层，营销网络，生产系统都没有做好准备，就这样“脑黄金”的成功其实是替巨人揭开了疮疤。“脑黄金”虽然火爆了一把，但究其根本，这只是一个很短期化的投资活动，不是一个在企业远景框架下，基于市场需求树立顾客心中位置的战略扩张。

没有长远的诉求，“过把瘾就死”，更难以协调各经营产业间的资源竞争，最终导致资源配置的失控。这种“什么赚就做什么”缺乏大局观的做法无疑是以企业的资本作为赌注的冒险行为。

案例思考题： 分析讨论巨人集团在战略上失误的原因。

第三篇 组 织

由于生理的、心理的、物质的、社会的限制，人们为了达到个人的或组织的共同目的，就必须合作，于是形成群体，即组织。

——切斯特·巴纳德

第七章　组 织 概 述

在日常生活和实际工作中，一方面每个人都从属于一个或多个组织，另一方面多数工作又是由多人合作才能完成。因此，建立一个良好的组织并使之有效地运转，这无论是对个人目标还是组织目标的实现，都至关重要。作为一种结构和进行资源配置以实现管理目的的工具和载体，组织工作在管理活动中占据着十分重要的地位。

第一节　组 织 概 述

一、组织概念

关于组织概念，国内外学者各有不同的解释和说明，总体归纳，组织一般包括如下两层含义：

一是指组织体系或组织结构，从实体角度看，组织(Organization)是为了达到某些特定的目标经由分工与合作及不同层次的权力和责任制度而构成的人的集合。实体组织是为达到一定的目标结合在一起的，具有正式关系的群体，它具有如下属性：每一个组织都是由人组成，每一个组织都具有明确的目标或目的，每一个组织都具有一定的形式规范，组织成员明确自己的归属。

二是指组织活动和组织工作。从过程角度看，组织(Organizing)是指在特定的环境条件下为了有效地实现共同目标和任务，确定组织成员、任务及各项活动之间的关系，对组织资源进行合理配置的过程。过程组织是根据计划任务要求和按照权力责任关系原则，将所必需的活动进行分解与合成，并把工作人员编排和组合成一个分工协作的管理工作系统或管理机构体系，以便实现人员、工作、物资条件和外部环境的优化组合，圆满达成预定的共同目标。过程或动态组织的特征为：组织分工与协作，合理的组织活动能使经济实体产生新的生产力，组织活动过程是一项系统工程。

二、组织职能

组织作为一项重要的管理职能，其形成和存在的基础在于，由于各种因素的限制，一个人或几个人的独立活动不能实现既定的目标。因此，管理者从事组织工作的目的在于：

组织工作是实现组织战略的需要。战略决定了组织“做什么”，而组织则回答“如何去做”，如何设计合理的、高效的组织结构与体系，保证计划的顺利实施，将组织的目的和战略变成现实。

因此，我们可以将组织职能或组织工作视为一个为实现组织目标而采取行动的一个连续过程。组织也是一种动态的活动。Louis A. Allen 认为组织是“为了使人们能够最有效地工作，从而实现组织目标而进行的明确责任、授予权力和建立关系的过程”。这个过程由一系列的逻辑步骤组成。

(1) 确定组织的整体目标。

(2) 对目标进行逐层分解，形成目标体系。

(3) 明确为实现组织目标所必需的各项业务工作或活动，并加以分类，即通过组织工作把企业的总体目标分解落实到每位组织成员身上，转化成每位组织成员的任务。

(4) 根据可利用的人力、物力以及利用它们的最佳途径来划分职能部门，设置管理机构，确定职位系统；这一环节构建分工协作体系，提高效率和工作的质量。即通过组织工作使有助于预定目标实现的各项活动彼此得以相互配合，把不同的任务有机地协调起来，实现人们常说的“协同效应”，即一个有效的群体的共同努力往往要大于他们单独努力的效果的总和。

(5) 授予执行有关各项业务工作或活动的各部门以及各类人员以职权与职责，确立各部门之间的职权关系。确定责权关系，促进沟通与协调。责权关系是组织的核心要素，责权关系确定了组织的信息沟通渠道并使领导功能得以体现。组织工作使每位组织成员都明确其具体的责任，清楚他们必须对谁负责，是谁向他们分配工作并对他们进行管理，进而使组织全体成员对组织的权力结构和权力关系有清楚的了解。

(6) 合理配备人员。

(7) 建立和维持一个畅通的信息联系渠道，从而通过职权关系和信息系统，把各层次、各部门联结成为一个有机的整体。

(8) 建立规章制度，确立组织运作机制，维持组织的相对稳定性。

(9) 适时地推动组织变革，以保持组织的灵活性、适应性、开放性。这一环节，培养了组织的能力。组织工作的深层次功能是为了培养出一种能力，一种能够支撑与促进企业成长的能力，这是组织的核心功能所在。

三、组织工作的基本原则

企业组织是一个有机系统。要把许多人组合起来，形成一个有机的分工协作体系，这并不是一件十分容易的事情，需要遵循一系列基本的原则。从确保组织正常运转这一基本要求来看，组织工作至少应遵循如下一些原则：

(1) 目标一致性原则。组织不是一个松散的自由组合形成的群体，是人们为了实现共同的目标而建立的。共同的目标是组织产生和发展的基础和原因，它规定并制约着组织的其他要素。正是因为存在着组织的共同目标，组织成员才会有效地进行分工协作，并最终实现共同的目标。共同的目标是维系组织成员的纽带，是组织管理工作的依据。

(2) 分工协作原则。尽管作为一个可运行的组织来说，物料、设备等物质实体是组织的重要要素，但对任何组织来说，人员是更重要的要素。没有人员的存在便没有组织。为了使组织成员能够有效配合、产生合力，组织设计时必须注重职务明确、控制幅度合理、专业分工明确、责任与权力相符、协作有序等一系列组织设计原则。

(3) 责权关系原则。责权关系是组织构成要素的核心内容。可以这样说，组织即是各种责权关系的体现。在组织管理过程中，明确各部门、各职位与整体组织之间的责权关系，使每个组织成员都明确自己应该干什么，有哪些方面的权力，归属谁直接领导，这是保持组织的稳定性和增进组织运行效果的前提条件。

(4) 信息畅通原则。组织各部门和组织成员的工作是靠信息的交流维系着的。在一个组织中，信息交流包括自上而下、自下而上及同级之间的信息交流，这是组织成员进行有效协调、控制的基础。信息是组织的血液，有效的组织工作必须保持组织内外部的信息交流畅通无阻。

四、组织类型

(一) 正式组织与非正式组织

现实中，组织可以按照不同的标准进行分类。按组织的形成方式，可以划分为正式组织与非正式组织。

正式组织是为了有效地实现组织目标，而明确规定组织成员之间职责和相互关系的一种结构，其组织制度和规范对成员具有正式的约束力。约束力是判别一个组织是否为正式组织的主要标准——我们不考虑它是否注册登记，是否合法；这种组织有明确的目标、任务、结构、职能以及由此而决定的成员间的责权关系，对个人有某种程度的强制性。合理、健康的正式组织无疑为组织活动的效率提供了基本的保证。

非正式组织则是组织成员在感情相投的基础上，由于现实观点、爱好、兴趣、习惯、志向等一致而自发形成的结伙关系。非正式组织也有自己的目的，也可能存在分工，但是其目的和分工并不是经过正式的计划的，也没有严格的规章制度来保证其目的和分工的实施和存续。非正式组织中的目的和分工是自发的、富有弹性的、非生存性的或自娱性的。

无论组织设计的理论如何完善，设计人员如何努力，人们都无法规范组织成员在活动中的所有联系，都无法将所有这些联系都纳入正式的组织结构系统。一般在社会经济单位中，还都存在着一种非正式的组织。

1. 非正式组织的特征

所谓非正式组织，是两个或两个以上个人的无意识地体系化、类型化了的多种心理因素的系统。非正式组织的特征是：

(1) 无明确结构、形态，可辨识性差。非正式组织没有明确的组织名称、结构，没有清楚的上下级单位，初步接触很难辨认出来。

(2) 非正式组织本质在于人与人之间的协调。非正式组织是以个人的心理特征为基础形成的，是自发形成的，个人之间协调程度高。

(3) 非正式组织侧重于人们相互接触的心理侧面、非理性侧面。相对于正式组织侧重于人们社会关系的理性侧面、意识侧面、行为侧面，非正式组织中起作用的，更多的是非理性的、无意识的心理因素。

(4) 非正式组织中通行的是通过感觉、情感、个性特征等因素的无形的潜移默化的影响，个人品格往往是导向因素。

2. 非正式组织与正式组织的区别(表 7-1)

表 7-1　非正式组织与正式组织的区别

	正式组织	非正式组织
内涵	躯体	灵魂
组成	正式固定层级的权力结构	同兴趣、同学、同乡的私人感情
态势	静态的结构以维持秩序	动态平衡且灵活
依据	法律或规章制度	尊敬
实行	纵向命令或报告	横向的互动及凝聚力
运作	依靠职权	依靠彼此间的吸引力
倾向	理性认识	感情逻辑
重点	工作产出的效率或效果	生活质量的满足
基础	工作分工及专业标准化	共同兴趣或归属感
体系	体制化及专业化	弹性化
中心	控制及监督	凝聚力及向心力
结果	目标管理绩效表现	共同价值观及参与的满足感

3. 非正式组织的积极作用

非正式组织的存在及其活动既可对正式组织目标的实现起到积极促进的作用，也可能对后者产生消极的影响。

(1) 可以满足职工的需要。非正式组织是自愿性质的，其成员甚至是无意识地加入进来的。他们之所以成为非正式组织的成员，是因为这类组织可以给他们带来某些需要的满足。而我们已经知道，这类需要能否得到满足，对人们在工作中的情绪有很大作用，从而对工作的效率是非常重要的。

(2) 加强人们合作的精神。人们在非正式组织中的频繁接触会使相互之间的关系更加和谐、融洽，从而易于产生和加强合作的精神。

(3) 可以帮助正式组织起到一定的培训作用。非正式组织虽然主要是发展一种工余的、非工作性的关系，但是他们对其成员在正式组织中的工作情况也往往是非常重视的。对于那些工作中的困难者、技术不熟练者，非正式组织中的伙伴会给予自觉的指导和帮助。同伴的这种自觉善意的帮助，可以促进他们技术水平上的提高，从而可以帮助正式组织起到一定的培训作用。

(4) 自发地帮助正式组织维护正常的活动秩序。非正式组织也是在某种社会环境中存在的。社会的认可或拒绝也会左右非正式组织的行为。为了群体的利益，为了在正式组织中树立良好的形象，往往会自觉或自发地帮助正式组织维护正常的活动秩序。虽然有时也会出现一些"害群之马"，非正式组织会按照自己的规范和形式予以惩罚。

4. 非正式组织可能造成的危害

非正式组织的目标如果与正式组织发生冲突，则可能对正式组织的工作产生极为不利的影响。非正式组织要求成员一致性的压力，往往也会束缚成员的个人发展。非正式组织的压力还会影响正式组织的变革，发展组织的惰性。这并不是因为所有非正式组织的成员都不希望改革，而是因为其中大部分人害怕变革会改变非正式组织赖于生存的正式组织的结构，从而威胁非正式组织的存在。

5. 积极发挥非正式组织的作用

(1) 利用非正式组织，首先要认识到非正式组织存在的客观必然性和必要性，允许乃至鼓励非正式组织的存在，为正式组织的形成提供条件，并努力使之与正式组织吻合。促进非正式组织的形成，也有利于正式组织效率的提高。

(2) 通过建立和宣传正确的组织文化来影响非正式组织的行为规范，引导非正式组织提供积极的贡献。非正式组织形成以后，正式组织既不能利用行政方法或其他强硬措施来干涉其活动，也不能任其自由，因为这样有产生消极影响的危险。因此，对非正式组织的活动应该加以引导。这种引导可以通过借助组织文化的力量，影响非正式组织的行为规范来实现。

(二) 高耸的与扁平的组织

若在企业人力规模大致一定的情况下，组织层次与管理幅度在数量上是一种反比例关系。在组织管理过程中要正确处理好管理幅度与组织层次之间的关系问题。有的企业用扩大管理幅度和减少组织层次的方法，构成扁平式组织结构(Flat Organization)；有的企业则采用缩小管理幅度和增加组织层次的方法，形成垂直式组织结构(Tall Organization)。

相对来说，垂直式组织结构属于集权型组织。它具有高度的权威性和统一性，决策和行动都比较迅速。其缺点和不足是不便于纵向联络沟通，缺乏灵活性和适应性，所需管理人员多，管理费用大。减少管理幅度，建立垂直式组织结构，在下述条件下显得更有效：① 工作任务要求不明确；② 下属人员自由处置权太大；③ 工作责任重大，绩效衡量期限长；④ 成果不易测定或测量；⑤ 部属之间工作依赖性强。在此情况下，缩小管理幅度，以便实行有效控制。

扁平式组织结构属于分权型组织。它层次少，便于上下信息交流，有利于发挥下级人员的才干，灵活而有弹性，所需管理人员少，管理费用开支低。其缺点和不足是不便进行有效的监督和控制，加重了交叉联络的负担，容易突出下属的特权和部门的利益。

选择合适的管理幅度是至关重要的。首先，它会对一个部门的工作关系产生影响，较宽的管理幅度意味着管理者异常繁忙，结果组织成员得到较少的指导和控制；与此相反，过窄的管理幅度意味着中基层管理人员权力有限而难以充分发挥工作的能动性。其次，对组织决策活动产生影响。如果组织层次过多，将减缓决策速度，这在环境迅速变化的今天是一个致命的弱点。

(三) 机械式组织与有机式组织

(1) 机械式组织也称官僚行政组织，是综合使用传统组织设计原则的自然产物。其特点是提倡高度复杂化、高度正规化、高度集权化；有正式的沟通渠道；认为组织结构应该像高效率的机器，以规则、条例和正规化作为润滑剂；人性和人的判断应该被减少到最低限度，因为它会产生非效率和不一致；尽量避免模糊性，强调标准化和稳定性；固定的职责。

(2) 有机式组织　也称适应性组织，是松散、灵活的，具有高度适应性的组织结构形式。其特点是低复杂性、低正规化、分权化不具有标准化的工作和规则、条例；员工多是职业化的；非正式的沟通渠道；保持低程度的集权；不断调整的职责。

表 7－2 为机械式与有机式组织的比较。

表 7－2　机械式与有机式组织〔1〕

传统的、高耸的、机械式组织	现代的、扁平的、有机式组织
* 以垂直结构为主导；	* 以水平结构为主导；
* 强调分工和工作专业化；	* 任务的共享；
* 任务是刚性界定的；	* 任务通过工作小组来调整和重新界定；
* 严格的权力等级，众多的规章制度；	* 松散的等级，较少的规章制度；
* 垂直沟通和报告系统；	* 水平的、面对面的沟通；
* 很少的团队、任务小组；	* 众多的团队、任务小组；
* 集中决策	* 决策的分权化

第二节　组　织　权　力

组织的基本结构确立之后，接着就需要对各阶层和各部门的权力和责任范围及其相互关系加以明确而具体的规定。否则，这些不同层次和部门在实现组织的整体目标的过程中就不可能成为一个协调一致的管理工作系统。

一、组织的权力

1. 权力与责任

任何一位管理者从事某项管理工作时都应有一定的权力和责任。所谓权力，从领导和指挥角度讲，就是为了实现组织的整体目标或各部门的目标，管理者要求或命令其下属如何行动或停止行动的一种力量，这是组织中的一种约束力量。所谓责任或职责，就是接受职务的管理者去尽职务的义务。责任的基本含义和内容就是尽义务。上级领导者有权命令和要

〔1〕 钱平凡. 组织转型. 杭州：浙江人民出版社，1999：227.

求下级人员去做某项工作或事情，下级人员则依据组织内部的契约关系和制度去尽义务，去处理或完成某项工作任务，并对其结果负责，以便取得某些报酬和其他利益。

管理者的权力和责任是相辅相成的关系。就是说，管理者有管理权力就应有管理责任，有责任就应有权力。世上没有无权力的义务，也没有无义务的权力。在安排和处理组织中的权力义务关系问题时，应坚持权力与责任的对等或相应原则。如果要求某人对某项工作的结果负责，就应当首先给予他能够确保工作得以完成所应有的权力。

2. 职权与职责

(1) 职权。指经由一定的正式程序所赋予某项职位的一种权力。因此，它是一种职位权力，而不是某特定个人的权力。换言之，它是只有居其位才拥有和行使的指挥、监督和控制、惩罚、裁决等权力。

每一管理职位都具有某种特定的、内在的权力，任职者可以从该职位的等级或头衔中获得这种权力。因此，职权与组织内的一定职位相关，而与担任者的个人特征无关。"国王死了，国王万岁"，就说明了这个道理。不管国王是谁，都具有国王职位所固有的权力。只要被辞退掉有权的职位，不论是谁，离职者就不再享有该职位的任何权力，职权仍保留在该职位中，并给予新的任职者。

(2) 职责。指某项职位应该完成的任务及其责任。授权的时候，我们应该授予相称的职责。换言之，一个人得到某种权力，他也就承担一种相应的责任，职权本质上是管理者行使其职责的一种工具。

古典学者们认识到了职权与职责对等的重要性，提出了职责是不可以下授的这一论点，是因为古典学者注意到授权者对其授权对象的行动负有责任。进一步地，古典学者认为，有必要区分两种不同形式的职责：执行职责与最终职责。管理者应当下授与所授职权相对等的执行责任，但最终的责任永远不能下授。职权是发布命令的权力，职责是对结果所负的责任，职权与职责两者应予以平衡，不能让一方胜过或低于另一方。

(3) 负责。上下级之间的一种关系，下级有向上级报告自己工作绩效的义务和责任；上级有对下级的工作进行必要指导的义务和责任。和职权与职责相关的一个观念是负责。负责指员工去承担随着工作成果而来的褒贬。职权是由上往下授予，负责则是由下向上承担，员工必须在其所授权的范围内，对其上司负责。

二、职权的类型

组织内的职权有三种类型：直线职权、参谋职权、职能职权。

1. 直线职权

直线职权是某项职位或某部门所拥有的包括做出决策、发布命令等权力，也就是通常所说的指挥权。指挥权是指管理者指挥其下属工作的权力。正是这种上级-下级关系贯穿着组织的最高层到最低层，从而形成所谓的指挥链(Chain of Command)。指挥链是下属与主管间的职权关系。在指挥链中每个链接处，拥有直线职权的管理者均有权指导下属人员的工作，并且无须征得他人意见而独立做出某些决策。当然，指挥链中每个管理者也都要听从其上级主管的指挥。直线职权是一种完整的职权，拥有直线职权的人有权作出决策，有权进行指挥，有权发布命令。

2. 参谋职权

参谋职权是指参谋人员所拥有的提出咨询建议，或提供服务与便利，协助直线部门和直线人员进行工作的权力，它是一种**辅助性职权**。参谋职权的概念由来已久，在中外历史上很早就出现了一种为统治者出谋划策的智囊人物。参谋的种类有个人与专业之分，前者即参谋人员，他是直线人员的咨询人，协助直线人员执行职责；专业参谋常为一个单独的组织或部门，就是一般的"智囊团"。参谋职权是一种有限度的不完整的职权，拥有它可以向管理者提出建议或提供服务，但其本身并不包括指挥和决策权。

近代组织中出现的参谋及其职权的概念来自军事系统。1807 年，普鲁士军事改革家香霍斯特(G. J. D sharnhorst)创建了军事参谋本部体制。所有统帅的决策过程，必须依靠参谋部集体智慧的支持来完成。以后德国、美国也相继建立了参谋组织，并成为军队中不可缺少的一部分。随着社会管理问题的日益复杂，"多谋善断"由独自一个人来完成已不可能。不仅军事上，而且政治、经济等部门都需要出谋划策的参谋人员。

参谋职权的特点是：

(1) 不拥有指挥权。它不能向下级任何部门和个人发号施令，它不作出决策，不能发布指示和命令。它只起咨询、建议、指导、协助、服务和顾问的作用。

(2) 参谋职权从属于直线职权，相应的，参谋部门从属于直线部门。即直线职权是参谋职权存在和依附的基础，参谋职权是为直线人员更好地行使直线职权而设置的服务性部门。

(3) 参谋职权直接对其上级领导负责，不过，它可以对其直接上级下属的第一级组织机构发生某种程度的影响和作用。

(4) 参谋人员只在职责范围内行使参谋职权，不能超出其职责范围。同级的各种参谋机构的参谋职权是平行的、并列的。

参谋和直线之间的界限是模糊的。作为一个主管人员，他既可以是直线人员，也可以是参谋人员，这取决于他所起的作用及行使的职权。有时，"直线"一词也用来区分直线管理者与参谋人员、直线职能部门与参谋职能部门。在这种场合，**直线**一词用来强调对组织目标的实现具有直接贡献的那些组织职能的管理者(或部门)。如在制造企业中，直线管理者通常指负责生产与销售职能的人员，而人事和财会职能的管理人员则被看做是参谋管理人员。在饭店中，直线职能部门则是客房部和餐饮部。但在具体组织中，一位管理者的职能究竟是属于直线的还是参谋的，还要视组织的具体目标而定。以上与我们对"直线"一词的定义并不矛盾，而是说明了该词的两种不同观察角度。每个管理者都对其下属拥有直线职权，但并非每个管理者都处于直线职能或职位中。后者的确定取决于该项职能是否直接贡献于组织的目标。在"田忌赛马"的故事中，孙膑为田忌献策而胜齐威王，孙膑所做的即为参谋职权。

3. 职能职权

所谓职能职权是指参谋人员或部门的主管人员被授予的原属于直线主管人员的那部分权力。按照统一指挥原则，这些工作职权本应由直线主管人员来行使。但是，由于种种原因，其中包括缺乏专业知识，缺少监督办事过程的能力，以及存在着对方针政策有各种不同解释的危险，又往往不允许他们行使这些职权。在这种情况下，直线主管人员就丧失了这种特定的职权，而由他们的上司把它授权给一位参谋专家或另外一个部门的主管人员。

职能职权的特点是：

(1) 直线组织的上级主管人员可以把职能职权授予参谋机构和参谋人员，也可以授予下一级直线主管人员来行使；

(2) 职能职权只能根据业务分工和授权范围，并根据一定的程序和规定来行使，因而职能职权的范围是有限的；

(3) 职能职权是介于直线职权与参谋职权之间的一种职权，必须审慎地加以界定和把握。

设置职能职权的意义在于：

(1) 有利于大大减少直线主管人员的日常事务性工作，从而减轻其工作负担，保证高层领导有足够的时间与精力去研究有关组织全局性、长远性的重大问题；

(2) 有利于充分发挥各职能专家在职能管理中的作用，从而加强专业管理，切实保证各项专业管理制度得到切实的贯彻执行；

(3) 有利于提高日常程序性决策和执行效率，提高决策的灵活性、及时性和有效性；

(4) 有利于加快信息的传递与处理，缩短信息的传递路线，使信息传递更加快速和简捷。

三、直线与参谋

1. 直线与参谋概念

直线是指为完成组织目标所需的工作、职能或部门。直线部门被赋予的基本职能是对于实现组织目标负有直接职责的那些职能。

参谋是指向直线部门提供情报和服务所需的职能或部门。它为企业目标的实现负有间接职责，它向组织提出建议，起着支持作用。参谋人员是经理人员的助手，是经理个人权力的一种扩大和延伸。参谋人员只例行向经理汇报，使得经理管辖权力不被削弱。这既可以充分利用参谋人员丰富的专业知识与经验，以更好地改善直线领导，同时又可以维护领导链的统一性，保持直线组织的完整性。

2. 直线与参谋的基本关系

直线与参谋的关系在理论上比较简单，但实际上既复杂又微妙。直线与参谋之间的关系概括起来有7种。

(1) 提供个人性质的服务。如经理助理主要在直线经理的指派下，协助经理本人来处理某些问题。即为经理本人提供专门服务。

(2) 提供对上司的咨询服务。参谋人员仅仅负责向其直线上司提供咨询性意见，是否采纳则由直线人员来决定。

(3) 按规定要求提供服务。直线主管人员对服务的内容、方式和时间等作出具体要求和规定，然后参谋部门和人员按质、按量、按时提供相应的服务。如组织一个大型会议。

(4) 提供全方位的咨询服务。参谋一方面要对其上司提供意见、建议与咨询，以及代为制定政策与计划，另一方面也负责对下级直线人员提供咨询，并对下级参谋机构和参谋人员提供业务上的帮助与指导。

(5) 提供特定的专门技术服务。例如，财务专家提供财务方面的服务，检查下属各分部的财务工作。这些参谋专家提供的是常规性、专业性的技术服务。接受服务的单位无权直接指挥专家的工作，但可以对专家的工作提出建议与要求。如有不满，还可以直接向上一级直线领导及向参谋组织的主管反映，以督促他们加以改进。

(6) 参谋行使职能权力。有一些工作本应由直线主管人员自己来亲自指挥,但出于种种原因,授权给某些参谋部门或参谋人员去处理。在此情形下,参谋部门和参谋人员不仅对其上级提供咨询、代拟计划和政策,而且还可以在其授权范围内直接指挥下级单位,享有部分的直线指挥权力,甚至当直线主管因事外出时,参谋还可以代行全部的指挥权。

(7) 提供独立的监督服务。在现代组织中,建立稳定、健康、严密的监督机制是十分必要的。为此,有必要设立独立的监督服务机构,如监事会、审计科等。它们负责对包括各级直线人员在内的所有机构和人员行使独立的审计、监督和检查权。这时,直线-参谋关系就转化为一种监督-被监督关系。这是一种特殊的直线-参谋关系。

3. 直线与参谋的冲突与合作

直线人员与参谋人员所承担的责任、所拥有的知识和经验、处事态度及管理哲学往往是有差异的,这些差异的存在可能导致两者之间的冲突(表 7-3)。

表 7-3　直线与参谋

比较项目	直线人员	参谋人员
对决策所负的责任	负直接的、最后的责任	间接的、部分的责任
所应拥有的知识与经验	与所管辖的业务相关的多方面的知识与经验	专业知识与经验
处事态度及管理哲学	行动导向; 决策基于直觉; 眼光较近,就事论事; 决策以满意为标准; 习惯以行政命令解决问题	问题导向; 决策基于理性分析; 目光较远,瞻前顾后; 决策以最优为标准; 习惯以说服鼓动来推动变革

一般而言,为更好地发挥参谋的作用,直线人员与参谋人员应注意以下几点:

(1) 直线人员可作最后的决定,对基本目标负责。

(2) 参谋人员提供建议与服务。

(3) 参谋人员可主动地从旁协助,不要等待邀请,应时刻注意业务方面的情况,予以迅速、及时的协助。

(4) 直线人员应考虑参谋人员的建议,当最后决定时应与参谋人员磋商,参谋人员应配合直线人员朝目标前进。

(5) 直线人员对参谋人员的建议,如有适当理由,可予以拒绝,此时上级主管不能干预,因直线人员拥有选择之权。

(6) 直线人员与参谋人员均有向上上诉之权,当彼此不能自主解决问题时,可请求上级解决。

四、集权与分权

(一) 集权与分权的概念

集权是指将职权集中在较高的管理层次。分权则是指将职权分散到整个组织中,大部分职权分散在整个组织中的中低阶层。集权和分权对组织来讲都是不可缺少的,但集权与分权是个相对的概念，其作用如表 7-4 所示。分权和集权在组织中只是个程度问题，按照集权与分权的程度不同，可形成两种领导方式：集权制（System of Centralization）与分权制（System of Decentralization）。

表 7-4　集权与分权的作用

	集　权	分　权
积极作用	1. 能够实现连续一致性战略的控制； 2. 协调活动； 3. 简化控制系统	1. 快速对经营问题做出反应； 2. 改进激励动力、报告程序； 3. 适应外部复杂多变的形势
消极作用	1. 不能对经营问题迅速做出反应； 2. 不能提高下级管理者的水平； 3. 集中管理费用支出大	1. 容易产生过度的内部竞争； 2. 公司目标容易变得模糊； 3. 容易形成新的官僚阶层

集权制是指管理权限较多的集中在组织最高管理层。分权制就是把管理权限适当分散在组织的中下层。集权制的特点是：第一，决策权大多数集中于组织上层，中下层只有日常业务决策权限；第二，对下级的控制较多；第三，统一经营；第四，统一核算。

分权制的特点是：第一，决策权大多数集中在组织的中下层；第二，控制较少，往往以完成规定的目标为限；第三，在统一规划下可独立经营、独立核算，有一定的财务支配权。

影响集权与分权的因素：决策的代价、政策的一致性要求、规模问题、组织形成的历史、管理哲学、主管人员的数量与管理水平、控制技术及手段是否完善、分散化的绩效、组织的动态特性与职权的稳定性、环境影响等（表 7-4）。

（二）衡量集权与分权程度的标志

衡量集权与分权的程度，关键在于决策权是保留还是下放。衡量的标志主要有四个：

（1）决策的数量。组织中较低管理层次做出决策的数目或频度越大，则分权程度越高。反之，上层决策数目越多，则集权程度越高。

（2）决策的范围。组织中较低层次决策的范围越广，设计的职能越多，分权程度就越高。反之，集权程度就较高。

（3）决策的重要性。组织中较低层次做出决策涉及的费用越多且事关重大，涉及面较广，则分权程度越高。相反，若下级做出的决策无关紧要，则集权程度较高。

（4）决策的审核。上级对组织中较低层次做出的决策审核程度越低，这个组织的分权程度越大。如果做出决策后还必须报上级批准，则分权的程度越小，决策审批手续越简单，分权程度越高。

（三）集权倾向产生的原因

1. 集权倾向产生的原因

第一，组织的历史。如果组织是在自身较小规模的基础上逐渐发展起来，并且发展过程中亦无其他组织加入，那么集权倾向可能比较明显。因为组织规模较小时，大部分决策都是由最高主管直接制定和组织实施的，这种做法可能延续。第二，领导的个性。组织中个性较强和自信的领导者，往往喜欢其所辖部门完全按照自己的意志来运行，而集中控制权力则是保证个人意志绝对被服从的先决条件。第三，政策的统一与行政的效率。从积极方面来看，集权可以确保组织总体政策的统一,可以保证决策执行的高效率。

2. 过分集权的弊端

当一个组织的规模还比较小的时候,高度集权可能是必要的,而且可以充分显示出其优越性。但随着组织规模的发展,若仍将许多决策权过度地集中在较高的管理层次中,则可能表现出种种弊端,其中最主要的是过分集权,也会对企业产生不利的影响。

(1) 降低决策的质量。大规模组织的主管远离基层,基层发生的问题经过层层请示汇报后再作决策,这不仅会影响决策的正确性,更会影响决策的及时性。

(2) 降低组织的适应能力。过度集权的组织,可能使各个部门失去自我适应和自我调整的能力,从而削弱组织整体的应变能力。

(3) 降低组织成员的工作热情。权力的高度集中,使得基层管理人员和操作人员的积极性、主动性、创造性下降,从而使组织的发展失去基础。

(四) 分权及其途径

一个组织的分权程度,不在于形式上是否按地域或按职能等进行划分,或者是否设立了更多的子部门或管理层次,而关键在于决策或命令是保留还是下放。如果一个组织内更多、更重要的决定可由较低管理层次做出,而较高管理层次有更多的职能运行会受较低管理决策的影响,这就意味着该组织采取较分权的管理方式。从促进分权的角度来看,组织规模的扩大,组织活动的分散化以及培养后备管理队伍的需要,都对分权提出要求。而组织中维护政策与命令一致性的要求,缺乏分权所需的、受过良好训练的管理人员的现实,又使得组织的高层管理者不愿分权。决策权力的分散也受到两个限制:一是有可能破坏组织政策的统一性,带来组织活动失控的风险,如果各层次、各部门都从局部利益出发制定规则、措施,尤其是在某些原则问题上自定规矩,必然引起某种混乱,最终损害组织的整体利益。二是基层管理人员所具备的素质和能力。基层管理者具有能够正确、有效地运用决策权的能力,分权才能取得好效果,否则经常发生一些大大小小的失误只会反过来给上级主管添麻烦,影响组织目标的实现。

分权可以通过两种途径来进行:改变组织设计中的权力分配(即制度分权)与主管人员在工作中授权。组织的分权主要通过制度分权和授权两个途径实现。

(1) 制度分权。即在组织结构设计时或在组织变革过程中,按照工作任务的要求将一定的决策权限划分到相应的管理职位中,由规章制度正式确认的、相对稳定的分权方式。

(2) 授权:授权就是管理者将分内的某些工作托付给下属或他人代为履行,并授予被托付人完成工作所必要的权力。授权的本质是主管人员在实际工作中为调动下属的积极性和提高工作效率将属于本职位的部分职权委让给向其直接报告工作的下属或某些职能部门,使他们在一定的监督之下自主解决问题,处理业务。授权是一个过程,包括确定预期的成果、委派任务、授予完成这些任务所需的职权以及行使职责使下属完成这些任务。授权的内容包括三个因素:第一,确定预期的成果、委派任务;第二,是上级委授给下属一定的权力,使下级在一定的监督之下,有相当的自主权、行动权。这就是"授权"二字的由来;第三,建立责任,即要求被托付人对托付的工作负全责。

要弄清授权的特定含义,必须注意区别以下问题:

(1) 授权不同于代理职务。代理职务是在某一时期,依法或受命代替某人执行其任务,代理期间相当于该职,是平级关系,而不是上级授权给他。

(2) 授权不同于助理或秘书职务。助理或秘书只帮助主管工作而不承担责任,授权的主管依然应当承担全责。在授权中，被授权者应当承担相应的责任。

(3) 授权不同于分工。分工是在一个集体内由各个成员按其分工各负其责，彼此之间无隶属关系；而授权则是授权者和被授权者有上下级之间的监督和报告关系。

(4) 授权不同于分权。授权主要是指权力的授予和责任的建立，它仅指上下级之间短期的权责授予关系，同时，授权是各个层次管理者都应掌握的一门艺术：而分权则是授权的延伸，是在组织中有系统地授权，这种权力根据组织的规定可以较长时期的留在中下级主管人员手中，分权是组织中高管理层的职责。

(5) 授权并不意味着授责。授权只是把一部分权力分散给下属，而不是把与“权”同时存在的“责”分散下去，换言之，当一级主管把某几种决策权授给二级部属时，虽然二级部属因而获得该决策权，但一级主管仍然负有相同的责任。

(五) 集权和分权的矛盾统一

在企业管理中，必然涉及权力的分配问题。所以也就必然有权力的集中或者分散问题。在谈权力的分散或者集中问题之前，必须要对企业权力目前的状况有个清晰的认知。只有了解状况，才能给出解决办法。集权和分权是矛盾的两个方面，过分强调集权则势必牺牲分权，过分强调分权则势必牺牲集权。这样，集权和分权构成了一个两难问题。

集权与分权都是开展管理活动所必不可少的手段。一方面集权是组织行动统一性的要求。另一方面也应看到分权是组织分工的必然要求。在现实的企业里，既没有绝对的集权，也没有绝对的分权。绝对的集权意味着企业的管理权都集中在上层，这样二级管理层就没有存在的必要；反之，绝对的分权意味着企业的管理权都集中下层，这样企业就肢解为不同的小企业，企业本身也就不复存在。

集权或者分权，单纯从事情上来看，并不存在对与错的问题，存在的是合适与否的问题。如果一个团队在之前是集权式管理，那么当这个团队出现高速发展的时候，为了配合这种发展过程就需要适当的放权，需要给发展中的团队成员适当的权力去处理各种日常的事务。等到团队的发展步入稳定增长期后，就需要适当地将权力集中起来。集权与分权反映了组织领导层在权力分配上的两种不同做法。

第三节 组 织 文 化

组织和个体一样具有特定的性格和特征。这可以用严格、友善、温暖、开创、保守等词汇来加以描述。因此也就可以预测其成员的态度和行为。就像部落会有崇拜的代表物与禁忌来指导族人如何对待自己和外人一样，组织也有文化来管理员工的行为。对组织文化的研究，将有助于我们对组织成员乃至整个组织行为的理解。

一、组织文化的概念

(一) 组织文化的形成

组织文化主要探讨企业文化，这一概念最早是美国学者于 20 世纪 70 年代末至 80 年代初提出的，是通过对日本经济飞速发展的实证分析，以及与美国经济发展的比较所提出来的概念。尽管美国人对日本经济迅猛发展的看法不尽一致，但他们都认为日本的成功得益于自己独特的管理模式。日本人的高明之处就在于重视人的管理，重视人的价值观念及其作用，能够把“硬性”管理与“软性”管理有机地统一起来。文化的本质是人的问题，是人的价值观念问题。企业文化是探索企业管理的本质。20世纪80年代以来，组织理论和企业管理理论发展的一个显著特点，是对组织中的人有了更为深刻的认识，把人在组织和管理中的作用，提高到了前所未有的重要地位。

（二）组织文化的概念

文化一词来源于古拉丁文，本是指“耕作”、“教习”、“开化”的意思。在中国古籍中最早把“文”和“化”两个字联系起来的是《易经》，“观乎天文，以察时变；观乎人文，以化成天下”。意思是指圣人在考察人类社会的文明时，用儒家的诗书礼乐来教化天下，以构造修身、齐家、治国、平天下的理论体系和制度，使得社会变得文明而有秩序。然而在欧洲的历史中，文化一词主要是指由于人类在思维和理性方面的发展而引发的整体社会生活的变化。英国文化及人类学家爱德华·泰勒在1871年出版的《原始文化》中第一次把文化作为一个中心概念来使用，并系统表述为：“文化是一个复杂的总体，包括知识、信仰、艺术、道德、法律、风俗，以及人类在社会里所获得的一切能力与习惯。”

正确地理解组织文化，首先应认识什么是文化。文化有广义和狭义两种理解。广义的文化指人类在社会历史发展过程中所创造的物质文明和精神文明的总和，即包括了物质文化和精神文化两个方面。狭义的文化可以是一种群体意识形态的文化，即精神文化，指群体的意识、思维活动和心理状态。文化不仅作用于人类改造自然和社会的实践活动，推动社会历史的发展，同时，文化也有“感性”和“理性”之分，文化的“感性”层面指可以感觉的、具体实践中可以观察的（物质性）文化作品和社会行为方式、风俗、习惯和宗教仪式。文化的“感性”可理解为：行为、行动及其结果，即可观察的事实艺术品、工具、建筑艺术等以及风俗、习惯、（组织）结构、机构、语言，等等。文化的“理性”层面指那些在社会历史过程中形成的、与众不同的价值观念、行为准则和思想意识。文化的“理性”可理解为：行动、行为的原因，它们必须通过行动、行为的结果反映出来，共同具有的价值观念、意识、行为准则，例如：主观的权威准则、宗教信仰和世界观、动机模式，等等。

每个组织都有自己特定的环境条件和历史传统，从而也就形成自己独特的哲学信仰、意识形态、价值取向和行为方式，于是每个组织也都具有自己特定的组织文化。正如美国哈佛大学教授迪尔和肯尼迪曾经指出的那样：“每个企业（事实上也是组织）都有一种文化。不管组织的力量是强还是弱，文化在整个组织中都有着深刻的影响，它实际上影响着企业中的每一件事：从某个人的提升到采用什么样的决策，以至职工的穿着和他们所喜爱的活动。”

对组织文化的界定向来是众说纷纭。比较经典的是西方学者希恩于1984年下的定义：“组织文化是特定组织在适当处理外部环境和内部整合过程中出现的种种问题时，所发明、发现或发展起来的基本假说的规范。这些规范运行良好，相当有效，因此被用作教导新成员观察、思考和感受有关问题的正确方式。”

奥莱利和查特曼等人（1991）为了从契合度的途径研究个人-组织契合和个体结果变量（如组织承诺和离职）之间的关系，提出了组织文化的7大测评维度，分别是创新与风险承受力、关注细节、成果导向、员工导向、团队导向、进取性和稳定性(图 7-1)。

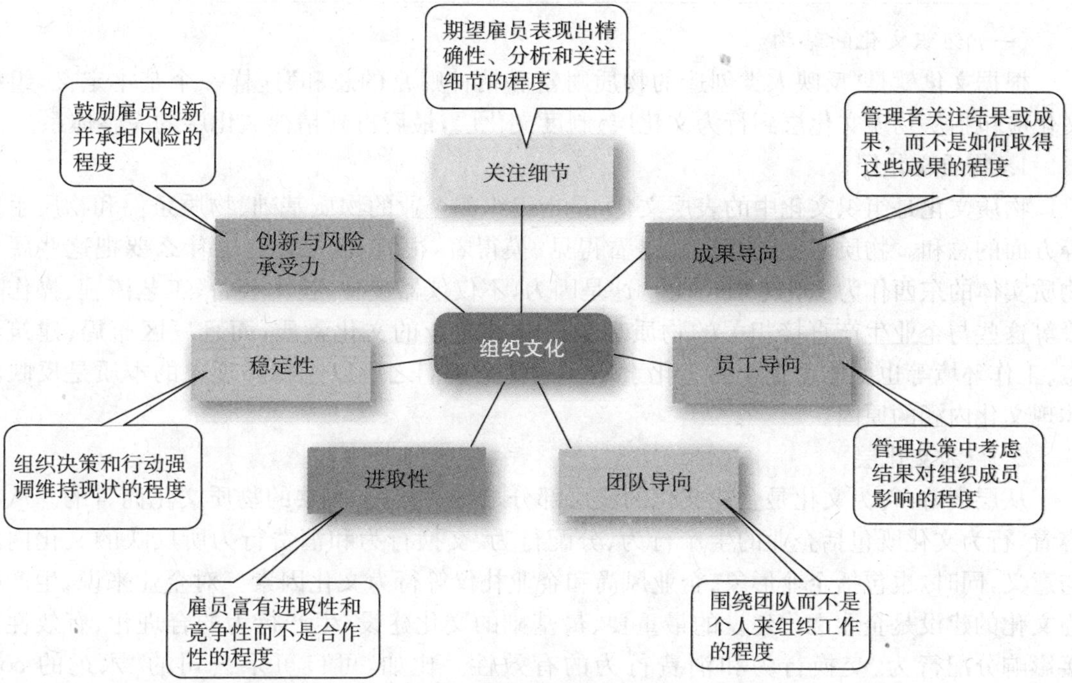

图 7-1　组织文化关系

(三) 组织文化的特征

由此可见,国内外学者对组织文化的理解可说是见仁见智。组织是按照一定的目的和形式而建构起来的社会集合体,由于每个组织都有自己特殊的环境条件和历史传统,也就形成了自己独特的哲学信仰、意识形态、价值取向和行为方式,于是每一种组织也都形成了自己特定的组织文化,组织文化的任务就是努力创造这些共同的价值观念体系和共同的行为准则。从这个意义上来说,组织文化是组织在长期的实践活动中所形成的并且为组织成员普遍认可和遵循的具有本组织特色的价值观念、团体意识、工作作风,行为规范和思维方式的总和。

组织文化具有以下几个主要特征:

(1) 社会性。企业作为进行生产技术经济活动的社会细胞,它需要直接或间接地依赖其他企业和单位的协作配合,企业文化也正是通过社会生产技术经济协作,得以继承和发展。

(2) 继承性。每个组织都需要注意本组织优良文化的积累,通过文化的继承性,把自己的过去、现在和将来连接起来,把组织精神灌输给一代又一代,并且在继承过程中,加以选择。

(3) 创新性。随着科学技术的发展,组织都会产生一种追求更高的、更好的物质文化和精神文化的冲动,这就需要创新。

(4) 融合性。每一个组织都是在特定的文化背景之下形成的,必然会接受和继承这个国家和民族的文化传统和价值体系。组织文化的融合性除了表现为每个组织过去优良文化与现代新文化的融合,还表现为本国与国外新文化的发展融合。

二、组织文化的结构与内容

(一) 组织文化的结构

根据文化就是“反映人类创造的物质财富和精神财富的总和”这样一个基本定义，组织文化应包括从物质文化层到行为文化层、制度文化层，最后再到精神文化层的完整体系。

1. 物质文化层

物质文化是组织文化中的表层文化，是指组织如企业的物质基础、物质条件和物质手段等方面的总和。物质文化的特点就是看得见、摸得着，很直观。那么，为什么要把这些属于物质实体的东西作为文化来看待呢？这是因为，不仅仪器设备、技术装备、工艺流程、操作手段等这些与企业生产直接相关的物质现象要体现企业的文化素质，而且厂区布局、建筑形态、工作环境等也要体现企业的文化素质。这就是我们之所以讲物质现象的本质是反映和体现文化内涵的原因。

2. 行为文化层

从层次看，行为文化是企业文化的浅层部分，这是相对于表层的物质文化而言的。从内容看，行为文化既包括企业的生产行为、分配行为、交换行为和消费行为所反映的文化内涵与意义，同时，也包括企业形象、企业风尚和企业礼仪等行为文化因素。对企业来说，生产行为文化的建设是企业文化建设的最重要、最基础的文化建设，生产行为的合理化、有效性直接影响分配行为、交换行为和消费行为的有效性。比如，可口可乐公司的“永远的 coca cola”、丰田公司的“以生产大众喜爱的汽车”、日产汽车公司的“创造人与汽车的明天”、惠普公司的“以世界第一流的高精度而自豪”、中国一汽的“永葆第一”等，都是体现行为文化的重要内容与形式。

3. 制度文化层

制度文化是企业文化建设的中层结构部分，它又是相对表层的物质文化、浅层的行为文化建设而言的。制度文化层主要内容有组织与领导制度、工艺与工作管理制度、职工管理制度、分配管理制度等方面。应该说，不同的文化意识，就会有不同的制度建设思想。

4. 精神文化层

精神文化层是组织文化结构中的核心层次，作为深层文化它是相对于中层的制度文化、浅层的行为文化和表层的物质文化而言的。可以看出，这四个层面构成了组织文化建设的一个完整系统，比较好地把物质文明建设和精神文明建设有机地统一起来，形成了一个由内向外发散、再从外向内深入的开放网络，从而促进组织的不断创新与发展。精神文化是指组织文化中的核心和主体，是广大员工共同而潜在的意识形态，包括管理哲学、敬业精神、人本主义的价值观念、道德观念，等等。

企业有什么样的经营思想，必然要影响到它的价值观念。比如，若认为“质量第一”是生产经营之本，那就必然会有“用户至上”的价值观念。所以，价值观就是企业对经营管理目的的基本看法和判断。而企业精神则是在企业价值观念的基础上所形成的一种群体意识和精神状态。

综上所述，精神文化是企业文化建设的核心层次，它直接决定和影响制度文化层的建设；制度文化层又要影响和决定行为文化层的建设；而行为文化层最终要影响和决定物质文化的建设。当然，从本原上看物质决定精神，经济基础决定上层建筑；但从发展过程看，精神的反作用不可低估，企业精神文化的建设同样不可低估。

(二) 组织文化的内容

组织文化是一个有着丰富内涵的系统体系，其中包括许多相互联系、相互制约的基本要素。迪尔和肯尼迪认为构成组织文化的要素有五种：① 环境条件；② 价值信仰；③ 英雄人物；④ 习俗礼仪；⑤ 文化网络。

美国学者彼得斯和沃特曼认为至少有七种要素：① 经营战略；② 组织结构；③ 管理风格；④ 工作程序；⑤ 工作人员；⑥ 技术能力；⑦ 共同价值。这七种要素称为"麦金瑟 7S 结构"。具体内容如下：

(1) 经营战略(Strategy)：为实现特定目标所制订全盘行动规则。

(2) 组织结构(Structure)：在企业中的行动组合和权威的传达。

(3) 管理风格(Style)：资深管理人员的处事方式及决策方式。

(4) 工作程序(System)：在企业中例行信息的流通和处理。

(5) 工作人员(Staff)：构成企业之人员的统计特性行为。

(6) 技术能力(Skill)：指员工或就整个企业所能做得特别好的事情，也就是使企业和竞争者有特别的能力。

(7) 共同价值(Share Value)：企业员工为之效命的共同价值观和主要目标。

从最能体现组织文化特征的内容来看，组织文化包括组织价值观、组织精神和伦理规范。

1. 组织的价值观

组织的价值观就是组织内部管理层和全体员工对该组织的生产、经营、服务等活动以及指导这些活动的一般看法或基本观点。它包括组织存在的意义和目的，组织中各项规章制度的必要性与作用，组织中各层级和各部门的各种不同岗位上的人们的行为与组织利益之间的关系等。

2. 组织精神

组织精神反映了一个组织的基本素养和精神风貌，成为凝聚组织成员共同奋斗的精神源泉。组织精神是指组织经过共同努力奋斗和长期培养所逐步形成的，认识和看待事物的共同心理趋势、价值取向和主导意识。组织精神是一个组织的精神支柱，是组织文化的核心，它反映了组织成员对组织的特征、形象、地位等的理解和认同，也包含了对组织未来发展和命运所抱有的理想和希望。

3. 伦理规范

伦理规范是指从道德意义上考虑的、由社会向人们提出并应当遵守的行为准则，它通过社会公众舆论规范人们的行为。组织文化内容结构中的伦理规范既体现组织自下而上环境中社会文化的一般性要求，又体现着本组织各项管理的特殊需求。由此可见，以道德规范为内容与基础的员工伦理行为准则是传统的组织管理规章制度的补充、完善和发展。正是这种补充、完善和发展，使组织的价值观融入了新的文化力量。

(三) 组织文化的作用

组织要实行有效的管理，关键在于它的内聚力、向心力和持久力，而组织文化对此正有着不容忽视的重要影响，具体说来，组织文化在组织管理中的作用主要有：

(1) 激励作用。以"组织精神"为中心的组织文化体现了管理要以人为中心的思想，培育组织文化对调动广大职工的积极性有着重要的激励作用。组织文化的激励功能是综合发挥目标激励、领导行为激励、竞争激励、奖惩激励等多种激励手段的作用，从而激发出组织内各部门和所有劳动者的积极性，这种积极性，同时也成为组织发展的无穷力量。组织文化犹如一种存在于组织内的“精神动力学效应”，这种无形的动力可以激励职工的自豪感、主人翁责任感，转化为推动组织群体创业行为的动力。

(2) 导向作用。组织文化在很大程度上决定着成员的价值取向，确定着成员的共同目标。为了增强组织活力，要冲破那些陈腐过时的，封建文化和传统观念的束缚，在改革开放的实践中形成现代的心理、价值观，思想和行为方式。

(3) 规范作用。组织文化的一个重要特征就是根据组织整体利益的需要，提供一整套行为准则，通过一系列的形式来规范组织全体成员的行为。自觉地维护共同的整体利益，这是组织利益共同体存在的可靠保证。每个组织，为了保证其经济目标的实现和生产、经营活动的一致性，需要一定的行为准则以统一成员的信念、价值和行为，并以此作为价值取舍的标准，它起着调节职工活动关系的作用。组织的生存，离不开这种行为规范的约束。

(4) 凝聚作用。组织文化能够培育职工的组织共同体意识。组织文化告诉成员，组织的利益、形象和前途，与职工有着密切的联系。这种对组织共同体的同一性的认识，是组织凝聚力的来源，它能在组织共同体内部造成一种和谐公平、友好的气氛，促进全体职工的团结、信任、理解和相互支持，使之形成群体的向心力。

(5) 稳定作用。组织文化具有相对稳定性。组织文化一旦形成模式化后，就具有很强的稳定作用。这是因为组织长期形成的渗透到组织各个领域的文化，可以成为深层心理结构中的基本部分，在较长时间内对成员的思想感情和行为发生作用。这种稳定性，正是组织的控制方式，往往能部分地替代或强化经济、行政手段的控制功能，综合发挥各种控制手段的作用。

三、组织文化的类型

虽然组织文化会受到各项基本假设的影响，而呈现出各种不同内涵，但基本上，我们仍然能够区分出几种不同的组织文化类型。

(一) 威廉·G. 大内的组织文化分类

1981 年，美国加利福尼亚大学美籍日裔教授威廉·G. 大内出版了他的专著《Z 理论——美国企业界怎样迎接日本的挑战》，该书分析了企业管理与文化的关系，提出了“Z 型文化”、“Z 型组织”等概念，认为企业的控制机制是完全被文化所包容的。组织文化有三种类型：A 型文化、J 型文化和 Z 型文化。在管理模式上存在着美国式的 A 型文化模式和日本式的 J 型文化模式(见表 7 - 5)。美国式的 A 型文化模式表现为一种人际关系淡漠的模式，而日本式的 J 型文化模式则表现为一种人际关系融洽的、接近理想的模式。其比较如表 7 - 5 所示。① 这两种模式各自扎根于两国固有的特定条件下，很难移植和彻底改造；② 虽然难于移植，但可以通过学习和借鉴，进行一些改造，为另一方面所吸收和消化；③ 根据美国当前的社会人文环境的特点，吸收日本的成功经验，可以提炼出一种兼具两家之长的新型管理模式——Z 型模式。这种 Z 型模式既能够满足企业内部紧密团结及更具竞争力的需要，又能够满足员工的自我利益的需要，是一种迈向未来的企业模式。这种 Z 型模式的核心是 Z 理论文化价值观,Z型文化一般应包括：① 长期雇佣、信任及亲密的人际关系；② 职工属于企业整体的信念（即团队精神）；③ 人道化的工作条件；④ 职工心情舒畅和愉快会使工作更有绩效。在美国也有一些Z型文化模式的企业组织,它们是集美国式管理和日本式管理的长处于一身的成功企业。

表7－5　A型文化与J型文化之比较

比　较　点	日本式(J型)	美国式(A型)
基本的雇佣制度	终身雇佣	短期雇佣
企业的决策制度	共识式集体决策	个人决策
责任制	集体负责	个人负责
考评与晋升	缓慢的考评和晋升	快速的考评和晋升
控制机制	暗示的控制	明示的控制
员工培养与职业途径	“通才型”	“专才型”
员工关心	全面关心	部分关心

（二）迪尔和肯尼迪的文化分类

迪尔和肯尼迪在分析了几百家公司后声称归纳出四种一般的组织文化：硬汉斗士型、工作娱乐型、爱好赌注型、公事公办型。这些文化按市场的两种因素进行划分：组织活动的冒险程度和对组织和个人的成就进行反馈的速度。迪尔和肯尼迪也承认没有一个组织是恰好只符合四种一般文化中的一种,而且有些组织可能不适合其中的任何一种。但是,他认为这种框架对于帮助管理者认识其组织的文化是有益的尝试。

1. 硬汉斗士型文化

表现出硬汉斗士型文化的组织通常是员工要承担很多风险,并能很快得到其工作效果的反馈。迪尔和肯尼迪认为警察部门、外科医生、管理顾问和娱乐行业可能都表现出硬汉斗士型文化。这种文化的主要特征是极快的速度和短期的行动。这就是个人为了在短期内获得成功而要承受巨大的压力。常见的例证是一些职员都很年轻,如果职员能成功,他们就能在很年轻时就获得很高的金钱奖励。

这种文化带来的后果是大家都耗费心思,而且失败都将遭受苛刻的谴责,通常的做法就是让你走人。那些获得成功并避免筋疲力尽的人很可能是通过对其工作合作者采取严厉的态度,并为自己铺平道路的做法实现的。这就势必导致组织内部出现敌对情绪,从而进一步导致此类组织中常见的职员之间的紧张状态甚至冲突。具有这类文化的组织从它的高风险中能很快地获得回报,但是它也很难通过长期投资取得成功。这是因为组织内部存在快速的员工流失以及员工之间非常有限的合作和忍让。因此,如果一个组织的主流文化是硬汉斗士型的,要创造出具有高强度凝聚力的文化几乎是不可能的。

2. 工作娱乐型文化

组织如果具有低风险和快速反馈的特点就是属于工作娱乐型文化。与销售有关以及非常有趣的感觉是这种文化的主要特征。典型的工作娱乐性文化在制造业和服务业公司都有可能出现，如快餐公司和计算机公司。在这两类组织中，风险是非常小的；一个提供服务的组织没能卖掉一件产品绝不会给售货员造成严重的损害，同样，在制造性组织中，通过检查就能使不符合标准的产品最少化。

对成绩的快速反馈在这一类组织中是很容易实现的，例如，职员是否完成销售或生产是很容易看出的。因此，关注销售量和产量是否达标的组织通常以用户为导向。这一点能通过竞赛、比赛和互助赛等活动而得到加强，这些活动关注与个人和团队的成就，从而促使职员成功。这种组织还可能有一种倾向，那就是过分关注个人和团队完成的销售量，而不惜以服务或产品的质量为代价，因此，这类组织也是关注短期目标而不是长期发展。

3. 爱好赌注型文化

具有爱好赌注型文化的组织要承担很高的风险，并且要花费很长时间对行动和决策做出反应。这是因为投资是巨大且长期的，产出也只能在长远的未来才能显现。例子有Boeing从事的手工制造或英国石油公司对石油的探测和精炼。因此，首先要进行详尽的计划和进行各种形式的商讨会。这种文化下做出的决策关注的是未来，而且是自上而下做出决策，从而加强了这种文化的等级划分的本性。在这种文化下生存并进步很快的人将成为遵从权势和技能的成熟工作者。他们拥有某些技能，在心智相同的人组成的团队里有效合作和处理各种压力。

这种工作环境下能产生许多高质量的创新和带来新的科学发明。但是，创新和科学突破是长期目标，这使得这类公司在经济中易受到冲击，尤其是股票市场，往往更关注短期利润和成功。然而，它将成为西方经济中最能创新的公司。

4. 公事公办型文化

公事公办型文化是一种低风险和慢速反馈的文化。似乎要很久才能做出对行动和决策的反应。这种文化在行政机构、公有制企业、银行和保险公司里非常典型。如此长久的反馈时间表明员工只关注工作是如何完成的，也即工作过程，而不关注做事的原因或成效。在这种文化下成就最好的员工往往是讲究方法和守时的。公事公办型文化非常重视工作的头衔和角色，在这种等级层级严格划分的组织中，职员之间的差别能通过办公室的大小和家具类型表现出来。还有一点可以说明公事公办型文化：一个人所处的地位决定着个人掌控的权利。所以，能长期呆在这种文化的组织中并能容忍的员工会因为长期的服务而受到嘉奖。

如果组织的运行环境是可以预计的和稳定的，那么，公事公办型文化最为合适。而一旦组织不得不适应快速变化的环境，这种文化就很可能要发生变化，因为在这种文化下的组织缺乏创新性和预见性来适应变化的环境。另一种观点是这种文化是其他三种文化类型的平衡，这些文化要么高风险，要么是快速反馈的。

（三）杰弗里·桑南菲尔德的文化分类

艾莫瑞(Emory)大学的杰弗里·桑南菲尔德教授(Jeffrey Sonnenfeld)提出了一套标签理论，它有助于我们认识组织文化之间的差异，认识到个体与文化的合理匹配的重要性。该理论确认了4种文化类型。

(1) 学院型文化　学院型组织是为那些想全面掌握每一种新工作的人而准备的地方。在这里他们能不断地成长、进步。这种组织喜欢雇用年轻的大学毕业生，并为他们提供大量的专门培训，然后指导他们在特定的职能领域内从事各种专业化工作。桑南菲尔德认为，学院型组织的例子有：IBM公司、可口可乐公司、宝洁公司等。

(2) 俱乐部型文化 俱乐部型公司非常重视适应、忠诚感和承诺。在俱乐部型组织中，资历是关键因素，年龄和经验都至关重要。与学院型组织相反，它们把管理人员培养成通才。俱乐部型组织的例子有：联合包裹服务公司、德尔塔航空公司、贝尔公司、政府机构和军队等。

(3) 棒球队型文化 棒球队型文化的公司是冒险家和革新家的天堂。这种组织鼓励冒险和革新。招聘时，从各种年龄和经验层次的人中寻求有才能的人。薪酬制度以员工绩效水平为标准。由于这种组织对工作出色的员工给予巨额奖酬和较大的自由度，员工一般都拼命工作。在会计、法律、投资银行、咨询公司、广告机构、软件开发、生物研究领域，这种组织比较普遍。

(4) 堡垒型文化 堡垒型公司则着眼于公司的生存。这类公司以前多数是学院型、俱乐部型或棒球队型的，但在困难时期衰落了，现在尽力来保证企业的生存。这类公司工作安全保障不足，但对于喜欢流动性、挑战的人来说，具有一定的吸引力。堡垒型组织包括大型零售店、林业产品公司、天然气探测公司等。

(四) Hooijberg 和 Petrock(1993)的文化分类

Hooijberg 和 Petrock(1993)所提出的分类，利用正式的控制导向(Formal Control)与注意的焦点(Focus of Attention)两个维度，将组织文化分为科层体制型文化、宗族型文化、创业家型文化与市场型文化。

(1) 科层体制型文化。当一个组织强调正式化、规则、标准化作业程序与通过组织层级来进行协调时，便偏向科层体制型文化。这类组织对外界环境的变化并不太重视，只将注意力的焦点集中于组织的内部。在科层体制型文化下，所有的任务、职责与职权都有清楚的界定，而管理者则将自己视为书面规则与标准的协调者与强制执行者。政府组织通常是科层体制型文化的典型代表。

(2) 宗族型文化。其特性是尊重传统、高忠诚性、个人承诺度高、高度的互让互动、强调团队、自我管理，以及高度的社会影响，宗族型文化中的组织成员对组织做出高度的付出，也得到组织长期的回馈，他们以成为组织中的一员为荣，具有强烈的组织认同感。组织成员彼此高度互信。在宗族型文化下，成员会产生一种使彼此遵守群体规范的压力。

(3) 创业家型文化。其强调高度的冒险、动态性与创造性，不只是针对变革加以回应，也强调创造变革。一般而言，创业家型文化大多存在于中小型组织，这些组织的创办人大部分是创业家，因此创业家型文化往往是这类型组织的主要文化。在创业家型文化中，组织绩效被认为来自于提供新颖、独特的产品，以及快速成长；凡是对组织成长有益的意图、弹性与自由，都会受到鼓励与报酬。

(4) 市场型文化。是以追求可衡量与所企图的目标为标志的文化，市场型文化特别注重一些以市场为基础的财务性目标，如利润率、市场占有率、投资报酬率、销售增长率等。是强调市场竞争与利润挂帅弥漫整个市场型文化的组织。在市场型文化下，组织成员间的关系是一种合约关系，每个人的权利与义务都在事先说明清楚。每个人都对某些绩效的达成负有责任，一旦达成责任，就获得相应的报酬，因此双方的基础通常建立在功利之上。组织并不提供就业的安全性，而个人也不一定具有忠诚度，由于双方缺乏一种长期的承诺，因此组织成员和组织间存在着相当脆弱的社会化过程。

四、组织文化的塑造

(一) 组织文化塑造的基本原则

(1) 企业文化建设要坚持目标原则。即企业文化建设要有一个方向和目标。坚持目标原则是一个涉及把职工的思想与行为朝什么方向和目标去凝聚、激励和校正的大问题。企业必须根据自己的实际,确定文化建设的方向和目标,并细化为阶段性目标,以便有计划地实施。

(2) 企业文化建设要坚持主体原则。所谓坚持主体原则,就是一要体现企业作为生产经营主体的原则,也就是要坚持市场主体的原则,以有利于企业主体意识的培育和形成;二要体现国情与民族特点的主体性,即体现我国民族文化传统的主体性和体现中国特色社会主义的主体意识。否则,企业文化建设就没有根基。

(3) 企业文化建设要坚持价值原则。所谓坚持价值原则,就是指企业文化建设要坚持企业的价值观念和价值取向标准。企业的价值观是企业文化建设的核心问题。

(4) 企业文化建设要坚持创新原则。企业必须紧密结合自己的个性和特点,以及面临的具体内外环境及其特点来创新。只有这样,企业文化的建设才具有生命力,体现的才是自己企业的企业文化,也才真正是活着的企业文化。

(5) 企业文化建设要坚持职工参与原则。

(6) 企业文化建设要坚持点面结合的原则。即要在企业文化建设中,注意抓典型的示范和推动作用,包括典型事例、典型人物、典型集体等。

(二) 企业如何塑造组织文化

组织文化的塑造是个长期的进化过程,同时也是组织发展过程中的一项艰巨、细致的系统工程。

(1) 诊断——总结现有企业文化状况。掌握了现有企业文化状况的翔实资料之后,接下来便可以进行诊断,可以对企业中已有的企业价值观、企业精神、道德风尚、企业制度等因素进行评价,判断出哪些是恰当的,哪些是不恰当的,哪些是符合时代要求的,哪些将被时代所淘汰的,等等。

(2) 定格——确立企业价值观及整个企业文化体系。通过诊断,可以确立未来的企业价值观,并围绕所确立的价值观建立相应的企业目标、企业制度、企业道德、企业文化礼仪等,从而将企业文化的整个体系构建出来。为了便于广大职工记忆、流传和推广,我们还应该把企业价值观及企业精神用简明扼要、精炼确切的语言表述出来。

定格的关键是选择有特点、反映组织宗旨与方向、为员工接纳、合适的价值观。组织价值观是整个组织文化的核心,选择正确的组织价值观是塑造良好组织文化的首要战略问题。选择组织价值观要立足于本组织的具体特点,根据自己的目的、环境要求和组成方式等特点选择适合自身发展的组织文化模式。其次要把握住组织价值观与组织文化各要素之间的相互协调,因为各要素只有经过科学的组合与匹配才能实现系统整体优化。

(3) 强化——大力推进企业文化建设。企业文化定格后,应马上进入企业文化建设的强化阶段。在这一阶段,企业应通过各种途径、利用各种方式宣传和强化员工的企业文化意识,力求使企业新文化、新观念家喻户晓,深入人心。

强化的关键是通过宣传典型、培训、强化职工的认同感。首先,利用一切宣传媒体,宣传组织文化的内容和精要，使之家喻户晓，以创造浓厚的环境氛围。其次，培养和树立典型。榜样和英雄人物是组织精神和组织文化的人格化身与形象缩影，能够以其特有的感召力和影响力为组织成员提供可以仿效的具体榜样。三是加强相关培训教育。有目的地培训与教育，能够使组织成员系统地接受组织的价值观并强化员工的认同感。

(4) 调整——积极完善企业文化体系。企业文化建设到达该阶段，应有计划、有针对性地对企业文化进行评价，看看它起了哪些作用，尚存在哪些不足，然后结合实际对其进行调整、丰富和补充，以便使企业文化体系日趋成熟，日渐完善。

(5) 发展——实现企业生产、经营的突破。企业发展的最终目的是要在经营上获胜，在市场、发展中争雄。通过制度保证和领导表率作用，企业文化建设在不断经历调整、完善后，至此迈入了正轨，并渐渐步入发展的良性循环，从而推动企业生产经营顺利发展。在发展中不断丰富和完善，达到更高水平。

(三) 员工如何学习组织文化

(1) 故事：故事可以塑造或强化认同，有时甚至可以被改编成为具有相当戏剧性的故事，使组织的现在可以和它的过去相连接，也说明目前事务的来龙去脉。

(2) 仪式：仪式是一种重复出现的活动，为了表彰组织最重视的价值观、最重要的目标、最出色的员工，以及最值得铺张花费的事务。例如某公司每年尾的颁奖活动或运动会等，其中成员的晋升也必须多观察、学习、模仿或追求这些价值观。

(3) 实质象征：某些公司会提供一视同仁的福利措施以表现开明的形象，也可以提供特定的物质回馈给具有特殊绩效或较高阶层的员工，以作为其在公司地位的象征，它可以传递一些信息，如谁是重要的人物，这些人为什么可以如此，换言之该向他们学习些什么，例如：冒风险、有创意、保守、权威领导、参与管理、个人主义或是交际风格，等等。

(4) 语言：长期以来组织会发展出许多独特术语来描述设备、办公室、关键人物、供货商、顾客或是各种与事业有关的产品，新进人员在渐渐融入这些术语后，一旦同化了，这些术语也就会成为连接特定文化或次文化人员的分类指针。

五、跨文化管理

跨文化是指当两种或更多的文化相遇时，相交文化间会呈现一种独特的文化现象和状态。跨文化管理又称之为交叉文化管理，是指针对不同文化背景的人、物、事的管理。

改革开放以来，大量的外资企业进入中国市场，对中国的经济发展产生了重要影响；与此同时，中国企业的国际化经营活动也蓬勃开展，中外企业在文化交流中的矛盾与冲突不断凸现。如何通过强化跨文化管理以达到跨文化的参与及融合，促进中国企业的健康发展，已成为中国企业界面临的一个重要课题。

(一) 中外企业文化的冲突分析

文化是一个群体在价值观念、信仰、态度、行为准则、风俗习惯等方面所表现出来的区别于另一群体的显著特征。正是这种文化在群体上的差异性导致了跨国经营中的文化冲突。

对一些中外合资企业的调查表明，由于文化差异的存在，中外双方在交流与合作中常存在以下问题：

(1) 对双方的政治、经济、法律，尤其是社会文化环境缺乏足够的了解，文化敏感性差，双方往往依据自身的文化，对来自对方的信息做出分析和判断，从而产生了不少误解和冲突。

(2) 对对方的公司文化及管理方式缺乏了解，或完全照搬外方模式造成“水土不服”现象；或双方各持己见，互不相让，造成“双重指挥系统”现象。

(3) 双方对合作中可能出现的困难的程度没有足够的思想准备，文化适应能力、解决文化冲突的技能都差强人意，同时未能建立起相互信任和理解的协调机制。

(4) 由于语言上的障碍，严重影响了双方的准确交流，加之翻译的水平还不尽如人意，因而造成了许多误解。再者，由于高含蓄文化中(如中国、日本)许多信息的传递不是用明确的语言、文字或符号，而是通过肢体语言、上下文的联系、场景等进行的，这对于上述这些因文化差异而产生的矛盾和冲突难以妥善解决，一些合资企业最终走上了“离婚”或“解体”的不归路。即使像上海大众等这样一些成功的中外合资企业，也往往是在经历了“炼狱”般的文化磨合后才走上坦途的。

可见，中外合资企业要获得健康发展，中外双方就必须重视彼此间的文化差异，并采取切实可行的措施解决好文化差异问题。

(二) 如何理解文化差异

解释和理解文化差异的最有效的概念之一是文化语境。文化语境是情境影响行为或影响对行为合适性的感知程度。在高语境文化中，人们非常关注情境及其各种元素，关键语境变量决定了行为是否合适。而在低语境文化中，情境不一定会影响人们对行为合适性的判断。另外，婉转的文化通常是高语境文化，人们更关注字里行间的意思，捉摸弦外之音。而低语境文化中的人通常只关注明确编码的文字语言信息，不必花太多精力去揣测别人言辞后面的意思。

不同民族的文化语境

语境	高←——————————————————————→低													
国家	日本人	中国人	阿拉伯人	希腊人	墨西哥人	西班牙人	意大利人	法国人	法籍加拿大人	英国人	英籍加拿大人	美国人	北欧人	德国人	德籍瑞士人

(图表来源：清华大学出版社《管理实验与实验管理学》2010,04 何斌等著)

荷兰管理学家霍夫斯泰德的文化维度理论是跨文化理论中至今最具影响力的一个理论。在全球经济一体化背景下，企业为了在国际市场表现良好，必须要充分理解文化差异，并根据文化的差异调整他们战略措施。描述文化差异的指标可以从五个维度来说明：

1. 权力距离

权力距离即在一个组织当中，权力的集中程度和领导的独裁程度，以及一个社会在多大的程度上可以接受组织当中这种权力分配的不平等，在企业中可以理解为员工和管理者之间的社会距离。

2. 不确定性避免

在任何一个社会中，人们对于不确定的、含糊的、前途未卜的情境，都会感到面对的是一种威胁，从而总是试图加以防止。不同文化的人们防止这种不确定性的迫切程度是不一样的。在不确定性避免程度低的社会中，人们倾向于放松的生活态度和鼓励冒险的倾向。而在不确定性避免程度高的社会中，人们则普遍有一种高度的紧迫感和进取心。

3. 个人主义与集体主义

霍夫斯泰德将个人主义与集体主义定义为“人们关心群体成员和群体目标(集体主义)或者自己和个人目标的陈谷(个人主义)”。个人主义中，每个人重视自身的价值和需要，依靠个人的努力来为自己谋取利益。而集体主义中，人们期望得到群体内其他成员的照顾，同时以对该群体保持绝对的忠诚作为回报。

4. 男性度或女性度

在男性度突出的文化中，社会竞争意识强烈，成功的尺度就是财富功名，社会鼓励用一决雌雄的方式来解决组织中的冲突问题，其文化强调公平、竞争，注重工作绩效。而在女性度突出的文化中，人们更乐于采取和解的、谈判的方式去解决组织中的冲突问题，强调平等和团结，人们更看中生活质量。

5. 长期导向或短期导向

霍夫斯泰德将长期导向定义为，基于未来回报的美德的培养，尤其是坚韧和节俭。而短期导向是指与过去和现在相关的美德培养，尤其是尊重传统和履行社会义务。

(三) 文化冲突对于跨国公司经营活动的影响

首先，文化冲突影响了跨国公司经营管理者与当地员工之间的和谐关系，产生“非理性反应”。其次，文化冲突导致跨国公司市场机会的损失和组织机构的低效率。第三，文化冲突使跨国公司全球战略的实施陷入困境。由于文化冲突和缺乏集体意识，导致组织程序紊乱，信息阻塞，各部门职责不分，相互争夺地盘，海外子公司与母公司的离心力加大，使得母公司对子公司的控制难上加难，从而造成跨国公司结构复杂，运转不灵，反应迟钝，大大不利于全球战略的实施。

(四) 跨文化管理的实践

跨文化管理学研究的是在跨文化条件下如何克服异质文化的冲突，进行卓有成效的管理。其目的在于如何在不同形态的文化氛围中，设计出切实可行的组织机构和管理机制，最合理地配置企业资源，特别是最大限度地挖掘和利用企业的潜力和价值，从而最大化地提高企业的综合效益。为了取得跨国经营的更大成就，目前西方国家非常重视跨文化管理的研究，并在实施中取得了很好的效果。

第一是识别文化差异。由于文化冲突是文化差异造成的，必须对文化差异进行分析识别。根据美国人类学家爱德华·赫尔的观点，文化可以分为3个范畴：正式规范、非正式规范和技术规范。正式规范是人的基本价值观，判别是非的标准，它能抵抗来自外部企图改变它的强制力量，因此正式规范引起的冲突往往不易改变；非正式规范是人们的生活习惯和习俗等，由此引起的文化冲突可以通过较长时间的文化交流克服；技术规范是指人们的知识、技术、经验等，它可以通过人们技术知识的学习而获得，很容易改变。由此看来不同规范的文化冲突所造成的文化差异和文化冲突的程度和类型是不同的。跨国公司管理者首先要识别和区分文化差异，才能采取针对性的措施。

第二是进行跨文化培训。跨文化培训是为了加强人们对不同文化传统的反应和适应能力，促进不同文化背景的人之间的沟通和理解。跨文化培训的主要内容有对文化的认识、文化的敏感性训练、语言学习、跨文化沟通及冲突的处理、地区环境模拟等。在跨文化培训中，要特别关注全球观的发展。随着世界市场的开放，在国际市场上竞争，国际运营管理和多元文化团队管理需要管理者发展全球观。全球观是一组认知属性，能够使个人影响来自不同社会文化和制度环境的他人、群体和组织。团队成员的构成能够影响这种观念。发展全球观，对管理多元文化员工、提高组织绩效，有着至关重要的意义。

第三是建立共同的经营观和公司文化。通过识别文化差异和进行跨文化培训，公司员工提高了对文化的鉴别和适应能力。在对文化共性认识的基础上，根据环境的要求和公司战略发展的原则要求建立起公司的共同经营观和强有力的公司文化。这一点至关重要，它有利于减少文化冲突，使得每个员工能够把自己的思想与行为同公司的经营业务和宗旨结合起来，也使子公司与母公司的结合更为紧密，同时又能在国际市场上建立起良好的声誉，增强跨国公司的文化变迁能力。

这种相互扬弃的融合过程，首先表现为管理要素（或生产要素）之间的优化配置，寻求人、财、物的整体优化和协调配置并充分重视时间、空间、信息、教育、知识（或智慧）等所具有的价值；第二，在注重感情投资的同时更注重理性化特色。管理方法是把刚性管理与柔性管理结合起来，而并非单打一形式，在硬性约束的同时也不失采取一定的弹性限制，体现管理文化的刚柔并济和软硬兼施；第三，把原则性和灵活性结合起来，在市场竞争机制优胜劣汰的硬约束环境条件下，充分发挥企业员工的主观能动作用。企业文化的融合趋向，既体现了现代管理的本质是一种文化，而且预示着这种文化的发展最终将导致知识经济的产生和发展，并成为一种影响经济增长的重要因素。

特别的，随着团队合作的广泛运用，在跨文化管理实践过程中，如何发挥跨文化团队的潜在优势，如何进行跨文化团队的管理，对组建跨文化团队的企业组织来说，具有非常实际的意义。

沟通的形式多种多样，尤其是由于必须要跨文化沟通，就存在信息误读和误解的可能性。而一旦这类问题发生，就会破坏团队完成任务的能力。如果误会发生在团队形成早期，成员间就很容易缺乏互信，而显然信任对团队功能的发挥有着举足轻重的作用。

因此，在跨文化团队中，团队管理者的主要责任是确保功能的有效性。团队的管理者需要在团队发展的早期就建立起信任，帮助团队成员和其他成员以一种积极的方式进行沟通，协调他们的工作并快速消除任何误会。而要做到这些，管理者必须要具备有效的管理技能、一定的文化知识和敏感性。另外，要想获得最大的成功，管理者必须在国际团队中建立统一愿景并强调协作性成功。

21 世纪是一个充满机遇与挑战的世纪，是人类社会向更高层次发展的重要时期。外国跨国公司的进入也是历史的必然。中国应当坚定不移地继续把利用外资和鼓励外国跨国公司来华投资作为一项基本国策。当前面临的首要问题是如何通过强化跨文化管理以化解中外企业文化冲突，达到跨文化的参与及融合，这值得企业界及理论界认真研究和探讨，以使我国企业跟上世界企业管理发展的步伐，有效掌握和利用跨文化管理这一手段，积极促进跨国企业的健康发展，不断提高中国企业的国际化经营管理水平。

思考题七

1. 什么是组织?
2. 什么是组织工作,它包括哪些内容?
3. 什么是职权?
4. 实践中如何处理集权与分权的关系?
5. 简述组织文化的概念。
6. 职能职权的出现是否违背组织内部命令统一性原则?
7. 组织应当如何塑造自己的文化?
8. 简述组织文化的类型。
9. 如何实行跨文化管理?

【案例七】 沃尔玛在中国管理的失误

一统就死一放就乱,这个两难问题在下放采购权导致管理混乱的沃尔玛身上再次出现。然而,分权中产生的问题并非证明分权不足取;在管理扁平化成为趋势的情况下,放权式的分权难以走回头路。问题在于,当企业通过分权为自己“减负”的同时,必须通过公司治理承担更多的责任,无论是尽到监管责任还是承担社会责任方面都应如此。

1. 优秀生“变坏”凸显分权软肋

因假冒绿色猪肉被罚 269 万元,沃尔玛在中国市场的声誉“一落千丈”并非偶然事件。一年中,沃尔玛重庆多家分店受到当地工商部门 8 次处罚。与丑闻形影相随的是沃尔玛中国区业绩的不断下滑和人事地震。近几年来,沃尔玛中国的营业额在全球的占比节节缩水。一家以管理规范著称的世界领先连锁企业为何在中国“变坏”? 分权惹的祸。

六年前,在失意德国、韩国等市场后,沃尔玛对中国市场的变革寄予厚望。被称为“铁腕人物”的中国区总裁兼 CEO 陈耀昌,受命开启了沃尔玛中国的改革,其中重要的一条就是打破沃尔玛中央集权的模式,将采购等权限下放到地方。与此同时,陈耀昌用高速开店提升销售,通过经营指标的分解将业绩压力下传到门店。各门店为了完成指标,利用下放的权利“开源节流”,比如在商品利润之外加大向供应商收取通道费等。于是出现了销售过期、不合格食品,过期板鸭油炸后当熟食卖,虚假宣传等乱象。迫于连续出现的价格标签事件,两位高管涉嫌虚报销售数据离职事件;而重庆“绿色猪肉”等事件的爆发,让沃尔玛决定提前换帅——陈耀昌离职。

沃尔玛的提前换帅或许有助于分权难题的解决,然而由此暴露出的分权软肋,值得更多企业进行公司治理的反思。其中的症结在于,分权的必要性很容易与用权的正当性混同;公司治理对分权后的具体管理行为是否正当很难及时识别,遑论深入监管。陈耀昌的改革从总部集权到初步放权再到向各个大区分权,这种调整本身并没有错,但当以沃尔玛传统的体制很难去掌控一个分权的采购体系时,这种分权过程就很容易出现问题。如果说其“变坏”行径主要集中在改革显得有些急功近利而非着眼长远,那么对于两者之间的取舍,总部与局部往往有不同的侧重点。对局部方便、有效，对于总部长远利益未必正当，于是分权后的“灵活反应”反倒成了沃尔玛软肋。

2. 分权并非为了推诿责任

公司治理本身就存在一个分权与制衡的关系，在公司层面，横向的分权(比如所有权与经营权，决策权与执行权等)本身就是一种制衡。然而，导致沃尔玛“变坏”的分权是一种纵向分权，主要指上级向下级的放权或赋权，这并非必然带来制衡。因为纵向的分权是一种零和关系，按照权力与责任对等的原则，分权后上级在管理向度上的确可以减少自己的责任，但是在治理向度上恰恰相反。

事实上，分权并不能减少自己的责任。重庆沃尔玛“绿色猪肉”事件的解决还是要由沃尔玛中国总部“灭火”。其中的原因在于，一个系统内部下放决策等权力并不意味着全部权力的下放，所有的后果实质上还是由分权的上级背负。反过来说，为了减少自己责任而分权往往隐含着对各种潜规则或者急功近利式“创新”的默许。很多事实证明，为了减少自己的责任而分权，导致官德、商德败坏，对老百姓或者下级的社会信任感的冲击将是难以估量的。

3. 治理触角应“察其终始”

痛定思痛。如果公司通过分权确实减轻了一定负担的话，那么就应当将腾出来的资源和精力倾注在公司治理方面，即通过公司治理更多地在基层发挥正本清源的作用。

积极探索纵向制衡的新机制，克服分权后下级对公司治理敬而远之的现象。在理想的情况下，企业当然可以像通用公司那样，把事关企业命运的重大决策权集中在公司总部，把需要灵活反应的具体安排和经营业务分散在各子公司。问题在于，当后者足以颠覆前者时公司总部的治理机制才做出反应，往往很被动。因此要想在管理扁平化后修复分权软肋，就必须形成公司治理的新机制，消除上下级之间权力分配后的治理空白。这要从两个方面着手：治理触角向下延伸，使得基层感到监督就在身边；公司的治理水平应当有新的提升，包括能够及时获得各种信息并作出反馈。

早有业内人士指出：陈耀昌主导的分权改革破坏了沃尔玛一贯的价值体系，违背了沃尔玛传统的价值观，绝非仅仅属于员工的“切割失误导致了假冒事件的出现”。只有坚持以核心价值观和愿景引领的企业，才能够走可持续发展之路，在权力下放中也不例外。企业的核心价值观和愿景无论怎样表述，其主旋律都应当是承担更多的社会责任，无论怎样分权，也不能放弃这方面的共识。

案例思考题：

1. 分权可能会带来哪些弊端？
2. 沃尔玛应如何克服分权软肋？

第八章　组织设计

第一节　组织设计

一、组织设计

（一）组织设计的目的

组织设计——就是对组织的结构和活动进行创构、变革和再设计。

组织设计关注的是如何建立或改变一个组织的组织结构（包括组织机构和职位系统），使之能更有效地实现组织的既定目标。具体而言，即根据组织目标，对实现目标所必需的各项业务活动加以区分和归类，把性质相近或联系紧密的工作进行归并，组建相应的职能部门进行专业化管理，并根据适度的管理幅度来确定组织管理层次，包括组织内部横向管理部门的设置和纵向管理层次的划分。

设计适宜的组织结构，有助于清楚地界定每个部门及组织成员的权责角色，在此基础上进行恰当的协调和控制，有助于提高部门及个人的工作效率，提高组织的整体表现。相反，如果组织结构与组织需要不相适应，将会导致一系列问题，包括决策延误、发生冲突、应变能力差、行政管理成本高涨及士气低落。

组织设计的目的——就是要通过创构柔性灵活的组织，动态地反映外在环境变化的要求，并且能够在组织演化成长的过程中，有效积聚新的组织资源要素，同时协调好组织中部门间的人员与任务间的关系，使员工明确自己在组织中应有的权利和应负的责任，有效地保证组织活动的开展，最终保证组织目标的实现。

（二）组织设计的任务

组织设计的任务是设计清晰的组织结构，规划和设计组织中各部门的职能和职权，确定组织中职能职权、参谋职权、直线职权的活动范围并编制职务说明书。所谓组织结构是指组织的基本架构，是对完成组织目标的人员、工作、技术和信息所作的制度性安排。

（三）组织结构

1. 组织结构

指组织内部分工协作的基本形式或框架，组织结构对组织行为具有长期性和关键性影响。它反映了：① 关于个人和部门的一系列正式的任务安排（即工作在各个部门与组织成员之间是如何分配的)；② 正式的报告关系(即谁向谁负责)，包括权力链、决策责任、权力分层的数量(管理层次)以及管理人员的控制范围(管理幅度)；③ 组织的内部协调机制。组织结构为保证跨部门合作提供了一种体系设计——一个企业的结构反映了企业通常是如何解决信息和协调问题的。在这个意义上，我们可以将组织结构定义为，一个企业组织任务、安排人员完成任务，以及促使企业信息流动的一般的和持久的方式。

2. 组织结构图

反映组织内各机构、岗位上下左右相互关系的一种图表。组织结构图是组织结构的直观反映。一系列正式的任务安排和正式的报告关系为组织的控制奠定了基础。组织结构的关键特征是可以通过组织结构图来描述的。不过，组织结构图只是组织结构的简化模式，如表 8-1 所示，并不代表真正的组织结构。

表 8-1　组织结构图的信息

图表能够说明的	图表不能说明的
分工，即任务安排	职权和职责的程度
上级-下级关系	职能-直线成员关系
工作的性质	地位或重要性
部门设置及其依据	沟通途径
管理层次	非正式组织

组织结构描述了组织的框架体系。可以用复杂性、规范性和集权性三种特性来描述。我们可以从三个方面来描述组织结构的基本特征：[1]

(1) 复杂性。指组织的分化程度。一个组织劳动分工越细密，纵向的等级层次就越多；组织单位的地理分布越广泛，则协调人员活动及其活动就越困难。我们使用复杂性这一术语来描述这一特征。

(2) 正规化。指组织依靠规则、程序来引导和控制员工行为的程度。有些组织仅以很少的规章制度来控制员工行为，而另一组织虽然规模较小却有着各种各样的规定指示员工可以做什么或不可以做什么。一个组织使用的规章制度或条例越多，其组织结构就越正规化。

(3) 集权化。描述了决策制定权在组织内的分布情况。在一些组织中，决策是高度集中的，问题自下而上传递给高级管理人员，由他们选择合适的行动方案。而在另外一些组织中，其决策制定权则授予下层人员，这被称为分权化。

二、组织设计的原则

当管理人员在设立或变革一个组织的结构时，他们就是在进行组织设计。组织设计涉及对组织内的层次、部门和职权进行合理的划分。

〔1〕 Stephen P. Robbins. 管理学原理. 北京：中国人民大学出版社，1997：229.

组织设计的基本原则在古典管理理论中就已经提出了。不过，环境在变化，在管理实践中这些组织设计的基本原则也被赋予了新的解释和面貌。

（一）劳动分工

劳动分工或专业化。如果完成一项工作包含多个环节或内容时，那么管理者就需要考虑怎样在员工中分配工作任务。劳动分工，是指组织的任务被进一步分解成独立工作的程度。传统认为劳动分工是提高劳动生产率的源泉，而且也可以提高管理者对工作任务的控制能力。在 20 世纪初期和更早的时期，这一结论毫无疑问是正确的，因为当时专业化还没有得到普遍推广。但物极必反，随着劳动分工日益细密，在某一点上劳动分工所带来的非经济性将开始超过专业化的经济优势。这种非经济性表现为员工精神和生理上的厌倦、疲劳、压力，从而导致经常的旷工，甚至较高的离职流动率，导致低生产率、劣质品率上升等。另一方面的问题是，劳动分工势必增强管理协调的难度，对协调众多员工的工作活动提出更高要求，尤其是对于独立性和专业性很强的工作。

分工的经济性与非经济性如图 8－1 所示。

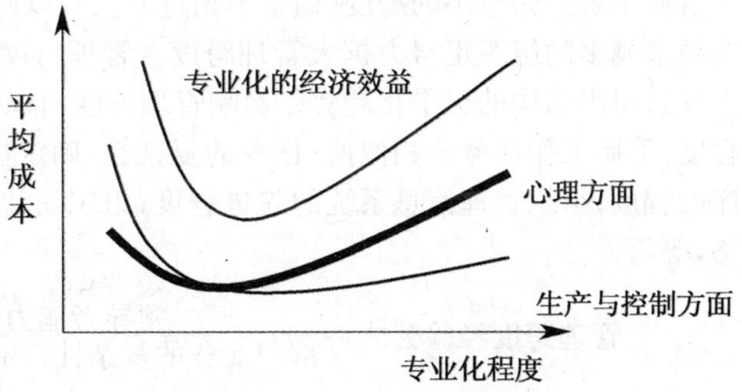

图 8－1　分工的经济性与非经济性

现代的观点主张在计算专业化的最优程度时，不仅要考虑经济成本和效益，也要考虑员工心理上的成本和效益；强调通过扩大，而不是缩小工作活动的范围来提高生产率。例如，安排员工去做多种工作，允许他们完成一项完整而全面的任务，或者将他们组合到一个工作团队中。现代的观点虽然与劳动分工的思想相违背，但从总体上说，劳动分工思想仍在当今许多组织中具有生命力，并且具有较好的效果。我们应该认识到它为某些类型工作所提供的经济性，与此同时，我们也要看到它的不足之处。

（二）指挥链原则

这是法约尔一条管理原则，是指组织中的权力链从顶端开始，不间断地授给组织的最下端。它为上级和下属之间提供了正式的沟通渠道，也有助于政令统一原则的实现。

指挥链是一条不间断的权力链，它将组织里的所有员工连接起来，并说明谁向谁报告工作。

（1）统一指挥。古典学者们强调统一指挥原则，主张每个下属应当而且只能向一个上级主管直接负责，不能向两个或者更多的上司汇报工作。否则，下属可能要面对来自多个主管的相互冲突的要求或优先处理的要求。防止多头指挥，使人无所适从，不能“一仆二主”。上级意见有分歧时一定要统一后再向下发布指令，在组织机构设计和管理权限划分上都要遵循统一指挥原则。

（2）阶梯原理。这一原理强调从事不同工作和任务的人，其权力和责任应该是有区别的。组织中所有人都应该清楚地知道自己该向谁汇报，以及自上而下的、逐次的管理层次。

统一指挥涉及谁对谁拥有权力，阶梯原理则涉及职责的范围。因此，指挥链是决定权力、职责和联系的正式渠道。

指挥链影响着组织中的上级与下级之间的沟通。按照传统的观念，上级不能越过直接下级向两三个层次以下的员工下达命令；反之亦然。现代的观点则认为，当组织相对简单时，统一指挥是合乎逻辑的。它在当今大多数情况下仍是一个合理的忠告，是一个应当得到严格遵循的原则。但在一些情况下，严格遵循这一原则也会造成某种程度的不适应性，妨碍组织取得良好的绩效。只要组织中每个人对情况都了解（知情），越级下达命令或汇报工作并不会给管理带来混乱，而且还能够使组织氛围更加健康，员工之间更加信任。

（三）管理跨度

1. 管理跨度

有效管理跨度是划分组织纵向管理层次的理论，其含义是一个领导者（主管人员）所能直接而有效地管理和指挥其下属工作人员的数量，或者是指一个上级机构所能直接有效管理其下级机构的数目。换句话说，一个管理者能够有效地指挥多少个下属？管理跨度问题之所以重要，是因为它决定了组织的层次和管理人员的数目。

古典学者主张窄小的跨度（通常不超过 6 人），以便管理者能够对下属保持紧密的控制。现在越来越多的组织正努力扩大管理跨度。管理跨度日益根据权变因素的变化向上调整，从而导致组织结构的扁平化趋势。影响管理跨度的权变因素包括：下属业务活动经验的丰富程度；下属工作任务的相似性；任务的复杂性/确定性；下属工作地点的相近性，使用标准程序的程度；组织管理信息系统的先进程度；组织文化的凝聚力；管理者的管理能力与管理风格，等等。

$$\text{管理跨度经验公式}=\frac{\text{领导者能力}\times\text{被领导者能力}}{\text{部门业务的复杂性}\times\text{部门内外所需协调的工作量}}$$

确定管理宽度的基本方法：① 法国学者格拉丘纳斯提出的上下级关系理论；② 洛克希德导弹与航天公司研究出的变量依据法。

(1) 格拉丘纳斯公式。就是在一个领导者的管理跨度不可能无限制地扩大方面，绝大多数管理学著作都引用了格拉丘纳斯的论证公式：

$$N = n(2^{n-1} + n - 1)$$

式中　N——管理者与其下属之间相互交叉作用的最大可能数；

n——下属人数。

虽然格拉丘纳斯没有说明 N 以多少为宜，但他给予的警告是清楚的——哪里增加一个下属，他可能就是一根能压断经理脊背的稻草。

(2) 变量依据法。这是洛克希德导弹与航天公司研究出的一种方法。该方法通过研究影响中层管理人员管理跨度的六个关键变量（职能的相似性、地区的相似性、职能的复杂性、指导与控制的工作量、协调的工作量和计划的量），把这些变量按困难程度排成五级，并加权使之反映重要程度，最后加以修正，从而提出建议的管辖人数标准值。

(3) 影响管理跨度的因素

一位管理者能够有效管理的下属人数取决于内在因素的影响。除理解力强、善于与人相处、博得人们忠诚和尊敬等这些个人品质外，最重要的决定因素是管理人员减少花在下级身上时间的能力。这种能力当然因管理人员及其工作的不同而异，但是几种因素影响这种接触的次数和频率，因此也影响着管理的幅度（表 8 - 1）。

表 8-1 影响管理幅度的因素

窄幅度(大量时间花在与下属的沟通上)	宽幅度(用在下属身上的时间很少)
● 下属没有或很少培训	● 对下属进行彻底培训
● 授权不当或不清晰	● 明确放权,工作职责清晰
● 非重复性工作计划不清晰	● 重复性操作计划详尽、清晰
● 不可考核目标和标准	● 使用可考核目标作为标准
● 外部和内部环境变化快	● 外部和内部环境的缓慢变革
● 沟通方式差或不当,包括指示模糊不清	● 使用适当的方法,如适合的组织结构和书面及口头沟通
● 上下级之间互动不力	● 上下级之间的有效互动
● 无效的会议	● 有效的会议
● 基层和中层专家人数较多	● 加大上层专家的名额(高层管理人员关注外部环境)
● 能力差和未经培训的管理人员	● 有能力的、经过培训的管理人员
● 工作复杂	● 工作简单
● 下属不愿承担责任和适度风险	● 下级愿意承担责任和适度风险
● 下属不成熟	● 下属成熟

2. 管理层次

由于管理跨度的限制,当组织的人员规模达到一定程度时,即当组织的人员规模突破管理跨度的限度时,就需要而且必须划分出不同的管理层次。这样,组织就由有阶层的单位组织构成,即形成了组织的纵向层次结构。当层次较多之后,人们便形象地称其为"金字塔"式的组织结构。

(1) 层次产生的原因。随着生产的发展、科技的进步和经济的增长,组织的规模越来越大,管理者与被管理者的关系随之复杂化。为处理这些错综复杂的关系,管理者需要花费大量的时间与精力。而每个管理者的能力、精力与时间都是有限的,主管人员为有效地领导下属,必须考虑能有效地管理直接下属的人数问题。当直接管理的下属人数超过某个限度时,就必须增加一个管理层次,通过委派工作给下一级主管人员而减轻上层主管人员的负担。如此下去,就形成了有层次的组织结构。

(2) 层次的划分。组织中管理层次的多少,应根据组织的任务量与组织规模的大小而定。一般的,管理层次分为上、中、下三层,每个层次都应有明确的分工。上层也称最高经营管理层或战略决策层,其主要职能是从整体利益出发,对组织实行统一指挥和综合管理,并制定组织目标和大政方针。中层也称为经营管理层,其主要职能是为达到组织总的目标,为各职能部门制定具体的管理目标,拟定和选择计划的实施方案、步骤和程序,评价生产经营成果和制定纠正偏离目标的措施等。下层也称为执行管理层或操作层,其主要职能是按照规定的计划和程序,协调基层组织的各项工作和实施计划。各管理层的职能可用"安东尼结构"来加以说明。这是美国斯隆管理学院提出的一种经营管理的层次结构,它把经营管理分成三个层次:战略规划层、战术计划层和运行管理层,相当于上、中、下三个层次的主要功能。

(3) 确定层次应考虑的因素。管理层次与管理跨度成反比。按照管理跨度与管理层次,形成了两种结构:扁平结构和直式结构。扁平结构是指管理层次少而管理宽度大的结构,直式结构则相反。扁平结构有利于密切上下级之间的关系,信息纵向流动快,管理费用低，被管理者有较大的自由性和创造性，因而有满足感，同时也有利于选择和培训下属人员；缺点是不能严密地监督下级，上下级协调较差，同级间相互沟通联络困难。直式结构具有管理严密、分工细致明确、上下级易于协调的特点；缺点是管理人员之间的协调工作急剧增加，互相扯皮的事不断，管理费用增加，上下级的意见沟通和交流受阻，上层对下层的控制变得困难，管理严密影响了下级人员的积极性与创造性。一般的，为了达到有效管理，应尽可能地减少管理层次。

3. 管理跨度的实践

20 世纪初期，美国将军伊恩·汉密尔登(Ian Hamilton)根据他作为一个军官的经验总结了对管理跨度大小的认识。他发现，一般人的头脑在管理 3 到 6 个人时将能处于最佳的工作状态。一个军士在仅仅指挥 3 个士兵时并不十分忙碌，一个陆军中将难以指挥 6 个师长的活动。伊恩·汉密尔登最后建议，越接近于整个组织的最高领导人，他的管理幅度越接近 6 个人越好。

亨利·法约尔指出，合适的管理跨度应该是最高经理管理 4～5 名部门经理，部门经理管理 2～3 名管理人员，管理人员管理 2～4 名工长，工长管理 25～30 名工人。

英国有名的管理顾问林德尔·F. 厄威克(Lyndall F. Urwick)上校提出了他观察到的心理现象：一个人的"注意力跨度"——能够同时给予注意的事项的数目——是有限的，并以此为依据讨论管理跨度的大小。他的研究结论是："没有一个管理者能够直接管理超过 5 个或者至多 6 个工作紧密相关的下属的工作。"

(四) 职权与职责

权责一致原则：权力是指在规定的职位上所具有的指挥与行事的能力，而责任是指接受职位、职务时所应尽的义务，这两者应是相符的。

(五) 集权与分权

集权与分权相结合的原则：集权管理是社会化大生产保持统一性和协调性的内在要求，技术越发展，社会化程度越高，专业分工越细，就越需要统一指挥与管理。但是集权越多，组织内部的弹性越差，适应性越弱，因此还必须进行适度分权。要搞清集权和分权优缺点，正确处理两者之间的关系。

(六) 部门化原则

随着组织规模的扩大和生产经营活动的复杂化、高级化，组织业务活动种类越来越多，所涉及的专业领域越来越广。管理者为了保证有效的工作协调和对工作活动的有效控制，管理者就必须在劳动分工的基础上，把各项活动进行归类，使性质相同或相似的工作合并到一起组成单位，这样便形成了一个个专业化的部门。我们将这个过程称为部门化。部门是指组织中主管人员为完成规定的任务有权管辖的一个特定的领域。部门化或部门划分的目的，在于确定组织中各项任务的分配与责任的归属，以求分工合理、职责分明，从而有效地达到组织的目标。在企业实践中，部门化的形式是多种多样的，典型的有：

1. 职能部门化

职能部门化是按履行的职能组合工作活动，这种方法将特定的、互相有联系的工作活动划分到同一个部门。在每一个部门里，员工拥有相似的技能、专长和可以利用的资源。按照组织的各项主要业务工作和主要管理职能来划分和设置组织的横向部门。对企业来说，其主要业务和管理职能包括计划、人事、生产、销售和财务等，如图 8-2 所示。

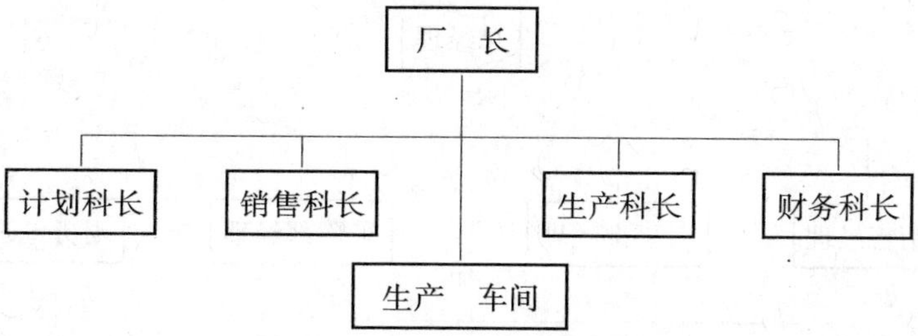

图 8-2 职能部门化组织

在企业管理活动中，职能机构起着重要的作用。第一，职能机构是各级行政主管人员的得力参谋和助手。它协助主管人员搞好决策、指挥和监督工作，有助于提高行政领导工作的效率。第二，各职能机构在其专业分工的范围内担负着人、财、物、产、供、销等专业管理工作；通过这些专业管理活动，为生产经营活动的有效进行创造必要条件。第三，上级职能机构对下一级部门和机构，在业务上发挥着指导和帮助作用。第四，在处理对外业务关系方面，职能机构起着重要作用。在企业领导层的授权下，职能机构可以对外代表企业，开展正常的业务往来，处理各种对外联系和关系。但是这种组织形式也有一定的不足，如各部门各有专责，各自独立，部门间容易形成隔阂，增加协调的困难；缺乏灵活性和弹性；以及高层领导者负担过重等。这种部门化组织形式，在稳定的技术与环境等条件下比较有效。

2. 过程部门化

将企业的产品生产或制造过程分成几个工艺阶段，按阶段来设置部门和机构，要求每个部门只负责整个过程中某一阶段的工作。例如在机械制造企业中，生产过程常被分为铸造、锻压、机加工和装配等阶段，进而按阶段来设立车间和部门。按过程部门化划分横向系统的组织系统表，如图 8-3 所示。

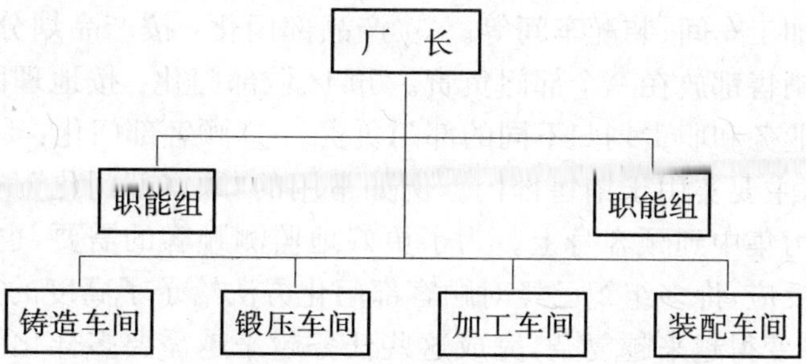

图 8-3 过程部门化组织

按过程部门化原则划分组织的横向部门，也是一种很常见的部门化组织结构形式。它的优点是有利于提高工作效率，缺点是增加了上层协调的困难。

3. 产品部门化

按产品不同来划分和设置企业组织的横向部门。这种部门化组织形式适合于多样化生产经营的大型企业，它属于分权化的组织形式。按产品部门化划分的组织系统，如图 8-4 所示。

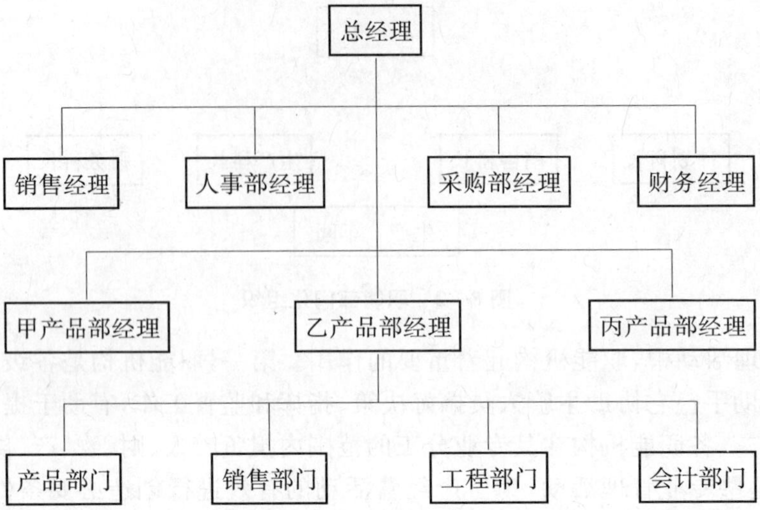

图 8－4　产品部门化组织

产品部门化组织形式的优点是以产品部为利润中心，便于对成本、利润和绩效的测定和评价；它是分权化的组织，有利于创新活动，有利于改善产品部门内部的协调工作，为产品部门经理提供一个最佳表现机会。其缺点是产品部可能发展得过于自主，增加了主管部门控制工作上的困难，要求有更多的通才。组织的纵向层次职能部门经常出现重复，造成专业力量分散。产品部门化组织适合于经营环境多变和实行多品种与多系列生产经营的大型企业和联合企业。

部门化组织形式有多种多样，① 人数部门化：简单地用人数来划分部门，未考虑其他因素。② 时间部门化：是在正常的工作日不能满足工作需要所采取的一种部门划分方法。如早、午、晚三班编制进行作业生产。③ 职能部门化：是以组织经营的职能为基础所设立的部门，凡属于同一性质的工作都置于一个部门。④ 工艺部门化：是以工序为基础而划分的部门，如原料车间、机加工车间、装配车间等。⑤ 产品部门化：按产品划分部门。就是把某种产品的设计、生产、销售都放在一个部门负责。⑥ 区域部门化：按地理因素而划分的部门，对不同地区的经营业务和职责划归不同的部门负责。⑦ 顾客部门化：是以被服务的顾客为基础来划分的部门，主要实用于销售部门。例如常用的“顾客部门化”。当今的竞争环境迫使管理当局的注意力集中到顾客身上。为了更好地监测顾客的需要，也为了能对顾客需要的变化作出更好的反应，许多组织已经对顾客部门化方法给予了高度的重视。同时，我们也应该看到，随着任务变得越来越复杂，完成这些任务越来越需要多样化的技能，因此跨部门团队或任务小组现在越来越被用来作为实现组织目标的一种手段。

在现代企业中，采取一种纯粹的部门化形式的组织是罕见的，绝大部分企业的组织结构都采用混合的部门化形式。例如在功能部门化的基础上同时加之其他部门化形式。图 8－5 就是一个混合部门化组织。在我国企业中，采用功能和过程的混合部门化组织形式较多。

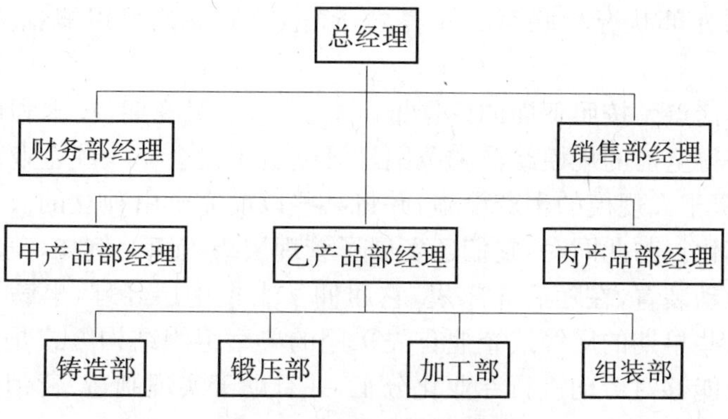

图 8-5 混合部门化组织

三、组织设计的权变因素

今天,许多组织需要重新思考组织结构,以适应新的竞争环境。对于组织战略目标的实现而言,组织结构是一个强有力的工具,而且战略的成功,也往往取决于其组织结构是否与战略相适应。正如我们在前面所介绍的,传统的组织理论强调工作分工与专业化、严格的权力等级、统一指挥、正规化和正式的报告系统。然而,所有这些观念都在变化。相对于传统的高耸的、机械式的组织结构,今天人们正在试图建立一种扁平化的、有机式的组织结构。不过,组织结构仅仅是一种工具。适宜的组织结构是对应于组织的具体特征的。其关键特征包括:战略、环境、规模、生命周期、技术与部门间依存关系。

(一) 战略与结构

战略的影响,战略是指决定和影响组织活动性质及根本方向的总目标,以及实现这一总目标的路径和方法。组织结构应因战略而异(图 8-6)。

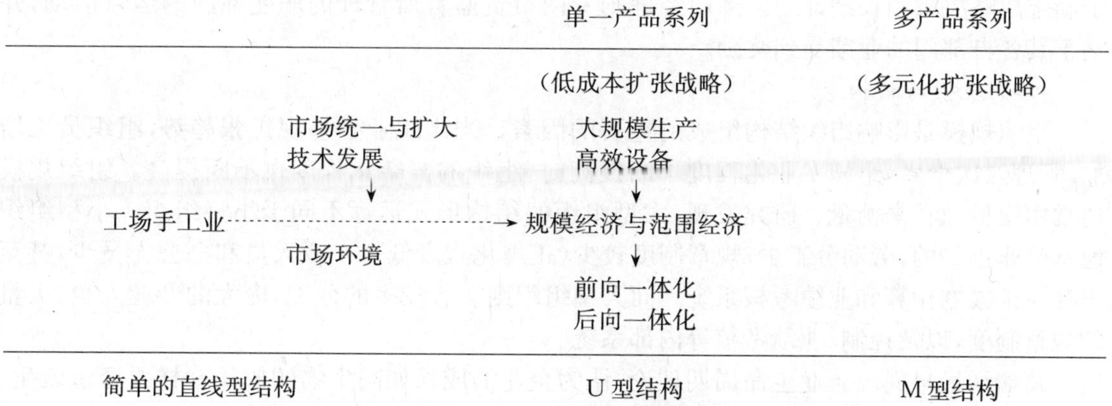

图 8-6 战略与结构

钱德勒曾对美国一些著名大公司的组织结构演化进行过案例研究。在《战略与结构》(1962)一书中,他得出结论:大部分纵向一体化和横向一体化的企业的组织结构,是根据其管理人员所制定的战略发展而来的。而反过来,这些战略又是企业的经理们针对市场和技术环境的变化而提出的。事实上,钱德勒发现企业组织结构的变化受战略变化的驱使,后者则又与企业面临的外部状况相联系。简言之，钱德勒的理论可以概括为“结构跟随战略”理论。[1]

钱德勒的基本论点是按照下面的论据推出的。19 世纪晚期，技术和市场基础的发展为一些行业和企业获得空前的规模经济和范围经济创造了机会。一些企业对这些机会做出了迅速反应，它们投资于大规模的生产设施，并将某些以前完全由独立的公司为它们承担的销售与分销活动内部化。与此同时，它们还发展了管理层级组织。例如，美国烟草公司投资于一种生产卷烟的自动装置，在随后 5 年里，它雇佣了大批中层经理，坐满了纽约第五大街上的一整幢大楼。这些早期的层级式企业首先采用的典型组织结构方式是直线-职能型结构。这种结构使得企业能够对劳动进行专业化分工，并有助于实现制造、营销和分销活动中的规模经济。

这些企业由于首先在其行业中投资于大规模生产的设备，并发展出管理层级组织，因而得以快速扩张。但这些早期成长起来的企业，大多数都只在单一的行业内经营，或者仅限于一个单一的市场。例如，直到 1913 年，杜邦公司的销售额中仅有 3%是来自于其核心的军火生意之外，并且几乎所有的军火都是在美国本土销售。但在 1900 年后不久，许多大企业的战略开始发生转变。为了继续挖掘出规模经济与范围经济的潜力，它们把目光从单一行业或单一市场中移开。例如，杜邦和宝洁公司首先通过产品的多样化来实施其扩张战略，到 1920 年杜邦的产品已经扩大到涂料和油漆、燃料、人造纤维等领域。

这种战略上的变迁——从着眼于单一行业和产品到产品多样化——逐步显露出直线-职能型组织结构的严重缺陷。在这些多样化企业中，高层经理试图去监督职能部门，但却导致了管理超负荷，这迫使他们去寻找一种可以替代的组织结构模式。

1920 年以后，美国出现了多部门结构或称事业部制结构。这是多样化经营针对直线-职能型结构的局限性而在组织结构上的一种反应。新的组织结构使得高层经理与部门经理之间产生了劳动分工，从而使得高层经理人员不再卷入到职能部门的运营细节中，而专门致力于制定战略决策和长期计划。部门经理则专门负责监督所管理的职能部门的运营活动，并基于其各自部门的业绩受到奖励。

(二) 规模与结构

组织规模是影响组织结构组成的重要的因素。当组织业务呈现扩张趋势，组织员工增加，管理层次增多，组织专业化程度不断提高时，组织的复杂化程度也不断提高。组织规模通常用雇员数目来衡量。研究发现，大型组织的结构形式远远不同于小型组织。小型组织通常是非正式的，劳动分工少，规章制度较少（正规化程度低），专业人员和办公人员少，甚至不存在正式的预算和业绩考核系统。而大型组织则有着较多的分工，庞大的专业人员，大量的规章制度，以及控制、业绩考核等内部系统。

葛瑞纳最早提出企业生命周期理论，认为企业的成长如同生物的成长一样要经过诞生、成长和衰退几个过程。奎因和卡梅隆把组织的生命周期划为四个阶段：创业、集合、规范化、精细。组织由小型组织向大型组织的发展过程需要经过若干阶段。虽然不同组织的生命周期各有自己的速度，但是总体看来，任何组织都要经过如下几个阶段：

(1) 诞生期：这一阶段，组织被创造出来。其缔造者是位企业家，他与少数雇员一起完

〔1〕 贝赞可. 公司战略经济学. 北京：北京大学出版社，1999：580－583.

成组织的所有活动。组织非常不正规,任务是重叠的。没有专业人员,没有规章制度,也没有横向系统来进行计划、考核和协调。决策权集中于业主手中。

(2) 成长期:在这一阶段,组织雇员增多,产品增加,并在市场上获得成功。因此,组织持续迅速增长。业主不再单独控制一切。虽然控制仍是相对集中的,但若干被业主所信任的同僚参与决策制定。在这一阶段劳动分工出现了,并由粗略变得日益细密。横向系统出现了,但仍是非正式的。这时也出现了规则与制度,并开始出现少量的专业人员和管理人员。

(3) 成熟期:在这一阶段,组织繁荣昌盛,并且已发展得非常庞大。这时,组织开始像一个正规化的官僚组织。劳动分工几近完善,权责明确,政策配套。大量的规则、制度、工作说明书被用来指导雇员的活动。为支持生产与营销,组织雇佣大量专业人员和办公人员来处理专业活动。组织设立了健全的业绩评估、预算、会计控制系统。高层管理者将许多职权下放到职能部门,但是组织的灵活性开始下降。

(4) 衰退期:在这一阶段,组织极为庞大,而且是机械式的。组织的垂直结构过于庞大,决策是集权化的。这时,组织面临着停滞不前的危险。这种状况经常地出现在经历了一个阶段的成功与辉煌的大企业里,许多大企业的领导人会感觉到成熟的垂直系统抑制了组织灵活地对环境变化做出迅速反应的能力。为了避免这种危险,他们组织鼓励创新,竭力消除部门之间的界限,并开始对组织业务流程进行重组。组织再造也可能导致组织的缩减——裁减一些职位、工作、职能、管理层次或业务单元。

当然,并非所有组织都是整齐划一地按照一个一致的时间框架经过这些阶段的。组织战略可能推动也可能延缓某一组织的发展。组织由一个阶段向下一个阶段的转换是很困难的,而且往往会有危机出现。

(三) 技术与结构

生产和服务技术的影响。技术是指把某材料等资源转化为最终产品或服务的机械力和智力转换过程。任何组织都需要通过技术将投入转换为产出,因此,组织的设计就需要因技术的变化而变化。

琼·伍德沃德(Joan Woodward)曾收集英国 100 家制造企业的数据,来分析不同类型企业间是否在控制幅度、集权化、正规化等结构特征等方面存在显著差异。她将这些生产性企业划分为 3 种类型:

(1) 小批量单一产品生产:小批量生产企业提供的产品是小批量的,这些产品是为特定的客户而设计和制作的。每个客户订购的产品是不相同的。这种技术同样可以用于大宗的、单一品种产品的生产。小批量生产接近于工匠活。典型的小批量生产如专门定制的服装、专门设备、太空舱、卫星等。

(2) 大批量生产:大批量生产技术的典型特征是生产的标准化。消费者接受相同的产品。这种技术较小批量生产更能有效利用生产设备。典型的大批量生产如汽车流水线、计算机、烟草产品和纺织品。

(3) 连续生产:连续生产其全部工作流程都是机械化的。这是生产技术的一种最复杂形式。因为生产是连续的,因此它没有开始和终止。全部工作都是由机械完成的,操作者只是简单地读取数据、固定松脱的机器部件或管理生产程序。这种生产典型的有化工厂、酒厂、石油提纯以及核电站。

以上3种生产技术的差异称为技术复杂性。技术复杂性指生产过程中将人排除在外的程度。在复杂的技术中,除了监视机器设备外很少需要工人的直接参与。

研究发现,对于大规模生产技术而言,其正规化和集权化程度较高。由于技术的复杂性,相应的高级管理人员比例和间接工人(如维修人员)比例也相应上升。间接人员比例上升是因为机器设备的复杂性。在流水线上,工作具有很强的常规性,因此监工可以平均管理48个雇员。

而对于小批量生产或连续性流程而言,则恰恰相反。其控制幅度相应较小。从总体上看,小批量生产和连续性流程企业有着有机式的组织结构,而大批量生产企业则有着机械式的组织结构。

琼·伍德沃德的结论是"所采用的技术不同,对个人和组织的要求也是不同的。组织结构也应与这种要求相适应"。她发现组织结构与生产技术间的关系同公司绩效直接相关。绩效低的公司趋向于偏离合适的组织结构。

琼·伍德沃德的研究局限于制造业。佩罗(Charles Perrow)则从部门层次上研究了部门技术与部门结构之间的关系,推进了组织理论的研究。佩罗认为,组织中每一个部门都是由专门技术组成的集合体。他建议从两个方面对技术进行考察:一是任务的多变性,即成员在工作中可能遇到的例外情况数量的多少;二是问题的可分析性,即为解决例外问题所进行的探索过程的类型。

当任务可能遇到的例外情况很少时,工作就是高度常规化的,如生产装配线上的工人和麦当劳连锁店的炸制厨师等。当工作具有很多变化时,它就会有大量的例外情况发生,如高层管理职位、咨询工作以及油井灭火等。

问题可分析性是对探索过程(分析和解决问题的过程)的一种评估。一个极端是,探索过程是高度确定的,人们可以使用逻辑和推理分析来寻找问题的答案。另一个极端是,问题是高度不确定性的,你必须根据先前的经验、判断和知觉来寻求答案。通过猜测和常识判断,你可能会找到一个可接受的方案(图8-7)。

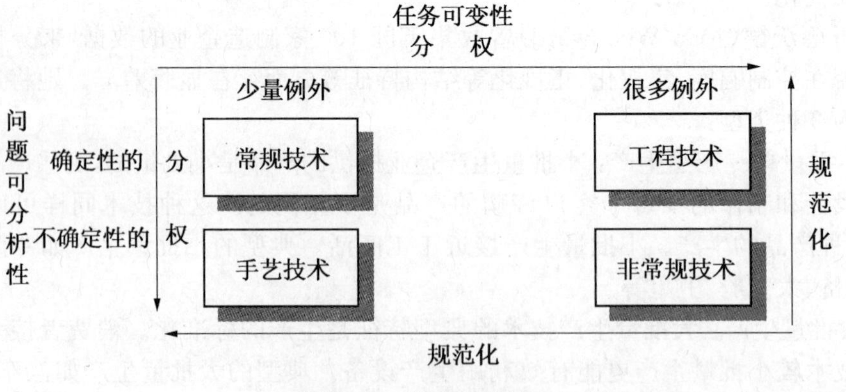

图8-7　技术与结构

常规技术:高度集权(命令统一,严格控制),制度化管理(一致性、稳定性);
非常规技术:高度分权(灵活性、适应性),低度规范化(灵活性、适应性);
手艺技术:高度集权(任务指派),低度规范化(作业的灵活性、适应性);
工程技术:高度分权(灵活性、适应性),高度规范化(一致性、稳定性)。

（四）环境与结构

环境的影响。环境的复杂性和变动性决定了环境的不确定性，当环境由简单的稳定态向复杂的变动态转移时，关于环境的信息不完整性也逐渐增强，管理决策过程中的不确定因素也大为增强，只有那种与外部环境相适应的组织结构有可能成为有效的组织结构。

环境特征是组织结构选择必须考虑的因素。外部环境迅速的变化和复杂性程度增强加剧着环境的不确定性。在不确定性的环境中，组织必须保持灵活性，保持一种随时对环境变化做出反应的状态。

研究表明，环境的不确定性影响着企业组织的形态。不确定性低时，组织形态偏于机械型，无须模仿或少模仿，企业组织着眼于眼前的运作。在不确定性高时，组织的形态偏于有机型，广泛模仿或迅速模仿，企业组织重视计划与预测。

Daft 教授关于环境影响企业组织形态的分析框架如下：

(1) 低不确定性下的组织形态：机械结构、正规、集权，较少的部门，没有整合角色，较少的模仿，着眼于眼前。

(2) 低中不确定性下的组织形态：机械结构、正规、集权，部门多，有些跨边界，较少整合角色，有一些模仿，有一些计划。

(3) 高中不确定性下的组织形态：有机结构、团队工作、参与、分权，较少的部门、较多的跨边界，较少的整合角色，迅速模仿、计划性的。

(4) 高不确定性下的组织形态：有机结构、团队、参与、分权，许多部门，差异化、广泛地跨边界，许多的整合角色，广泛的模仿，广泛的计划、预测。

环境的变化可能使组织中部门之间的地位及相互关系发生变化，即某些部门的地位变得重要起来或者某些部门的地位变得相对逊色。在这种情况下，部门角色的变化可能加剧部门间的隔阂和冲突。因此，当环境不确定性因素增强时，横向协调是尤其必要的。这意味着要格外重视通过团队、任务小组以及横向的信息共享来加强协调。

（五）依存与结构

横向部门间关系的影响。影响组织结构的最后一个方面是组织部门间在资源和原材料等方面的相互依存性。依存度低意味着各个部门能够独立工作。依存度高则意味着部门之间必须频繁地交换信息和原材料。美国管理学家、组织学家汤普森(James Thompson)认为，部门间相互依存关系可以分为如下 3 种：

(1) 共有性相互依存。指不需要多少员工或团队之间的互相作用就能够完成的工作活动。这些部门虽然都是组织的一部分，有着共同的目标，但是各个部门相对独立。它们分享同一组织的资源，但互不相干。

(2) 顺序性相互依存。当一个部门的工作输出成为另一个部门的输入时，就发生了顺序性相互依存。前一个部门操作正确才能保证下一部门的操作正确。一个典型的例子就是流水线生产。它比前者更具有依存关系，因为部门之间需要交换资源，一个部门的有效运作依赖于其他部门的有效运作。

(3) 交互性相互依存。这是最为复杂的依存关系。在这种关系下，每一个部门的输出成为其他部门的输入，而其他部门的输出又成为这个部门的输入。

这三种类型的相互依存关系反映出一种组织的发展顺序，即在最简单的组织中仅存在着共有性相互依存关系；在比较复杂的组织中，共有性相互依存关系与顺序性相互依存关系兼而有之;在最复杂的组织中,则同时呈现所有三种依存关系。

汤普森认为,当部门间关系为第一种情况时,部门间协调相对简单。管理者可以通过制定标准的规则、工作程序和制度以及通过员工培训和直接监督就可以保证各个部门或员工取得相同的绩效。

对于第二种部门间关系,协调相对困难一些。管理者必须弄清楚工作活动之间是怎样连接的,通过制定详细的计划、时间进度表、作业顺序和工作标准以保证工作的协调和顺利进行。同时,会议以及面对面的讨论也是经常采用的协调方式。

当部门间关系属于第三种关系时,则需要更多的协调。如酒店承办一次重大的宴会所需要的协作就是一个很好的例子。只有通过在相关部门间进行直接沟通和集体决策,才能实现紧密的协作。虽然标准化的计划和程序非常有用,但它们不能解决由这样复杂的部门间相互作用所带来的所有问题。在交互性部门关系下,建立团队、任务小组也是经常采用的手段。

第二节　组　织　结　构

组织结构是管理中最早并最彻底地予以研究的一个领域。长期以来,随着管理实践的繁荣及管理理论研究的深入,人们创造并规范出许多组织结构形式,典型的有直线制、职能制、直线职能制、事业部制等。下面简单介绍几种组织结构形式。

一、直线型组织结构

直线型组织结构是最古老的组织结构形式。所谓的"直线"是指在这种组织结构下,职权直接从高层开始向下"流动"(传递、分解),经过若干个管理层次达到组织最低层。其特点是:

(1) 组织中每一位主管人员对其直接下属拥有直接职权。

(2) 组织中的每一个人只对他的直接上级负责或报告工作。

(3) 主管人员在其管辖范围内,拥有绝对的职权或完全职权。即,主管人员对所管辖的部门的所有业务活动行使决策权、指挥权和监督权。

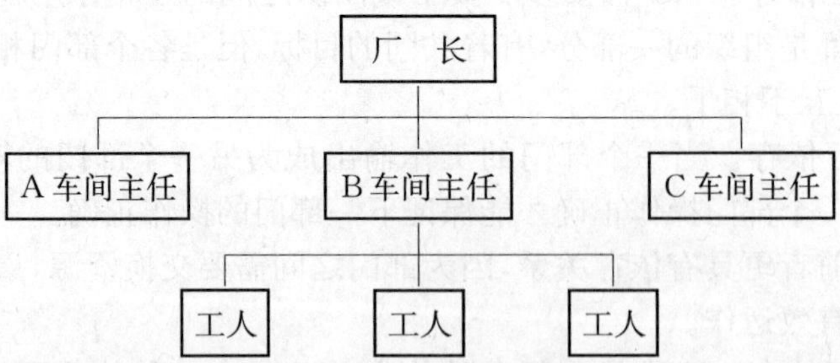

图 8-8　直线型组织结构

在图 8-8 中,各车间分别从事不同的生产作业职能,在车间内生产作业职能进一步分解到工段以及班组。车间主任、工段长、班组长对所管辖领域(部门)的生产作业活动拥有完全职权。车间主任、工段长、班组长均负责生产作业的管理，但其职权范围是不同的。他们的职权范围在纵向维度上经过逐层分解而趋向缩小。厂长(或总经理)通常将采购、销售、财务、人事等经营活动的决策权、指挥权和监督权集中在自己手中，并行使对生产经营活动的监督权。因此，在直线型组织结构下，经营管理职能只存在垂直分工(职权范围大小)，而不存在水平分工(采购、销售、财务、人事、安全等)。这种组织形式在某种意义上类似逐级承包体制，是一种集权式的组织结构形式。

这种组织结构形式的优点是：结构简单、权力集中、便于统一指挥与集中管理。职权和职责分明、领导从属关系简单、命令与指挥统一、信息沟通简捷方便、上呈下达准确、解决问题迅速、业务人员比重大、管理成本低。不过这种组织结构显著缺点是，没有专业管理分工，对领导的技能要求高，各级行政首脑必须熟悉与本部门业务相关的各种活动(尤其是最高行政首脑，必须是全能管理者)；缺乏横向的协调关系，没有职能机构作为行政首脑的助手，容易使行政首脑产生忙乱现象。所以，一旦企业规模扩大，管理工作复杂化，行政首脑可能由于经验、精力不及而顾此失彼，领导容易陷入事务主义，不能集中精力解决企业的重大问题，难以进行有效的管理。这种组织结构适用于小型企业，职工人数不多，生产和管理工作都比较简单的情况或现场作业管理。

二、职能型组织结构

职能型组织结构实际是在提倡管理工作分工的“科学管理之父”泰勒所提出的职能工长制基础上演化而来的。其主要特点是，采用专业分工的职能管理者，代替直线制的全能管理者。为此，在组织内部设立各专业领域的职能部门和职能主管，由他们在各自负责的业务范围内向直线系统直接下达命令和指示。各级单位负责人除了要服从上级行政领导的指挥外，还要服从上级职能部门在其专业领域内的指挥，如图 8 - 9 所示。

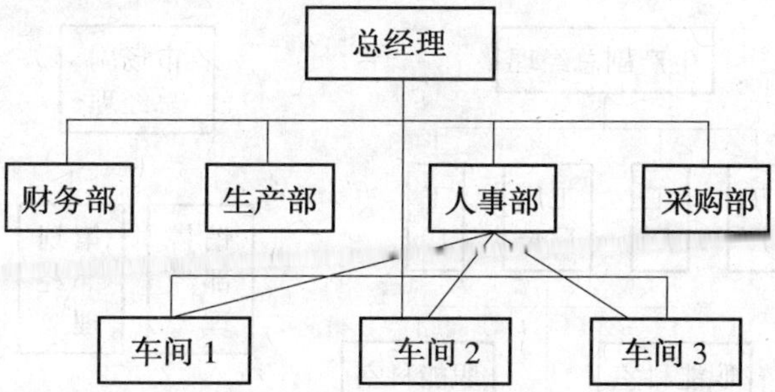

图 8 - 9 职能型组织结构

职能型组织结构也称为多线性组织结构。其优点是：具有适应管理工作分工较细的特点，能充分发挥职能机构的专业管理作用；由于吸收了专家参与管理，使决策者从日常繁琐的业务中解脱出来，集中精力思考重大问题，提高管理成效，减轻了上层主管人员的负担，使他们有可能集中注意力以履行自己的职责。其缺点是：由于实行多头领导，破坏了命令统一指挥的原则，易造成管理混乱，不利于明确划分职责与职权；各职能机构往往不能很好地配合，横向联系差；在科技迅速发展、经济联系日益复杂的情况下，对环境发展变化的适应性差；强调专业化，使主管人员忽略了本专业以外的知识，不利于培养上层管理者。在实际工作中，事实上不存在纯粹的职能型组织结构。

三、直线职能型组织结构

直线职能型组织结构是现代工业中最常见的一种结构形式，而且在大中型组织中尤为普遍。这种组织结构的特点是，以直线为基础，在各级行政主管之下设置相应的职能部门（如计划、销售、供应、财务等部门）从事专业管理，作为该级行政主管的参谋，实行主管统一指挥与职能部门参谋-指导相结合。在直线职能型结构下，下级机构既受上级部门的管理，又受同级职能管理部门的业务指导和监督。各级行政领导人逐级负责，高度集权。因而，这是一种按经营管理职能划分部门，并由最高经营者直接指挥各职能部门的体制。

直线-职能型组织结构比上述两种组织结构具有优越性。它既保持了直线型结构集中统一指挥的优点，又吸收了职能型结构分工细密、注重专业化管理的长处，从而有助于提高管理工作的效率。

直线-职能型组织结构的内在缺陷具体如下：① 属于典型的“集权式”结构，权力集中于最高管理层，下级缺乏必要的自主权；② 各职能部门之间的横向联系较差，容易产生脱节和矛盾；③ 直线-职能型组织结构建立在高度的“职权分裂”基础上，各职能部门与直线部门之间如果目标不统一，则容易产生矛盾。特别是对于需要多部门合作的事项，往往难以确定责任的归属；④ 信息传递路线较长，反馈较慢，难以适应环境的迅速变化。

直线-职能型组织结构被称为“U 型组织”、“单一职能型结构”。这种组织结构，相对于产品单一、销量大、决策信息少的企业非常有效，如图 8－10 所示。

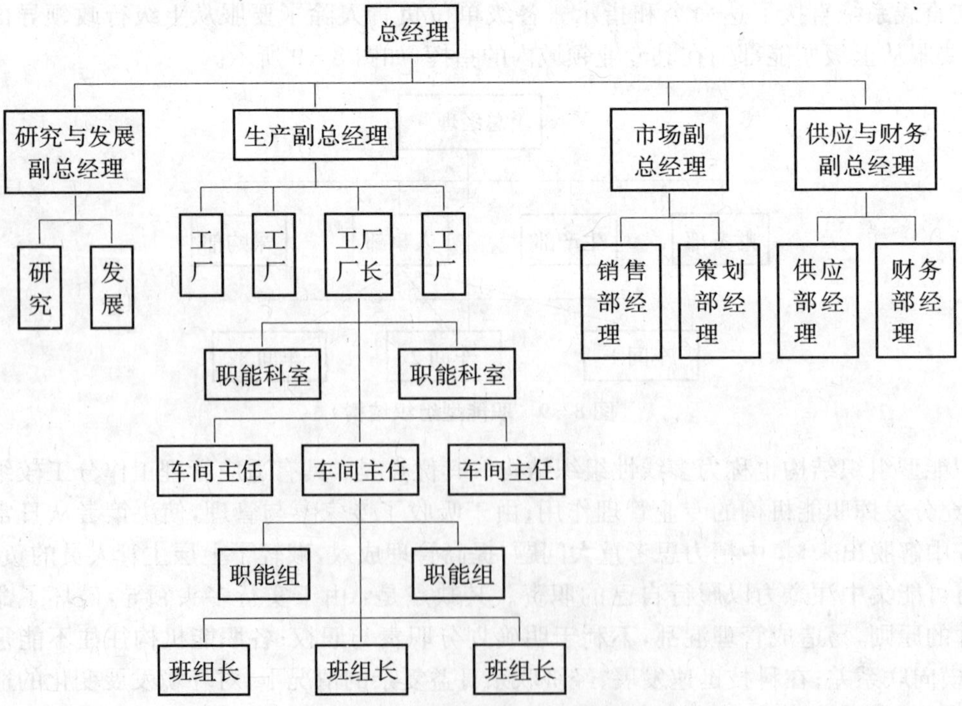

图 8－10　直线职能型组织结构图

四、事业部结构

事业部结构,是1924年由美国通用汽车公司的副总经理斯隆首先提出并采用的,目前已成为国内外大型企业普遍推行的一种典型的组织形态。所谓事业部结构,就是按照产品或类别、市场或用户、地域以及流程等不同的业务单位分别成立若干独立的经济实体——事业部,并由这些事业部进行独立经营和分权管理的一种分权的组织结构类型,如图8-11所示。

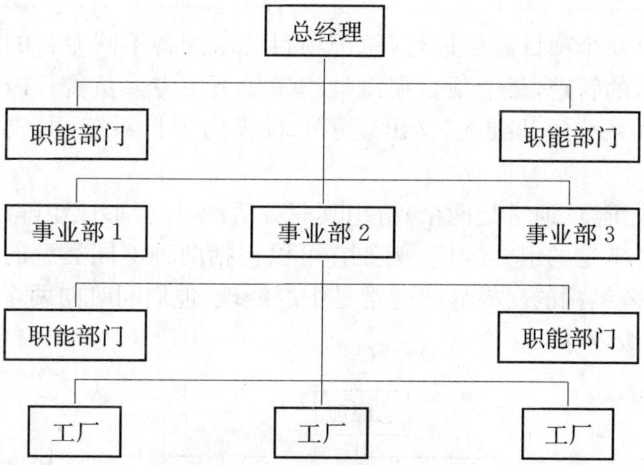

图8-11 事业部制组织结构图

事业部制组织结构是对U型结构的创新,又称"M型组织"或"多分部结构"。

事业部制结构不是按职能或任务来组织,而是按产品、地区或顾客类型来进行组织,每个事业部内部都建立起自己的U型结构。所谓事业部结构,就是在一个企业内部对具有独立的产品和市场、独立的责任和利益的部门实行分权管理的一种组织形态。事业部是一些相互联系的单位的集合,具有三个特征:① 具有独立的产品和市场,是产品责任或市场责任单位;② 具有独立的利益,实行独立核算,是一个利益责任单位;③ 是一个分权单位,具有足够的权力,能自主经营。

采用事业部制的组织,其特点在于:把政策制定与行政管理分开,政策制定集权化(公司集中决策),业务运营分权化(事业部独立经营),即所谓"集中决策,分散经营"。换言之,企业最高管理层是企业的最高决策者,以实现组织长期利益为最大任务,集中力量来研究和制定公司的总目标、总方针以及各项政策。事业部的经营活动只要不违背总目标、总方针、总计划,完全由事业部自行处理。因而,事业部成为日常经营活动决策的中心,是完全自主的经营单位,可以充分发挥自己的主观能动性。这是组织领导方式由集权制向分权制转化的一种形式。

事业部制使组织最高管理层摆脱了具体日常管理事务,有利于集中精力做好战略决策和长远规划,提高组织的灵活性和适应性;同时事业部制也有助于培养和训练全面的管理人才。这是事业部制的优越之处。

事业部制的缺陷是,由于机构重复,造成了管理人员的浪费;由于各个事业部独立经营,各事业部之间要进行人员互换就比较困难,相互支援较差;各事业部主管人员考虑问题往往从本部门出发，而忽视整个组织的利益。

为克服以上不足，20世纪70年代在美国和日本的一些大公司又出现了一种超事业部制结构。它在组织最高管理层和各个事业部之间增加了一级管理机构，负责统辖和协调各个事业部的活动，如研究与开发，使领导方式在分权的基础上适当集中，从而进一步增强了组织活动的灵活性和效率性。

五、矩阵结构

有时企业同时有几个项目需要进行，每个项目要求配备不同专长的技术人员或其他资源。为了加强对项目的管理，每个项目在总经理领导下由专人负责。因此，在直线-职能型组织结构的纵向领导系统的基础上，又出现了一种横向项目系统，形成了纵横交错的矩阵结构。

企业同时按多个维度(通常是两个)组织其业务活动，就会形成矩阵结构(图8-12)。企业可以采用任何一种特定的组合维度，例如它可以包括两种不同类型的分部(地域分部-客户分部)。工作在矩阵结构的交界处的通常是中层经理，他们同时向两个上级报告有关工作情况，因而有两个上级领导。

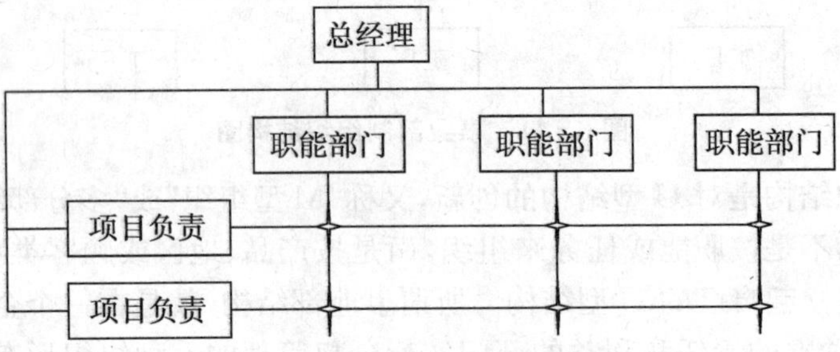

图8-12　矩阵结构

矩阵结构的运行是以工作小组或任务小组为基础的。工作小组一般是一组具有不同背景、不同技能、不同知识、分别来自不同部门的人员所组成的，通常人数不多。组成工作小组后，大家为某个特定的任务而共同工作。

工作小组的结构特点是根据任务的需要把各种人才集合起来，任务完成以后就解散。在某一小组内，人员也不固定，需要谁，谁就进来，任务完成后就可以离开。所以一个人可以同时参加几个工作小组。

由于矩阵结构是按项目进行组织的，所以它加强了不同部门之间的配合与信息交流，克服了直线-职能型结构中各部门相互脱节的现象。集权与分权有机地结合起来。

在矩阵结构中，工作小组具有机动适应灵活性特征，可根据项目需要及其进展状况进行组织或解散，而且一个人可以同时参加几个项目小组，这也提高了人员的利用效率。

此外，由于职能人员直接参与项目，而且在重大问题上具有发言权，这就使他们增加了责任感，激发了工作热情，有利于发挥专业人员的潜力，有利于各种人才的培养。

当然，在矩阵结构中，工作小组成员同时有两个老板，因而潜伏着职权关系的混乱和冲突，可能造成管理秩序混乱。类似的冲突必须通过双方的讨论和协商，按照事件本身的是非曲直来解决。

六、网络组织

知识经济时代，传统的多层次的组织结构正在向着减少中间层次的方向发展，组织中原有的大单位划分成小单位，形成相互联结的网络型组织。网络组织是一种跨公司的组织方式。当一个公司为了寻求弹性和专业性，往往会采取战略联盟的方式来结合数家相关公司，而形成所谓的网络组织。网络组织是指一个组织将其某些或全部的作业功能外包给其他的组织（因为这样的外包可能成本较低、效率较高或是较为有利），然后通过总部的管理者或其他人员来进行协调与整合。传统的组织结构形式中，都是强调组织自身完成任务的能力和效率，因此，在将目标分解为具体任务后，就在组织内设置相应的部门去完成这些任务。网络结构则刚好与此相反，它实际上是一种"外部化"的组织结构，它只有很小的中心组织，并依靠其他组织以合同为基础进行制造、销售等等业务（图 8－13）。

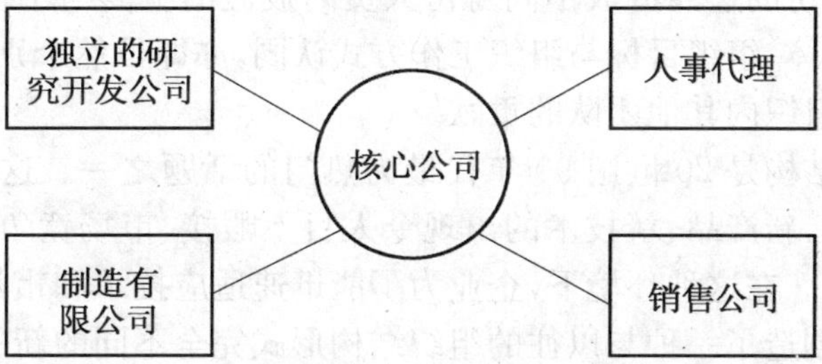

图 8－13　网络型结构

网络组织的主要优点：① 在于它保留了组织本身最专业、最擅长或最具竞争优势的部分，而将其他部分分散到全球各地，如此可使组织在全球的基础上寻求机会与资源；同时不管是公司本身或外部的资源，网络组织都能使资源的运用发挥至极致。② 可以简化组织的内部管理，减少管理费用。③ 劳动力的灵活性与挑战性。

网络组织也有其缺点：① 由于并不属于组织的内部，因此对战略联盟的其他组织可能缺乏实际控制能力。② 组织充满高度变化性，当变化产生就会引发新的关系，因而产生适应性的问题。③ 组织的承诺度不高，因为变动性高的组织关系导致员工缺乏认同的对象，员工的忠诚度很低。

网络组织的进一步形态则是虚拟组织。虚拟组织是指网络的每一位成员就其专长在某一领域内发挥其专业性，虚拟组织会因为市场需求的出现而快速形成，但也会因市场需求的消失而瞬间解散。伴随着信息技术的发展而出现的虚拟公司就是这样的网络组织形式。在这种组织形态下运作的企业有完整的功能，如生产、营销、设计、财务等，但在企业内部却没有执行这些功能的部门。企业仅保留最关键的功能，目的在于及时利用变化多端的种种机会。成员公司共摊成本，共享技术，携手同进世界市场，每个伙伴贡献自己的优势。然后将其他功能虚拟化，以各种方式借用外力进行整合，进而创造企业本身的竞争优势。虚拟公司采用的是借用"外部资源整合"的策略，而非以往所说的"内部资源选择"的策略。

网络组织与虚拟组织都是一种无边界组织。所谓无边界组织，即是一种不依传统结构的界限或种类，来加以定义或限制的组织设计。无边界组织增加与环境的互相依赖，因而模糊了组织的边界。

无边界组织主要突破了传统组织结构的四种边界。

(1) 职权的边界：主管不再是发号施令的人。职权边界的突破，代表(有时是主管)必须接受一些低阶人员的"命令"，因为他们对所要解决的问题具有专业能力；部属不再仅是遵从主管的指令，在必要时，他们甚至必须挑战主管的观点或命令。

(2) 任务的边界：过去传统清楚划分的任务或职责可能不再适用，分工可能不再明确。由于彼此工作的互依赖性增加，部属必须排除"这不是我的工作"的态度，除了关注自己的工作职务外，也要注意其他人所可能面临的挑战与问题，并在必要时适时伸出援手。

(3) 政治的边界：传统组织上各个功能或部门的本位主义必须扬弃。由于各个功能或部门的利益不能违背整个团队、网络与组织的利益，因此必须鼓励各个功能或部门采取一种协同一致的导向来执行其工作。

(4) 身份的边界：传统组织上的身份认同(例如，我是财务人员、我属于财务部门)，可能会受到挑战。传统身份的边界造成不同身份人员间彼此的疏离与不信任感。因此，员工必须被训练成对组织整体、组织目标与组织工作方式认同，亦即虽然个别团队的团队精神很重要，我们也不能贬抑组织内其他团队的贡献。

在企业界，网络结构是20世纪90年代最为热门的话题之一。这种组织形式是基于产品寿命周期快速缩短，新产品、新技术的出现令人目不暇接，市场竞争达到白热化的程度这样一种背景下出现的。在这种环境下，企业为了能迅速适应技术和市场的变化，提高组织的适应性和应变能力，创造了一种与以往的组织结构形式完全不同的新的组织结构。

如图8-13所示是一个将主要经营职能外包出去的一种网络结构。该网络结构的核心是一个核心公司，核心公司的工作是直接监督公司内部开展的各项活动，并协调同其他制造、营销以及执行网络组织的其他重要职能的外部机构之间的关系。图中的线代表合同关系，从本质上说，网络结构的管理者将他们的大部分时间花在协调和控制这些外部关系上。网络型结构会得到越来越多的应用。西方国家中的大小企业之间开展研究开发、共同营销、互补生产等，以避免重复投资，加快资金回收，发挥独创精神，分散风险。

七、虚拟公司

William Davidow 和 Michael S. Malone 在1992年给出了虚拟公司的定义："虚拟公司是由一些独立的厂商、顾客，甚至同行的竞争对手，通过信息技术联成的临时网络组织，以达到共享技术、分摊费用以及满足市场需求的目的。它既没有中央办公室，也没有正式的组织图，更不像传统企业那样具有多层次的组织结构。"

其特点：发挥优势；先进技术(借助于信息网络，互通信息、交流技术)；利用机会(机会来，聚兵会战；需求解除，各奔前程)；交往简便(没有上下级关系，只有由信息技术联结供货商和客户，包括竞争对手组成的临时组织)。如美国微波通信公司与其他公司结盟，能工巧匠在多达100家的其他公司的人才、技术和资金的基础上，向顾客提供硬件和服务等综合服务。但是，它对环境条件的要求也非常高，经济学中所研究的一体化产生的原因，也正是它的限制性条件。因此，当组织考虑将其某一部分或大部分职能外部化时，首先必须考虑该职能通过市场机制来实现的安全性以及其机会成本。具体来说，虚拟企业主要体现出以下几方面的特征。① 以柔性技术为基础保持技术领先；② 以信息网络为依托实现资源整合；③ 网络组织结构能够快速响应环境变化；④ 学习能力是企业竞争优势的最终源泉。

第三节　人 员 配 备

计划工作确立了组织的目标和行动方案。为了落实目标和执行行动方案，我们需要建立一个合理的组织结构，包括划分部门、设置职位和岗位以及确定职责与职权，这些属于组织工作的内容。组织设计仅为系统的运行提供了可供依托的框架。框架要能发挥作用，还需由人来操作。因此，在设计了合理的组织机构和结构的基础上，还需为这些机构的不同岗位选配合适的人员。人员配备是组织设计的逻辑延续，人员配备是运用组织管理体系的必要环节。

一、人员配备的概念

人员配备是指为组织结构中的职位配备合适的人员，是对组织中全体人员的配备，它既包括主管人员的配备也包括非主管人员的配备。人员配备，是指对有关人员进行恰当而有效的选拔、培训和考评，其目的是为了配备合适的人员去充实组织机构中所规定的各项职务，以保证组织活动的正常进行，进而实现组织的既定目标。

人员配备不仅仅是人事部门的职责，它也是各个层次主管人员的共同责任。当组织人员短缺时，主管人员需要提出增加人员的申请；随后他还需要与应征者进行接触和面谈。主管人员还需要考核下级的工作，对他们的奖惩提出建议。

人员配备的任务可以从组织和个人这两个不同的角度去考察。人员配备是为每个岗位配备适当的人，也就是说，首先要满足组织的需要；同时，人员配备也是为每个人安排适当的工作，因此要考虑满足组织成员个人的特点、爱好和需要。

人员配备工作不仅表现在要用好现有人员上，而且要能够为组织的发展做好人力资源上的准备。这种准备包括多个方面。

1. 从组织的角度去考察

(1) 要通过人员配备使组织系统开动运转。设计合理的组织系统要能有效地运转，必须使机构中每个工作岗位都有适当的人去占据，使实现组织目标所必需进行的每项活动都有合格的人去完成。

(2) 为组织发展准备管理人才力量。组织是一个动态系统，组织处在一个不断变化发展的社会经济环境中。组织的目标、活动的内容需要经常根据环境的变化作适当的调整，由目标和活动决定的组织机构也会随之发生相应的变化。组织的适应调整过程往往也是发展壮大过程。组织的机构和岗位不仅会发生质的改变，而且会在数量上不断增加。所以，我们在为组织目前的机构配备人员时，还需要考虑机构可能发生的变化，为明天的组织准备和提供工作人员，特别是管理人才。

(3) 维持成员对组织的忠诚。人才流动对个人来说可能是重要的,它可以使人才自己通过不断的尝试,找到最合适自己的才能、给自己带来最大利益的工作。但是对整个组织来说,人才流动虽有可能给企业带来"输入新鲜血液"的好处,但其破坏性可能更甚,人员不稳定、职工离职率高,而且可能破坏组织的人事发展计划,甚至影响企业在发展过程中的干部需要。因此,要通过人员配备,稳住人心,留住人才,维持成员对组织的忠诚。

2. 从成员需要的角度去考察

留住人才,不仅要留住其身,而且要留住其心。只有这样,才能达到维持他们对组织的忠诚的效果。然而,组织成员是否真心实意地、自觉积极地为组织努力工作,要受到许多因素的影响。就人员配备来说,要达到这个目的,必须注意:

(1) 通过人员配备,使每个人的知识和能力得到公正的评价、承认和运用。工作的要求与自身的能力是否相符,是否感到"大材小用",从而"怀才不遇",工作的目标是否富有挑战性,这些因素与人们在工作中的积极、主动、热情程度有着极大的关系。

(2) 通过人员配备,使每个人的知识和能力不断发展,素质不断提高。知识与技能的提高,不仅可以满足人们较高层次的心理需要("自我实现的需要"已变得越来越现实,特别是对于有一定文化素质的组织成员来说),而且往往是通向职业生涯中职务晋升的阶梯。要通过人员配备,使每个组织成员都能看到这种机会和希望。

3. 人员配备的重要性

(1) 人员配备是组织有效活动的保证 人是组织最重要的资源。组织的一切活动都需要由人来控制或进行。尤其是在组织管理活动中,主管人员起着举足轻重的作用。各级主管人员配备恰当与否,关系到组织的兴衰存亡。

(2) 人员配备是组织发展的准备 组织是不断发展的。有效的人员配备能够满足组织未来发展对主管人员的需要,从而保持组织活动的稳定性、连续性,并使组织适应不断变化的环境状况。

二、人员配备的工作内容

为了完成上述任务,人员配备过程中要进行以下工作。

(一) 人力资源规划:确定所需人员的种类和数量

在人员配备的过程中,首先要知道组织需要各种人员,各需要多少,为此,需要明确组织结构中的岗位设置情况。人员配备是在组织设计的基础上进行的,人员需要量的确定是以组织设计中的岗位类型和岗位定编数为依据的。岗位类型说明了需要什么样的人,岗位定编数说明了每种岗位各需要多少人。

由于组织是不断变化发展的,组织中所需要设置的岗位和各岗位需要的人数也会随之发生变化。人力资源规划,就是管理者为了确保在适当的时候,能够为组织配备所需要的人员并能够使其有效地完成相应的岗位职责,而事先所做的计划工作。人力资源规划主要包括两个步骤:(1)评估当前的人力资源;(2)满足未来人力资源的需求。

1. 评估当前的人力资源

评估当前的人力资源首先需要对组织现有的人员状况进行考察。通常采用人力资源调查的方式进行,让员工在表格中填写有关姓名、教育背景、所受培训、专业技能、特殊能力的信息,并运用数据库获取和保存这些信息。

评估当前的人力资源状况往往还需要进行工作分析。工作分析是组织内对工作的系统分析。工作分析由工作说明和工作规范两方面构成。工作说明明确职位的职责、工作的条件和完成工作所用到的工具、材料以及设备。工作规范明确职位所要求的技能、能力和其他条件。

2. 满足未来的人力资源需求

未来的人力资源需求是由组织的目标和战略决定的。在充分了解组织内的工作以后,就需要进行未来人力资源的规划工作。预测未来组织的人力资源需求状况实际上包括预测内部供应(未来某一时刻在公司里的员工人数和类型)以及外部供应(劳动市场内可供雇用的劳动力的数量和类型)。

评估了当前的人力资源状况和未来的需求以后,就能够估计出人员配备不足或配备过多的具体部门。通过人力资源规划,可以明确为了实现组织发展目标,在什么时候需要哪些人员、各需要多少、通过什么途径获得,从而为人员招聘、选配和培养奠定基础。

(二) 招聘和甄选:配备合适的人员

人力资源规划已经确定了组织中需要配备具有哪些素质的人,以及所需人员的数量,而为了获得符合要求的人员,就必须对候选人进行一定的筛选,做出合适的选择,为此,就要进行招聘和甄选。

1. 招聘

招聘,就是安置、确定和吸引有能力的申请者的活动过程。求职者可以来自组织内部,也可以来自组织外部。

(1) 外部招聘

外部招聘就是根据组织制定的标准和程序从组织外部选拔符合空缺职位要求的员工,选择员工具有动态性,特别是一些高级员工和专业岗位,组织常常需要将选择的范围扩展到全国甚至全球劳动力市场。

外部招聘具有以下优势:具备难得的外部竞争优势,即被聘者没有太多顾虑,可以放手工作,具有外来和尚会念经的外来优势;有利于缓和内部竞争者之间的紧张关系;能够为组织输送新鲜血液——来自外部的候选人可以为组织带来新的管理方法与经验,他们没有太多的框框程序束缚,工作起来可以放开手脚,从而给组织带来更多的创新机会。

外部招聘也有许多局限性,主要表现在:外聘者对组织缺乏深入了解;组织对外聘者缺乏深入了解;外聘行为对内部员工积极性造成打击,大多数员工都希望在组织中能有不断升迁和发展的机会,都希望能够担任越来越重要的工作,如果组织过于注重从外部招聘管理人员,就会挫伤他们的工作积极性,影响他们的士气。同时,有才华、有发展潜力的外部人才在了解到这种情况后也不敢轻易应聘,因为一旦定位,虽然在组织中已有很高的起点,但今后升迁和发展的路径却很狭小。

(2) 内部招聘

内部招聘是指组织内部成员的能力和素质得到充分确认之后,被委以比原来责任更大、职位更高的职务,以填补组织中由于发展或其他原因而空缺出来的管理职务。

内部提升制度具有以下优点:有利于调动员工的工作积极性,内部提升制度可以给每个人带来希望和机会,且会带来示范效应;有利于被聘者迅速展开工作,被聘者了解组织运行的特点，所以可以迅速地适应新的工作，工作起来要比外聘者显得更加得心应手，从而能迅速打开局面。

内部提升制度也可能会带来如下一些弊端：可能会导致组织内部近亲繁殖现象的发生；可能会引起同事之间的矛盾，在若干个候选人中提升其中一名员工时，虽可能提升士气，但也可能使其他旁落者产生不满情绪，这种情绪可能出于嫉妒，也可能出于欠公平感觉，无论哪一种情况都不利于被提拔者展开工作，不利于组织中人员的团结与合作。

2. 甄选

甄选就是根据既定的用人标准和岗位要求，对应聘者进行评价和选择，从而获得合格的上岗人员的活动。从这方面来说，甄选实际上是一种预测行为，它要求管理者设法遇见哪些应聘者能够胜任某一职位。常用的甄选手段和方法包括：应聘者申请表分析、资格审查、笔试与面试、体格检查等。

通过招聘和甄选，可以为组织的相应岗位配备合适的人员。

（三）培训与考核：使人员适应发展需要

1. 培训

培训是指为了实现组织自身和员工个人的发展目标，有计划地对员工进行辅导和训练，使之认同组织理念、获得相应知识和技能以适应岗位要求的活动。组织始终处于不断的发展过程中，对于组织在发展中所产生的人力资源需求，除了以招聘方式从外部吸引合适人员加以补充外，更主要的方式是通过开发组织现有的人力资源来加以满足。

员工培训的方法有多种，依据所在职位的不同，可以分为对新职工的培训和在职培训两种形式。

(1) 对新职工的培训

应聘者一旦决定被录用之后，组织中的人事部门应该对他将要从事的工作和组织的情况给予必要的介绍和引导，西方国家称之为职前引导。职前引导的目的在于减少新来人员在新的工作开始之前的担忧和焦虑，使他们能够尽快熟悉所从事的本职工作以及组织的基本情况，如组织的历史、现状、未来目标、使命、理念、工作程序及其相关规定等，并充分了解他应尽的义务和职责以及绩效评估制度和奖惩制度等，例如有关的人事政策、福利以及工作时数、加班规定、工资状况等。

(2) 在职培训

对员工进行在职培训是为了使员工通过不断学习掌握新技术和新方法，从而达到新的工作目标要求所进行的不脱产培训。工作轮换和实习是两种最常见的在职培训，所谓工作轮换是指让员工在横向层级上进行工作调整，其目的是让员工学习多种工作技术，使他们对于各种工作之间的依存性和整个组织的活动有更深刻的体验和更加开阔的视野；所谓实习是让新来人员向优秀的老员工学习以提升自己知识与技能的一种培训方式，在生产和技术领域，这种培训方式通常称为学徒制度。

2. 考核

为了了解组织中现有的员工是否仍然适应岗位的要求，就需要通过考核对组织现有的人力资源质量做出评估。考核，即按照一定的方法和程序对在职人员在一段时间内的岗位职责履行情况做出评价。

常用的绩效评估方法主要有以下几种：

(1) 排序法

排序法是指按照某一标准，对一定范围的员工进行由高到低排列的方法。具体有以下三种方式。一是直接排序法。直接排序法是指根据某一标准，将被评人按照由高到低的顺序依次排序。二是交替排序法。交替排序法是指在被评人中先挑出最好的和最差的员工，然后在剩下的员工中再挑选出最好的和最差的。依此类推，这种方法十分方便，但选择评估标准的主观性较大。三是两两比较法。两两比较法是指将被评估员工两两进行比较，从而使每个员工都与其他员工进行一次比较，得出最终结果。这种方法工作量较大，但结果比较客观、准确。

(2) 关键事件法

绩效评估的关键事件法是基于工作分析中的关键事件分析方法之上的。通过工作分析确定工作者应在岗位上完成的关键事件(指影响工作目标的达成与否的行为)。在评估期内，上级管理人员对下级员工的各种杰出表现或者不良的行为都需记录在案。评估时应引述具体的行为，而非记载笼统的个性特征。这样，每个员工都有一张关键事件表，在考评时能提供丰富的事例，指出哪些是符合要求的行为，哪些是不理想的行为。关键事件法强调评定人的注意力应集中于关键或主要的行为，以区分有效的或无效的工作绩效。

(3) 描述法

这是比较常见的以一篇简短的书面鉴定来进行评估的方法。评估的内容、格式、篇幅、重点等多种多样，完全由评估者自由掌握，不存在标准规范。这种方法的优点在于形式灵活、反馈简捷。然而，这种方法的缺点在于评估结果在很大程度上取决于评估者的主观意愿和文字水平。此外，由于没有统一的标准，不同员工之间的评估结果是很难比较的。

(4) 与行为相联系的等级评分法

这是近年来运用较多的绩效评估方法。评定人员将根据能反映员工绩效的具体工作行为作鉴定，而不是从一般化的特征描述来评价一个人。此法需具体限定看得见、可衡量的工作行为，应能反映有效行为和无效行为的实际情况，然后对各行为按其表现程度的差异，定出不同等级的分值加以衡量。

(5) 目标管理法

根据目标管理的办法，让员工根据组织目标来制定自己的绩效目标。一旦此目标为所下属所接受，他就会努力实现那些有一定难度，但也可能实现的目标。下级的绩效基本上是按他达到特定目标的水平来评价的。由于是上下级共同确定目标和达到目标的进度，在计划期末时，上下级之间再共同评估目标的完成情况，因此这种方法可以避免上级单方面建立评价基准的缺陷。

通过不断的培训与考核，不仅为组织获得合适的人员提供了保障，而且促使员工随着组织的发展不断成长，从而始终保持人与事的动态最佳组合，最终达到组织发展和员工成长的双重目的。

三、人员配备的原则

为求得人与事的优化组合，人员配备过程中必须依循一定的原则。

1. 因事择人原则

选人的目的在于使其担当一定的职务，要求其从事与该职务相应的工作。要使工作卓有成效地完成，首先要求工作者具备相应的知识和能力。因此，因事择人是人员配备的首要原则。全美最大的制片厂 GAF 公司在许多年前遇到了一个困难，那就是在暗房里工作的电影剪接人员必须在黑暗中摸索着工作，不但工作效率低，而且经常出现差错。有一天，该部门经理突如其来冒出一个想法，招聘一些盲人来从事剪接工作，不久他就发现这项计划相当成功，在聘用盲人后，其每小时的工作效率是正常人的 25 倍。

2. 因材适用原则

不同的工作要求不同的人去进行，而不同的人也具有不同的能力和素质，能够从事不同的工作。从人的角度来考虑，只有根据人的特点来安排工作，才能使人的潜能得到最充分的发挥，使人的工作热情得到最大限度的激发。例如把一个活泼好动的人安排到仓库或会计部门，这就违反了因材适用原则。

3. 人事动态平衡原则

处在动态环境中的组织是在不断发展的，工作中的人的能力和知识是在不断提高和丰富的。同时，组织对其成员的素质认识也是不断提高、完善的。因此，人与事的配合需要进行不断的调整，使能力发展并得到充分证实的人去从事更高层次的负更多责任的工作，使能力平平、不符合职务需要的人有机会进行力所能及的工作，以求使每一个人都能得到最合理的使用，实现人与工作的动态平衡。

四、主管人员的配备与管理

组织中除了一般的员工配备以外，主管人员的配备也是一项重要内容。

（一）主管人员的选聘

1. 选聘的条件

总体来看，选聘主管人员必须看候选人是否具有管理愿望，是否具有管理能力。

（1）管理愿望

管理愿望就是人们希望从事管理工作的主观要求。以管理作为自己的“志业”，以管理作为自己的职业生涯，是成为成功的管理者的基本条件。

（2）管理能力

美国管理学家卡茨认为，一个主管人员至少应具备三大基本技能：技术技能、人事技能和概念技能。其中，概念技能是一种全面管理的技能，即认识复杂问题、分析复杂问题以及做出正确决策的能力。它要求主管人员能够觉察复杂环境的细微变化，深刻理解这些变化对组织的意义，识别问题的关键变量及其可能的影响，并做出有利于组织利益的决策。虽然这三种技能对各级主管人员都是重要的，但是不同层次的主管人员因为职责不同，所需的三种技能的程度是不同的。

管理能力是可以通过教育和培训，并在实践中吸取经验而获得和提高的。

2. 选聘的方式

同之前所说的招聘员工类似，选聘主管人员，可以考虑从内部提升，也可以考虑从外部招聘。

3. 选聘的程序和方法

(1) 在组织内实施由组织自行选聘时，主要程序包括获取参考资料、面谈、举行测验，以及上级主管部门批准、体格检查等。

① 获取有关参考资料

候选人参考资料可以通过两种途径来获得：一是从候选人提交的职位申请表中获得，或者从候选人的档案记录以及推荐信、证明书、工作鉴定等一些他人提供的资料中获得；二是面谈。面谈可以获得许多候选人的直接的第一手资料。

② 面谈

面谈的目的在于初步了解候选人的情况，包括为什么应聘，有什么期望，以及其他一些背景资料。通过面谈，可考察候选人的仪表举止，并可对其思维能力和表达能力做出初步的评估。

面谈的优点在于直接、简便，可以淘汰那些显然不符合要求的候选人；其不足之处则在于容易受表面现象的影响。

③ 举行测验

通过测验，可以进一步了解候选人各方面的素质和能力。通常的测验包括：

——智力测验。目的是衡量候选人的记忆力、思维的敏捷度和观察复杂事物相互关系的能力。

——熟练程度和适应性测验。目的在于识别候选人现有的技术熟练程度、掌握这类技术的能力及其潜力。

——职业测验。目的在于识别候选人最适宜担任的职务。

——个性测验。目的在于识别候选人领导才能方面的潜力。

④ 体格检查。

⑤ 上级主管批准。

(2) 组织外机构实施组织外机构实施有评价中心、咨询公司等。这里我们主要介绍评价中心方法。

为了衡量一位潜在候选人在典型的主管岗位上的预期绩效水平，评价中心通常安排一组候选人花 3～5 天时间进行一系列模拟操作。评价中心将要求他们参加如下活动：

——接受各种心理测验；

——参加一个组织的管理决策小组的活动；

——参加实际练习；

——参与讨论解决某些实际问题；

——就某一具体问题做简要的口头介绍，通常是向假定的上级推荐一种合适的行动方针；

——从事其他各种演习，例如草拟一份书面报告。

演习期间，评审专家观察他们的表现并随时向他们提问。在活动结束时，评审专家要概括地对候选人的成绩做出鉴定，最后由专家组写出书面总结。

(3) 选聘时应注意的问题：

① 选聘条件要适当。对管理能力的要求因管理层次的不同而不同。在选聘主管人员时要考虑候选人的长处是否与其所要填补的空缺职位的要求相适用，在全体管理人员中各个主管人员之间的长处与短处能否“互补”。

② 主持选聘的人应具有较高的素质和能力，并且具有伯乐式的慧眼。即使评价的依据相同，不同的评审专家仍然可能对同一候选人的评价不同。因此，有必要对评审专家进行专门的训练，以保证评价的客观性和准确性。

③ 注意候选人的潜在能力。提拔过头的现象，指员工升迁至他无法胜任的职位。英国的劳伦斯·彼得曾经发现"在实行等级制度的组织里，每个人都崇尚爬到能力所不逮的层次"。他把自己的这个发现写成了著名的《彼得原理》一书。由于组织中经常有些管理人员在提升后不能保持原先的成绩，因此可能给组织带来效率的大滑坡。彼得原理：如果一个主管人员在其职位上有成就，那么，这种成就会使他的职位逐步上升，直到被提拔到一个自己不能胜任的职位上。彼得原理描述的实际上是这样一种事实：某个人被提拔担任管理工作后，任职初期由于缺乏经验，只能表现平平，甚至有点不自在。但是随着工作时间的延长，管理经验不断丰富，能力不断提高，从而政绩不断改善。如果说，初期他的能力与成绩只能勉强符合职务要求的话，那么现在已可能远远超出了职务要求的水平。这时，组织便可能考虑将其提升。提升后可能经历与前阶段类似的过程，即逐渐从"表现平平"到"超越职务需要"，这样便可再度获得晋升的机会。这样一直延续下去，直到有一天，他被晋升到某个高层次的职位以后，能力不能继续提高，政绩不能继续改善，甚至不符合职务的要求，工作表现在职务要求的"水平以下"，即彼得的所谓"爬到了能力所不逮的层次"。出现这种情况，对个人来说，失去了继续晋升的机会，对组织来说，则会引起效率的下降，甚至滑坡。公司若一直以内部升迁为用人制度，由彼得原理可知公司未来的老化、僵化、硬化是不可避免的趋势。

(二) 主管人员的考评

1. 主管人员考评的必要性和要求

(1) 必要性：

——考评是评价主管人员绩效的必要手段；

——考评是选拔和培训主管人员的需要；

——考评是完善组织工作和调整主管人员职位的需要；

——考评是奖励的合理依据。

(2) 考评的要求：

——考评指标要客观；

——考评方法要可行；

——考评时间要适当；

——考评结果要反馈。

2. 主管人员考评的方式和方法

(1) 考评方式：

——自我考评。自我考评就是主管人员根据组织的要求定期对自己的工作情况进行评价。自我考评的典型方式如述职报告。这种形式有利于主管人员自觉地培养和提高自己的政治素质、业务水平和管理能力。其不足之处是，主管人员可能过多地描述自己的成绩而很少涉及自己的不足。

——上级考评。即由上级对下级的绩效进行考评。一般而言，当上级是主管人员的直接上级时，其考评结构比较真实、客观。

——群众考评。这里的群众包括除上级主管人员以外所有人，如同级主管人员、下级、主管人员自己。这种形式的优点在于彼此接触较多，了解深入，因此所做的评价比较客观可信。不足之处是主管人员的人缘好坏起很大作用。

(2) 考评的方法：

——考试法。考试法分口试与笔试两种。笔试方法简便易行，主要是考核主管人员对知识的掌握程度及其理论水平，但很难考核一个人的实际才能、创造才能和应变能力。

口试方法分“问题式口试”、“漫谈式口试”和“适应性口试”三种。“问题式口试”着重考察主管人员的知识水平；“漫谈式口试”着重考察主管人员的潜在能力；而“适应性口试”通过提出一些极端性问题，着重考察主管人员的思维能力、应变能力以及处理棘手问题的能力。

——成绩记录法。这是一种以主管人员的工作成绩记录为基础的考评方法。这种方法通常与目标管理结合在一起。

——对比法。一种相对考评方法。其基本方法是：事先规定好考评的具体项目；将同一级主管人员编为一组；按事先规定的考评项目，人与人一项一项地进行对比。

——自我考评法。自评是被考评人对自己的主观认识，它往往与客观的考评结果有所差别。在自评结果中，考评人可能还会发现一些自己忽略的事情，这有利于更客观的进行考评。

(三) 主管人员培训

1. 主管人员培训的作用

正如一个产品有其产生、形成、发展和衰退的周期一样，组织中的主管人才也有其生命周期。一般而言，人才的生命周期大致可以划分为引入阶段、成长阶段、成熟阶段和衰退阶段。主管人员培训应根据各个阶段的特点采取相应的对策和措施。主管人员的培训是出于公司的需要。

(1) 有利于实现组织的发展目标。在现代科学技术飞速发展、市场竞争空前激烈的情况下，知识技能更新和市场情况变化已是司空见惯的事情。任何组织都必须正视这一事实，运用现代科学技术成果，把握市场机遇，谋求组织的生存和发展。

(2) 有利于实现员工个人的发展目标。员工个人也有自己的发展目标，如希望掌握新的知识和技能，希望获得较高的报酬和待遇，希望晋升，希望得到符合个人志趣的工作岗位等。这些也同样离不开培训，通过培训，可以直接或间接地满足员工个人的上述愿望，实现员工个人的发展目标。

(3) 作为普通学校教育的补充和延续。普通学校对学生的教育，主要是基础教育，包括基础性的专业知识与技能的教育。当学生进入企业，成为工作岗位上的员工，他们必然面临着如何适应新环境、掌握实际工作技能，又如何将已有的基础知识运用到实际工作中去等问题。解决这些问题的途径，是对员工进行有效的培训。而且，从现代“终身教育”的观点出发，员工培训应贯穿于员工的整个职业生涯。

(4) 完善企业文化。通过员工培训，能够使员工逐步地理解并且接受企业的文化，理解并且能够有效地贯彻组织的战略意图。通过培训，可以调整员工的观念，使其行为以利于组织的运转，并使企业组织和企业员工融为一体，共同求得生存和发展。

2. 主管人员培训的目标

旨在提高管理队伍素质，促进个人发展的培训工作，必须实现以下四个方面的具体目标。

（1）传递信息　这是培训管理干部的基本要求。要通过培训，要使管理人员了解企业在一定时期内的生产特点、产品性能、工艺流程、营销政策、市场状况等方面的情况，熟悉公司的生产经营业务。

（2）改变态度　每个组织都有自己的文化、价值观念、行动的基本准则。管理人员只有了解并接受了这种文化，才能在其中有效地工作。因此，要通过管理人员，特别是对新聘管理人员的培训，使他们逐步了解组织文化，接受组织的价值观念，按照组织中普遍的行动准则来从事管理工作，与组织同化。作为对主管人员的教育，应着重强调对主管人员的企业经营理念教育，使主管人员能够深刻领会企业的远景目标，并通过主管人员的作用使企业的远景目标成为组织成员的共同愿景；强调主管人员的敬业教育，使主管人员做到敬业爱岗，将管理工作作为一种神圣的事业，作为自己的职业生涯；强调主管人员的自律教育，使主管人员做到操守端正，品行高尚；强调主管人员的团队合作教育。

（3）更新知识　这里所讲的管理知识是指广义的管理知识。作为一个主管人员，没有广博的知识是难以搞好管理工作的。这一点，主管人员所处的管理层次越高，其体会就越深。知识结构符合管理工作的需要，现代企业在生产过程中广泛地运用了先进的科学技术。管理者必须掌握与企业生产经营有关的科技知识。这些知识，既可以在工作前的学校教育中获取，更应该在工作中不断地补充和更新，因为随着科学技术进步速度的加快，人们原先拥有的知识结构在迅速地陈旧和老化。

（4）发展能力　不同层次的管理人员要求不同的能力，要求有不同的培训方法。管理是一种职业，有效地从事这种职业，必须具备职业要求的基本能力，并在职业活动中不断提高。管理人员培训的一个主要目的，便是根据管理工作的要求，努力提高他们在决策、用人、激励、沟通、创新等方面的管理能力。不同层次主管人员培训的重点是有差异的。基层主管人员培训的重点应是技术培训和管理基本理论与方法的学习；中层主管人员一般是部门负责人，信息沟通、人际交往、组织协调和决策在工作中占有重要地位，因此中层主管人员培训的重点是领导艺术和管理技能的提高；高层主管人员培训的重点则应是提高战略分析和规划、决策的能力。

3. 主管人员培训的方法

对普通员工的培训重在提高素质技能以使其能以更高的效率完成组织交给他的任务。而

管理工作的性质决定了对管理者培训的要求不仅是提高其具体工件的技能，而且更重要的是要提高其从整体上把握全局、激励他人以及协调他人劳动的能力。这种提高往往需要在实践中实现。可以考虑的方法有以下四种。

（1）职务轮换培训

职务轮换是指人员在不同部门的各种职位上轮流工作。职务轮换有助于受训人全面了解整个组织的不同工作情况，积累和掌握各种不同的工作经验，从而提高他们的组织和管理协调能力，为其今后的发展和升迁打好基础。

（2）提升培训

提升是指将人员从较低的管理层级暂时提拔到较高的管理层级上，并给予一定的试用期。这种方法可以使有潜力的管理人员获得宝贵的锻炼机会，既有助于管理人员扩大工作范围，把握机会展示其能力和才干，又能使组织全面考察其是否适应和具备领导岗位上的能

力，并为今后的发展奠定良好的基础。

(3) 设置助理职务培训

在一些较高的管理层级上设立助理职务，不仅可以减轻主要负责人的负担，而且有助于培训一些后备管理人员。这种方式可以使助理接触到较高层次上的管理实务，使他们不断吸收其直接主管处理问题的方法和经验，在特殊环境中积累特殊经验，从而促进助理的成长。

(4) 设置临时职务培训

设置临时性职务可以使受训者体验和锻炼在空缺职位上的工作情景，充分展示其个人能力，避免彼得现象的发生。劳伦斯·彼得曾经发现，在实行等级制度的组织里，每个人都崇尚爬到能力所不及的层次，他把这种由于组织中有些管理人员被提升之后不能保持原来的成绩，反而可能给组织效率带来大滑坡的现象归结为“彼得原理”。

思考题八

1. 组织设计原则有哪些？结合实际，谈谈这些原则的具体运用。
2. 什么是组织结构，影响组织结构设计的主要因素有哪些？
3. 事业部制、矩阵制等组织形式的含义与特点是什么？
4. 什么是管理幅度，影响管理幅度的主要因素有哪些？
5. 比较不同的部门化形式的优缺点。
6. 网络组织出现的根本原因是什么？
7. 事业部制组织结构是侧重于分权的组织结构吗？
8. 为什么需要进行在职培训？
9. 内外部招聘各有什么样的优缺点？

【案例八】　通用公司的组织结构变革

当杜邦公司刚取得对通用汽车公司的控制权的时候，通用公司只不过是一个由生产小轿车、卡车、零部件和附件的众多厂商组成的“大杂烩”。这时的通用汽车公司由于不能达到投资人的期望而濒临困境，为了使这一处于上升时期的产业为它的投资人带来应有的利益，公司在当时的董事长和总经理皮埃尔·杜邦以及他的继任者艾尔弗雷德·斯隆的主持下进行了组织结构的重组，形成了后来为大多数美国公司和世界上著名的跨国公司所采用的多部门结构。

在通用公司新形式的组织结构中，原来独自经营的各工厂，依然保持各自独立的地位，总公司根据它们服务的市场来确定其各自的活动。这些部门均由企业的领导，即中层经理们来管理，它们通过下设的职能部门来协调从供应者到生产者的流动，即继续担负着生产和分配产品的任务。这些公司的中低管理层执行总公司的经营方针、价格政策和命令，遵守统一的会计和统计制度，并且掌握这个生产部门的生产经营管理权。最主要的变化表现在公司高层上，公司设立了执行委员会，并把高层管理的决策权集中在公司总裁一个人身上。执行委员会的时间完全用于研究公司的总方针和制定公司的总政策，而把管理和执行命令的负担留给生产部门、职能部门和财务部门。同时在总裁和执行委员会之下设立了财务部和咨询部两大职能部门，分别由一位副总裁负责。财务部担负着统计、会计、成本分析、审计、税务等与公司财务有关的各项职能；咨询部负责管理和安排除生产和销售之外的公司其他事务，如技术、开发、广告、人事、法律、公共关系等。职能部门根据各生产部门提供的旬报表、月报表、季报表和年报表等，与下属各企业的中层经理一起，为该生产部门制定出“部门指标”，并负责协调和评估各部门的日常生产和经营活动。同时，根据国民经济和市场需求的变化，不时地对全公司的投入—产出做出预测，并及时调整公司的各项资源分配。

公司高层管理职能部门的设立，不仅使高层决策机构——执行委员会的成员们摆脱了日常经营管理工作的沉重负担，而且也使得执行委员会可以通过这些职能部门对整个公司及其属各工厂的生产和经营活动进行有效的控制，保证公司战略得到彻底和正确的实施。这些庞大的高层管理职能机构构成了总公司的办事机构，也成为现代大公司的基本特征。

另外，在实践过程中，为了协调职能机构、生产部门及高级主管三者之间的关系和联系，艾尔弗雷德·斯隆在生产部门间建立了一些由三者中的有关人员组成的关系委员会，加强了高层管理机构与负责经营的生产部门之间广泛而有效的接触。实际上这些措施进一步加强了公司高层管理人员对企业整体活动的控制。

案例思考题：

1. 事业部制为什么能够助通用公司成功？
2. 在应用事业部制时应注意什么问题？

第九章　组 织 变 革

主动推动变革是任何组织管理者的重要职责。本章介绍组织变革(OC)、组织发展(OD)、组织学习(OL)以及管理技巧和工具。

第一节　组 织 变 革

组织变革是组织发展过程中的一种经常性活动。组织变革系组织为提升组织文化及成员之能力,以适应环境变化,维持均衡,进而达成生存与发展目标的调整过程。美国著名的组织学者哈佛大学教授拉里·格雷纳(Larry E. Greiner)指出,组织变革伴随着企业成长的各个时期,组织变革与组织演变相互交替,进而促使组织发展。有的人甚至认为组织变革的正确名称应该叫做"再组织(Reorganize)"。组织变革是任何组织不可回避的问题,是否顺利地引导组织变革是衡量管理工作有效性的重要标志。

一、组织变革的概念

组织变革是对全部组织进行有计划、系统的、长远的变革和开发,是一整套开发和变革的战略、措施和方法。组织变革的含义是组织根据组织内外部环境的变化,及时对组织中要素进行结构性变革,以适应未来组织发展的要求。组织变革的现实意义是为了提高组织的效能,促使组织顺利地成长和发展。任何一个组织,无论过去如何成功,都必须随着环境的变化而不断地调整自我并与之相适应。

(一) 组织变革的动因

组织变革的基本动因研究是研究组织变革的起点。组织变革的根本目的就是为了提高组织的效能,组织变革是多种因素综合作用的结果。组织变革的基本动因可分为内部原因和外部原因两个方面。① 外部环境因素:整个宏观社会经济环境的变化,如政治、经济政策的调整,经济体制的变化以及市场需求的变化等,都会引起组织内部深层次的调整和变革;科技进步的影响,知识经济的社会,科技的发展日新月异,新产品、新工艺、新技术、新方法层出不穷,对组织的固有运行机制构成了强有力的挑战。资源变化的影响,组织发展所依赖的环境资源对组织具有重要的支持作用。竞争观念的改变,经济全球化将会使市场竞争日益激烈,竞争方式也将会多种多样,组织若想适应未来竞争的要求,就必须在竞争观念上顺势调整，争得主动，才能在竞争中立于不败之地。② 内部环境因素：如企业目标、人员素质、技术水平、权力机制系统、人际关系、经营范围和经营方式的调整等。

（二）组织变革的征兆

组织变革的征兆如下：① 组织机构臃肿、职能重复、人浮于事或组织机构明显漏缺、经营管理环节脱钩；② 经理对企业业务行政的统一指挥体系变动损伤，不能令行禁止；③ 责、权、利冲突得不到协调，企业内耗加剧，职工的责任感和积极性低落；④ 信息沟通不畅，决策形成过程过于缓慢或时常做出错误的决策，企业常错失良机；⑤ 企业缺乏创新；⑥ 企业对市场环境的变化不敏感。

（三）组织变革的目标

组织变革的目标是增加三个适应性，即组织更具环境适应性，管理者更具环境适应性，员工更具环境适应性。

1. 使组织更具环境适应性

环境因素具有不可控性，组织要想阻止或控制环境的变化可能只是自己的一厢情愿。组织要想在动荡的环境中生存并得以发展，就必须顺势变革自己的任务目标、组织结构、决策程序、人员配备、管理制度，等等，只有如此，组织才能有效地把握各种机会，识别并应对各种威胁，使组织更具环境适应性。

2. 使管理者更具环境适应性

一个组织中，管理者是决策的制定者和组织资源的分配人。在组织变革中，管理者必须要清醒地认识到自己是否具备足够的决策、组织和领导能力来应对未来的挑战。因此，管理者一方面需要调整过去的领导风格和决策程序，使组织更具灵活性和柔性；另一方面，管理者要能够根据环境的变化要求重构层级之间、工作团队之间的各种关系，使组织变革的实施更具针对性和可操作性。

3. 使员工更具环境适应性

组织变革的最直接感受者就是组织的员工。组织如若不能使员工充分认识到变革的重要性，顺势改变员工对变革的观念、态度、行为方式等，就可能无法使组织变革措施得到员工的认同、支持和贯彻执行。需要进一步认识到的是，改变员工的固有观念、态度和行为是一件非常困难的事，组织要使人员更具环境适应性，就必须不断地进行再教育和再培训，决策中更多地重视员工的参与和授权，要能根据环境的变化改造和更新整个组织文化。

（四）组织变革的内容

依据变革是否事先经过规划，则可将组织变革分为两类。有的变革非组织本身所能控制，有的变革却是组织一种有意识的行动。前者称为非计划性变革。因此，凡是经由认为努力所进行的组织变革，我们称之为计划性变革（Planned Change）。不论是计划性变革还是非计划性变革，存在的一个问题是管理者发起组织变革能够改变组织的什么呢？组织变革的切入点是什么呢？

组织变革大致涉及五个方面的内容：组织的人员、任务、技术、结构和文化等。不同的变革内容所采取的变革对策措施是不同的。组织变革的五个方面以及在各自基础上制定的各种变革对策是相互依赖、相互影响、相互促进的。在制定组织变革对策的过程中，它们往往构成一个完整的变革规划整体。当然，由于不同组织所处的变革环境及组织内部状况不同，在选择变革内容时，其侧重点是不同的。组织变革的内涵包括五种基础，以下是这五种的变革具体内容。

1. 以技术为基础的变革

以技术为基础的变革是指对业务流程、技术、设备、工艺、生产方法、控制与信息系统等所进行的变革与修正。技术就是投入转换为产出的过程。由于技术创新的指数化发展，技术变革对组织而言变得日益重要。由于信息科技技术进步，组织如何能够利用信息科技技术来提升组织管理品质与经营绩效，是以技术为基础的变革努力的方向。

2. 以结构为基础的变革

以结构为基础的变革是指对组织的结构的基本要素，以及组织的设计所进行的变革与修正。变革者可以对组织的复杂性、正规化和集权化程度中一个或多个关键要素加以变革。包括将几个部门的职责组合在一起，或者精简某些纵向层次、拓宽管理跨度，以使组织扁平化和更少官僚机构特征。此外，为提高组织的整体层次正规化程度，可以制定更多的规划和制度。而通过提高分权化程度，则可以加快决策制定的过程。一般地说变革驱动者可从以下结构着手：合并一些部门的责任；去除一些垂直层级；加宽管理幅度，使组织变得较扁平及减少官僚倾向；多实施授权，以加快决策过程；建立以团队为基础的组织结构；工作重设计；重新撰写工作说明书；变革组织的酬赏制度。

3. 以文化为基础的变革

以文化为基础的变革包括改变一个组织所共有的价值观、信念、习惯与基本行为，也就是文化变革是企图用一套新的价值或信念体系来替代旧有的价值或信念体系。虽然文化变革与一个组织其他的技术变革、结构变革、任务变革等都有高度的关联性，但是文化变革并不容易，原因是组织文化是由相对稳定和持久的因素构成的，文化的这一特殊性往往导致文化变革具有相当大的阻力。一种文化需要很长一段时间才能形成，而一旦形成，员工已经融合到这种文化之中，它又常常成为牢固和不易更改的，尤其是在短期内管理当局很少能做些什么来改革它。由于观念的改变并非一蹴而就，即使在最有利的条件下，文化变革往往需要很长的时间才能转变成功。像通用汽车和美国电话电报公司这样具有强文化的组织公司的文化变革尤其存在特别大的变革阻力，更显困难。例如，要将过去"多做多错，少做少错，不做不错"的文化渐变成"勇于尝试，不怕犯错"的文化，谈何容易。所以，文化变革可以说是一种脱胎换骨的根本变革。

4. 以任务为基础的变革

以任务为基础的变革主要是针对工作的内容、程序及步骤所进行的变革。因此，任务变革会探讨工作活动的次序、方式，以及所要执行的作业。通常任务变革来自于技术与结构的变革。例如，因为引进新技术或新设备而带来新的工作方式，或是新的结构带来新的工作关系与新的工作方式。不过，任务变革也可能单独发生，例如，顾客服务部门对顾客抱怨处理流程所作的修正。一般而言，以任务为基础的变革所密切相关的观念和技术是工作丰富化、工作扩大化、工作简化，以及再造工程，也就是组织往往通过这些技术或方法来进行以任务为基础的变革。

5. 以人员为基础的变革

以人员为基础的变革，是改变员工的知觉、态度、能力与期望从而改变员工的行为来试图创造组织的变革。人员变革旨在帮助组织中的团体或个人工作得更有效率。变革驱动者可透过沟通、参与决策，及解决问题的过程，来改变组织成员的态度及行为。以人员为基础的变革有个人、群体和整个组织三个层次。上述的层次变革都需要借助人员来完成与提供，因此，以人员为基础的变革应该是所有变革之首，应重视组织中个人和群体行为的改变。一个典型的以人员为基础的变革，重要的是使员工对于品质及组织的目标产生认同，员工产生合作，组织中的个人和群体更加有效地在一起工作。相对而言，以人员为基础的变革主要通过沟通、决策和工作过程改变组织成员的态度和行为，必须通过适当的教育及训练，同时需要有绩效评估及奖酬制度来支持与鼓励这类人员的变革。以人员为基础的变革方法都可以用组织发展来包容。通过对员工的培训、教育等引导，使他们能够在观念、态度和行为方面与组织达成一致，使员工更适应环境。

二、组织变革的过程

组织变革是一个连续的过程，是一种有计划的过程。它体现出组织变革必须有明确的目的性，有变革的政策，以及对变革结果的追踪检查。无目的的变革对组织来讲，是一种灾难。"顺其自然"的演变也必然使组织远远地落在竞争对手的后面。组织变革应遵循什么样的程序，不同学者曾提出了不同的观点。

(一) 库特·卢因的观点

库特·卢因(Kurt Lewin)(1951)把组织变革过程归纳为现状的解冻—转变到新的情况—重新冻结新的现状的连续过程。

(1) 解冻：旨在打破既有行为、结构及价值观念，引发组织成员变革的动机，创造变革的需要，并为组织变革做好准备工作；目的是明确变革的必要性，并让个人、群体乃至整个组织都能清楚地认识到这一点，进而产生必须变革的共识。这一过程强调快速与共识。为了让大家能够真正理解变革的必要性，管理人员要与职工一道收集现状不能令人满意的证据；与其他组织进行横向比较，发现自身的差距；聘请外部专家帮助论证变革的必要性；指出必须进行变革的形势和压力。

(2) 改变：实施变革的过程。实质上从事各种组织发展之干预活动，使新的行为规范即运作方式出现，此乃行动导向的阶段。这一过程往往由一个变革领导小组推动。这个小组最好由组织内部成员及外部聘请的咨询人员共同组成，由他们向职工解释变革的理由、日程安排、对组织和个人可能产生的影响等，鼓励职工参与变革计划的拟定和执行，就变革等问题向职工提供咨询，随时出面解决变革过程中出现的新问题。

(3) 再冻结：指建立某种程序使新的行为与运作能持续，即使变革的结果达到稳定的状态。要把变革后出现的新的现状稳固下来，应系统地收集变革获得成功的客观证据，并把这些信息经常提供给变革的参与者，进而提高他们进行变革的信心。具体方式包括提出工作要求，提供奖励措施等，以强化组织成员新行为的维持。

库特·卢因认为组织变革不是一种静止的状态，而是相反方向作用的各种力量彼此消长的动态平衡过程。换句话说，组织变革是变革推动力量和变革阻力较量的结果，推动力量强于阻力，则会促使组织变革；阻力强于推动力量，则会维持现状甚至倒退。

(二) 弗里蒙特·E. 卡斯特等人的观点

弗里蒙特·E. 卡斯特(Fremont E. Kast)是美国华盛顿大学的教授，也是系统管理学派的主要代表人物。在《组织与管理：系统方法与权变方法》一书中，把组织变革分为6个步骤。[1]

(1) 对组织本身、组织取得的成就和缺陷进行回顾、反省和检查,分析研究组织所处的内外部环境,为组织变革做准备。

(2) 总结组织中存在的问题,明确进行变革的必要性。

(3) 拿组织的现状与所期望的状态比较,进一步探明问题,发现差距,明确变革的方向。

(4) 确定解决问题的方法。

(5) 试行变革。按照选定的方法进行变革的具体行动。

(6) 检查变革的成果,找出今后改进的途径,进而使变革过程又回到第一步,如此循环,以便使组织不断地得到完善。

三、组织变革的阻力

(一) 组织变革的阻力

组织变革,是一项改变现状的过程,而任何企图改变现状的过程,或多或少都会遭遇组织内部团体或个人的反对。计划性的变革,属于蓄意的改革,必须对现状做大幅的调整或变动,往往会与组织成员发生各种冲突,就会产生组织变革的阻力。

1. 个人的阻力

组织变革中存在的个人的阻力主要是来自利益上的影响与心理上的影响。

(1) 职业技能的压力　当组织试图为这些人在公司里寻找其他职位时,会发现可供选择的职位都需要经过特殊培训,而这正是这些人所缺乏的。这些人在原来的职位上每天做同一件事做得太久,以至于他们的职业技能已经荒废。同时,他们也不适合那些提供给大学毕业的工程师和商业专业人士的职位。简而言之,他们不具有真正可用的技能,所以不得不为维持现状而斗争。

(2) 对经济损失的担心　抵制变革的另一个原因是担心受到经济损失。有时候,工人们会被取代或解雇或是发现自己所从事的职业毫无出路。技术在这里经常扮演着一个关键角色,它使要求很苛刻的职业变得简单化,以至于任何人都能去做。这个时候,那些低要求的职业在报酬上常常会受到很大影响,并且工人们发现,如今工资的增长率远远低于从前。毕竟,如果某个职业实现了自动化,任何人都能做,那么谁还会雇用那些要求高报酬的人呢?

(3) 利己主义的自卫性行为　有时候,变革会使一个人看上去不如从前,所以他肯定会与之作斗争。我们往往依赖于习惯和模式化的反应。如果你面对变革时,以习惯的利己主义的自卫性行为方式做出反应的趋向会成为阻力源。

(4) 满足现状　变革对许多人来说都是一种困扰。他们对按照已经建立的规章和程序来工作觉得很能适应,因而根本不愿意冒险开始新的事业。任何试图改变现状的行为都会遇到抵制。惰性是一个很普遍的现象,人们喜欢维持现状,喜欢过去的方式,几乎没有人喜欢改变。变革的开始往往使美好的过去变得看起来更加美好,进而会对变革产生巨大的抗拒力量。领导者在下定决心进行变革时,必须对巨大的抗拒做好准备。

---

[1] 弗里蒙特·E·卡斯特著.组织与管理—系统方法与权变方法.北京:中国社会科学出版社,1988:671.

(5) 短视　很多人都知道短期内会发生的事情,但却很难预测长期内会发生什么。因此他们只看到了变革在短期内的影响。研究表明,通过变革来提高生产率需要时间。不幸的是,很多管理者不愿意以短期内的损失来换取长期收益,所以他们也就对改变领导方式失去了兴趣。

(6) 同伴的压力　很多时候人们因为同伴不愿意而拒绝接受变革。

(7) 信息的缺乏　当人们不清楚将要发生什么时,他们很可能去抵制变革。未知的情况让他们感到害怕,产生对未知的恐惧。变革通常用模糊和不确定性来代替已知的东西,员工不喜欢不确定性。设想一下,如果医生告诉你病得很严重而且需要马上手术时,你会有什么样的感觉。不知道自己哪里病、需要什么样的手术或是手术会导致什么样的后果,你可能会非常紧张,除非你确信手术确实必要,否则你可能会拒绝接受医生的建议。

(8) 社会更替　当变革发生的时候,原有的工作团体可能会被打破,原有的社会关系将被扰乱。人们通常喜欢和熟悉的伙伴一起工作,当友谊被中断时,心理上的失落就会随之而来。研究表明,在战场上,士兵经常要克制自己与同排的成员交朋友的欲望,因为某个成员被杀或是受伤对其他人的影响可能是灾难性的。他们对完成自己的工作毫无准备,并可能会自伤或自杀。当社会关系建立以后,人们总是试图维持它们,并与社会角色的更替作斗争。

2. 组织的阻力

组织变革中存在的组织阻力主要是来自组织结构变动的影响与人际关系调整的影响。

(1) 结构惯性。组织有其固有的机制,保持其稳定性。例如,组织的制度规范化提供了工作说明书、规章制度和员工遵从的程序。当组织面临变革时,结构惯性就充当起维持稳定的反作用力。

(2) 有限的变革。组织由一系列相互依赖的子系统组成。一个子系统的变革必然会影响其他子系统。子系统中的有限变革很可能因为更大系统的问题而变得毫无意义。

(3) 群体惯性。即使个体想改变他们的行为,群体规范也会成为约束力。

(4) 对专业知识的威胁。组织中的变革可能会威胁到专业群体的专业技术知识。例如,分散化个人计算机可以使管理者直接从公司的主要部门中获得信息,但它遭到许多信息系统部门的反对。这是因为分散化计算机各终端的使用对集中化的信息系统部门所掌握的专门技术构成了威胁。

(5) 对已有的权力关系的威胁。任何决策权力的重新分配都会威胁到组织长期以来形成的权力关系。在组织中引入参与决策或自我管理的工作团队的变革,就常常被基层主管和中层主管视为一种威胁。

(6) 对已有资源分配的威胁。组织中控制一定数量资源的群体常常视变革为威胁,它们倾向于对事情的原本状态感到满意。那些最能从现有资源分配中获利的群体,常常对可能影响未来资源分配的变革感到忧虑。

(二) O'Connor 的四种抗拒现象

O'Connor(1993)将组织内的抗拒行为,依据是否公开及是否有意识,区分成四种抗拒现象。

1. 公开或不公开

抗拒可以是不公开的,抗拒者对变革不表示支持,态度隐瞒或是不明确;抗拒也可以是公开的,对于变革的抗拒,抗拒者公开表达他们的观点并陈述他们反对的理由。虽然公开的抗拒行为,会导致讨论或辩论,甚至引发冲突,但比起不公开的暗地抗拒,要容易管理得多。此乃因为公开的抗拒,管理者可以看到抗拒者,并听到抗拒者的意见,这可以使管理者了解所处的环境,并予以解决。而不公开的抗拒,通常不易观察,等到管理者发现有抗拒的情形时,多半为时已晚。

2. 有意识或无意识

抗拒行为,依据行为者的动机,可以分为有意识或无意识两个极端。在此,所谓有意识,是指抗拒者对于变革的预期结果经过考虑后,采取反对的立场及态度。他们的意见必须被听到,否则他们的抗拒,只会增加,不会减少。

所谓无意识,是指抗拒者并不清楚他们的行为破坏了变革的进行。他们的行为可能是基于错误的信息、训练不足或是根深蒂固的习惯。他们或许认为他们的行为并未充分配合新任务的需要,但他们并不认为这样做对公司有害。

无意识的抗拒对管理者是一大挑战,因为抗拒者认为他们完全是无辜的,他们只是做他们的工作,并没有抗拒变革。若是管理者对于无意识的抗拒反应过度,对于其缺乏合作的行为表示愤怒,反而会使抗拒者感受到挫折,并造成士气低落。

将上述两个维度予以结合,可以形成四种极端的抗拒行为。① 不公开、有意识的抗拒。抗拒者阻碍、破坏变革的进行,但却假装支持变革;② 不公开、无意识的抗拒。抗拒者并不知道他们的行为会对变革的进展造成破坏、阻碍;③ 公开、无意识的抗拒。抗拒者惯常于以旧有的方式工作,因而他们不太适应变革;④ 公开、有意识的抗拒。这些抗拒者认为他们对变革的拒绝对于公司有正面贡献。

(三) 管理变革

到目前为止,我们讨论了人们对变革的反应以及他们为什么会抵制变革。现在我们来考虑管理者应如何正确引入变革并管理变革。诚然,变革会带来很多问题,但如果管理者正确分析形势,遵循某些基本步骤,并时刻关注实施变革的关键领域的话,他就能够将引导变革向着有利于个人和组织的方向发展。

管理变革中管理者要特别注意:① 明确变革的三个维度;② 了解变革过程中的基本步骤;③ 清楚变革领导者的特性;④ 了解参与和沟通的重要性。

1. 明确变革的三个维度

(1) 逻辑维度,它是基于科学和技术的原因。从组织的角度来说,为什么需要变革?逻辑的回答包括提高利润、生产率或是效率并且降低成本、工人的疲劳程度、单调感或是机器的停工期等。

(2) 心理维度,它是基于将要受到影响的个体的变革逻辑。这些人会觉得变革能给他们带来好处吗?变革是否与他们的价值观相一致?如果回答是肯定的,那么心理维度将会得到满足。

(3) 社会维度,它是基于工作团体的变革逻辑。变革会与团体的行为准则相一致吗?变革是否有利于维持协作关系,团体成员能够适应变革吗?

管理者必须认真考虑这三个问题,否则变革的实施是无法达到理想效果的。

2. 寻找变革领导者

近年来,研究人员发现变革同样可以由组织的低层发起和领导。对于低层的变革领导者来说一般都具有 7 个特征。

(1) 这类领导者的行为特征都比较明显。他们不怕出头,勇于挑战现状,并且能够为实施变革提出有建设性的意见。

(2) 这类人大多不在公司的"有潜力升迁者"的名单上。他们并没有被认为未来可能会成为领导者和管理者的人。事实上,他们中的许多人只是公司里的普通一员。

(3) 这些变革的发起者对公司非常忠诚,而且愿意去做那些比自己现任职位低的工作,主动完成额外的任务以帮助推动变革向前发展。

(4) 这些人为了推动变革顺利完成而主动去学习新的知识和技能。

(5) 他们从内心里希望与众不同,不愿意被拴在办公桌前每天从事同样的工作。

(6) 他们属于行动导向的人,对实现变革充满了紧迫感,因此他们不会等待,他们只会向前走,实施他们认为是必要的变革。

最后,研究人员发现,具有这种性格特点的人更看重的是结果而不是合作的过程。他们不会等着其他人同意加入来帮助他们,他们更愿意靠自己的力量不断前进,只要这能使他们得到想要的结果。

3. 积极参与变革

在绝大多数个案中,个人的主动性并不是变革实施的首要条件。管理层宣布了即将实施的变革,而这通常被当做年度战略计划和衡量工作表现的标准的一部分。因此,变革领导者的参与和沟通就是相当重要的了。参与到这个变革过程中非常重要,因为从研究中我们知道,人们更愿意接受他们曾亲身参与引入过程的变革,而不是那些分配或强加于他们头上的变革。此外,如果在工人们协助引入的变革的实施过程中出现问题,变革领导者肯定会帮助解决,充分沟通,取得信任。应利用所有可能的沟通渠道,例如内部刊物、例会、谈话、演讲等等,来传递远景及其战略信息,与所有人持续且密集地进行沟通,鼓励风险共担,以便赢得他们的认同与支持。除非员工相信改革有可能成功,否则就算他们不满意现状,也不会主动配合,更别说要他们做自我牺牲了。如果改革涉及裁员,这一工作将更富挑战性。为此,在沟通时应强调新的成长机会及公平对待可能被裁掉的员工。

4. 消除组织变革的阻力对策

组织变革就是要打破组织的现状,这必然涉及方方面面的问题,肯定会有阻力,在推动变革时,包括管理层在内的各个阶层,都可能出现抗拒甚至反对变革的人。随着变革的深入,在阻碍变革的种种力量中,来自组织内部成员的阻力最为复杂,不同时期会出现不同的内部阻力。管理者应分析来自内部成员的不同的阻力,制定相应的克服措施。我们要采取提出六种推动变革,解决抗拒的方法,强调依环境的不同而使用不同的方法。

(1) 教育沟通　通过沟通,使员工了解改革的必要性,因而减低其抗拒行为。

(2) 参与和投入　使潜在的抗拒者参与决策的制定,除了消除其潜在的抗拒外,亦可达到提升决策品质的功用。

(3) 协助和支持　变革推动者使用各种支持性活动,以减少员工的抗拒。

(4) 协商和谈判　付出某些代价,以减少抗拒。如收买具有影响力的员工等。

(5) 操纵和怀柔　操纵指企图掩盖变革的影响,怀柔则指操纵与参与的综合战术。

(6) 明示和暗示强迫　直接对抗拒者施压,迫使其接受。

第二节　组织发展

组织发展(OD)是近40年来组织行为学和管理心理学研究领域中的一个新的领域。20世纪40年代末,西方企业组织领域中就开始了组织发展的零星研究,美国管理学学者K. Lewin(OD之父)创此名词,受行为科学应用的影响,人的管理研究方法开始使用实验:团体动力场地实验与群体行为的适应(敏感训练),以K. Lewin为代表的实验室训练方法和其后的调查反馈的研究方法是现代组织发展研究的来源。

一、组织发展含义

广义的组织发展这一词汇,用以泛指各类变革,涵盖组织的变革与适应,涉及结构、技术、管理、组织行为与组织文化的发展过程,是组织整体性、系统性与前瞻性的革新发展过程。理查德·M.霍杰茨认为组织发展是一种通过从技术和人的立场出发来解决个体、群体和组织的问题以提高组织效率的努力。组织发展的概念,在最初一般意义上指对组织某些部分和某些方面进行变革和修正,以后发展到对全部组织进行有计划的、系统的、长远的变革和开发,并形成了一整套开发和变革的战略、措施和方法。组织发展的实践覆盖了广阔的众多的活动领域,包括诸如领导能力、群体激励和工作计划等具体方面,及诸如战略、组织设计和国际关系等宏观方面。

狭义的组织发展,通常侧重于改变人员及人际间工作关系的本质和性质的各种方法或方案,侧重于改变工作态度与士气。常见的组织发展方法包括敏感性训练、调查反馈、过程咨询、团队建设和组际发展等。理查德·L.达夫特认为组织发展是指组织利用其应付环境变革、改善内部关系和提高解决问题的能力,应用行为科学的知识来改善其自身的状况和效率,努力帮助组织中的个人和群体更加有效地在一起工作。组织发展的概念注重的是人性与民主因素,至于权力、控制、冲突、压力等观念,则被相对排斥在外。组织发展范式重视人员和组织的成长、合作与参与过程以及质询精神。

从方法论的基础来看,组织发展是建立在行为科学知识和实践的基础之上的。从理查德·L.达夫特的定义中知道,作为行为科学的一个领域,组织发展很大程度上来源于心理学、社会学和人类学等,其发展依赖于人格理论、学习理论、动机理论以及群体动力、权力、领导行为等。所以说,组织发展是以许多大众接受的关于组织中个人和群体行为的原理为基础的。因此,组织发展不仅仅是一种单一技术,而且还是拥有某种哲学和共同的知识与技术的集合,这就是组织发展区别于其他组织变革的方法。

从管理的方法来看,贯彻组织发展这种变革方法的共同主线是,它们都设法带来组织人员内部或相互关系的改变,总的来说组织发展可以改善员工间的工作关系。组织发展是以行为科学研究和理论为基础,有计划、有系统地组织改善员工间的工作关系的过程,其目标是创造有适应能力的组织。组织发展是为了保持效率能够重复地变换和创新。

在这个过程中使用的方法称为组织发展干预,它采取多种形式,如角色扮演、团队建设以及反馈式调查。实施或领导干预的个体被称为组织发展的变革倡导者。这个人的职责就是引入干预,使雇员参与进来,并向他们展示这种独特的干预将如何帮助他们解决所遇到的问题。

组织发展就是在整个组织范围内,利用行为科学知识有计划性地在组织过程中进行干预,以提高组织的有效性和健康。组织发展是组织与其成员经由系统化的创新与改革过程,使组织更具效能,亦使组织文化更具变迁活力,以达成组织目标与组织价值的实现。它寻求的是增进组织的有效性和员工的幸福度。概括地说,组织发展所蕴涵的观念与针对的目标有以下几个方面。

(1) 对人的尊重 认为员工是负责、明智、关心他人的,有自己的尊严,应该受到尊重。

(2) 信任和支持 主张建立新型、有效而健康的组织,使其充满信任、真诚、开放和支持的气氛。

(3) 权力平等 不强调等级权威和控制。

(4) 正视问题 不把组织中的问题掩蔽起来,公开问题,让员工们发表意见。

(5) 鼓励参与 鼓励员工参与决策和改革,使他们在决策和改革中发挥主动性。

以上述的原则为指导,组织发展才能取得期望的积极的效果。沃里克(D. D. Warrick)认为,组织发展的作用在于:能改善组织的效能,促成良好的管理;能使组织成员更认同该组织,更积极地参与组织的活动;能改善工作团队内部及与其他团队之间的合作关系;能使员工更加了解组织的优势与缺点;能改善沟通,提高员工解决问题、处理冲突的技巧;能创造出一种鼓励创新与开放的工作氛围,提供个人成长的机会,奖励健康与负责任的工作行为;能显著减少消极的工作行为;能让组织成员了解到只有组织不断发展才能适应变化的环境,从而提高参与的积极性;可以吸引并留住优秀人才。

二、组织发展技术

任何来帮助进行计划性变革的组织活动都可视为组织发展技术。组织发展技术可以概括为两个方面:结构技术和人文技术。

(一) 结构技术

结构技术是通过有计划地改革组织的结构,改变其复杂性、规范性和集权度的技术,它是影响工作内容和员工关系的技术。例如,减少垂直分化度,合并职能部门,使机构不那么臃肿,简化规章,扩大员工自主性等等。也可以对工作进行再设计,使工作变得更具挑战性、趣味性;采取新的有效的激励方法鼓舞员工士气,提高效率;开发人力资源,进行各种技能培训,改善技术条件;更新组织文化,树立新的典范,推行新制度和奖励方法,等等。

(二) 人文技术

人文技术是通过沟通、决策制定和问题解决等方式改变组织成员的态度和行为的技术,主要包括:敏感性训练、调查反馈、质量圈、组际发展等。

1. 敏感性训练

敏感性训练,又称实验室训练、T团体训练、交友团体训练等。敏感性训练是通过非结构化的群体互动来改变行为的一种方法。该群体是由一位职业行为学者和若干参与者共同组成。虽然名称不同,但都是指通过无结构小组的交互作用方式来改善行为的方法。在训练中,成员处于一个自由开放的环境中,由一位专家做顾问,讨论他们自己以及相互之间的交互作用。团体注重的是相互作用的过程，而不是讨论的结果，因为训练的目的在于使团体成员通过观察和参与而有所领悟，了解自己，了解自己如何看待别人以及别人如何看待自己，了解人与人之间如何相互作用，并借此表达自己的思想、观念、态度。

2. 调查反馈

调查反馈是对组织成员的态度进行评价，确定其态度和认识中存在的差距，并使用反馈小组中得到的调查信息帮助消除其差异的方法。调查反馈是用一种专门的调查工具，用来评估组织成员的态度，了解员工们在认识上的差异。通常是以问卷形式进行，可以针对个人，也可针对整个部门或组织。调查的内容涉及决策方法，沟通的有效性，部门间的协调，对组织、工作、同事和上司的满意程度等。调查结束之后，要把经过统计处理的结果反馈给员工，让他们进行讨论，鼓励发表不同的意见，以试图寻找出解决问题的办法。但在讨论过程中，要遵循对事不对人的原则。

3. 质量圈

质量圈含义是建立小的工作团队，职工参与其中，提出、分析并解决实际的问题。质量圈是指多个员工小组自愿定期与主管会面，以鉴别生产中出现的问题并提出解决办法，然后将这些提议送交给高层管理部门审查，获得批准的方案由员工参与完成。在日本，曾经有数百万员工参加了质量圈，结果每年节约了数十亿美元。尽管有许多成功的例子，但质量圈思想在一些组织中并没有充分发挥作用。为了完成一项成功的质量管理项目，企业必须设立明确的项目目标，最高管理层要给予积极的支持，并创造一种有益于参与管理的组织气氛，充分发挥每一个人的积极性与创造力。此外，还必须选出一个称职的项目管理者，并把项目目标告知所有相关人员，而且项目的所有参与人都必须接受有关质量圈的培训。每个质量圈由 8 名一般员工和一名资深员工组成。质量圈为减少次品与废品，减少返工和停工的时间，同时也为改善工作条件，提高自我发展等问题提出解决的方法。

4. 组际发展

组际发展或称群体间关系的开发旨在化解和改变工作团体之间的态度、成见和观念，以改善团体间的相互关系。工作团体之间常常存在着摩擦、冲突，这会破坏组织效能，因而这也是组织发展的重要课题。尽管有不少方法可以改善团体间关系，但最常用的方法是，由冲突的两个团体分别讨论，列出它们各自对自己的认识，对对方的认识和不满，提出要求，然后相互交换，共享信息，找出分歧和导致分歧的原因与性质，接着由双方派出代表共同协商，找出解决问题、弥合差异、改善关系的方法。

5. 过程咨询

过程咨询是依靠外部咨询者帮助管理者，对需处理的过程事件形成认知、理解和行动的能力。过程咨询主要涉及群体内部或者群体与顾问之间所发生的过程情况，这些过程事件可能包括事件处理过程、单位成员间的非正式关系，以及正式的沟通渠道等。咨询者帮助管理者更好地认识他或她的周围、其自身内部或与其他人员之间正在发生什么事情。咨询者并不负责解决管理者的问题。相反，咨询者只是作为教练，帮助管理者诊断哪些过程需要改进。如果管理者在咨询者的帮助之下还不能解决管理者的问题，咨询者将协助管理者给自己配备一名具有适当技术知识的专家。

6. 团队建设

团队建设是使工作团队的成员在互动中了解其他人如何想的和怎么做的。通过高强度的互动，团队成员学会形成相互的信任和开诚布公。团队是一群人集合在一起为了共同的目标而共同工作，它的绩效取决于所有团队成员的努力与合作。因此，团队建设是很重要的。良好的团队建设可以加强团体成员的交互作用，提高相互信任和接纳的程度，提高成员士气，提高凝聚力，增强成员对组织的认同，促成团体绩效的提高。团队建设可以针对工作，也可以针对员工的业余生活，双管齐下则效果更好。

7. 第三者的和平塑造

第三者的和平塑造特别适用于当组织内部存在着高度的冲突时。所谓的第三者往往会由组织发展的职业行为学家来扮演。他们使用各种调停与谈判手段来解决个体与群体之间的关系冲突。

第三节　组　织　学　习

面临已经到来的信息社会和知识经济时代，企业环境的剧变已经把组织学习历史地推到了非常重要的位置上。组织学习是现代企业成功的前提和基础，组织学习不仅是管理的一项重要组织职能，而且对全面提升企业竞争力具有举足轻重的影响。

一、组织学习的概念

现在已经有越来越多的企业认识到，强大的组织学习能力是企业取得竞争优势的最终源泉，是企业管理创新的重要保证，学习已经成为现代企业活动中不可分割的一部分，企业管理创新的规模和成功率很大程度上都依赖于企业学习的类型和水平。在知识经济社会里，管理创新的有效速度的含义是要使企业学习速度大于变化速度。

阿吉里斯和舍恩提出：组织学习是指企业在特定的行为和文化下，建立和完善组织的知识和运作方式，通过不断应用相关的方法和工具来增强企业适应性与竞争力的方式。彼得·圣吉(Peter Senge，1990)将组织学习定义为管理者寻求提高组织成员理解和管理组织及其环境的能力和动机水平，从而使其能够决策如何不断提高组织效率的过程。

（一）组织学习的特征

(1) 组织学习的目标是为达到组织目标，改善组织绩效而进行的。例如提高组织效率，提高环境适应性等。

(2) 组织学习的主体是整个组织。组织学习概念所强调的主体不是组织中的个人，而是组织整体。在组织中个人确实在学习，但这种学习不一定对组织学习有帮助作用。

(3) 组织学习的客体围绕信息和知识。组织学习的定义不同程度地强调了知识和信息在组织学习中的重要性。组织学习是为了持续的改进组织，透过整个组织承诺及行动来强化知识及生产能力的学习。

(4) 组织学习的成果是内化于系统、结构和文化之中的。组织学习使这种企业组织整体共同进步，将学习结果由组织全体人员共享的做法称为组织学习。

(5) 组织学习与知识管理。组织学习的重点是在于提高组织获得并发展新知识的能力。

知识管理的定义是组织为了提高生存能力和竞争优势，对于存在于组织内外部的个人、群组或团体内有价值的知识，进行有系统的定义、获取、存储、分享、转移、利用和评估等工作。

(6) 从研究方法来理解组织学习。在经济学中，组织学习被认为是可以触摸的、可量化的价值增值活动；从经济学角度来看，学习可以被定义为：为了改进经济结果而获得和使用现有知识或创造新知识。在社会学中，组织学习是组织结构变迁的过程；在心理学中，组织学习是人们自我发展的过程；在管理学中，组织学习被看做是持续竞争效率的源泉。从企业管理(知识)基础论观点来看，组织学习的关键在于管理知识的获取和利用。这些知识不仅包括显性管理的知识，而且更注重隐性管理的知识，而隐性管理的知识与人的行为以及认知紧密相关。所以，组织学习是一个动态过程，是组织及其成员获取、转移、融合和创造管理知识的过程。组织学习的目的是通过对组织内外及其成员的管理知识的提升和整合以形成增进组织绩效的智力资本，而这也正是企业组织竞争优势的重要来源。例如：从管理科学的角度看，组织学习是信息获取、加工、整合的过程；从组织理论的角度来看，组织学习是一个社会或集体现象，它要求共同的交流基础和协调的探索程序；从战略管理的角度看，组织学习是企业获得竞争优势的过程；从生产运作管理的角度看，组织学习是提高生产效率的过程。

(二) 组织学习的价值

组织学习对企业的重要性与日俱增。新知识经济时代的企业持续竞争优势的来源是难以模仿的知识资源、技能、只可意会的核心能力。这些资源、技能、核心能力的获取，取决于组织的学习能力。企业一旦加入行业竞争之中，企业之间是学习能力、创新能力和反应速度这些能力的较量。以组织学习来增进企业竞争力，以创新来解决如何将组织学习变成企业竞争优势的来源的问题，对付日益加速的变化只有一种战略组合可言：学习、创新、再学习、再创新。组织学习的价值：组织学习是企业生存和发展的前提；组织学习是企业技术创新、管理创新、制度创新的前提；组织学习是企业积累资源的重要途径，是企业发展与取得构成组织核心能力的技能与技术的基本手段，是改变企业(组织)基因密码从而增强企业生命活力的重要程序；组织学习是知识转化成为组织行为的潜规则，是构建隐性知识潜规则的解决之道。

从宏观上看，组织学习之所以受到重视，是由四个发展趋势所推动的。

(1) 在生产要素的重要性上，逐渐由资本转移至智能劳动力。

知识经济时代，知识管理和获取能力已成为决定现代企业兴衰、成败的决定性因素。在知识经济时代，企业将主要通过知识而不是金融资本或自然资源来获取竞争优势。知识成为企业最重要的资源，已被提到战略生产要素的地位，人才特别是知识化的员工是企业组织知识的载体，更是知识创新的主体，人力资本是组织智力资本的关键所在。由于企业知识更新换代的速度相当之快，企业组织中知识分布重心更加下移，企业所拥有知识化的员工是战略生产要素，人才具有时间局限性，一个学习能力不强的人，今天可能是人才，但明天可能就不是了。人才具有整体性，一个学习能力强但不能将知识转化为组织学习能力或知识更新的人，也不是知识经济时代的人才。一个人或是一个企业组织，只有不断地学习，才能保证不被时代所淘汰，各种竞争归根结底是学习能力的竞争。

(2) 知识逐渐成为竞争优势的主要来源。

人们对企业内部资源中无形知识的重要性的认识更加清晰明确。基于资源的组织观认为：组织的持续竞争优势是由组织拥有的资源属性和优劣决定的。一个具有持续竞争优势的组织，它拥有的某一资源一定是有价值的、稀缺的、不易买卖和难以模仿的，无形知识是企业持续竞争优势的基础和根本来源。20世纪90年代，普拉哈拉德和哈梅尔在《哈佛商业评论》上撰文，提出了“公司核心能力”。核心能力是“组织中的积累性学识，特别是如何协调不同的生产技能和有机结合多种技术的学识”。企业的动态优势来源于企业的核心能力，核心能力实际上是企业拥有的无形知识和关键技能，基于知识的企业核心能力是企业持续竞争优势的根本来源。问题的另一方面是知识是形成企业持续竞争优势的必要条件，对个人来说，知识的价值不仅在于个人掌握了多少现存的知识，而且在于是否具备不断掌握最新知识的能力；对组织来说，知识的拥有量已不是其保持竞争优势的绝对条件，在知识经济时代，随着知识更新速度的加快，多数知识似乎只有暂时性竞争优势的意义，企业拥有学习能力比拥有知识更为重要，快速的学习能力才是组织唯一持久生存与发展的条件。

(3) 企业经营环境的快速变动逐渐成为常态。

组织学习的深层原因是适应企业环境的深刻变化。知识经济使企业和组织面临着外部环境更大的、连续的、复杂性和不确定性剧烈变化的挑战，这些变化将影响企业组织的战略管理，企业为了能适应瞬息万变的社会环境并引领变化，必须保持成功的战略不断转换的动态过程，战略管理的制定与执行恰恰依靠的是信息与知识。在信息与知识基础上的战略管理学习能力是企业适应环境深刻变化的必要前提条件，战略管理领导能力是建立在知识提升和共享基础之上的。成功的企业战略及其实施将帮助企业获得好的绩效。企业战略学习能力是学习速度、学习质量的前提和保证，决定着不同企业学习效率的差异，这种差异正是战略管理优势的根本所在。企业组织学习，提升战略管理领导能力，这种提升的最深层的意义是，在变化迅速的环境条件下，必须有能力及时察觉组织内外环境的变化，并积极做出战略调整，对企业组织获取动态竞争优势，不断提高企业组织绩效。

(4) 经理人与雇员对于传统的命令管理范式，愈来愈不满意。

企业管理人假设随着时代的演进也在不断发生变化，经济人、社会人演进转变为创新人，创新人假设人生来就具有本能的创新动机，在学习中获得自尊、满足好奇心、体验快乐。组织学习在于使创新人的动机、自尊和好奇心发挥出力量，迸发出创新思想火花。新一代知识化的员工出现，个人满足的需求层次进一步提升，自我实现的追求不断提高，要求更多的自我管理和授权。经理人与雇员对于传统的命令-控制典范愈来愈不满意。企业组织其运行和发展就不完全服从于创立者的意志，而是企业中所有成员的共同意志推动着企业组织的变革与发展。企业管理为了适应这种变化，可行的策略之一就是通过员工自主管理，自己发现问题、自己分析原因、自己制定对策、自己组织实施、自己检查效果、自己评估总结。员工自主管理能不断学习新知识，不断进行创新，从而增加组织快速应变、创造未来的能力，提升企业组织学习能力，获得以不变应万变的能力。

从微观上看，推动企业进行组织学习，是以下一种或多种原因。

① 培养组织学习能力，企业能快速回应环境的变化。② 透过组织学习，累积、转换、创造知识，形成以知识为基础的企业竞争优势。③ 认为应以人为本的哲学经营企业，强调愿景、意义、价值、社会责任等。④ 组织或因出现问题、或因患有老化症、或导因于愿景驱动，想以组织学习的方式，进行组织变革。总之，组织学习本身就是一个系统，它几乎囊括了企业管理中所有重要的因素，如人、组织、决策、沟通、技术等等，个人学习固然重要，但一个企业仅仅企业家肯学习还是无法形成竞争力的，组织学习是一个持续的修炼过程，通过周密筹

划的组织学习过程，是一个全方位的学习，要从反馈中学习，从反思中学习，从共享中学习，通过组织学习企业可以提高内部资源、知识的利用率，不断创造出新知识，如果没有强的学习力，不能推陈出新，就不可避免地走向衰亡。所以，要增强企业的竞争力，重中之重就是要提升企业的学习，具备持续制胜的竞争力，从暂时的辉煌走向持续的繁荣。托马斯·卡明斯提出了组织学习如何影响组织绩效的模型（图 9－1）。

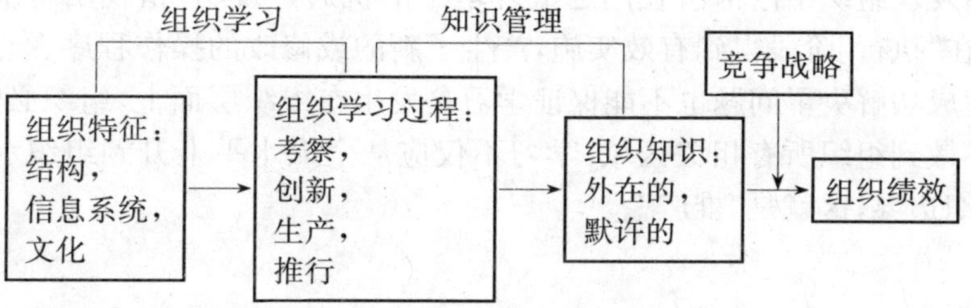

图 9－1　组织学习如何影响组织绩效

二、组织学习的理论模型

1. 圣吉的五项修炼模型

圣吉认为组织演变成学习型组织，并保持持久的竞争优势，必须进行五项修炼：自我超越、改善心智模式、建立共同愿景、团队学习及系统思考。

（1）自我超越。自我超越强调员工向自我极限挑战，实现内心深处最想实现的愿望，它是建立学习型组织的精神基础。方法是保持创造性张力，使愿望与现状之间始终保持一定的差距，激发员工全身心投入并不断进行创造与超越，组织则应强化个人成长对于组织是真正有益的理念，并提供支持个人发展的组织环境。

（2）心智模式。心智模式指组织成员的心理素质和思维方式，根深蒂固于内心，影响着人们如何看世界、对待事物的态度，以及如何采取行动改造世界。而组织内部共有的心智模式则会影响组织的行为和发展，因此个人和企业应对其心智模式加以检查和改善。改善心智模式的途径，第一，挖掘内心真实想法，并严加审视；第二，有效表达自己的想法；第三，以开放的心灵容纳别人的想法。

（3）共同愿景。共同愿景是指能够鼓舞企业员工的愿望和远景，主要包括共同目标、价值观和使命感等 3 个要素。共同愿景对组织学习至关重要，它能为学习提供焦点和能量，把组织成员凝聚在一起，为了共同的目标而开展创造性学习。

（4）团队学习。团队学习是学习型组织最基本的学习单位。通过团队学习，一是能够使团队成员超越自我，克服防备心理，促使成员个人成长的速度更快，学会如何相互学习与工作形成有效的共同思维。二是可以发展团队成员整体搭配和提高实现共同目标的能力，充分发挥集体智慧，提高组织思考和行动的能力，整体可以产生更加出色的成果。只有会学习的团队才可能发展为善于学习的组织。

（5）系统思考。系统思考是作为构建学习型组织修炼的核心和基石，引导人们从局部思考到整体思考，从看事物的表面到洞察其变化背后的结构，从静态的分析到认识各种因素的相互影响，进而寻找到高杠杆解，产生以小搏大的作用，解决组织面临的各种困境，使组织达到一种动态的平衡。

2. 阿吉瑞斯的组织学习四阶段模型

阿吉瑞斯于 1978 年提出组织学习的单环学习和双环学习理论模型，同时提出了发现、发明、执行和推广的组织学习四阶段模型。

该模型认为，组织要作为一个整体进行学习，必须完成发现—发明—执行—推广四个阶段，即“发现”指发现组织中内部潜在问题或环境中的机遇，“发明”指找出解决问题的方法，并且这个方法在“执行”阶段得到有效实施，产生了新的或修改的操作程序、组织结构或报酬系统；然而即使成功解决了问题也不能保证学习是发生在组织层面上，组织必须从学习中受益，学习必须扩散到组织所有相关区域，学习不仅应从个人水平上升到组织水平，还必须贯穿各部门或组织边界，这就是“推广”。

三、管理组织学习

(一) 组织学习的条件

1. 提供知识平台

提供知识获取、共享及交流的技术与组织平台。发展有益于组织学习的技术与组织基础平台，包括有益知识流通的计算机网络和能推动组织中知识学习的部门或组织制度。

技术基础平台，由于现代计算机技术的迅猛发展，使得信息集成到一个敞开的、无障碍的、人性化的开放性的综合信息网络管理平台之上成为现实。通过计算机信息技术将内部和外部各种所有应用数据、信息集成为信息、知识共享与交流的平台。通过技术基础平台，企业内部员工之间的知识获取、共享及交流，就不仅是局限于内部，而且和外部市场紧密相连，这个平台已经超出了传统的管理信息系统的内涵，也越过了普通意义的网站的功能。这种开放式的基于网络平台的组织学习系统，会极大地加强企业(组织)面对复杂而动荡的外部环境快速应变的能力。

2. 培育信任文化

企业(组织)文化在组织学习过程中起着重要的作用。企业渐渐意识到仅有知识的技术平台是不够的，知识管理必须深深扎根于企业文化中，才能获得成功。一个好的企业，一个好的员工，他们应该共享知识，知识应该传播，不然就会变成垃圾，只有共享，知识就会倍增，知识价值就会倍增，形成一种文化，鼓励大家知识共享。从人的本质说，人具有创造知识的无穷能力，而知识不同于传统的资产，它只有在共享时，才会不断地增长，知识被越多的人共享，知识共享将由个体分散控制的知识转化为由公司整体分享，实现公司内部和外部的知识整合，使企业知识有效发挥知识的巨大力量，企业就能获得倍数放大的收益。

知识共享是指知识所有者与他人分享自己的知识，是知识从个体拥有向群体拥有的转变过程。知识共享要求实现显性知识和隐性知识的共享，以及企业内部知识和外部知识的共享。知识共享是组织学习的前提，知识共享是知识管理的核心部分，知识共享是知识发展和创新的关键，知识共享是使隐性知识显性化的途径，共享是知识的增值必经渠道，知识共享是企业内所有成员以最高的效率共同获得最有价值的知识的最小成本路线。信任、交流、学习和分享是组织学习成功的前提，而其中“信任”因素至关重要。共享实现首先取决于一种信任、关怀、坦诚公开、平等的组织文化。实际上，在企业中，大家是同事，也是竞争者，考核、绩效奖金的优等名额有限，你多我就少，因此绩效考核的方式和共享知识的合作精神相抵触。利害相冲突之下，谁还愿意开诚布公地共享知识？企业长期以来形成的观念是在知识交流中，企业管理者把个人对知识的掌握作为个人资本，漠视和逃避合作，管理者为了保证自己在企业中的地位而隐瞒知识，或者企业为保密而设置的各种安全措施给知识共享造成了障碍。要求员工进行知识共享，无异于让他们承认自己在某些领域逊色于人或将自己引以为傲的资本拱手让人，抵触情绪的产生是很自然的。"信任"是知识交易、知识共享的必备条件的基础，没有"信任"，不管其在技术和言论上受到何种支持，知识的运转都会归于失败，有了组织内外成员之间的信任，才能形成公开交流、相互学习、实现分享的良性循环，成员间强烈的关爱和信任是知识（特别是模糊知识）能够共享及知识创新的基础，信任是使信息在组织内部得以流动和传播的润滑剂。企业培育共享的价值观，不断强化共享意识，使知识共享成为日常工作文化的一部分。美国管理专家乔治·冯·克罗（Georg Von Krogh）与日本学者野中郁次郎等总结部分世界500强企业的经验，得出分享隐性知识的经典方法：① 直接观察，小团体成员观察眼前的任务和他人在解决这一任务时所使用的技巧，就像师徒关系那样。观察者进而领会哪些动作是可行的，哪些动作是不可行的。他们因此就增强了按同样的姿势去做的潜能。② 直接观察和口授：成员观察眼前的任务，并从其他成员那里获得关于解决这一任务过程的进一步说明，常常对类似的事情采取口授的形式。通过这些故事，观察者就进一步形成了信心。③ 模仿：观察者在直接观察他人的基础上，尝试着去模仿完成一个任务。④ 体验与比较：成员尝试出不同的解决办法，然后再观察一个专家操作，把他们自己的操作方法同专家的操作方法作比较。⑤ 共同操作：团体成员共同尝试去完成一项任务，经验多的成员指手画脚出主意，帮助经验少的成员改进操作。

3. 构建学习机制

构建组织学习机制，也就是说应该通过制度化的结构或程序安排来促进组织学习。组织获取、分享和利用知识过程采取的形式可以是正式的或非正式的过程。在企业中创造知识共享的机制，通过合作与创新提升企业的核心竞争力。组织学习机制的本质是激励学习和保证学习的有效性，系统地促进组织学习。构建学习机制的内容有：

（1）领导机制：高层主管的支持，知识放在企业管理的首要地位，知识资本、知识产权、智慧、操作知识、洞察力等概念要进入高层主管的思维中，要把知识当作企业最重要的资本来看待和运作，促进知识的共享与创新。包括在口头、行动及资源上的公开支持。企业提供便利的设施鼓励创新和知识共享，并对创新者和知识提供者给予奖励，企业上下对知识的重视，高层主管不完全需要对知识管理活动有直接的参与，但在态度上的支持与认同将是必要的。从高层主管领导层开始，领导要身先士卒，通过表率管理，使企业的价值观从观念形态转变为可以感觉的现实。促使企业结构扁平化、简单化，形成平等畅通的互动渠道。

（2）激励机制：组织对于成员参与支持组织学习有关的活动，应建立有效的激励机制。如何让大家愿意支持组织学习、参与分享知识，激励机制将是有必要的。学习激励机制实际上是对学习的一个正强化的过程，是对员工知识成果价值的评价，要实施精神上、物质上的激励。激励的方式包括物质与精神，但都必须要直接有效，尤其是针对知识分子。组织者可以推动多种形式的学习，如在线学习活动、集体学习活动、信息交换会议、专题会议制度、技巧讨论、深度会谈、电子邮件、电子公告栏、电子论坛等非正式交流来帮助学员交换实践体会。个人也要养成好的总结习惯，积极发表论文、积极参与培训教学活动。

(3) 反馈机制：是通过结构、制度化、正式的、非正式的惯例形式等，使组织系统化地收集、分析、储存、传播和使用与组织及其成员业绩有关的信息，然后进行回顾、分析和评价，形成一个信息反馈系统，以此形成一个周而复始的学习递进过程，从而确保学习的有效性。

(4) 冲突机制：要促进组织成员间的知识融合与共享，解决知识共享中产生的不同文化与价值之间的冲突问题，运用法律手段和经济手段保障知识创造者。

(5) 容错机制：创新型的组织应该是一个具有关心型的组织，它应该具有有意识探索、接近知识，员工之间善于帮助、宽容或接纳彼此过失的组织，从而有助于组织提升内部依赖、关爱的品质，为知识在员工之间的充分沟通与共享创造良好的心理和情感氛围。防止由于观念与习惯的束缚而限制创新、阻碍创新的现象出现。

(6) 绩效考核机制：企业设法把知识分享和绩效考核相连接。

组织学习机制与组织的特定结构、文化背景有着不可割裂的联系，因此，并不存在一个对所有组织均具有普遍适用价值的组织学习机制模式。但是，组织学习机制营造一个有利于员工生成、交流、验证知识的宽松环境，对组织学习有效发生、支持、促进的倍增作用是毋庸置疑的。

(二) 组织学习的内容

学习什么和怎样学习，学习知识的一个基本问题是对知识的分类。

1. 显性知识和隐性知识

1958 年，Polanyi 首次提出了显性知识和隐性知识的概念，被认为是对知识认识的重大突破。隐性与显性知识的分类也是知识管理领域中最重要的分类结构，它影响知识管理的很多方面。

(1) 隐性知识：是指高度个性化，难以正式化，只可意会不能言传的经验、判断、联想、创意和潜意识的心智模式内的知识。隐性知识是高度个性化的、难以格式化的非编码型知识。它植根于特殊的环境和背景，是停留在实践层面即时性的非批评性、经验性知识，往往被不自觉和无意识地运用。我们可以用某种隐喻方式对其进行表述并利用其实现组织目标。在现实中，隐性知识通常表现为经验、技艺(能)专长、印象、灵感、洞察力、直觉、心智模式、预见性、信仰、价值体系(观)团队默契、组织文化和风俗等。隐性知识存在于个人、团体的特殊关系，或者某种特别的程序、规范、流程以及决策方式之中，甚至某种特殊的社会环境与协作关系之中。

(2) 显性知识：是指能够用严格的数据、公式、文字、图形、符号或其他象征物表达出来，易于存储、交流和共享的知识。是一种被包装成信息的正式知识，它存放在各种文献中(如报告、手册、文章、专利、图像、软件等)，而且沟通容易。由此，显性知识也被称之为编码型知识。

表 9-1 为隐性知识与显性知识的主要差异比较。

表 9-1　隐性知识与显性知识的主要差异

特　性	隐　性	显　性
本　质	直觉、想象力、创意或者技巧、无法清楚说明，相当主观	可编码呈现，可清楚说明，较客观
正式化程度	不容易文件化、记录、传递和说明	能通过编码利用文字、图表等有系统地进行传播

（续 表）

特　性	隐　性	显　性
形成的过程	由实践经验、身体力行及不断试验中学习和积累	对信息的研读、了解、推理与分析
存储的地点	人类的心智	文件、资料库、图表和网页等
媒 介 需 求	需要丰富的沟通媒介，例如，面对面沟通或通过视频会议传递	可以利用电子文件传送，不需要太丰富、复杂的人际互动
重 要 运 用	对于突发性、新问题的预测、解决并创新	可以有效地完成结构化的工作，例如工作手册的制定

（3）隐性知识的分类：

Alavi 和 Leidner 这两位学者将隐性的知识分为下列两类。

● 认知的隐性，是指存储在人类的心智模式内，难以外化表达的一些抽象观念、判断和直觉。由于这种知识太过丰富、精密、复杂且无法结构化，常需要依赖直觉与联想，而很难诉诸文字表达。例如，很难解释音乐作曲家贝多芬创作出那些精湛的作品有哪些法则可以遵循，只可以归纳出贝多芬自身拥有丰富的联想力、敏锐的知觉与经验，以及对历史、文化、文学、作曲及各种乐器的了解等，而这些却很难写成操作手册。

● 技巧型隐性，是指要通过身体力行，不断地通过练习与训练才能获得的技能。例如，某人研究了 10 年有关游泳、外科手术和木匠技艺等相关的书籍手册，但还是无法学习到技艺，因为这里面牵扯到很多难以形容的肌肉协调及身体的精密配合，这些技能知识也很难具有显性。

此外，需要说明的是，隐性与显性并非绝对二分法，大部分的知识都同时具有隐性与显性的部分，只是程度上的差异而已。

2. 知识的 4W 分类

1996 年，经济合作与发展组织（OECD）在题为《以知识为基础的经济》的报告中，将知识划分为四种类型：

（1）知道是什么（Know-What）——关于事实的知识；

（2）知道为什么（Know-Why）——关于自然原理和科学的知识；

（3）知道怎么做（Know-How）——关于如何去做的知识；

（4）知道谁有知识（Know-Who）——知道谁拥有自己所需要的知识。

3. 公司操作的十二种知识类型

英国管理专家乔治·W. 科鲁夫认为无论是有意识的还是无意识的，公司都操作着十二种类型的知识（表 9－2）。下面的结构是建立在两种不同特性的基础上的：一种认为是认识论的特性，另一种是存在论的特性（Nonaka 和 Takeuchhi，1995）。认识论的特性可以在知识的三种形式中被细分为：外显的知识、默认的指示以及自我超越的知识。

在公司行为的四个层面上，斯莫卡把存在论的特性细分为：

A1：传递创新价值的结果（履行的）；

A2：改进履行的过程背景(制定战略的)；

A3：重新构建履行的假设背景(心智模式化的)；

A4：重新思考履行的识别背景(塑造的)。

表 9-2　组织中的十二种知识类型

认识论的行为类型	E1 外显的知识	E2 默认的知识	E3 自我超越的知识
A1 履行的	知道是什么	使用中的知识	行为中的反应
A2 制定战略的	知道如何	使用中的理论	行为中的想象
A3 心智模式化的	知道为什么	使用中的形而上学	行为中的灵感
A4 塑造的	知道目的	使用中的伦理审美	行为中的直觉

(三) 组织学习的类型

组织学习是一项系统工程，它涉及组织的方方面面，其内容亦十分繁多。从不同角度来看，可将组织学习形式分为不同类型：

1. 大卫·加尔文的五种组织学习方式

哈佛大学教授大卫·加尔文(Garvin D. A.，1993)对组织学习的活动进行分析后，总结出五种组织学习的方式，即系统解决问题、采用新方法进行试验、从过去的经验中学习、从他人处学习和传递知识等。① 系统的解决问题主张通过组织不同功能的项目团队，系统化地解决特定的产品研发或市场开发等问题，并将集中产生一系列组织共享的知识。② 采用新方法进行试验是指系统地探寻和试用新的知识，尤其是使用科学的方法很关键；主要适用于组织的信息获取或研发部门的日常学习模式。③ 从过去的经验中学习指企业必须不断回顾过去的成功经验或失败的教训，进行系统地评价，并将这些经验列表记录且对员工开放。④ 从他人处学习是指企业应该从客户、供应商、公众甚至竞争者等相关单位学习，常用的方法如标杆超越等。⑤ 传递知识是指组织学习不仅是员工个体的事情，还是整个企业的事情，知识必须能在整个组织内迅速有效地传播和共享。

2. Argyris 和 Schon 的“环形”学习模型

按其深度分为“单环式”与“双环式”。Argyris 和 Schon 提出“单环学习”和“双环学习”模型以及后来又提出三环学习模型。单环学习就是指将组织适应外界变化运作的结果与组织的行动联系起来，并对行动进行改进，以使组织绩效保持在控制的范围内。这种方式的学习只有单一的反馈环，它是在当前的系统和文化框架下去提高组织的能力，完成已确定的任务，其特点是适应，它不对系统运行规则提出疑问。而双环学习则是重新评价组织的控制标准，这种学习有两个相互联系的反馈环，它们不仅要按照组织规定的绩效对组织的行动进行改进，而且还要根据环境的变化对组织控制标准进行改进。实质上，单环式学习就是适应性学习，主要是建立在刺激—反应机制上。双环式学习是创造性学习，特点是积极主动地应变环境。三环式学习是在双环式学习的基础上又考虑学习方式的改进，因此学习活动就相对比较完善了。单环式学习注重利用现存的知识逐步改善目前流程的效率，并无意挑战该流程设计的背后假设；双环式学习挑战目前流程设计背后的基本假设，根本上思考是否需要这个流程，是否应该重新设计另一个流程等。“双环式”是一种突破和根本变革的学习。

3. Nonalta 的 SE－CI 螺旋模型

Nonalta 在研究日本企业组织学习和知识管理活动的基础上提出隐性知识和显性知识之间的相互转化的 SE－CI 螺旋模型，指出知识是通过社会化、外在化、综合化以及内在化 4 个过程的不断转换和融合使得知识呈螺旋式上升的加速发展。野中郁次郎提出的知识转换有四种基本模式：

(1) 从隐性知识到隐性知识——社会化。它是通过体验、观察和模仿等感性经验而不是用言语来获得知识的状况，比如师徒相授、企业文化的熏陶等。例如，管理者从市场和供应商、销售和生产部门搜集信息，搜集与公司战略有关的观念，同企业外专家发生相互作用，并与竞争者进行正式或非正式接触，管理者从企业内外部搜寻并发现新的战略启示和市场机遇等。这是一种个体或团队共享隐性知识的过程。

(2) 从隐性知识到显性知识——外在化。即把个人和团队的隐性知识得到共享和集成的基础上创造出新知识的过程。这个转换过程借用比喻、类推和模型等思维方式。例如，经营理念和战略意图等用文字、图形等表述，顾客潜在需求在调研报告中以某种形式表达，新产品研发构思用语言和文字描述等。这是个体和团队的隐性知识得到整合和共享基础上产生可理解的新知识的过程，管理者在这一过程中促进具有创造性的实质性沟通交流、对话传递等。

(3) 从显性知识到显性知识——综合化。该过程将不同的显性知识融合起来。如个人和组织可以通过文档、会议、电话交流或计算机网络等工具对明晰知识进行筛选、补充、组合和分类等来重新组合现有信息，并可以由此产生新知识。学校的正规教育和培训所实现的知识创新通常采用这种形式。例如，利用所获情报、资料、文献等，以及企业内数据而进行预测，由此提出战略设想和实施措施；对产品和服务制作说明手册、规程、文件和数据库，并在企业组织范围内收集管理数据和技术信息并加以整理和综合；管理者为了传递新的概念而将之公布于众等。总之，个人和团队利用语言、文字、文件、设计图、数据库、电子邮件等，通过汇总、分类、加工、组合和编辑等工作将已有的各种知识加以整合以创造新知识的过程。

(4) 从显性知识到隐性知识——内在化。体现了显性知识对隐性知识的促进作用。该过程与"干中学"有很大关系，通过社会化、外化和融合获得的经验，以思维模式或技术诀窍共享的形式内化为个人的隐含知识时，它们就变成了价值不菲的财富。例如，通过交叉的跨职能、跨部门等的参与扮演不同角色的关联活动，同时与进行市场、技术和产品开发过程相联系从而转换知识；管理者寻求共享新的价值观和思想，通过与组织成员的交流来分享并努力理解战略设想和理念；管理者在组织内树立榜样以培养进取和学习精神，管理者组织模范团队，指导实验并与组织共享成果等。

（四）组织学习中的工具

1. 知识地图

在知识资源的定义方面，可以用知识地图。知识地图是指以图形的方式显示各种知识来源的存储地点、专家所在的位置、任务和知识关系、知识与产品（服务）的关系及知识的结构等，且这些资料大都以电子化的方式来组织、分类、存储及获取。具体地说知识地图是知识文件、知识内容的分类架构，也称为知识树，知识的分布图，是指出知识位置的向导，告诉人们到哪里去找他们需要的专门知识。帮助管理者认识知识流动方式，若一个组织拥有很好的知识地图，组织中的人员就可以方便地找到知识源，找出拥有知识的人，或记录相关知识的文档和数据库。由于其记录的重点有差异，知识地图包括了知识地形图、知识资产地图、知识来源地图。

● 知识地形图是定义知识的工具，描述的信息包括专家、专家具备的技能与知识和专家技能与知识深入的程度。它强调人掌握的知识的类型与程度。

● 知识资产地图主要以图形记载并说明组织内重要资产存储的地点。例如，某些知识存放在哪个退休员工的脑海里或是哪个知识库、资料库内，或哪个部门的档案柜内等。此工具会对知识进行归纳、整理、索引及分类，以利于员工能够快速获取，它强调记录知识的存放位置。

● 知识来源地图主要以图形表示对于某一个特定的任务外部环境、组织及各团队中，有哪些人可以贡献具有价值的知识，并将其中是专家级的员工用符号表示出来。它强调与特定任务相关的知识的存放位置，远近不同的距离，以及深入的程度。

2. 黄页指南

"黄页"的名字取自通用的黄页电话簿。将企业管理知识系统化，并做成个人手册或词典，为组织所有成员提供关于个人技术的信息。在员工技能的定义方面，可以用黄页指南，即专家目录或专家黄页(电话簿)，主要登录了组织最常碰到的问题、组织内外部最优秀的问题排解专家，以及这位专家位于哪里和如何联系。黄页指南的实质是对企业内潜在的问题解决者各行分类，增加内部知识的透明度。

3. 开放空间技术

开放空间是一个让参与者自由组织研讨会的新方法，开放空间为参与者创造了这样一个环境：让人们做他们心中想做的事。它在组织学习中的目的是揭示人们心中真实的想法，因此无论论题是如何建立的，整个活动都是围绕人们真正的需求组织的。这一技术有些类似于我们熟悉的座谈会，但它与座谈会的区别主要在于：它提倡观点的多样性；形成的行动计划由专题讨论时提出议题的人员负责实施。

4. 学习型历史文献

根据乔治·罗思(George Roth，1997)的说法，学习型历史文献是一套记录企业重要事件的文本，包含了企业成长中的许多故事，如企业变革、新创意、重大发明、成功的产品导入，或者是企业的不幸事件，如大规模裁员。文献大约有20～100页，分为两栏。右栏记录有关人士描述的故事，左栏是学习型历史专家所作的分析和评论。学习型历史专家小组由训练有素的外部专家和知识渊博的内部人士组成。

5. 实践社区

"实践社区"被广泛认为是知识管理应用领域的"杀手级"工具。特定领域的人员通过实践社区联系在一起，并围绕这一领域发展和分享知识。

6. 事后回顾

"事后回顾"是由美国陆军率先开发的知识管理工具。目前全球许多组织正在使用这种工具，借此在一项行动或项目进行的过程中(或之后)获取经验教训并学习知识。事后回顾是对一个项目或一项行动的讨论。参与项目或行动的人员通过事后回顾可以了解到发生了什么事情，为什么发生，什么进行得很好，什么还需要改进，从这些经历中可以得到什么教训。事后回顾的精髓在于开放和学习，而不是为了寻找问题的责任和批评指责。从事后回顾中学习到的经验和教训可以在活动参与人员内部分享，也可以记录下来，让更多的人员共享。事后回顾的质量好坏直接取决于参与者开放交流的意愿。美国陆军在任何一次团队行动之后，都要举行事后回顾，美国陆军给出的事后回顾的简单指南是：① 不表扬；② 揭示基本事实；③ 不批评；④ 做记录；⑤ 所见即所述。

7. 学习合约

在商贸中，合同的使用可以确保交换的如期完成，增加合同双方的信任值。一种有助于学习者在自由学习气氛内保证学有所得，并对学习承担责任的方式是使用学习合约。学习合约指的是在学习者、主管、培训师或其他管理人员间达成的有关如何及时完成某项学习目标，并如何检验学习成果的正式协议。一般来说，合约应有这样几个要素：① 决定合约的期限；② 为合约拟定一个一般的格式；③ 收集资料和信息；④ 学习过程中给予一定的反馈；⑤ 在合约中表明将如何评价学习者；⑥ 从一个学习者开始，取得成功即可推广到其他学习者身上去。学习合约有三个基本原则：第一，学习者将承担学习责任，并担当主动角色；第二，学习目标须与工作紧密相连，从而使学习的内容与学习者紧密相关；第三，学习合约的职能是建立在学习周期上的，学习者将成功地从实践走向反思、知识和计划。

8. 建立知识联盟

知识联盟是一种全新的知识集约关系，知识联盟主要是致力于知识的传播和运用，是一种强有力的从组织外部向组织内部传播知识的方法，是组织学习的一个组织间的学习合约，知识联盟是产品联盟发展的更高层次，它是通过产品实现的，但是它不是体现在产品上，而是体现在知识上。同时，这种联盟发展链的高级阶段也有助于降低风险、削减成本、提高市场开发速度等，更重要的是知识联盟还有助于参与者学习。知识联盟是以开发新技术，控制新的国际标准，维持市场实力为目标的联盟。知识联盟可以是战术上的，也可以是战略上的。巴德拉克总结了知识联盟的四大特征：一是传播和创造知识是联盟的中心目标；二是知识联盟比产品导向的组织网络联系更为紧密；三是知识联盟的参与者极其广泛，甚至包括政府和大学；四是知识联盟比产品导向的组织网络具有更多的战略潜能。

思 考 题 九

1. 为什么要进行组织变革？
2. 组织变革的征兆是怎样体现出来的？
3. 组织变革的内容有哪些？
4. 组织变革会遇到哪些阻力，这些阻力来自何处，如何克服？
5. 为什么流程再造能够成为组织变革的重要工具，如何运用这种工具？
6. 组织发展的含义是什么？
7. 组织发展技术有哪些？
8. 组织学习的知识分类有哪些？
9. 组织学习中的工具有哪些？

【案例九】 小天鹅如何绝地翻身

美国作家马克·吐温这样抱怨道:“我往往是机会离去的时候,才知道这是机会。”没错,这是因为机会常常掩盖在危机的身后,如今中国家电公司正面临着新一轮大考,当“以旧换新”、“家电下乡”两大国家激励政策陆续步入退出通道时,步履维艰的家电公司即将遭遇新的增长瓶颈。

面对一个日趋饱和、竞争残酷的市场如何突破天花板?“激活存量市场将决定小天鹅未来发展的商业空间。”48岁的小天鹅总裁柴新建若有所思地说。1996年,在法国洛林高等理工大学取得博士学位后,柴新建来到小天鹅,15年中,他历经中国家电业的种种艰难时刻。他认为,中国家电业面临着原材料成本上涨、市场需求减缓、增速放慢等压力,一旦家电下乡政策退出,一些纯粹依靠政策发展的企业可能很难存活,压力会比较大。

数据显示,从20世纪90年代中后期开始,中国有竞争力的洗衣机品牌逐渐从80个减少至7个。事实上,这不仅仅是中国家电公司的困境,全球家电巨头也面临着新的洗礼。最新消息显示,美国惠而浦表示,该公司将裁员5 000人,同时关闭位于美国阿肯色州的一家工厂,并将位于德国的一家工厂转移至波兰,此外还将削减600万台家电的产能。而惠而浦的主要竞争对手伊莱克斯则表示,计划每年削减大约7.7亿美元的成本,由于需求的普遍下滑,正在对所有地区的员工数量进行评估,可能进行裁员。所有这一切的原因皆是全球家电企业市场需求疲软和成本上升。

“在增长瓶颈和行业困境面前的不同表现,决定着企业拥有不同的未来。当你的竞争对手在琢磨如何做好五年之后的市场时,你必须做出十年的规划才有可能在未来打败它。”柴新建说。

“早在2002年,我们就已经开始了有关物联网洗衣机的研发,那时候物联网的概念还并未为大多数人所知。”柴新建介绍,2009年1月,美国白宫发布了《经济复兴计划进度报告》,宣布未来3年以内投资40多亿美元推动统一智能电网工程。“那一年,我们将上千台的‘物联网洗衣机’运往美国,配合美国国家智能电网的相关项目测试,另一方面和传统洗衣机对比试销。它们是目前全球唯一一款真正进入商用的物联网洗衣机。至今,出口美国的物联网智能洗衣机已累计超过万台,而今年,终于将开始形成大规模销售。”柴新建认为,“这意味着小天鹅的前瞻性研发终于开花结果。”

1. 前瞻性研发

1996年,柴新建来到小天鹅后,第一项工作是负责“水流振动噪声”的研究小组,即攻克当时整个行业的技术难题:降噪声。这个小组有4个人,一个老师傅,两个刚毕业的大学生,组长是柴新建。在柴的带领下,小天鹅技术攻关开始呈几何方式裂变。公司申报的国家专利,从1996年的两项上升到后来每年200多项,随后,柴新建迅速被任命为公司副总经理,分管技术。

“大约9年前,小天鹅开始布局物联网,专门成立了研发项目小组。并与国内大学合作开展有关物联网智能控制技术的前瞻性研究。那时候,物联网的概念还并未像今天这样炙手可热。”柴新建回忆道。

“我们的研发人员会去大量阅读科学杂志和科学文献,此外,他们和用户有非常直接的沟通，我们鼓励他们多和科学家们进行充分交流，并把实验室中的创意变成课题，探讨商业化的可能。”柴新建说，“小天鹅的研发非常强调洞察力，即洞察用户的需求，努力将他们的渴望变成现实中的产品。”

“比如我们的物联网智能洗衣机控制系统能识别智能电网用电的波峰与波谷，以及分时电价等信息，一个短信就能遥控洗衣机运行，可以让衣服‘告诉’洗衣机对颜色、水温、水量、洗涤剂、洗涤强度的要求……”一位小天鹅的员工说，“这些都是我们经过调研后发现的用户关心的问题。”

在柴新建看来，任何一种新技术都体现了一种商业思想。当然，研发的投入并不是无止境的，有时必须有所取舍，这时研发人员和市场人员就要进行讨论，分析创新技术进行商用后的市场潜力究竟有多大。有的产品需要先做模型，然后预测可能获得的市场份额以及销售额。“对此，我们有一整套的流程，对所有研发项目进行风险评估。首先评估整个战略，然后再对项目进行具体评估，风险控制对于研发，尤其是前瞻性研发的意义非常重要。”柴说。

2003 年，小天鹅物联网研发小组的论文在美国科技大会上发表。同时，小天鹅还发起了中国洗衣机物联平台标准的建设，江南大学物联网学院的 17 名研究生随即进入了小天鹅的研发小组，“我们会从进站研究生中发现好‘苗子’，把优秀人才留在企业。”柴新建说，“小天鹅鼓励自由创新和吸引各种人才，我们会经常评估研发人员想出来的主意，如果非常好，就会把它上升成为一个研究项目。”

2. 最核心的是无形资产

众所周知，源于 20 世纪 70 年代末期的中国洗衣机产业，发展之初由于缺乏产品技术和制造工艺，主要从日本松下、三洋、东芝、日立等企业引进。虽然这在短期内解决了行业发展初期的经验和模式问题，但令国内企业遭遇了“发展扩张迅速，但竞争实力弱”的问题。进入 1980 年代中后期，洗衣机企业在我国快速扩张，除了西藏之外的所有省市都出现了洗衣机工厂，小天鹅、小鸭、金鱼、水仙、荣事达、申花、威力等一批企业争先恐后地涌现了出来。“一个总是靠模仿生存的企业是没有希望的，技术的前瞻性投入与品牌价值的再造才是中国家电企业的唯一出路。”柴新建说，“目前，小天鹅拥有专利超过 460 项，软件著作权 200 多项，没有一起专利纠纷。”“事实上，中国一些家电企业的研发经费实际上是有名无实，研发上的拿来主义最终导致企业的整体竞争实力的缺失，陷入了缺技术、轻研发、重模仿的成长怪圈。没有真正属于自己的核心技术，因此处处受制于人，遭遇贸易壁垒也是必然的。”一位业内人士说，“而另一方面，中国家电业很容易陷于过度营销、价格战、利润率下滑的生存状态”。

品牌是一个企业最核心的无形资产，而这正是中国家电企业乃至中国制造的短板。比如在欧美大大小小的产品差不多都是中国造，但是在价值链上，作为生产商，中国企业仅获得 10%～15%，而国外品牌从中获利 35%，分销商获利一半。中国企业要想进一步分割这 35%的利润，必须打出自己的品牌。柴新建也认同的是，目前中国家电业碰到最大的瓶颈是在品牌的定位与分析上做得不够，“一个品牌包含着企业的文化与精神，是一种文化和生活方式；而一种产品的成功的最好表现是它能够成为某种品类的代名词，这些都需要仔细去研究。”

他承认，相对于全球消费品巨头中那些百年老店，等待中国的企业是一条漫长的道路，不是投多少广告就能做到的事情。“我们洗衣机占到全世界一半的产量，但是消费者并不一定知道这个品牌究竟意味着什么，所以我们在努力做的事情，是要和用户之间建立一种情感的联系，只有这样才是长久的。"最近，小天鹅开始在全国投资500万寻找老用户。目前，找到的老用户中使用时间最长的一台小天鹅洗衣机来自云南曲靖，用户是在1979年8月购买的。

不过，和用户建立品牌之间情感互动显然不能一蹴而就。"营销教父"科特勒曾说，"全球市场在疲软，现在稀缺的是顾客。中国的商品过剩，所以大家都用起了最传统的价格战，结果销量没上去，利润却下来了"。"中国产品要在全球卖个好价钱，逐步建立起品牌需要一个过程。不过，打出自己的品牌是有代价的，不仅要研究消费者需求，建立情感互动。更重要的是，能够牺牲短期利益寻找差异化路径，任何时候，模仿总是在短期内最廉价的，但是从长远看，这样的企业将无法生存。"柴新建说。

案例思考题：分析小天鹅是如何实现组织变革的？

第四篇 领 导

人们并不是理性的，而是由本性支配的。

——雷恩

伟大的人物都走过了荒沙大漠，才登上光荣的高峰。

——巴尔扎克

运筹帷幄，我不如张良；决胜于千里之外，我不如韩信；筹集粮草银饷，我不如萧何。而他们都被我所用，这就是我得天下的原因。

——刘邦

第十章 领导理论

第一节 领导概述

一、领导的本质

(一) 领导的概念

领导是管理学中一个永恒的话题。对于成功的商业实践来说,恐怕没有什么比领导更重要的了。从文字面上,"领导"有两种词性含义。一种是名词属性的"领导"(Leadership),即"领导者"(Leader)的简称,是施加影响的那个人;领导者是指担任领导工作的人(领导个人和领导班子),或指利用影响力带领人们或群体达到组织目标的人。二是动词属性的"领导"(Lead),即"领导"是"领导者"所从事的活动,是一个人对他人施加影响、激励并指导他们的活动朝有利于团体或组织目标实现方向发展的过程。所以,领导既可以指一种类型的管理人员,也可以是作用于被领导者的一种活动。在管理活动中,领导一词有着两种截然不同的定义。一种定义指的是引导和动员人们的行为和(或)思想的过程。在一些场合,另一种定义指的是处于正式领导职位的一群人,人们期望他们起到引导和动员人们行动和(或)思想的作用。

我们将领导定义为对人施加影响以引导和动员人们实现某一特定目标的过程。本书所使用的定义强调了三个方面即领导的三要素:人、影响力和目标。① 要有部下:领导者必须有下属或追随者,② 要有影响力. 领导者要拥有影响追随者的能力或力量,③ 要有目的:领导的目的是通过影响下属来实现组织目标。

这意味着领导是对人的领导,是一种人的活动,它发生于人群之中。领导者必须有部下或追随者,没有部下的领导者谈不上领导,即要有被领导的对象。领导者一定要与组织中的成员发生关系。这些人就是领导者的下属或者称被领导者。领导者来源于两个或两个以上的人之间的影响关系,根据状况无论是谁都有可能成为领导人。

其次,它涉及运用影响力。"影响"意味着人与人之间的关系不是消极被动的,而是相互的、双向的。领导不同于行政文书活动或问题解决,领导者拥有影响追随者的能力或力量,这些能力或力量包括由组织赋予领导者的职位和权力,也包括领导者个人所具有的影响力,领导者对被领导者可以产生各种影响,领导者通过这些影响力,得到被领导者的服从和追随,从而确立和保证领导者在组织中的地位。权力在领导者与被领导者之间的分配是不平等的。领导者在权力方面的强大是领导工作得以顺利进行的重要基础。

再次，领导通常是为了达到一定的目标，领导的目的是通过影响部下来达到企业的目标，领导具有目的性，领导的行为必须指向组织的目标。

（二）领导与管理

管理是一个普遍应用的名词，而领导也是一个难懂而又吸引人的主题，但两者的内涵，却往往随应用场合而意义相异。故在探讨领导的概念时，必须将领导与管理之含义予以澄清。

（1）从范围来说：在一般管理学意义上，领导的范围比管理的范围小一些。领导是管理的一个职能，组织中的领导行为属于管理活动的范畴。

（2）从作用来说：管理则是为组织活动选择方法、建立秩序、维持运转等活动，领导在组织中的作用表现在为组织活动指出方向、设置目标、创造态势、开拓局面等方面。

依据 Kotter(1990)的解释，管理包括：① 规划与预算；② 组织与安置；③ 控制与解决问题。相对地，领导包括：① 确立方向。包含发展为达成目的的远见与策略；② 促使人员合作。包含沟通努力的方向与确保成员合作；③ 激励与鼓舞。

从作用活动的角度来分析，其主要区别如表 10－1 所示。

表 10－1　领导与管理的区别

管　理	领　导
1. 计划、预算； 2. 组织安排； 3. 控制、解决问题	1. 定经营方向； 2. 联合群众； 3. 激励和鼓舞

（3）从层次上来说：领导具有战略性、较强的综合性、贯穿在管理的各个阶段。从整个管理过程来看，如果我们把管理过程划分为计划、执行和控制三个主要的阶段，领导活动处在不同阶段之中，集中起来就表现为独立的职能，即为了实现组织目标，使计划得以实施，使建立起来的组织能够有效运转，组织和配备人员，并对各个过程结果进行监督检查。

（4）从功能来说：管理的主要功能是解决组织运行的效率，重视低层次的工作计划、执行与监督考核，追求降低成本与增进效率。而领导的主要功能是解决组织活动的效果，重视工作决策与指导，强调任务与目标的达成。

（5）从权力来源来说：管理者是被任命的，他们拥有合法的权力进行奖励和惩罚，其影响力来自于他们所在的职位所赋予的正式权力。管理权力来源于组织结构，是建立在合法的、有报酬的和强制性权力的基础上对下属命令的行为。相反，领导者则可以是任命的，也可以是从一个群体中自行产生的，领导者可以不运用正式权力来影响他人。而领导权力则来源于个人资源，可能建立在合法的、有报酬的和强制性权力的基础上，但更多的则是建立在个人影响力、专长权以及模范作用等基础之上。如个人兴趣、目标和价值观，这些资源不是组织所授予的。领导的本质就是被领导者的追随和服从。它不是由组织赋予的职位和权力所决定的，而是取决于追随者的意愿。

一般地讲，一个人既是领导者，又是管理者，但也常常存在两者分离的情形。① 领导者并非一定是管理者。如：非正式组织的头头，虽然能够影响别人并不表明他同样也能够或需要进行计划、组织、控制。② 管理者不一定是领导者。因为领导的本质在于部下的服从，有些管理者没有下属追随，就不是真正意义上的领导者(表 10－2)。

在 Buckingham、Duecy、Fleischer、Zaleznik、Colvard、Witzel、Kotter 等研究的基础上，可

以识别管理者和领导者的特质。

表 10-2 管理者和领导者的特质

管理者		领导者
1	关注特定时间段内的计划和预算	关注广泛的目标，为未来描绘蓝图和提供战略
2	对组织形态负责	强调沟通
3	关注问题的解决	对属下提供激励和灵感
4	关注于完成预定的目标	创造和实施变革
5	关注个人实力和雇员特殊技能	打破个体间的差异，构建共同的愿景
6	伟大的管理者倾向于打破规则和组织界限，并得到员工的认可	带领人们走向更好的未来，积极乐观，让人们相信未来会变得更好，在公共场所发言，对不可预料的问题提前做好准备
7	战术性的管理	注重战略和对员工的改造
8	控制	合作
9	关注于发现事实	关注于决策制定
10	把事情做对	做正确的事情
11	关注效率	关注效果
12	制定规则	建立原则
13	关注正在发生的事务	预料将要发生的事务
14	关注于答案和解决方法	关注于问题性质的确定
15	寻找过去问题和现在问题的相似之处	寻找差异

（三）权力的来源

不管一个人的领导风格如何，有效领导的关键成分是权力，领导者运用权力影响其他人的行为，使其他人按照领导者期望的某种方式工作。有效的领导者采取各种措施保证他们拥有的每种权力来源都有足够的水平，保证领导者运用拥有的权力以有益于组织的发展。

权力是一种影响他人行为的潜力。一个有权力的管理者，通过改变别人的活动使之偏离他们自己的直接目标而转向实现他（她）本人的目标时，就是在运用他（她）的权力。在这个意义上，我们可以用影响力作为权力概念的替代概念。影响力是指一个人在与他人的交往中，影响和改变他人的心理和行为的能力。影响力意味着个人在特定情况下实施或运用权力，而不是指个人使事情完成的整个权力或他（她）的总体能力。

权力代表了一种资源，领导者通过这种资源影响其雇员的行为。这种资源来自两个方面：一是来自位置的权力，产生于一个人在组织中的职位。它是因为领导者在组织中所处的位置是由上级赋予的，随职务的变动而变动。在职就有权，不在其职就无权。人们往往出于压力和习惯不得不服从这种位置权力。二是来自于个人的权力，建立在个人的个性特征基础之上。它是由于自身的某些特殊条件才具有的。如：领导高尚的品质、丰富的工作经验、良好的人际关系、善于关心人等，这种权力对人的影响是发自内心的、长远的。约翰·弗伦奇和伯特伦·雷文（1959）提出五种社会权力，分别为：合法权——领导者经由社会及法定的系统所赋予的合法性权力而影响他人；奖赏权——领导者以奖赏的权力影响他人；强制权——领导者借着威胁惩罚而影响他人；专家权——领导者借其在某些特定事件上所具有的专门知识影响他人；参照权——领导者以其人格而受他人的认同与赞赏。

1. 职位权力

典型的管理权力来自于组织。管理者所处的职位给予其奖励或惩罚下属，从而影响下属行为的权力。合法权力、奖赏权力和强制权力均是管理者常用的改变雇员行为的职位权力形式。

(1) 合法权力　合法权力来源于组织中正式的管理职位。合法意味着权力的行使具有职务基础或优势。例如，一旦某人被选举为监工，大部分人知道他们必须服从监工的指挥。下属视这种权力的来源是合法的，这就是他们遵从的原因。合法权力的影响因素是传统观念，几千年的传统文化在人们心中铸就了这样一种心理：认为领导比普通人强，无论是权力还是才干，由此产生了对领导者的服从感，这种传统观念增强了领导者的影响力。

(2) 奖赏权力　奖赏权力来源于给予他人奖赏的权力。管理者们可以运用正式的奖赏如提升工资和晋升职务，或运用非正式的奖赏如表扬、关心和承认等来影响下属的行为。

(3) 强制权力　强制权力是一种惩罚或提出惩罚建议的权力。当管理者有权辞退雇员、将雇员降级、给予批评或不给某人提升工资时，他便拥有了强制权力。强制权力的影响因素是职位因素，领导者因占据一定职位，而能左右下属的行为、处境甚至前途，从而使下属产生敬畏感，这种敬畏感增强了领导者的影响力。不同职位权力引起下属的反应是不同的。合法权力和奖赏权力更可能引起下属的顺服。顺服意味着雇员遵守命令和执行指示，虽然他们可能不同意或没有积极性。强制权力更多地会引起反抗。反抗意味着雇员处心积虑地试图不执行命令或不遵守指示。

2. 个人权力

与来自于外部的职位权力相比较。个人权力主要来自于个人的内部资源，如一个人的特殊知识或一个人的个性特征。个人权力是领导的工具。下属追随领导人，是因为他们尊重、倾慕或信奉领导者的思想观点。个人权力有两种类型：

(1) 专家权力　专家权力来自于领导者所拥有的对他人或整个组织而言具有重要价值的特殊知识或技能。专家权力的影响因素是知识与才能，知识产生信赖感；才能产生敬佩感。当一个人是真正的专家时，因为他具有知识专长，下属就会服从他。监工层次的领导者一般都拥有生产流程的经验，这使得他们能够获得下属的尊重。然而在高层管理中，领导者可能缺乏专家权力，因为下属比他们懂得更多的技术细节。

(2) 参照权力　来自部属的确认、尊敬和推崇所形成的权力。参照权力或感召权力来自于领导者的个性特征，如具有某种特殊气质、形象或拥有某种荣誉、声望以及特殊经历等，其个性特征为下属所接受、尊重和仰慕，以至于下属竭力仿效之。它是合法权力的重要补充，是可以引起下属的仰慕、拥戴心理并通过模仿方式或加大领导者造成的附加影响力。感召权力依赖于领导者的个性特征而非正式的头衔或职位，这在富有魅力的领导者身上是显而易见的。例如资历因素，资历反映了一个人的过去，人们往往容易对资历较深的人产生尊敬，这也增强了领导者的影响。例如感情，感情是一种心理现象，是人们对客观事物好恶倾向的内在反映，如果领导者待人和蔼可亲，关心体贴下属，产生亲切感。

专家权力和感召权力引起的反应，更多的是承诺。承诺意味着雇员们将分享领导者的观点，并积极主动地执行他的指令。毫无疑问，承诺意味着服从而不是抵制。当领导者希望变革时，这是尤为重要的。因为变革意味着风险和不确定性。承诺有助于下属克服对变革的畏惧。

这五种权力的基础实质上是上级和下级的关系表现方式。合法权力意味着权力的行使是基于上级对下级的行为具有规定权；强制权力是基于上级有权惩罚下级；奖励权力是基于上级有权奖励下级；专家权力是基于上级有一些特殊知识或专业知识；参照权力是基于自下而上的下级对上级的认可。

科特在弗伦奇和雷文的基础上指出，成功的管理者需要建立起一些基本权力，尤其是感召权力和专家权力。这两种权力比正式职权、奖赏权力以及强制权力更具有持久性。

当然，权力不仅仅来源于职位和个人，它还来源于组织中和组织间的个人的相互作用，来源于在这些相互关系中对信息和资源的控制。如，在一组相互关联的任务中，一个人对其他人的相对依赖程度；在一个组织的沟通网络中个人的中心地位；在关系中个人的可被替代程度；对关键人物处理不确定性事件的能力的依赖，等等(见表 10-3)。

表 10-3 五种权力的来源与测定

	合法权力	奖赏权力	强制权力	专家权力	参照权力
领导者方面	职位	职位	职位	个人专长	个人魅力
下属方面	习惯观念	欲望	恐惧	尊敬	信任
测定	这个人掌握支配你的职位和责任的权力，期望你服从法规的要求	这个人能给你以特殊的利益或奖赏，你知道与其关系密切是大有好处的	这个人随时可以为难他人，你总是避免惹他生气	这个人的知识与经验能使你尊重他，在一切问题上你会服从他的判断	你喜欢这个人，并乐意为他做事

权力最终来源于对资源的控制。权力是依赖的函数。权力是建立在依赖关系之上的，只有当一个人控制了你所期望拥有的事物时，他才拥有对你的权力。这种依赖关系有可能来自于物质的或者精神方面，也有可能来自于心理的或者社会方面。无论是感受了依赖性的存在，还是对此毫无察觉，只要权力在发挥其作用，依赖关系就确实存在着。权力是潜在的，无需借助其他来证明自己的有效性。组织或个人可以通过减少对他人的依赖并同时增加他人对自己的依赖来寻求获得权力。这与企业通过发展多个供货渠道来避免供应商的权力或通过出售给顾客仅有少数替代品的产品来获得市场权力的努力是相类似的。

(四) 权力观

领导必须正确对待权力。

1. 追求和使用积极的权力

权力按其属性亦可分为两种：第一种是消极的权力，它以个人的需要和目标为导向，一般产生消极的后果。消极的权力来源于个人的权力欲，权力欲膨胀的人，会不择手段争权夺利。这种人多的话，组织会陷入无穷无尽的争权夺利的旋涡，影响组织的正常流畅运转。以消极的权力为目标的人一旦掌权，还会为一己私利肆无忌惮地损害组织和集体的利益。第二种是积极的权力，它是以组织或群体进步为导向的，一般产生积极的后果，它能在组织中把个人的长处组合起来，创造一种民主的氛围，促使组织飞速发展。一个领导者必须意识到，权力只是管理活动中的一种工具，为实现组织目标服务，而不是为个人利益服务的私人财富。领导者追求权力的动机和使用权力的目的是否正确，衡量的标准就在于他追求和使用的是积极的，还是消极的权力。

2. 不可滥用权力

拥有无上权力的人应小心使用它。领导者一旦滥用权力,不但会阻碍组织目标的实现,还会导致人际关系的恶化和组织凝聚力的下降,最终会导致领导者权力的丧失。为避免滥用权力,领导者应遵循如下使用权力的原则:① 不炫耀自己的权力。好的领导者是用一种谨慎小心的态度对待权力,该使用时使用,而决不夸大炫耀。② 客观一致地使用权力。这包括两个方面:让大家知道在何时何种情况下使用权力和始终一贯遵守这种行事方式。这样,权力的使用就成为工作秩序的一部分,这种秩序一旦被接受,下属就不会认为使用权力是领导者主观的随意行为,即使可能产生不愉快,也不会引起针对领导者个人的愤恨仇视,从而减弱领导者使用权力的有效性。③ 牢记使用权力的目的是为了建立所期望的行为模式。每一项重大的领导决策都会对群体态度和行为产生影响,使组织内部的结构发生变化。正是在使用权力的过程中,领导者引导下属建立并维持组织所期望的行为模式。

(五)领导的作用

在指导和影响组织成员为实现组织目标而努力的过程中,领导主要有以下三个方面的作用:

1. 指挥作用

在人们的集体活动中,需要有头脑清晰、胸怀全局,能高瞻远瞩、运筹帷幄的领导者帮助人指明活动的目标和达到目标的途径。领导者只有站在群众的前面,用自己的行动带领人们为实现企业目标而努力,才能真正起到指挥作用。

2. 协调作用

在许多人协同工作的集体活动中,即使有了明确的目标。但因各人的才能、理解能力、工作态度、进取精神、性格、作风、地位等不同,加上外部各种因素的干扰,人们之间在思想上发生各种分歧、行动上出现偏离目标的情况是不可能避免的。因此就需要领导者来协调人们之间的关系和活动,把大家团结起来,朝着共同的目标前进。

3. 激励作用

在企业中,尽管大多数人都具有积极工作的愿望和热情,但是这种愿望并不能自然地变成现实的行动,这种热情也未必能自动地长久保持下去。怎样才能使每一个职工都保持旺盛的工作热情、最大限度地调动他们的工作积极性呢?这就需要有通情达理、关心群众的领导者来为他们排忧解难、激发和鼓舞他们的斗志,发掘、充实和加强他们积极进取的动力,协调这些职工在不同时空的贡献,激发职工的工作热情,使他们在企业经营活动中保持高昂的积极性,这便是领导者在组织和率领职工为实现企业目标而努力工作的过程中必须发挥的具体作用。

二、组织中的政治行为

政治行为是获得、发展、使用权利和其他资源以取得自己所偏好的结果的活动。政治行为可以在管理者和下属之间发生,也可以在下属和管理者之间以及管理者、下属和同级同事时间发生。即政治行为的指向可以是向上的、向下的或水平的。

(一)常见的政治行为

研究指出,组织中常见的政治行为有 4 种基本形式。首先是引诱(inducement),一位管理者许诺给予他人某物以换取此人的支持。例如，产品经理向另一位产品经理建议如果对方支持他的新营销方案，则他可以在对方的老板面前替对方说好话。世通公司的前 CEO 埃伯斯(Bernard Ebbers)就经常用这一手段以保持他在公司里面的领导地位。例如，他经常让其他董事使用公司的专机，并且对他们看好的项目不惜投入巨资。

第二种策略是说服，这要靠运用逻辑和情感。一位运营经理想要在某地建一个新厂，他可以站在客观和逻辑的立场上说服他人(成本低、税负低)，也可以诉诸主观和个人的情感。埃伯斯同样利用这一方法。每当一位董事打算撤换他时，他就在幕后鼓动其他董事挽留自己。

第三种政治行为是创造一种义务。例如，某位经理可能支持另一位经理的广告方案，尽管他实际上对广告方案没有意见。但他认为自己在这样做的时候向其他经理提出了义务，在他自己需要支持的时候他可以“提取”这种义务。埃伯斯向董事们提供贷款，然后豁免贷款以换取他们的支持。

第四种政治行为是强制。强制是用强迫的方式实现自己的目的。例如，经理可能威胁撤回支持、奖励或其他资源来影响他人。这也是埃伯斯的手段之一。他对敢于提出疑问的董事表现出藐视的态度。一位董事说：“他待你就像王子，但你可别忘了谁是国王。”

(二) 政治行为的管理

从本质上说，政治行为很难从理性和系统的角度进行分析，但是管理者可以对政治行为进行管理，限制其危害。首先，管理者应当认识到，即使他们的行为不受政治激励，其他人仍然会这样认为。其次，通过向下属授予自主权、责任、挑战和反馈，管理者可以减少下属的政治行为。第三，如果不想被别人说成是政治激励的，管理者应当避免使用权力。第四，管理者应当公开分歧，从而避免下属为了自己的目的而利用冲突的政治行为。最后，经理应当避免背后的动作。幕后活动总是给人政治性的感觉，即使本来并非如此。其他的原则还包括清楚地说明绩效评估的基础和过程、将奖励与绩效直接挂钩以及减少经理们对资源的竞争。

当然，这些原则知易行难。有见识的管理者不应当假定政治行为是不存在的，或者更糟糕，试图用命令取消它。相反，管理者必须认识到，政治行为在任何组织内都存在，不能假装视而不见或企图取消它。但是，可以通过管理令其不致对组织造成严重的损害。在某些情况下，政治甚至是有用的。例如，经理可能会利用其政治影响力唤起人们对社会责任的意识或提高对决策伦理性的意识。

第二节 领导理论

从时间和研究的侧重点来看领导理论的演进，领导理论可分为三类：领导品质理论、领导行为理论和领导权变理论。在 20 世纪 30 年代到 40 年代，有关领导的研究集中在成功的领导者一定具备区别于无效领导者和永远不会成为领导者的那些个人特殊品质。从 20 世纪 40 年代到 50 年代早期，关于领导的研究主要侧重于领导行为方面。从 20 世纪 60 年代早期开始，领导研究侧重权变理论的研究，而最新的研究则对领导风格与魅力领导方法给予较多的关注。

一、领导品质理论

我们知道,管理的核心是领导者,一流领导本身就具有极大的影响力,他们是从哪里来的呢?是天生而来还是后天培养?像丘吉尔、罗斯福、松下幸之助、杰克·韦尔奇……我们必须承认,就像有些人生来是美人一样,有些人的确在影响别人方面有得天独厚的天赋。这一理论的基本假设是领导者是天生的,研究具备什么样的特有素质适合或能胜任领导者,寻找并使具有这些特质的人在实际工作中成为领导者。早期探讨领导者品质的领导理论被称为领导品质理论,领导品质理论主要用于辨别能产生有效领导者的个人特征。研究人员对某些杰出人士之所以能成为领导者的秘诀非常感兴趣,研究人员认为领导者具备一些常人所不具有的特殊品质,正是这些品质使得他们脱颖而出成为组织的领导核心。

(一) 领导者品质

如何才能做一个好的领导者呢?或者说一个好的领导者应该具备哪些条件呢?从古至今一直有人做出种种尝试。品质理论的逻辑假设是:个人品质或特征是决定领导效果的关键因素,领导才能实际上是个人人格素质的特殊结合。研究的重点是在发掘足以鉴别成功领导者与非成功领导者的身心特性。先后共从事三种不同的探讨:第一阶段是广泛发现领导者,尤其成功领导者的一般人格素质,其不易得到一致的结论;第二阶段是共同特性的分析,将各有关研究作文献的探讨,发掘其共同的人格特性;第三阶段则是属性的探讨,研究何种领导位置最需要何种领导者的人格特质。通过比较和分析,可以确定哪些品质或特征是一个好的领导者所必备的。当判断或预测一个人能否是一个好领导时,只要看他是否具有哪些特定的品质和特征。究竟哪些品质是一个好的领导者所必须具有的呢?领导品质理论着重研究领导者的人格特质,以便发现、培养和使用合格的领导者。随着管理学和心理学等学科的产生和发展,对领导品质进行了较系统、科学的探讨,陆续出现了各种各样的领导品质理论。

哈罗德·孔茨关于领导者品质的观点:第一,有权并知道怎样用权;第二,对人要有基本的了解;第三,杰出的鼓动家;第四,有能力营造一种良好的组织气氛。

斯托克蒂尔认为,与领导才能有关的品质很多,包括五种身体特征(如精力、外貌、身高等),四种智能特征,十六种个性特征(如适应性、进取性、决断力等),六种与工作有关的特征(如职业成就、创造性等),九种社会特征(如合作性、人际关系等)。

吉沙利也提出了自己的品质理论,并就每个品质测算出了相对重要性(表 10-4)。

表 10-4　吉沙利的品质理论

品　质	重 要 性	品　质	重 要 性
监督能力	100	人际关系	47
职业成就	76	创 造 性	34
智　力	64	不慕财富	20
自　立	63	对权力的追求	10
自　信	62	成　熟	5
决 断 力	61	男性化或女性化	0
冒　险	54		

研究者特别关心“领导者天生”还是“后天培养”的问题。最早期的品质论认为:“领导者是天生的”,领导者品质是与生俱来的。古希腊哲学家亚里士多德就认为人从出生之日起就已注定他是治人还是治于人的命运。但是随后的诸多研究并没有明显支持这种“领导者天生”的观点。虽然有研究显示领导者的许多品质在其人生早期即已形成,而普通人则很难在成年后再养成这些品质,但是“领导者天生”的证据仍然不充分。总的来说,领导品质理论的诸多研究表明某些个人的特征确实与成功的领导存在一定的联系。但是把领导品质的研究成果用来解释领导行为不能说是一种有成效的方法,因为并不是所有的领导人都具备这些品质,而且许多非领导人也可能具备其中的大部分或全部品质;另外,品质研究方法对人们应该具有何种品质达到多大程度,没有能提供有益的指南;还有,已经完成的各项研究对哪些品质属于领导品质看法不一,这些研究的成果很不一致,甚至相互矛盾。事实上,往往有的品质在某项研究中对领导的成就有积极的影响,但在另一项研究中则是否定的结论。

领导品质理论在解释领导行为方面不成功的原因有四个:第一,它忽视了下属的需要;第二,它没有指明各种特质之间的相对重要性;第三,它没有对因和果进行区分。例如,到底是领导者的自信导致了成功,还是领导者的成功建立了自信;第四,它忽视了情境因素。领导性格特质等是其研究的核心内容。这一理论虽然开辟了对领导主体及其内在构成和原因进行研究的新领域,对研究领导者应具备哪些基本的素质方面作出了贡献,但却没能构架出领导理论的完整体系,特别是因为在研究方向与方法上存在很大问题而最终以失败告终。这些方面的欠缺使得研究者的注意力转向其他方向。从 20 世纪 40 年代开始,领导特质理论就已不再占主导地位了。20 世纪 50 年代以后,随着行为科学、心理学等的发展,“伟人论”受到越来越多的挑战,“时势造英雄”、“环境造英雄”观点被多数人接受。到 20 世纪 60 年代中期之前,有关领导的研究着重于对领导者行为的考察。

(二) 领导者素质

领导者的素质即领导者要成功地执行管理工作,圆满地实现管理的目标所要具备的条件。早在 2 500 多年前,孙子就提出“将者,智、信、仁、勇、严也”。可以说,关于领导者应该具有什么样的素质这一问题的讨论,从来就没有间断过,作为一个领导者确实必须具备一些基本的素质和条件。

1. 思想素质

领导者应有强烈的事业心、责任感和创业精神;有良好的思想作风和工作作风,能一心为公,不谋私利,谦虚谨慎,戒骄戒躁,不文过饰非,严于解剖自己,深入基层,善于调查研究,工作扎实细致,有布置有检查,实事求是,不图虚名;艰苦朴素,与群众同甘共苦,不搞特殊化,品行端正,模范遵守规章制度和道德规范;有较高的情商,具有影响他人的魅力,平等待人,和蔼可亲,不计较个人恩怨,亲切联系群众,关心群众疾苦,多为群众办好事,搞五湖四海,一视同仁。

2. 业务素质

领导者应掌握的业务知识包括:

(1) 应懂得市场经济的基本原理,了解中国历史,掌握世界现代化的理论。

(2) 应懂得管理的基本原理、方法和各项专业管理的基本知识。此外,还应学习管理学、统计学、会计学、经济法、财政金融和外贸等方面的基本知识,以及了解国内外管理科学的发展方向。

(3) 应懂得生产技术和有关自然科学、技术科学的基本知识，掌握本行业的科研和技术发展方向，本企业产品的结构原理、加工制造过程，熟悉产品的性能和用途。

(4) 应懂得思想政治工作、心理学、人才学、行为科学、社会学等方向的知识，以便做好思想政治工作，激发职工士气，协调好人与人的关系，充分调动人的积极性。

(5) 应能熟练应用计算机、信息管理系统和网络，及时了解和处理有关信息。

3. 业务技能

领导者不仅应具有一定的业务知识，还要有较高的业务技能。

(1) 较强的分析、判断和概括能力。领导者应能在纷繁复杂的事务中，透过现象看清本质，抓住主要矛盾，运用逻辑思维，进行有效的归纳、概括、判断，找出解决问题的方法。

(2) 决策能力。决策特别是经营决策正确与否，对企业生产经营的效果影响巨大。因此，现代工业企业十分重视决策问题。作为企业的领导者，必须要有决策能力。决策是多种能力的综合表现。任何正确的决策，都来源于周密细致的调查和准确而有预见的分析判断，来源于丰富的科学知识和实践经验，来源于集体的智慧和领导勇于负责精神的恰当结合。因此，决策要求在充分掌握企业内外环境资料的基础上进行科学的预测，并对多种方案进行比较和选择。

(3) 组织、指挥和控制的能力。领导者应懂得组织设计的原则，如因事设职、职权一致、命令执行、管理幅度等，熟悉并善于运用各种组织形式，善于运用组织的力量，协调人力、物力和财力，以期达到综合平衡，获得最佳效果。

控制能力要求在实现企业预定目标的过程中，能够及时发现问题并采取措施予以克服，从而保证目标的顺利实现；在确认目标无法实现时，要能果断地调整目标。

(4) 沟通、协调企业内外各种关系的能力。善于与人交往，倾听各方面的意见，应是交换意见沟通情况的能手。对上，要尊重，争取帮助和支持；对下，要谦虚，平等待人；对内，要有自知之明，知道自己的长处和短处；对外，要热情、公平而客观。

(5) 不断探索和创新的能力。对做过的工作能及时地认真总结经验，吸取教训，善于听取不同意见，从中吸取有用的东西。对新鲜事物要敏感，富有想象力，思路开阔，善于提出新的设想，新的方案，对工作能提出新的目标，鼓舞属下去完成任务。

(6) 知人善任的能力。要重视人才的发现、培养、提拔和使用，知其所长，委以适当工作；重视教育、提高部属的业务能力，大胆提拔，勇于起用新人。

4. 身体素质

领导者负责指挥、协调组织活动的进行，是一项不仅需要足够心智，而且消耗大量体力的工作，因此，必须有强健的身体、充沛的精力。

二、领导行为理论

领导行为理论以领导行为为对象对领导活动进行动态的研究，主要研究领导者的领导行为与领导风格对组织行为及领导绩效的影响。强调领导者实际动态的行为表现，从研究领导者的内在特征转移到外在行为上。领导行为理论的目的在于提高对各种具体的领导行为的预见性和控制力，改进工作方法和领导效果。研究的侧重点在于确定领导者应具有什么样的领导行为以及哪一种领导行为的效果最好。领导行为理论认为,依据领导者个人行为方式可以对领导进行最好的分类。

(一) 勒温的三种领导类型

著名心理学家勒温(Kurt Lewin)和他的同事们从20世纪30年代起就进行了关于团体气氛和领导风格的研究。勒温提出的领导作风理论是研究领导者工作作风类型,以及工作作风对员工的影响,以期寻求最佳的领导作风。力图科学地识别出最有效的领导行为,在团体的任务中领导并不是以同样的方式表现他们的领导角色,领导者在领导过程中表现出来的极端行为分为三种类型:独裁式、民主式及放任式三种。

第一种类型称为专制式的领导作风,权力定位于领导者个人手中,领导者只从工作和技术方面来考虑管理,认为权力来自于他们所处的位置,认为人类的本性是天生懒惰,不可信赖,必须加以鞭策。所有政策均由领导者决定;所有工作进行的步骤和技术,也由领导者发号施令行事;工作分配及组合,多由他单独决定;领导者对下属较少接触,如有奖惩,往往对人不对事。

第二种类型称为民主式的领导作风,权力定位于群体,领导者从人际关系方面考虑管理,认为领导者的权力是由他领导的群体赋予的,被领导者受到激励后,会自我领导,并富有创造力。主要政策由组织成员集体讨论决定,领导者采取鼓励与协助态度;通过讨论,使其他人员对工作全貌有所认识,在所设计的完成工作的途径和范围内,下属人员对于进行工作的步骤和所采用的技术,有相当的选择机会。

第三种类型称为放任自流的领导作风,权力定位于员工手中,领导者只是从福利方面考虑管理,认为权力来自于被领导者的信赖。组织成员或群体有完全的决策权,领导者放任自流,只管给组织成员提供工作所需的资料条件和咨询,而尽量不参与,也不主动干涉,只偶尔发表意见。工作进行几乎全依赖组织成员、各人自行负责。

在实际工作中,这三种极端的领导作风并不常见。勒温认为,大多数的领导者所采纳的作风往往是处于两种极端类型之间的混合型。

根据勒温的研究,放任自流的领导行为效率最低,只能达到社交目的,而完不成工作目标。独裁式领导虽然通过严格管理完成了目标,但组织成员没有责任感,情绪消极,士气低落。这三种领导方式中,一般认为以民主领导方式的效果较好,民主式的领导工作效率最高,不但完成工作目标,而且组织成员关系融洽,工作积极主动,富有创造性。基于这个结果,勒温等研究者最初认为民主型的领导风格似乎会带来良好的工作质量和数量,同时群体成员的工作满意度也较高,因此,民主型的领导风格可能是最有效的领导风格。但不幸的是,研究者们后来发现了更为复杂的结果。民主型的领导风格在有些情况下会比专制型的领导风格产生更好的工作绩效,而在另外一些情况下,民主型领导风格所带来的工作绩效可能比专制型领导风格所带来的工作绩效低或者仅仅与专制型领导风格所产生的工作绩效相当,而关于群体成员工作满意度的研究结果则与以前的研究结果相一致,即通常在民主型的领导风格下,成员的工作满意度会比在专制型领导风格下的工作满意度高。

(二) 俄亥俄州立大学的领导行为四分图理论

在领导行为研究方面,美国俄亥俄州立大学(Ohio State University)所发展的领导者行为描述问卷最负盛名。这项研究设计,首先由韩斐尔(John K. Hamphill)及柯恩斯(Alvin

E. Coons)于1940年代开始发展，从1945年开始，美国俄亥俄州立大学的研究人员弗莱西曼(E. A. Fleishman)和他的同事们进行关于领导行为研究。后经哈尔品(Andrew W. Halpin)修正完成。研究样本是多个团体，使用领导行为研究问卷(LBDQ)。领导者关心人或管理组织的行为都可以通过一定量表检测。

例如用"领导意见问卷"和"领导行为描述问卷"调查。前者由督导或愿意知道自己行为风格的领导者填写。后者由部属完成，以便勾勒他们所感知的领导行为的图画。俄亥俄州立大学的四分图理论把领导行为分为两个维度或领导行为分为两类：

关怀行为和开创结构。

(1) 关怀行为包括人际温暖、体贴部属的感受，及运用部属参与双向沟通的机会等；关怀行为重视成员心理需要的满足、人格尊严的尊重、个人价值的肯定，及参与机会的提供。

(2) 开创结构则强调组织任务的贯彻、达成目标、权威指示的运用及执行任务，等等。

根据这样的分类，领导者可以分为四种基本类型，即高关怀—高开创、高关怀—低开创、低关怀—高开创和低关怀—低开创。所谓高"关怀"与低"关怀"是指一位领导者对其下属所给予的尊重、信任以及互相了解的程度。从高度关怀到低度关怀，中间可以有无数不同程度的关怀。而所谓高开创与低开创，也就是指领导者对于下属的地位、角色与工作方式，是否都制定有规章或工作程序。因此，两个维度可构成一个领导行为坐标，可分为四个象限或四种领导方式(见图10-1)。

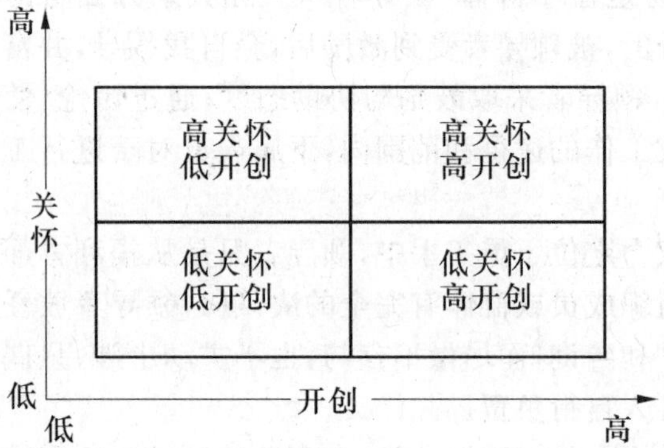

图10-1

调查结果证明，"抓开创"和"关怀人"这两类领导行为在同一个领导者身上有时一致，有时并不一致。因此，他们认为领导行为是两类行为的具体结合，分为四种情况，用两度空间的四分图来表示。属于低关怀—高开创的领导者，最关怀的是工作任务。高关怀—低开创的领导者大多数较为关怀领导者与部属之间的合作，重视互相信任和互相尊重的气氛。低开创—低关怀的领导者，对开创结构与对人的关怀都漠视，一般来说，这种领导方式效果较差。高关怀—高开创的领导者，对工作对人都较为关怀，一般来说，这种领导方式效果较好。一般来说，中国企业的领导者采取的是高关怀、低开创的领导方式；而西方国家的领导者采取的是一种低关怀、高开创的领导方式。高开创—高关怀型的领导者，一般更能使下属达到高绩效和高满意度，但高开创—高关怀型风格并不总是产生积极效果。在生产部门内，工作绩效评定结果往往与开创程度呈正相关，与关怀程度呈负相关，而在非生产部门，则相反。其他三种类型的领导行为普遍与较多的缺勤、事故、抱怨及离职有关系。

（三）利克特的领导系统

密歇根大学社会研究中心的利克特长期研究领导行为，目的是确定领导者的行为特点与满意水平和工作绩效的关系。1967年利克特发表了《管理新模式》一书，介绍了四种领导作风方式(表10-5)。利克特于是提出了领导的四系统模型，把领导方式分成四类系统：剥削式的集权领导、仁慈式的集权领导、协商式的民主领导和参与式的民主领导。他认为只有第四系统——参与式的民主领导才能实现真正有效的领导，才能正确地为组织设定目标和有效地达到目标。

表 10－5 利克特的领导四系统模型

项目	系统①	系统②	系统③	系统④
类型	剥削式的集权领导	仁慈式的集权领导	协商式的民主领导	参与式的民主领导
激励	恐惧和处罚	多为奖励	奖励和介入	介入与参与
传播	非常少	很少	有一些	非常多
沟通	从上到下	从上到下	从上到下/从下到上	全方位
决策	上层	上层	多方信息	共同决定
生产效率	普通	尚可	良好	优秀
缺席率	非常高	比较高	一般	低

● 系统 1 是剥削式的集权领导。是一种极端式专制领导，权力集中在最高层，下级无任何发言权与自由，领导与下层存在不信任气氛。激励也主要是采取惩罚的方法，沟通采取自上而下的方式。

● 系统 2 是仁慈式的集权领导。是一种开明式专制领导，权力集中在最高层，授予中下层部分权力，也向下属授予一定的决策权，但自己牢牢掌握着控制权。领导者对下级较和气，采取奖赏和惩罚并用的激励方法，采用这种领导方式的领导者对下属有一定的信任和信心，有一定程度的自上而下的沟通，但是表面的、肤浅的、领导不放心下级，下层自由非常少，下级对上级存有畏惧心理，工作主动性差。

● 系统 3 是协商式民主领导，采用这种领导方式的领导者对下属抱有相当大但并不完全的信任，主要采取奖赏的方式来进行激励，重要问题决定权仍在最高一级，在制定总体决策和主要政策的同时，允许下属部门对具体问题作出决策，并在某些情况下进行协商，中下级对次要问题有决定权，沟通方式是上下双向的，上下级联系较深，所以在执行决策时，能获得一定的相互支持。

● 系统 4 是参与式的民主领导。采用这种领导方式的领导者对下属的一切事务都抱有充分的信心与信任，上下关系平等，有问题民主协商，参与讨论，领导最后决策，下级也有一定的决策权，按分工授权，积极采纳下属的意见，上下级有充分沟通，感情融洽，上下都有积极性。

利克特提出的领导系统，在非常时期，紧急决策时采用第 1、第 2 系统也是可行的；在常规阶段、有充分时间讨论，采用第 3、第 4 系统的领导方式为好。利克特的结论是采用第四种方式的主管人员较其他方式的领导者能取得更大的成绩。

（四）管理方格理论

管理方格理论是美国管理学者布莱克和莫顿提出在对生产关心的领导方式和对人关心的领导方式之间，可以有使两者在不同程度上互相结合的多种领导方式，就企业中的领导方式问题提出了管理方格法。方格法是设计有纵轴和横轴各九等分的方格图，纵轴和横轴分别表示企业领导者对人和对生产的关心程度。第 1 格表示关心程度最小，第 9 格表示关心程度最大，领导者关心人员与关心生产的程度可以由低 1 到高 9，纵横交错便形成有 81 种领导风格的“9.9 图”，分别表示“对生产的关心”和“对人的关心”这两个基本因素以不同比例结合的领导方式。图 10－2 说明，人员定向的领导者主要关心人的问题，而任务定向的领导者主要关心工作或生产问题。方格的二维有广泛的理解与解释，“关心生产”是指一名监督管理人员对各类事项所抱的态度，诸如对政策决议的质量、程序与过程、研究工作的创造性、职能人员的服务质量、工作效率和产量等等。“关心人”也有广泛的解释，包含了诸如个人对实现目标的承诺程度、工人对自尊的维护、基于信任而不是基于服从来授予职责、提供良好的工作条件和保持令人满意的人际关系等内容。

把人员定向与任务定向统一起来，可以看到其中五种典型的形态：

(1) 贫乏型领导(1.1 型)　这种类型的领导者既不关心生产，又不关心人的情感与福利等，缺乏主见，逃避责任，与世无争，最低限度地完成任务。

(2) 任务型领导(9.1 型)　这种类型的领导者非常关心生产，但不大关心人。他们主要借助权力等组织人们完成任务，独断专行，压制不同意见。这种领导者在短期内可能提高生产效率。但由于不关心人，不注意提高职工的士气，因而生产效率不能持久。时间一长，人们会牢骚满腹，生产效率自会下降。

(3) 俱乐部型领导(1.9 型)　这种类型的领导者只关心人，而不大管生产。他们高度估价温暖和友好的人际关系，尽量多结友少树敌，以多方面满足人们的需要来换取人们的支持和拥戴。但这种领导行为在竞争激烈的现代社会生活中很难立足。因为它不利于生产效率的提高。

(4) 中间型领导(5.5 型)　这种领导者推崇“折中”，而不用恰当的方法解决问题。也就是在处理生产与人的需要的矛盾上，不是去寻求对生产和人都有利的优化策略，而是寻找两者可以妥协的地方，如将生产目标降到人们乐于接受的程度。因此，这种领导行为虽然既要求完成必要的任务，又要求保持必要的士气，但工作效率与人们的积极性都有较大的局限性。

(5) 团队型领导(9.9 型)　这种类型的领导者既十分关心生产，又十分关心人的因素。他们总是努力寻找解决问题的优化方法，使关心生产与关心人协调一致，统筹解决。他们的目标是使组织不断得到改善，使组织中的人不断发展。这种领导行为是比较有效的，因为关心生产与关心人两个方面会相互影响，相互促进。

除了这五种典型的领导形态外，管理方格图还提供了大量的介于这些形态之间的形态，不过就这五种形态而言，也有优劣之分。布莱克与莫顿认为团队型最佳，其次是任务型，再次是中间型、俱乐部型，最差的是贫乏型。这两位作者还根据自己从事组织开发的经验，总结出向 9.9 管理方式发展的五个阶段的培训：

阶段 1：组织的每个人都卷入方格学习，并用它来评价自己的管理风格。

阶段 2：进行班组建设，以健全的协作文化取代陈旧的传统、先例和过去的实践，建立明确的目标，增强个人在职位行为中的客观性等。

阶段 3：群体间关系的开发，利用一种系统性的构架来分析群体间的协调问题，恰当地利用好群体间的对抗以从中发现组织中存在的管理问题，为使各单元之间的合作关系不断改善作下一次实施计划。

阶段 4：设计理想的战略组织模型，要明确确定最低限度的和最优化的公司财务目标，在公司未来要进行的经营活动、要打入的市场范围和特征、要怎样创造一个能够具有协力效果的组织结构、决策基本政策和开发的目标等方面有明确的描述，以此作为公司的基本纲领，作为日常运作的基础。

阶段 5：贯彻开发。研究现有组织，找出目前营运方法与理想战略模型的差距，明确企业应该在哪些方面进行改进，设计出改进的目标模式，在向理想模型转变的同时使企业正常运转。布莱克和莫顿认为，通过这样的努力，就可以使企业逐步改进现有管理模式中的缺点，逐步进步到 9.9 的管理定向模式上（见图 10－2）。

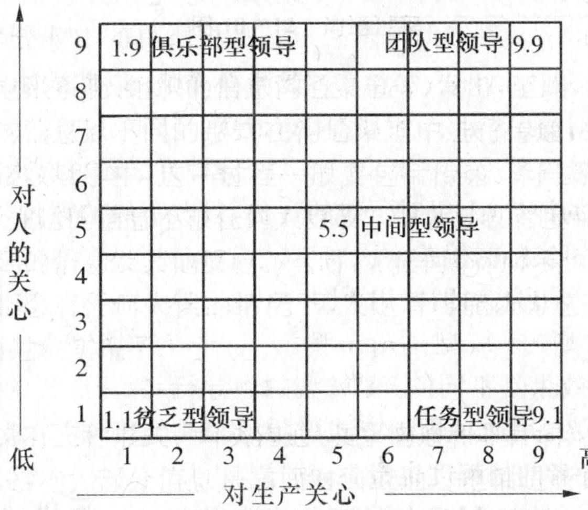

图 10－2　管理方格图

管理方格理论在美国和许多工业发达国家受到一些管理学者和企业家的重视。《管理方格》一书对美国经理阶层及管理学界有较大影响，该书于 1978 年修订再版，改名为《新管理方格》。

（五）PM 型领导模式

美国学者卡特赖特和詹德在他们的《团体动力学》一书中提出了 PM 型领导模式。这一理论认为，所有团体的组成，或者是以达成特定的团体目标为目的，或者是以维持及强化团体关系为目的，或者兼而有之。为此，领导者为达到不同的目的而采取的领导行为方式可划分为三类：目标达成型（P 型）、团体维持型（M 型）、两者兼备型（PM 型）。

日本大阪大学在各国有关领导行为的理论与量表调查的基础上，于 1958 年起在日本深入地进行了类似的工作，从而形成了在国际上具有一定影响的 PM 调查表。

1. PM 领导行为的一般概念

领导行为的 PM 类型是指，可将领导方式分为两类：一类是以执行任务为主的领导方式，简称为 P 型；另一类是以维持群体关系为主的领导方式，简称为 M 型。P 类型的行为特征，是将组织中的每一个成员的注意力引向目标，使问题明确化，拟订工作程序，运用专门的知识评定工作的成果等。M 类型的行为特征，是维持和睦的人际关系，调解成员之间纠纷，为少数派提供发言的机会，促进成员的自觉性与自主性，增进成员之间的相互了解与交流。对领导行为的这种分析方法，就称为 PM 分析（图 10－3）。

2. PM 的分析方法

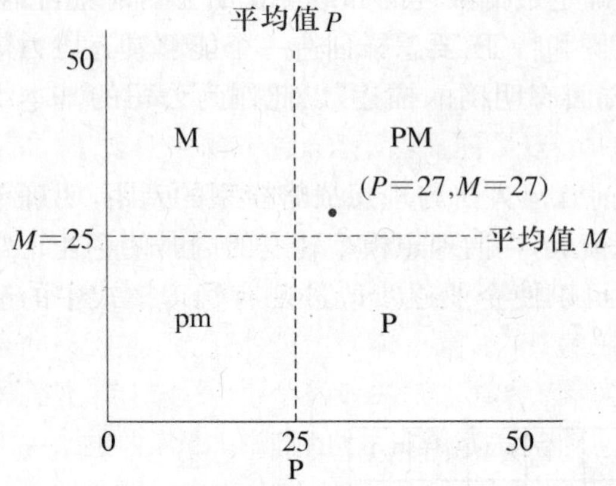

图 10 - 3　PM 领导行为

在测量 PM 因素时，设计关于下属情况的八大方面的内容：工作激励，对待遇的满意态度，企业保障，心理卫生，集体工作精神，会议成效，沟通，绩效规范。此外，根据内容编制了 PM 两职能的问卷。

上述每个方面均设有 5 个问题，每个问题的答案均按五级评分制划分，然后，根据回答结果进行统计分析。量表调查的最终表示法，是将所得的 PM 分数画在一个两维的直角坐标系上，以此表示被测者在 PM 图上的得分点。

这种方法还可以采用立体调查的办法进行，即自评，别人对自己的评价，上级对下级的评价，以及下级的评价。这样，在一定程度上可以校正自己评价的不符实际的偏差。

领导行为的 PM 类型可分为四种，用下图（图 10 - 4）表示，即① PM 型；② P 型；③ M 型；④ pm 型。

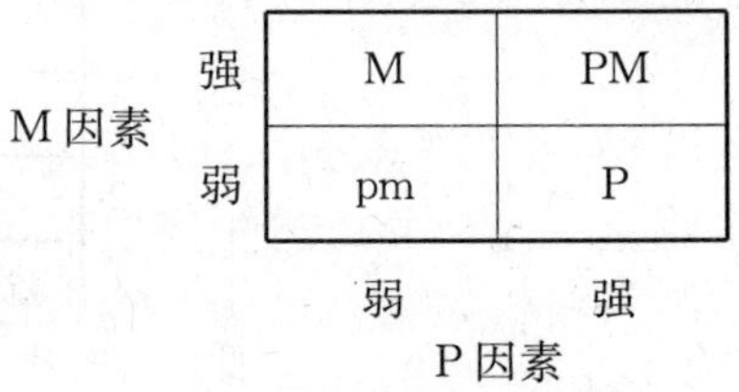

图 10 - 4　PM 领导类型图

这四种类型的管理效果是不同的。PM 型的领导行为，其管理效果最好，因为，用此种领导方式可导致最高的生产效率，下属对领导者的信赖度也最高，领导与下属的亲和力也最高。P 型领导与 M 型领导都只能取得中等的生产效率，对组织的信赖度与亲和力各占第二或第三位。pm 型的领导行为，其管理效果最差，因为，用此种领导方式只能导致最低的生产效率，下属对领导者的信赖度最低，领导与下属的亲和力同样最低。

领导行为理论将我们的注意力由领导者的特征转移到领导者行为，但是领导行为理论的最大缺憾是，它们没有在领导行为类型与成功绩效之间验证出一致性的关系，也就是它们疏忽情景因素对于领导行为有效性所产生的影响和干扰。由于不同的情景会导致不同的研究成果，因此领导行为并没有获得一般性的结论。所以，领导行为理论所发现的领导行为类型或领导风格，虽然有助于描述领导者的行为，但却无法预测领导者的行为。由于领导行为理论欠缺对于领导情景因素的考虑，因此我们将继续进一步介绍情景对有效领导形态的影响。

三、领导权变理论

领导权变理论又称情景理论、情境理论或者情势理论。领导者的特质或行为理论都有一个不足之处，就是认为领导者都是完全一样的角色，而无视领导者和被领导者之间关系的多样性，也不考虑实际情景情况是怎样的。

从领导活动的角度观察，领导权变理论认为领导活动并不是指领导者的活动，它还应当包括被领导者和领导环境，单纯依靠领导者的特质或行为并不能自动导致领导者的成功，而应将三者结合起来，进行系统性与互动性的研究，才能找出领导活动成功的关键所在。领导权变理论研究的焦点，是研究领导行为有效性的理论，即试图发现在一定条件下，一个人应该采取何种行为或具备何种品质，才能成为成功的领导者，在于试图预测何种领导方式在何等情景中较为有利。

权变理论的基本观点是：领导的效能实际上取决于领导者的人格特质、领导对象的特性与情景的变量三者契合之程度。权变领导理论认为，一个领导者应该根据环境条件和下属特性来选择合适的领导风格，以确保领导的有效性。可以用这样一个函数来表示：

$$S = f(L, F, E)$$

式中：S 表示领导效果，L 表示领导者的个人品质或领导风格，F 表示领导对象的特性，E 表示环境条件。

这一理论的主要内容有：权变领导模型，路径—目标理论，领导者—参与模式等。领导权变理论主要贡献在于使领导具有更强的艺术化色彩，并且使得人们对领导的判断不再局限于道德标准。

(一) 菲德勒权变模型

弗雷德·菲德勒(Fred. E. Fiedler)，美国著名心理学和管理专家。从 1951 年起由管理心理学和实证环境分析两方面研究领导学，提出了“权变领导理论”，在许多研究者仍然争论究竟哪一种领导风格更为有效时，菲德勒在大量研究的基础上提出了有效领导的权变模型，菲德勒认为：任何领导形态均可能有效，其有效性完全取决于所处的环境是否适合。组织的生产力，既非情景的特征亦非领导者的特质两者任何单独一方的因素，可以作圆满的解释，而是这两者之间交互作用。团体的表现是领导者与情景交互影响的结果，实际上没有一种特别的领导方式在所有的情景中都是有效的。何种领导方式比较有效，视任务的情景而定。

首先，菲德勒剥离出影响领导方式有效性的以下三个环境因素(图 10－5)：

(1) 领导者—成员的关系。即领导者是否受到下级的喜爱、尊敬和信任，是否能吸引并使下级愿意追随他。

(2) 职位权利。即领导者所处的职位能提供的权力和权威是否明确充分，在上级和整个组织中所得到的支持是否有力，对雇佣、解雇、纪律、晋升和增加工资的影响程度大小。

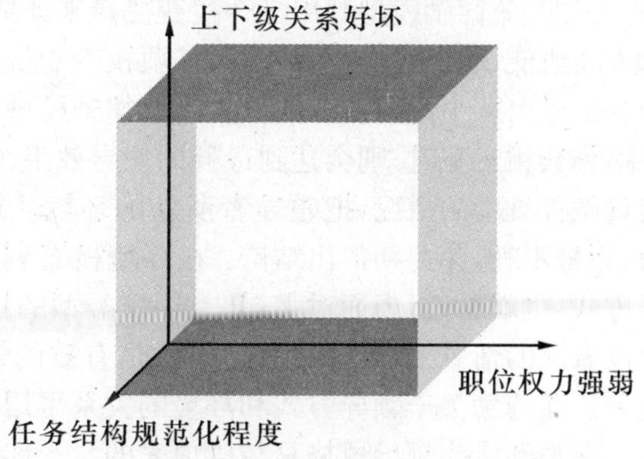

图 10－5　影响领导有效性的三种环境因素

(3) 任务结构。指工作团体要完成的任务是否明确，有无含糊不清之处，其规范和程序化程度如何。下面是结构性任务与非结构性任务的区别例子。

假定任务一：是求公式 $3x+2x=15$ 中 x 的解。如果将这一问题交给一个了解代数基本规则的小组，每个人都会得出同一答案。在执行的任务中，存在一个完成任务的已知程序，存在指导一个人如何着手解决问题的规则，并且，如果人们遵循这些规则，就存在一个结果。这些特征说明了什么是结构性任务。

假定任务二：是去解决一个团队、委员会或工作组的士气问题。因不存在解决这一问题的明确方法，存在多种不同的途径，大概也很难看出其中哪一种是最好的解决方案。甚至有可能不同的观察者从不同的角度来看待这一问题，他们还可能对士气是什么持完全不同的看法。因此，任务二解决一个士气问题的例子是一项非结构性任务。

人们对结构性与非结构性任务的偏好或处理能力存在很大差异。例如，研究者认为感知者会更喜欢非结构性的情景，而判断者则喜欢经过计划和组织的活动（Myers & McCaulley，1985）。与低压力容忍度的人相比，有高压力容忍度的个人越可能更容易处理含糊的、非结构性的任务（Bass，1990）。

第二，菲德勒设计了一套问卷，以测量一个人是任务导向还是人际关系导向，可以了解一个人的基本领导风格。菲德勒相信影响领导成功的关键因素之一是个体的基本领导风格，因此他为发现这种基本风格而设计了最不喜欢的同事调查问卷，问卷由16组对应形容词构成。作答者要先回想一下自己共过事的所有同事，并找出一个最不喜欢的同事，在16组形容词中按1～8等级对他进行评估。如果以相对积极的词汇描述最不喜欢的同事，则作答者很乐于与同事形成良好的人际关系，就是关系取向型。以人际关系为导向的领导方式，表示一个人对其最不喜欢的同事也能既看见缺点又看到优点，通常会采取在领导管理中注意建立良好的人际关系，并且通过这种人际关系来维持自己的地位和满足自尊的需要。他们对下属往往持体谅和支持的态度。当他们的各种需求满足受到威胁时，他们将加强自己同群体成员的交往，以求巩固他们之间的关系。相反，如果对最不喜欢的同事看法很消极，则说明作答者可能更关注生产，就称为任务取向型。即对不喜欢的同事采取否定拒绝态度的人，是采用按任务导向的领导方式，这种人关心的是工作任务的完成，即使为此而损害了人员的关系也在所不惜。但当他们的各种需求满足受到威胁时，他们也会利用人际关系，以便顺利完成工作任务。他们重视的是通过完成任务来达到自尊心的满足。

第三，菲德勒模型利用三个权变变量来评估情景。领导者与成员关系或好或差，任务结构或高或低，职位权力或强或弱，三项权变变量组合，便得到八种不同的情景或类型，每个领导者都可以从中找到自己的位置。菲德勒模型指出，当个体的LPC分数与三项权变因素的评估分数相匹配时，则会达到最佳的领导效果。对八种情景类型的每一种，根据环境的三个变量条件具备的情况，把领导者所处的环境从最有利（三个条件都有利于加强领导者的权力）到最不利，菲德勒得出结论：在环境极有利或极不利的情况下，任务导向型是有效的领导方式，也就是说，当面对Ⅰ、Ⅱ、Ⅲ、Ⅷ类型的情景时，任务取向的领导者干得更好；在环境中度有利的情景下，人际关系导向型是有效的领导方式，即Ⅶ、Ⅳ、Ⅴ、Ⅵ类型的情景中干得更好。菲德勒关于领导方式和环境的关系可用图10-6表示。

菲德勒认为领导风格是与生俱来的——你不可能改变你的风格去适应变化的情景。因此提高领导者的有效性实际上只有两条途径：① 你可以替换领导者以适应环境。比如，如果群体所处的情景被评估为十分不利，而目前又是一个关系取向的管理者进行领导，那么替换一个任务取向的管理者则能提高群体绩效。② 改变情景以适应领导者。菲德勒提出了一些改善领导者—成员关系职位权力和任务结构的建议。领导者与下属之间的关系可以通过改组下属组成加以改善，使下属的经历、技术专长和文化水平更为合适；任务结构可以通过详细布置工作内容而使其更加定型化，也可以对工作只做一般性指示而使其非程序化，领导的职位权力可以通过变更职位充分授权，或明确宣布职权而增加其权威性。菲德勒模型强调为了领导有效需要采取什么样的领导行为，而不是从领导者的素质出发强调应当具有

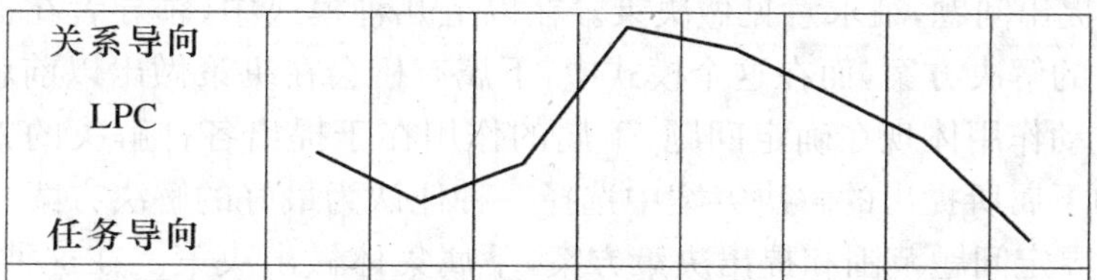

上下级关系	好	好	好	好	差	差	差	差
任务结构	明确	明确	不明确	不明确	明确	明确	不明确	不明确
职位权力	强	弱	强	弱	强	弱	强	弱
	Ⅰ	Ⅱ	Ⅲ	Ⅳ	Ⅴ	Ⅵ	Ⅶ	Ⅷ

图 10－6　菲德勒模型

什么样的行为，这为领导理论的研究开辟了新方向。菲德勒模型表明，并不存在着一种绝对的最好的领导形态，企业领导者必须具有适应力，自行适应变化的情景。同时也提示管理层必须根据实际情况选用合适的领导者。

（二）领导行为连续体理论

坦南鲍姆和施米特于 1958 年提出了领导行为连续体理论。坦南鲍姆和施米特从决策的角度深刻认识领导作风的含义，经理们在决定何种行为（领导作风）最适合处理某一问题时常常产生困难，不知道是应该自己做出决定还是授权给下属做决策，提出了下面这个连续体模型。领导行为连续统一体理论描述了主要以领导为中心到主要以职工为中心的一系列领导方式的转化过程，这些方式因应领导者授予下属权力大小的差异发生连续变化。领导风格与领导者运用权威的程度和下属在做决策时享有的自由度有关。在连续体的最左端，表示的领导行为是专制的领导；在连续体的最右端表示的是将决策权授予下属的民主型的领导。在管理工作中，领导者使用的权威和下属拥有的自由度之间是一方扩大另一方缩小的关系。在高度专制和高度民主的领导风格之间，坦南鲍姆和施米特划分出 7 种有代表性的领导风格：

（1）领导做出决策并宣布实施。在这种模式中，领导者确定一个问题，并考虑各种可供选择的方案，从中选择一种，然后向下属宣布执行，不给下属直接参与决策的机会。

（2）领导者做出并推销决策。在这种模式中，同前一种模式一样，领导者承担确认问题和做出决策的责任。但不是简单地宣布实施这个决策，而是认识到下属中可能会存在反对意见，于是试图通过阐明这个决策可能给下属带来的利益来说服下属接受这个决策，领导者说服下属执行决策，消除下属的反对。

（3）领导者做出决策，但允许下属提出疑问，并予以解释和回答。领导者提出计划并征求下属的意见。在这种模式中，领导者提出了一个决策，并希望下属接受这个决策，他向下属提出一个有关自己的计划的详细说明，并允许下属提出问题。这样，下属就能更好地理解领导者的计划和意图，领导者和下属能够共同讨论决策的意义和作用。

（4）领导者提出可修改的计划。在这种模式中，下属可以对决策发挥某些影响作用，但确认和分析问题的主动权仍在领导者手中。领导者先对问题进行思考，提出一个暂时的可修改的计划，并把这个暂定的计划交给有关人员进行征求意见。

(5) 领导者提出问题,征求意见做决策。在以上几种模式中,领导者在征求下属意见之前就提出了自己的解决方案,而在这个模式中,下属有机会在决策做出以前就提出自己的建议。领导者的主动作用体现在确定问题,下属的作用在于提出各种解决的方案,最后,领导者从他们自己和下属所提出的解决方案中选择一种他认为最好的解决方案。

(6) 领导者界定问题范围和提出决策方案,下属集体做出决策。在这种模式中,领导者已经将决策权交给了下属的群体。领导者的工作是弄清所要解决的问题,并为下属提出做决策的条件和要求,下属按照领导者界定的问题范围进行决策。

(7) 领导者允许下属在规定的界限内行使决策权。领导者允许下属在上司规定的范围内发挥作用。这种模式表示了极度的团体自由。如果领导者参加了决策的过程,他应力图使自己与团队中的其他成员处于平等的地位,并事先声明遵守团体所做出的任何决策。

在上述各种模式中,坦南鲍姆和施米特认为,不能抽象地认为哪一种模式一定是好的,哪一种模式一定是差的。成功的领导者应该是在一定的具体条件下,善于考虑各种因素的影响,采取最恰当行动的人。当需要果断指挥时,他应善于指挥。当需要员工参与决策时,他能适当放权。领导者应根据具体的情况,如领导者自身的能力,下属及环境状况、工作性质、工作时间等,适当选择连续体中的某种领导风格,才能达到领导行为的有效性。通常,管理者在决定采用哪种领导模式时要考虑以下几方面的因素:

管理者的特征——包括管理者的背景、教育、知识、经验、价值观、目标和期望等。

员工的特征——包括员工的背景、教育、知识、经验、价值观、目标和期望等。

环境的要求——环境的大小、复杂程度、目标、结构和组织氛围、技术、时间压力和工作的本质等。

根据以上这些因素,如果下属有独立做出决定并承担责任的愿望和要求,并且他们已经做好了这样的准备,他们能理解所规定的目标和任务,并有能力承担这些任务,领导者就应给下级较大的自主权力。如果这些条件不具备,领导者就不能把权力授予下级。

坦南鲍姆和施米特的领导行为连续体理论对管理工作的启示在于:

首先,一个成功的管理者必须能够敏锐地认识到在某一个特定时刻影响他们行动的种种因素,准确地理解他自己,理解他所领导的群体中的成员,理解他所处的组织环境和社会环境。其次,一个成功的领导者必须能够认识和确定自己的行为方式,即如果需要发号施令,他便能发号施令;如果需要员工参与和行使自主权,他就能为员工提供这样的机会。

这一理论的贡献在于不是将成功的领导者简单地归结为专制型、民主型或放任型的领导者,而是指出成功的领导者应该是在多数情况下能够评估各种影响环境的因素和条件,并根据这些条件和因素来确定自己的领导方式和采取相应的行动。但坦南鲍姆和施米特的理论也存在一定的不足,这就是他们将影响领导方式的因素即领导者、下属和环境看成是既定的和不变的,而实际上这些因素是相互影响相互作用的,他们对影响因素的动力特征没有进行足够的重视,同时在考虑环境因素时主要考虑的是组织内部的环境,而对组织外部的环境以及组织与社会环境的关系缺乏重视。见图 10-7。

(三) 赫塞-布兰查德的情景领导理论

由美国管理学者保罗·赫塞和肯尼思·布兰查德提出的。该理论认为,有效的领导行为应该把工作行为、关系行为和被领导者的成熟程度结合起来考虑。情景理论和其他权变理论的不同点在于,它把焦点放在被领导者身上。领导行为在确定是任务绩效还是维持行

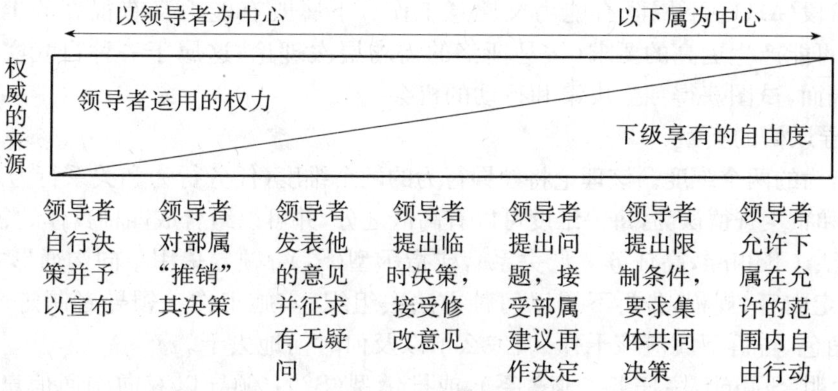

图 10－7　领导行为连续体理论

为更重要之前应当考虑的因素——下属成熟度。认为依据下属的成熟度水平选择正确的领导方式。

1. 下属成熟度

成熟度是对下属特征的一个度量。赫塞和布兰查德将其定义为：个体对自己的直接行为负责的能力和意愿。它包括两个要素：工作成熟度和心理成熟度。

（1）工作成熟度，包括一个人的知识和技能。工作成熟度是下属完成任务时具有的相关技能和技术知识水平。工作成熟度高的下属得到良好的教育和培训，拥有足够的知识和能力，经验丰富，能够不需要他人指导而独立完成工作任务。

（2）心理成熟度，指一个人做某事的意愿和动机。心理成熟度是下属的自信心和自尊心，心理成熟度高的下属自信心强，工作积极主动。他们不需要太多的外部激励，而主要靠内部动机的激励。

赫塞和布兰查德将下属的成熟度划分为由低到高的四种类型（或阶段），这四个连续的阶段实际上是反映了一个雇员从不成熟到成熟的成长过程：

第一阶段（M1）：下属既不能胜任工作也不情愿工作。下属缺乏执行某项任务的技能和能力，不胜任工作；而且，他们又不情愿去执行任务，缺乏自信心和积极性。当一个人刚刚接手一项陌生的工作时，出现第一种情况是很普遍的：他往往感觉自己处于一种无所适从的状态，处于一种消极被动的尴尬地位。

第二阶段（M2）：下属虽然没有能力但积极性很高。下属目前还缺乏完成工作任务所需的技能和能力，但他们愿意执行必要的工作任务，具有积极性。当他对工作的性质和基本内容获得比较全面的了解之后，他接着就会产生一种很快适应和胜任工作的愿望——在这个阶段，他虽然还缺乏必要的能力，但会积极主动地去提高自己。

第三阶段（M3）：下属有工作能力却不愿意工作。下属有较高的工作技能和较强的工作能力，但他们却不愿意干领导希望他们做的工作。在第三个阶段，一个人在长期的工作中获得了能力与经验，他因此也拥有了一定的资本。这时，他可能会提出一些有利于自己职业发展的要求，寻求广泛的参与机会，试图在参与中体现自己的价值并得到组织或上级的肯定。如果这些愿望得不到满足，他会深深陷入一种挫折感之中。当然，如果这些愿望得到满足，他会更加努力和主动地工作。

第四阶段(M4)：下属既有能力又愿意工作。下属既有能力又有很高的工作意愿。不过，这时他可能产生更高的要求(按马斯洛的需求层次理论，这属于一种自我实现的需求)，试图控制局面，试图获得独立决策和行动的机会。

2. 领导风格的类型

领导行为的两个维度。该理论将领导行为的两个维度(任务行为和关系行为)的高低分别组合，赫塞和布兰查德认为，每一维度可以有高低之分，并可以组合成四种具体的领导风格。

(1) 指令(Telling，高任务—低关系)，或指示型(S1)：领导采用单向沟通形式，明确地规定任务，确定内容、规程，告诉下属以何种方法去组织、实施工作。领导者制定所有决策，为下属确定角色，告诉下属应该干什么、怎么干以及何时何地去干。

(2) 说明(Selling，高任务—高关系)，或推销型(S2)：领导以双向沟通信息的方式给下属以直接的指导，大多数工作仍由领导决定。领导给他们以心理上的支持，同时也从心理上激发他们的工作意愿和热情。领导者既作为一个指导者(权威型风格，或以任务为中心)出现又作为一个支持者出现(支持型风格，或以员工为中心)。作为指导者，领导者制定所有决策，为下属确定角色，指导下属的行为；作为支持者，领导者对下属的要求不超过其力所能及的范围，愿意向下属解释自己的决策，公平、友好地对待下属并帮助下属解决个人问题，在下属很好地完成任务时给予赞赏和表扬。

(3) 参与(Participating，民主式或参与式风格，低任务—高关系)，或参与型(S3)：领导通过双向沟通和悉心倾听的方式，和下属交流信息，讨论问题，支持他们努力发展自己的能力和特长，较少对工作的指导。领导者允许下属讨论组织的政策，并且鼓励他们参与重要决策；不仅允许他们讨论现在的工作，而且允许他们讨论将来的工作；鼓励下属参与群体活动。在上述活动中，领导者的主要角色是提供便利条件和沟通。一般认为，有效的员工参与可以减少人际的敌意、挫折、攻击和悲哀，创造良好的群体感觉，提高工作满意度和士气。

(4) 授权(Delegating，低任务—低关系)，或授权型(S4)：领导赋予下属很大权力，让他们自行其是，自己决定何时、何处和如何开展工作，领导只起监督作用。领导者为下属设立挑战性的目标，并显示对他们的信任，允许他们在一定范围内独立地进行决策甚至确定自己的工作内容；领导者提供极少的指导或支持。

3. 基本假设与逻辑结构

情景领导理论认为：对于不同成熟构型的员工，应采取不同形式的领导方式，以求得最佳绩效。随着被领导者成熟度的提高，领导者的工作行为与支持行为都相应减少，既不用过多指导，也不必太注重关系，因为这时员工可凭高能力自觉地工作。

(1) 领导的效能取决于下属(或雇员)接纳领导者的程度。无论领导者的领导风格如何、领导行为如何，其效果最终是由下属的现实行为决定的。

(2) 领导者所处的情景是随着下属的工作能力和意愿水平而变化的。下属的技能、能力与意愿水平是非均质的、多样化的；下属不愿意工作，往往是因为他们缺乏必要的技能和能力，或缺乏自信心和安全感。

(3) 领导者应对下属的特征给予更多的关注和重视，根据下属的具体特征确定适宜的领导风格。例如，对于能力不足或缺乏自信的下属与对于技术熟练、工作能力强且充满自信心的下属采取不同的领导风格。

4. 具体情景下领导风格的确定

强调该模型应该分3个步骤进行：首先识别对员工的任务要求是什么，第二步要确定员工的准备度，第三步是选择合适的管理风格。随着下属成熟水平的不断提高，领导者可以减少对下属活动的控制，而且还可以减少关系行为。

在员工成长的第一阶段，下属需要得到明确而具体的指导。在第二阶段，领导者需要采取高任务—高关系行为；高任务行为能够弥补下属能力的欠缺，高关系行为能够使下属在心理上"领会"领导者的意图，或者说能够给下属提高技能和能力的愿望以更大的激励。在第三阶段，领导者运用支持性、非指导性的参与风格能够有效地满足下属的参与欲望，消除其现实的挫折感，从而向下属提供更强的内在激励。在第四个阶段，领导者无须做太多的事情，因为下属既愿意又有能力完成工作任务。最后，领导根据下属人员成熟度选择适当的领导风格。领导风格选择方式如下：M1应选用S1，M2应选用S2，M3应选用S3，M4应选用S4。同时，当下属由不成熟逐渐向成熟过渡，领导行为也应S1—S2—S3—S4逐步推移(见图10-8)。

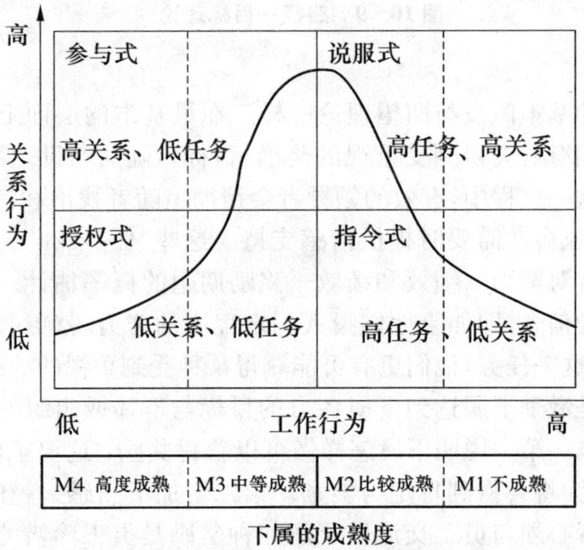

图10-8 赫塞-布兰查德的情景领导理论

保罗·赫塞和肯尼思·布兰查德认为，正确的领导风格(两个维度即由任务取向和关系取向表示)，必须根据下属的成熟来确定，因为领导的权力某种意义上来自下属，如果下属拒绝领导者，无论领导思想多么正确，无论行动计划多么周密，都只能是领导者自己的事，难以变成现实。

实践：以中国人熟悉的西游记师徒团队为案例模型，假设具体情景：让我们为西游团队的领导者唐僧献计献策。面对取经这项任务，唐僧作为一个部门领导，下面有三类员工，孙悟空(有能力、有意愿)、猪八戒(没能力、没意愿)、沙和尚(没能力、有意愿)，唐僧应该如何管理这样三类员工？如果面对上级领导观音必须提拔一个人的指示，他应该提拔谁呢？

(四) 路径—目标理论

路径—目标理论是由罗伯特·豪斯开发的一种领导权变模型(图10-9)。其理论特点是采纳了俄亥俄模型的工作取向和关系取向，并同动机的期望理论相结合。豪斯认为领导者的主要工作是帮助部属达成他们的目标，并提供必要的指导和支持，以确保他们的目标可以和团体或组织的目标配合。路径—目标一词意味着，具有效能的领导者应该帮助部属澄清可以达成目标的途径,并减少途中的障碍与危险,使其能顺利完成目标。

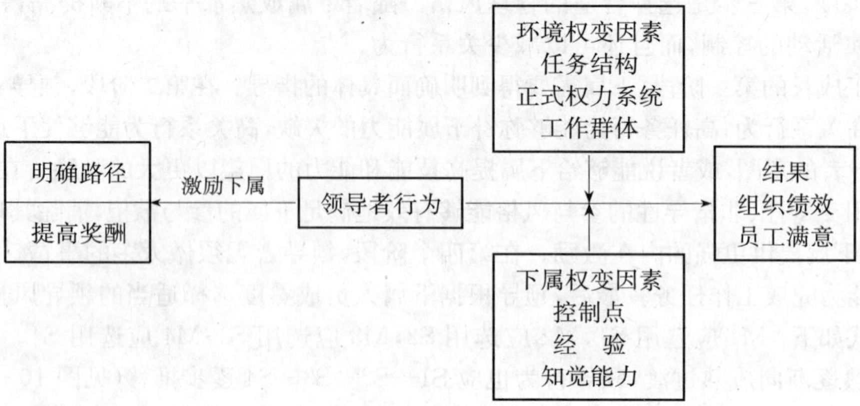

图 10－9　路径—目标理论

1. 基本假设

路径—目标理论的基本假设与期望理论一样。在最基本的层面上,有效的领导者将向追随者提供或确保他们有机会得到受重视的奖励(目标),随后帮助追随者发现达到目标的最佳方式(路径)。在这一过程中,有效的领导者会帮助追随者找出和消除障碍物,并避免他们走进死胡同;领导者也会在需要时提供情感支持。这些"任务"和"关系"型领导行为本质上都会涉及提高追随者对努力—绩效和绩效—奖励期望的概率估计。换句话说,领导者的行动应当增加追随者的信念,即如果他们投入一定程度的努力,就更有可能完成某一任务,并且,如果他们完成了这一任务,他们更有可能获得某种受到重视的成果。

领导者的工作就是激励下属达到下属各自的目标与群体或组织的总体目标,领导者可以有两种方式激励下属。第一说明下属怎样做可以获得奖励:这要求领导者与下属一起工作,以使其明白何种行为将会得到肯定与奖励。第二增加下属感兴趣的奖励的分量。增加奖励分量意味着领导者必须与员工交流以了解何种奖励是员工珍惜的,是工作本身的满足感还是加薪或升职。领导者的责任就是提高下属渴望得到的奖酬的价值,并使下属得到这些奖酬的路径清晰和易于达到。明确指明下属的工作目标,指明实现工作目标的途径,为下属清理各种障碍和危险,并通过奖酬提高下属完成任务的内在激励,可以有效地实现组织目标,从而提高领导的效能。

2. 领导风格

这一理论指出:领导者的行为要被人接受,就必须能够为员工提供现时的和未来的满足感。豪斯确定出四种领导行为。

(1) 支持型领导:亲切友善,关心下属的要求。他对员工福利和个人需求极为关心。其领导行为是开放的、友善的和平易近人的,领导者能够创造一种团队氛围,对下属平等相待。

(2) 指导型领导:让员工明了别人对他的期望,完成工作的程序、方法。他们非常精确详细地告诉下属他希望下属做什么。其领导行为包括制订计划、制订工作进度表、建立绩效目标和作业标准以及严肃规章制度。

(3) 参与型领导:主动征求并采纳下属的意见。他们能够与下属一起进行决策。其领导行为包括向下属征询意见和建议,鼓励下属参与决策,鼓励集体决策和书面建议。

(4) 成就导向型领导：设立挑战性目标，鼓励下属各尽所能。他们能够为下属确立清晰明确的具有挑战性的目标。其领导行为的特点是强调超越目前水平的、高质量的绩效和成就。这种类型的领导者同样也对下属充满信任，并帮助他们了解如何去实现目标。

在路径—目标理论中，以上类型的领导风格并不具有根深蒂固的个性性质。它们只是行为类型的反映，领导者可以根据具体的情景来选择合适的领导风格。

3. 环境变量

在路径—目标理论中，有两个重要的环境变量：一是追随者或下属的个性特征；二是工作环境。

(1) 下属的权变因素。如果追随者认为领导者的行为可以使他直接获得满足，或者是获得未来满足的直接工具，领导者的行为对于追随者就是可以接受的。换句话说，追随者将积极支持一位领导者，只要他们将领导者的行动视为提高自身满意度水平的一种方式。但一位领导者能做的一切，只是提高追随者的满意度水平，因为满意度也取决于这些追随者本身的特性。下属的权变因素包括下属的控制点、拜权主义倾向、经验和感知的能力。拜权主义倾向是指个人对权威的敬重、钦佩、尊敬的程度。

控制点是个人认为环境对其行为反应的程度。关于人能在多大程度上给发生在其身上或周围的事情施加控制这点上，各有各的看法，是控制点决定了这些看法。“内在控制点”类型的人相信他们所遇到的一切是他们自己造成的，“外在控制点”类型的人相信这一切只是运气或命运。追随者的特性将如何影响领导者行为对追随者满意度水平的作用，一个经常举的例子涉及控制点的特质。那些相信他们是“自己的主人”的人，相信自己的命运自己负责，被称为有“内在控制点”的人，自己的行动和行为是重要的。那些相信自己是“命运的爪牙”的人，被称为有“外在控制点”的人，相信外部力量应对发生在其身上或周围的事情负责，自己的行动和行为不会有什么作用。作为管理者和领导者需要有“内在控制点”的品质，追随者的控制点类型直接决定领导者风格的有效性。米切尔、斯密色和韦德发现，追随者的满意度与领导者所表现出的参与行为水平没有直接关系(即高参与度领导者的下属并不比独裁型领导者的下属有更高的满意度)。但在考虑追随者的控制点的情况下，就会发现一种权变的关系。正如图10-10中所示。具有内在控制点的追随者相信其成果是自己决策的结果，这些人对表现出参与型行为的领导者会比指令型领导者行为更满意。相反，对指令型领导者行为要比对参与型领导者行为更满意。

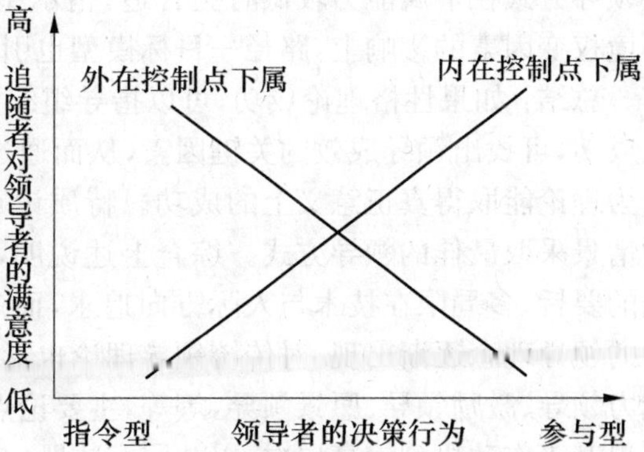

图10-10 追随者的控制点分数与领导者的决策行为间的互动[1]

经验和感知的能力是指人们对自己从事工作能力的信心。追随者对自身完成特定任务的技能和能力的感知，也会影响到特定的领导者行为所起的作用。相信自己完全胜任某一任务的追随者往往不会受到一位指令型领导者的激励，或者不乐于接受这样一位领导者，但

〔1〕 哈格斯. 领导学. 北京：清华大学出版社，2004.

他们会受到表现出参与行为的领导者的激励，乐于接受这种领导者。领导者的接受度和完成任务的激励水平，部分地决定于追随者的特性。因此，路径—目标理论建议，领导者行为和追随者特性在决定成果时都是重要的。

(2) 环境的权变因素，包括任务结构、正式权力系统、工作群体。三个维度：① 任务结构的优良程度，包括任务的确定性程度和复杂性程度；② 正式权力系统的特征，包括领导者拥有的合法权力的大小，以及对下属行为的政治和法律约束（制度化）程度；③ 工作群体的特征，包括下属的受教育程度，以及人际关系质量。

4. 奖酬的运用

领导者的责任就是明确下属获得奖酬的路径或提高奖酬，来增加下属的满意度和提高工作绩效。在一些情况下，领导者需要接近下属，以帮助他们掌握完成任务和获得奖酬所必要的技能。而在其他一些情况下，领导者需要提供新的奖酬，以满足下属特有的需求。

5. 具体情景下领导风格的运用

路径—目标理论模型的权变性质在于它包括了三种权变因素：领导者风格，环境变量，满足下属需要的奖酬的运用。

下属缺乏自信（情景 1）：支持型领导。

工作任务模糊（情景 2）：指示型领导。

工作缺乏挑战性（情景 3）：成就导向型领导。

不正确的奖酬（情景 4）：参与型领导。

指示型领导方式对拜权主义者更合适，因为拜权主义者尊重权威。参与型领导方式对"内在控制点"类型的人更合适，因为这些个人更愿意对自己的生活施加更多的影响。指示型领导方式在下属能力较低时更合适，指示型领导方式帮助人们理解应当做什么。在考虑环境权变因素的影响上，路径—目标模型也引申出一些结论。

总结：如果性格理论成功，可以指导组织为正式领导岗位选拔正确的人员；如果行为理论成功，可找出领导成效的关键因素，从而通过训练使人们成为领导者。但至今还没有一种行为理论能取得真正意义上的成功。特质论重视静态的特质分析，权变理论主张依照不同的情景采取最佳的领导方式。综合上述说明，大致可以了解领导理论的三大走向。这些理论的要旨，多局限在技术与人际方向追求，而忽略了理念的建立。所以在权变理论后，一种新的领导理念逐渐出现，对传统领导理论也形成强大的冲击。这些概念名称包括转型领导、魅力领导、激励领导、愿景领导，等等，主要论点是强调领导者要具有远见、重视革新、鼓励部属提升工作动机到较高层次，以共同完成既定目标。

第三节　领导的新观点

综合以上对于领导理论的论述，基本上我们可以得到一个结论：有效的领导会受领导者本身的行为、追随者的行为及情境因素等三项因素影响。因此，领导应是这三个因素交互影响下的结果。任何一个因素的变动都会引发其他两个因素的联动，因此有效的领导不能疏忽对于这三个因素任一因素的考虑。

尽管有关领导理论的观点发展已有相当的历史，但是新的领导观念还是不断地提出。其中，有三种值得注意的新领导观念：魅力式领导、转型式领导和愿景式领导。

一、魅力式领导

魅力式领导的观点是融合了归因理论与领导特征理论的观点。借助于归因理论的观点，魅力式领导理论认为，追随者会将他们所看到的领导者某些特定行为，归因于该领导者所具有的英雄属性或超凡的领导能力，这种能力则称为魅力，而魅力是领导者的特征之一。因此，我们也可以说魅力式领导理论是领导特征理论的一种延伸。

魅力是权力来源中参考权力的一种，其乃指领导者个人所具有的一种吸引部属与追随者，并激发他们的支持与接受的人际吸引力。这主要是来自于韦伯所提出领袖魅力职权(CharismaticAu・thority)的概念。基本上，魅力是一种很独特的个人特性，并不是人人都具有的。一般而言，具有魅力的领导者相对较能影响部属和追随者。

关于魅力式领导的一个重点，当然是要来确认魅力式领导者的人格特性。曾提出路径——目标理论的House在1977年首先提出一项魅力式领导理论。根据其理论，他指出魅力式领导者具有三项特质：极端高度的自信、坚定的信仰与信念，以及影响他人的强烈意图。此外，他们往往对部属表现出高度的期望与信心。

另外，班尼斯(WarrenBennis)在1984年针对美国90位最有效能及最成功的领导者样本所进行的研究，发现他们具有四点共同的能力：能提出一个振奋人心的愿景；能够将愿景清楚、明确地传达给部属，并使部属接受；展现出高度一致性，并把焦点集中在愿景的追求上；了解并善用本身的优势。

而另外一项研究也发现，一个有魅力的领导者的共同特色是具有高度理想化的目标，并对此目标具有强烈的个人承诺。而有魅力的领导者经常被认为是反传统的、果断而有自信的；也常扮演激进变革的推动者(CongerandKanungo1987)。

整体而言，研究显示魅力式的领导和组织绩效及部属满意度之间具有高度的相关(House，Woycke，andFodorl994)。不过，魅力式领导也不是没有潜在的缺点。由于魅力式的领导者具有过分强烈的自信，因此通常比较固执，往往不能接受他人的意见，而当他们面临一些较积极或具有自己见解的部属的挑战时，他们常会变得不安，并经常造成组织的激烈冲突或产生其他组织问题。所以，魅力式领导者可能适合带领组织度过危机，但是，一旦危机渡过后，魅力式领导者对组织而言则可能会变成一个包袱，因为魅力所代表的是一种特别的权力。但这并不代表拥有魅力的领导者会用它来追求组织的合理目标，有时可能会利用这项权力来满足自己的私欲，在这种情况下，魅力式领导也牵扯了道德上的问题。

二、转型式领导

转型式领导是相对于日常式领导的一种领导方式。日常式领导是指领导者主要是依靠理清角色及任务要求，来引导或激励部属达到预先建立的目标。先前所提及的多数领导理论，如俄亥俄州立大学研究的路径一目标理论、以及情境领导模式等，都是属于日常式领导理论。而转型式领导主要是借由激励来领导，通过诉求部属的理想与道德价值，来激发部属超出平常的动力，以引发他们用一种全新的方式来思考组织的问题。转型式的领导者将注意力放在对个别员工的关心及发展的需要之上，他们帮助部属以新的观点来看旧问题，进而改变部属对事件结果的知觉。同时，他们也鼓励、唤醒及激励部属，以更多额外的努力来达成团体的目标。

转型式领导与日常式领导究竟有何不同？转型式领导较强调组织的整体利益，而日常式领导则较强调部属个人的利益。另外，转型式领导较强调进行主要的变革，而日常式领导则较强调例行的变革。最后，转型式领导相对于日常式领导，则会鼓励部属达成较大与较显著的成就。

转型式领导的主要方式，包括提出一个能将所有成员凝聚在一起的愿景，然后他们必须将此愿景转换成对部属有意义并值得追求的目的或核心价值。在这整个领导的过程中，转型式的领导者必须借助于他的外显行为来塑造一种形象，这种形象会使他们对部属与追随者具有吸引力，并获得他们的景仰。

转型式领导也是一种魅力式领导，因为两者都会激发部属高度的动机，同时领导者也都具有高度的魅力。不过，两者还是应该稍稍区分。转型式领导不仅仅是魅力型领导而已。单纯的魅力式领导者由于具有高度的自信，因此会将领导者本身的观点强加于部属或追随者之上，而不允许或不能容忍部属的不同意见。而转型式领导者则不仅要激起部属或追随者以一种新的观点来看问题，同时也要求部属不能盲从领导者的观点（Caminiti 1995）。此外，魅力式领导主要是通过对领导者的个人认同来达成，而转型式领导则主要通过对部属的赋权与教导来达成。因此，整体来说，由于魅力式领导着重在领导者的独特属性，所以魅力式领导相对较少见，而转型式领导则较为普遍。

研究发现，转型式领导者具有下列特色：转型式领导者会视自己为变革的代理人及思虑周详的风险承担者；对于人们的需要很敏感；具有一套核心的价值；具备高度弹性并努力学习；拥有优异的分析技巧，以及对其愿景有高度的信心。

由于组织未来所面临的环境将会愈来愈趋向变动性与动态性，因此转型式领导对于获得组织成功可能有更大的机会。到目前为止，研究显示转型式领导相较于日常式领导，与低流动率、高生产力及高员工满意度都表现出较高的相关（Bass and Avolio 1992）。因此，未来如何进一步了解转型式领导与组织绩效的关联，是一极为重要的方向。

三、愿景式领导

愿景式领导是对组织或组织的单位的未来提出一个真实、可信及吸引人的愿景，同时号召相关的技能、资源和人才来实现此一愿景。

愿景和一般的目标有何不同？愿景最主要的特性应该是具有振奋人心的能力，而这种振奋人心的能力来自于提出一种以价值为核心的、可实现的、并具有高超想象与创意的、令人鼓舞的未来可能性。愿景的实现，往往带给组织一种与众不同的独特新境界。好的愿景应该与时间和环境相符合，并能反映出组织的独特性。愿景虽然具有挑战性，但组织成员必须相信它是可以达成的才有意义。

一位采取愿景式领导的领导者应该具备什么能力呢？

1. 解释的能力。他必须能将该愿景清楚地解释给追随者，同时能指出达成该愿景的必要行动。

2. 表达的能力。他必须能够用他的行为来清楚地表达出愿景。通过领导者的行为不断地传达与增强愿景的意义。

3. 延伸的能力。领导者要能将该愿景延伸至不同的领导领域中。例如，领导者要让不同领域(不管是营销人员、生产人员或会计人员)都能感受到愿景的意义(Sashkin 1988; Baum, Locke, and Kirkpatrick 1998)。

愿景式领导是以愿景为核心来领导成员，因此愿景的适当性便决定了领导行为的成败。缺乏一个具有想象力且振奋人心的愿景，整个愿景式领导便缺乏着力点。

第四节 领导艺术

领导艺术是领导活动的规律和特点所决定的一种领导风格和领导技能，是富有创造性领导方法的体现。在履行领导职能的过程中，科学与艺术相互结合，彼此交织在一起。领导者要具备灵活运用各种领导方法和原则的能力和技巧，才能率领和引导下属克服前进道路上的各种障碍，顺利实现预定的目标。领导艺术的本质是为达到某一领导目标，在一定知识和实践基础上，在领导过程中表现出的一种非模式化，富有创造性的才能与技巧。领导艺术的特点具有非模式化、直觉性、随机性、创造性、情感性、模糊性、实践性、科学性。领导艺术的内容，目前尚无统一的看法，归结起来，大体上有两种：一是把其视为履行职能的艺术，包括决策艺术、授权艺术、用人艺术、沟通艺术、激励艺术和具体的指挥艺术；二是把它视为提高工作有效性的艺术，包括安排时间的艺术、处理好各种关系的艺术。这里仅就用人的艺术、沟通以及时间管理艺术作一介绍。

一、待人的艺术

领导者用人的艺术主要有：合理选择，知人善任；扬长避短，宽容待人；合理使用，积极培养；用人要正，激励人才。

(1) 对待下级的艺术：知人善任的艺术，批评教育的艺术，关心、爱护的艺术，助人发展的艺术，上下沟通的艺术。用人的方法和艺术在领导工作中占有特别重要的位置。1938 年毛泽东把领导者的职责归结为："出主意，用干部"，将领导的决策与用人放在同等重要的位置。用人的原则是因事设人，量才任职；扬长避短，各尽所能，用人不疑；珍惜人才，用养结合。激励下属的积极性，了解下属的需要，正确激励之。

相应的，领导者影响下级的心理方式，主要有如下四种：

① 劝导。影响者通过说服教育来对被影响者的认识、态度、行为施加影响的人际影响方式。它包括鼓励和劝阻两种性质不同的说服活动。

② 暗示。影响者通过语言、行动、表情或某种符号，运用含蓄、间接的方式，对被影响者的心理和行为施加影响，使其接受影响者的意见，或者按照影响者的意图行动的人际影响方式。

③ 感染。影响者通过语言、表情、动作,以及其他事物所表现出来的情绪,来引起被影响者相同的情绪乃至行为的人际影响方式。

④ 示范。影响者运用榜样人物的思想、感情和行为,对被影响者的思想、感情和行为施加影响的人际影响方式。

一位优秀的管理者,应该具有这样一种技能,那就是能够在管理活动中根据不同情景使用不同的方式发挥最佳的影响力。

(2) 对待同级的艺术:积极配合而不越位专权、明辨是非而不斤斤计较、见贤思齐而不妒贤嫉能、相互沟通而不怨恨猜疑、支持帮助而不揽功推过。

对待同级的艺术的关键是培养合作的意识。一个人的能力是有限的,要真正达到管理目的,领导者必须有合作的意识,加强组织高层领导者之间的团结,增强凝聚力。管理领域所强调的合作并不仅仅是个人间的配合,企业之间同样也需要合作。

(3) 对待上级的艺术:找准自己的位置,出力而不"越位"、善于领会领导意图、适应上级的特点与习惯来开展工作、在上级面前规矩而不拘束、运用等距外交,避免亲疏不一,着眼做好自己的工作。

二、沟通艺术

沟通是管理的重要手段之一。沟通是信息从发送者到接收者的传递过程。良好的沟通是思想和信息的交换,它使双方保持相互了解和信任。有效的沟通可以激发职工的工作积极性,可使组织紧密团结,朝着共同的目标迈进。因此,保持有效的沟通是领导者的一项重要工作内容。

(一) 沟通的概念和过程

沟通是信息发送者通过一定的沟通渠道把信息传递给其他人的活动。它由信息发送者、信息、沟通渠道和信息接收者组成(图 10-11)。

图 10-11　基本的沟通模式

沟通必须有对象,管理中所讲的沟通一般是两人或多人之间的沟通;信息是沟通的主题,换句话说,沟通都是有目的的,没有任何信息内容的沟通不称其为沟通;沟通具有方向性,沟通可以是单向的也可以是双向的,在生活实际中,双向沟通的情况更为普遍。另外,沟通不同于简单的信息传递和信息反馈,简单的信息传递和信息反馈仅仅是传送信息,它不带任何感情色彩也不允许带有感情色彩,而沟通则不仅具有信息传递和信息反馈的功能,它还带有感情色彩,具有激励的作用,并可以影响人的行为。

沟通过程主要包括发送过程、传递过程和接收过程(图 10-12)。

发送过程首先起源于某位信息发送者,起源于发送者发送信息的欲望,为了把要传递的信息准确地发送出去并被接收者准确地接收,便要根据接收者的情况把所要传递的信息转变成可以发送的形式,如写成书信、变换成语言或转换成密码等,然后借助于一定的沟通渠

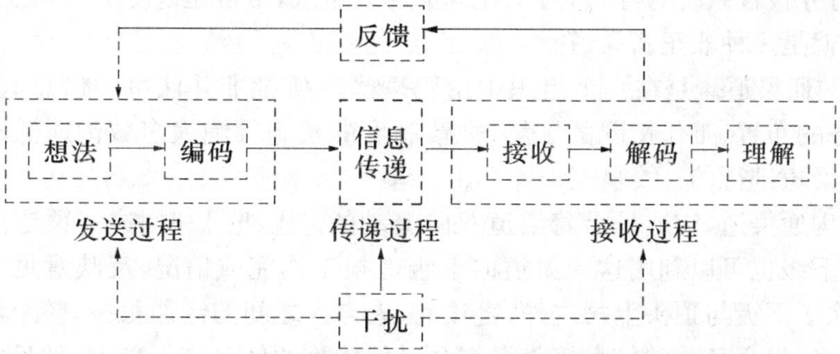

图 10－12 沟通过程

道(如信件邮寄系统、电讯系统、组织的信息沟通渠道等)发出,至此,沟通的发送过程已经完成。发送者所要传递的信息以不同的形式在沟通渠道中进行传递,并最终被转换成接收者可以理解的方式送到接收者手中,这一过程一般要包括传递、译码等多种活动,其任务仅仅是传递,即保证发送者发送的信息不被任何人更改。信息接收者接到信息之后,会以不同的方式向发送者反馈收到的信息及其他反应。有时,无任何举动本身可能就是一种反馈,在充分相信信息传递过程不会有任何失误的情况下,发送者可能认为这是一切正常。通过上述过程,一个完整的沟通过程实现了。

(二) 沟通的形式

组织中的沟通通常有三种形式:口头沟通、文字沟通和非言词沟通。

对于一个组织来说,绝大部分信息是靠面对面或通过电话进行的口头沟通传递的。口头沟通所涉及的人数少至两人,多至数百人。所有的口头沟通都为双向信息交流提供了可能。大部分人喜欢口头沟通,因为在这种沟通方式下,信息传递速度快且直接,沟通双方可以通过发问和表示赞同或不赞同等各种方式进行立即的信息交流和反馈。但是,这种沟通方式容易受到人与人之间相互关系中某些因素的影响,以致口头沟通的信息容易被误解。

文字沟通在组织当中的运用也是很常见的。特别是对于那些比较重要的信息传递,如生产计划、规章制度、财务会计记录和报表等,以及对于那些需要信息接收者认真分析的信息,都必须要依靠文字沟通的方式进行。这种沟通方式具有沟通准确,沟通内容可保存,分析之后所反馈的信息更全面等多种优点。其缺点是沟通速度较慢、形式单调。

非言词沟通通常又称作"身体语言",即通过眼神、手势、动作、面部表情等方式来传递信息。非言词沟通有时是独立进行的,有时与口头沟通相伴。当非言词沟通与口头沟通结合运用时,可以表示赞同、厌烦、渴望等内容,进而起到补充、加强和说明的作用。这种沟通方式带有浓厚的感情色彩,比较生动形象。但它往往只是在朋友之间、熟人之间进行感情交流,以及管理者为了强化对下属的激励效果或解释沟通内容等情况下使用,对于组织中一些重要的信息传递不易采用这种方式进行。

上述分类基本上是按信息传递方式划分的。此外还可以按信息的流向把沟通分成上行沟通,即自组织低层次向高层次进行沟通;下行沟通,即由高层次向低层次进行沟通;水平沟通,即同一组织层次或同级之间进行的沟通。

(三) 正式沟通渠道和非正式沟通渠道

沟通需要借助沟通渠道完成。沟通渠道有多种,有些属于正式渠道,如军队中的命令链，企业中的财务报告系统等等；而另一些就不那么正规，常常是建立在人际关系基础之上，如办公室传闻就是一种非正式渠道。

(1) 正式沟通渠道。是在一个组织中由管理当局所批准并认可的信息沟通途径，在组织中，工作任务的布置、工作情况的了解、规章制度的实施等绝大多数沟通活动都是利用这样的正式沟通渠道进行的。

运用正式沟通渠道，沟通是沿着渠道双向流动的。上级可利用这一渠道向下级布置任务，下达指令；下级也可以利用这一渠道向上级汇报工作完成情况，反映意见。利用这种渠道进行沟通，除了下级与顶头上司之外，直接的、人与人之间的沟通很少，整个沟通过程中的沟通环节比较多，每个环节的信息接收者都会对所接收的信息进行理解，然后根据自己认为下一个接收者可以理解的方式继续发出信息。这就是说，沟通渠道越长，沟通环节就会越多，每个环节的信息接收者都有可能在执行信息传递任务时加入自己的想法、意见甚至可能是感情因素，进而对沟通产生干扰。一般来说，沟通渠道越长，产生干扰的可能性和程度就越大。

(2) 非正式沟通渠道。正式沟通渠道是由管理者们计划安排的，旨在完成由管理者负责的任务。但任何一名管理者都不可能预想到每一条所需要的渠道，因而并非所有必要的沟通都能由管理当局来安排。非正式沟通渠道是指存在于组织之内，但在管理当局所批准的渠道之外或为其补充的沟通途径。

管理者有时称非正式渠道为“传闻”(或小道消息)，有的管理者有时还采取禁止、惩罚甚至调离工作的办法试图消除传闻。应该承认，有的传闻会散布虚假的信息并产生一系列不良后果。有的研究结果表明，当人们面对不明确的情况时，传闻就会出现，管理者辟谣的最好办法是向他们提供事实。

(四) 沟通的障碍

信息发送者希望接受者能够准确无误地接收信息，进而实现有效的沟通。但实际生活中有许多因素可能影响沟通的有效性。

沟通的障碍主要有以下几方面：

(1) 沟通时间选择不当。注重沟通的时间对有效的沟通来说很重要。谁也不会在夏天给自己的朋友邮寄贺卡，并告诉朋友新年快乐。在进行沟通之前，要计划好沟通的时间，这包括发送信息的时间，预计对方收到信息的时间。因为时间选择不当，可能使沟通没有任何效果。如有的管理者在向下级下达工作指示时发现下级无动于衷，了解之后方知他们已经通过非正式渠道知道了指示的内容。

(2) 信息不充分。即使管理者在应该沟通的时间内进行了沟通，职工也可能得不到足够的信息。信息过少或过于简单会威胁到沟通的效果，当然信息过多也不会产生好的沟通效果。所以，管理者在进行沟通之前，必须明确沟通的内容和预期目的，在保证要求的前提下尽量简练、准确。要对用于传达信息的符号加以斟酌，从使用正确的文法、书写形式到发音都要注意，保证提供的信息要对信息接收者有意义。

(3) 渠道不合适。如果管理者完成了作为一名信息发送者的任务，那么沟通的有效程度将进一步取决于沟通渠道。随着社会的发展和技术的进步，可用于传递信息的工具和途径逐渐增多，所以应根据沟通的需要予以合理选择。另外，在利用沟通渠道时，一个重要的问题是要预测接收者是否会收到信息。

(4) 噪声干扰。噪声是指任何能对被沟通的信息进行干扰或歪曲的情况。噪声是口头沟通的最大障碍，它能使信息失真。

（5）有选择的感觉。人们在接收信息时往往会加入自身的感觉因素，而感觉得如何又取决于自己过去的经验、当时的情绪和其他个人因素。例如，一位职工拒绝接收来自上级的指示，只因为他对这位上级不信任。如果管理者曾经许诺给某位职工加薪而没有实现，那么以后他不管何时与这位职工谈论工资问题，职工都不会予以理睬。

（6）过早的评价。即信息接收者在沟通完成之前就对信息内容加以评价。过早的评价有时对沟通可能产生消极作用。

（7）接收者的信念和态度。信念和态度会影响沟通效果，尽管其影响并不十分明显。与当前具有的信念和态度相矛盾的信息会使接收者产生一种紧张状态，一个接收者如果认为某条信息与其信念相悖，就会完全地避开它。

沟通由信息发送者和接收者双方构成，这两者之间互为主动，构成了一个有机的循环系统。提高沟通效果要从这两方面入手。

从信息发送者来说，应清楚地知道沟通的目的，所使用符号的意义，信息沟通渠道以及信息接收者可能产生的反应等。美国管理协会提出的“沟通十戒”构成了沟通的基本原则：

（1）沟通之前应把要传递的思想搞清楚；

（2）要认真考虑每次沟通的真正目的；

（3）沟通必须适应它的环境；

（4）沟通前应适时地同别人商量；

（5）传递信息时，要注意信息的基本内容，同时也要注意到其附带的含义；

（6）要善于利用机会来传递对对方有益和有价值的信息；

（7）跟踪检查沟通效果；

（8）沟通不仅要着眼现在还要着眼于未来，以便使沟通符合长远利益和目标要求；

（9）用实际行动维护沟通的信息；

（10）做一名善于倾听的人。

作为一名有效的领导者，自己不仅要设法克服沟通障碍，改进沟通效果，还要设法在组织内部营造出良好的沟通环境，促进组织成员参与沟通，这对改进组织工作效率，提高管理绩效水平十分重要。

三、时间管理的艺术

1. 时间管理的重要性

彼得·德鲁克认为有效的管理者不是从他们的任务开始，而是从他们的时间开始。一个人是不是有效的管理者，最大的区别在于他们是否珍惜时间，此外没有别的区别办法。任何组织的领导者都会遇到一个令人头痛的问题，即时间往往不能由自己支配。从更普遍的意义上讲，时间管理的重要性来自于时间这种资源的特殊性。时间是任何活动所必需的资源，同时又是一种十分特殊的资源。① 供给完全没有弹性。一天 24 小时，不多不少，对谁都是如此。② 容易消失，根本无法贮存，即所谓“光阴一去不复返”。③ 永远是短缺的。企业可能存在劳动力和资金富余的状况，但时间却从来不会富余。④ 没有替代品。在企业众多的资源中，时间是唯一没有替代品的资源。这是人们重视时间管理的根本原因。

2. 时间管理理论的发展

据介绍，到目前，时间管理理论已从第一代发展到了第四代。第一代基本上是备忘录型，一方面顺其自然，一方面也追求时间的安排。第二代强调制定目标和规划，对要做的事情，事先做好准备，以便更合理地利用时间。第三代以效率为主旨，强调事情的优先顺序和主次地位，合理地分配时间。总之，前三代时间管理思想突出效率，力争在有限的时间内完成更多的事情。强调时间利用效率并不一定能够取得最佳的时间利用效果，在这种思想指导下，管理的重点是时间，所做的是设法挤出时间的努力。

在发现前三代时间管理理论的不足之后，理论界提出了第四代时间管理思想。第四代时间管理理论突出强调最重要的事情先做；讲求健康、家庭、个人发展等多方面的平衡；突出改变思想而非改变行为；倡导将管理的中心移到人的本身。目的是把有限的时间更多地投入到时间矩阵（表 10－6）中的第二类事情上，追求成就。

表 10－6　时间管理矩阵

第一类：紧急而且重要 ● 危机， ● 紧迫的问题， ● 期限将至的项目	第二类：不紧急但重要 ● 建立关系， ● 做计划
第三类：紧急但不重要 ● 电话、会议等， ● 邮件及报告， ● 一些大众化的活动	第四类：不紧急也不重要 ● 拖延时间的活动， ● 一些邮件及电话， ● 浪费时间的事情

3. 时间管理的基本点

彼得·德鲁克认为有效的管理者知道他必须集中利用时间。将时间分割成许多小段，等于没有时间。所以时间管理的一个重要原则在于管理者将自行控制的零碎时间集中起来。

领导者为了有效地利用时间，必须掌握以下三点。

（1）诊断自己的时间　诊断自己的时间，目的在于知道时间是如何耗用的。为此，要记录时间的耗用情况，要掌握用精力最好的时间干重要的事。精力最好的时间，因人而异。每个人都应掌握自己的生活规律，把自己精力最充沛的时间集中起来，专心去处理最费精力、最重要的工作。

（2）分析无效的时间　首先应该确定哪些事根本不必做，哪些事做了也白费工夫。凡发现有这类事情，应立即停止这项工作；其次是明确应该由别人做的工作，包括不必自己做的或别人可以做得更好的工作，交由别人去做。与此同时，还应检查自己是否有浪费别人时间的行为，如果有，应立即停止。

（3）消除时间浪费　日常工作中造成时间浪费的原因很多，如制度不健全、环节过多、信息不灵、人浮于事、相互扯皮等都会造成时间上的惊人浪费。应注意识别分析造成时间浪费的原因，及时予以克服。

四、开会的艺术

表 10－7 所列为各类开会的艺术。

表 10－7　开会的艺术

种　　类	理想的规模	目　　的	开会的形式
讨论会	2 至 3 人	确定战略	非正式会议
碰头会	4 人或 4 人以下	出主意	没有主导人物
创造性团队	挑选 4 至 5 人	有目的的创造活动	轮流当领导
项目团队	挑选 4 至 6 人	解决问题	确定项目负责人
以任务为中心的团体	6 至 8 人	操作计划	项目协调者
结构性团体	8 至 12 人	更改前进方向	经理挂帅
正式的会议	12 至 20 人	部门间会议，有固定的议程安排	高层管理人员主持充当协调者
正式的宣布会	20 人以上	强调新政策	单个领导者
学术会议	人员不限	专业集会	荣誉主席

会议主持人是决定会议成效的关键，学会开好会是对各级干部，特别是对各单位第一负责人的基本要求。会议主持人是会议全过程的责任人，应严格做到如下要求：

会前：充分掌握拟研究问题的背景情况，确定会议目标，设定议题议程，除特殊情况外至少提前三天下达会议通知，检查参会人准备工作和会议后勤准备工作；会中：组织对议题进行讨论，调动与会人员的参与感，集思广益，形成会议结论，起草会议纪要，明确提出解决问题的具体措施、责任人、督办人、时限、标准等任务要素；会后：组织落实会议决议，督办落实情况，审核办理结果和办理质量。

五、有效地运用权力

各种各样的权力，构成了影响力的基础。但是，权力必须转换成真正的领导行为。对各种权力的灵活使用是一种任何人都可以培养的专业能力。对领导者来说，你可以获得的权力总和不是一个固定的值，而是随着世界的变化可以增加或者减少的。

在使用权力时要使用影响力策略，即可以影响他人行为和态度的特定行为。不同类型的权力都有与之最匹配的策略。如：拥有高度的专业技能可以为理性说服这种策略提供支持；拥有很大感召权力的人可以更有效地使用鼓舞性的呼吁；而一位拥有很小职位权力的管理者在使用法定策略时可能会遇到问题。见表 10－8。

表 10－8　影响力策略的类型

理性说服：代理人使用富有逻辑的论证和事实证据以（向对方）表达某个提议或要求是合理的且对于一项重要任务的目标实现是有益的
告知：代理人（向对方）解释完成某项要求或支持某项提议对于对方有何益处或对于对方的职业生涯有何促进

（续　表）

鼓舞性呼吁：代理人通过对价值观或理想的呼吁唤起对方的情感，来获得对方完成某项要求或支持某项提议的承诺
磋商：代理人鼓励员工对某方案提出改进建议，以及参与策划某项活动或改革，并能在执行过程中起到支持和协助作用
交易：代理人提供一个激励因素，建议进行互惠交易，或传达出若对方按其要求行事则事后提供酬谢的意愿
协作：代理人提出只要对方完成了某项要求或推动了某项变革，则其将为对方提供相应的资源和帮助
私人求助：代理人请对方看在友情的份上去完成某项要求或支持某项提议，或者在不提出具体要求前就请对方答应帮个忙
奉承：代理人在企图感化他人之前或之时赞扬甚至奉承对方，或对对方能力表示肯定，认为其一定能完成某项艰巨任务
法定策略：代理人试图确立某个要求的合理性，或通过提及章程、正式政策或者官方文件来证实其权威
施加压力：代理人使用命令、威胁、频繁检查或者设置长期提醒人等手段来影响对方
联盟策略：代理人请他人帮助说服对方，或以他人对自己的支持为理由使对方同意某事

思考题十

1. 为什么领导者自身素质问题能够引起管理学者们的普遍重视？
2. 试讨论“领导既是一门科学，又是一门艺术”，并举例说明。
3. 什么是权力？
4. 领导和管理是一回事吗？
5. 领导者的权力来源是什么？
6. 发挥领导者的影响力为什么不能单纯依靠职权？
7. 你认为领导者应具备什么样的知识结构？
8. 假设你从推销员提升为销售部经理，请问你将如何完成自己的角色转换，以适应新的岗位？
9. 你存在时间浪费的现象吗？如果存在，分析原因。
10. 领导的理论有几种类型，各类理论的特点是什么？
11. 有人在讨论管理问题时，十分强调“操之在我”的原则，对此你怎么理解？
12. 沟通的基本过程是什么，沟通的障碍有哪些？

【案例十】 柯达中国战略的发动机——叶莺

在2008年2月23日,"2007·中国十大系列英才颁奖典礼"上,柯达(中国)投资有限公司亚太区业务拓展总裁、北亚区主席兼总裁叶莺被授予"十大工商英才"称号,这是中国工商界的最高荣誉,是评选委员会对她在2007年非凡业绩的充分褒奖。

2007年是柯达转型期的重要一年。转型很痛苦,可谓"柔肠寸断"。从2003年宣布转型开始,柯达在全球花了约23亿美元巨资并购了6家数码印刷巨头,包括对克里奥、柯达保丽光、柯达万印、柯达商业影像、柯达NexPress、柯达安凯等印刷业内品牌的重组。目前柯达销售量的70%来自于数码,柯达将成为从胶片为主转行为数码为主的新兴公司。

叶莺可以梦幻般地把她追求的目标变为表演的舞台,从记者到外交官,再到跨国公司副总裁,她不在乎最后的定格如何,而是在不懈地挑战自我,挖掘自身潜能,求解人生精彩。从她的身上透射出来的是对事物发展可能性的天性敏感、积极应对挑战和承受压力的乐观自信的心态。

1. 跨越柯达色彩世界的巅峰

1979年,叶莺作为美国NBC的首席华人记者采访过访美的邓小平。1995年,她成为美国政府派到中国的第一位女外交官。1998年,她作为柯达亚太区副总裁,完成了一个空前绝后的中外合资项目——感光行业全行业合资。

巧言雄辩的职业记者这个当年中国台湾国立大学英国文学系的高材生,早在20世纪70年代,就把自己的才华触角伸展到了美国。她作为美国NBC难得的女记者,采访了众多政界要员、社会名流,其中包括第一次访美的邓小平。而她的得意之作则是采访林海峰,那个令亚洲人疯狂的日本九段围棋高手。其实,叶莺根本不懂围棋,但在几天时间临时抱佛脚的现学现用之下,她的提问已非常专业,竟让林海峰误以为她是业余棋手,甚至要跟她"杀"一盘。采访后,她完全看透了林海峰这盘棋。没有多少人能像叶莺一样善于做脱口秀,也很少有人像她一样对生活表现出执著的追求,甚至锋芒毕露。

纵横天下女外交官的黄埔军校出身的父亲给叶莺最大的影响就是对政治的天生敏感。靓丽的外貌、出口成章的雄辩口才,叶莺不做外交官似乎有些可惜,后来她成为美国政府中第一位被任命为公使衔商务参赞的女性。在17年的外交生涯中,她先后任职于缅甸、中国的广州、香港和北京。就像做记者一样游刃有余,她的外交生涯也一帆风顺,那辆车牌为"使0004"的美国驻华大使馆的专用车能让她自如地出入中央各大机关。她对会说中国话的美国人说中国话,对会说英语的中国人说英语,让每一个人都喜欢与她沟通和交流,叶莺是位名副其实的亲善使节。

长袖善舞的商界奇女叶莺在做美国驻华外交官时,精明的跨国公司巨头们已经充分感受到这位东方女性的才华、魅力与高超的外交手段,自然也看到了叶莺可能为他们的事业扩张带来无限商机。许多美国在华商务机构都希望她能够下海加盟,携手合作。这个时候,柯达在她的生命中出现了。叶莺说,"从个人感情来讲,我非常爱慕、崇拜柯达公司的创始人乔治·伊士曼。有人问为什么乔治·伊士曼终身未娶,我说因为那个时候叶莺还没有诞生。"叶莺的加盟是柯达中国战略的重要组成部分。后来的事实证明,叶莺成了柯达中国战略的发动机,她使柯达与中国感光企业陷入尴尬境地长达3年的合作谈判恢复了生机,化解了双方的分歧，最终促成柯达以各种方式与中国感光行业全面合作，与中国达成12亿美元的“98协议”，加速了柯达在中国的本土化进程，创造了空前绝后的双赢模式。

5个部委、6个省、10个市、数万影像业店主，在7年时间里，叶莺将他们一一“摆平”。“退一步海阔天空”，这是叶莺的公关之道。

2002年底，叶莺水到渠成、当之无愧地升任为柯达全球副总裁，这是迄今为止华人女性在世界500强企业里担任的最高职位。

2. 张扬的个性与执著的坚守

见过叶莺的人都不免惊叹：这个美丽的女人可以随时随地把身处的环境变为表演的舞台，而且她一定是左右场面的主角，甚至是接受记者的被动采访，也会占据主导位置。做记者，她是美国新闻界的名记；做外交官，她是美国政府中第一位被任命为公使衔商务参赞的女性；做企业家，她是美国跨国公司的第一位华人全球副总裁。个性张扬的叶莺游刃于这3个互不搭界的职业中间，并将每个角色都演绎得有声有色、有滋有味。“要有噱头，人家才会记得你。”这是叶莺的名言，或许也是她之所以能够成功的个性所在。“不是我故意要有个性。我是一个执着的人，从来不会因为外面的水太热或太冷，就变软或变硬，我不愿意失去自我，否则就白活一辈子。”

叶莺的父亲是满族人，母亲是汉族人，她传承着满汉两个民族的血。作为叶赫那拉氏的后裔，一百多年前，她的祖先惨然地面对一个东方帝国灿烂文明的衰落、一个向西方列强俯首称臣的屈辱历史的开始。一百多年后，造化真是捉弄人，作为一个加入美国国籍的华人，叶莺以双重身份努力成为沟通东西方文化的一座“桥梁”，用另一种方式促使中国的开放和美国的友善。

有人说，能担当如此重任的只有叶莺，因为她的身上充满着征服人的无穷魅力，这个魅力不光是女人天生的脂粉气，更是她咄咄逼人的睿智和谋略。

“我的裙子很短，我的鞋跟很高，我的衣着色彩艳丽。我不会改变自己。”这是叶莺的口头禅，从外表到内涵，叶莺都显示出与众不同的个性色彩。

叶莺的人生哲学是：“不要在乎人家说什么，要在乎自己做的是什么，做得好不好。不要去说你的竞争对手的坏话，因为你的竞争对手不是别人，正是你自己。”

叶莺不失时机地站到人生的每一个兴奋点上，并且当她达到一个辉煌的高峰时，又出人意外地激流勇退，淡出舞台，像蝴蝶一样展翅飞翔，去寻觅新的花丛。即便头上有令人眩晕的外交官光环，也依然没能捆绑住叶莺的心。1997年，在众人诧异的目光下，叶莺走进了柯达公司的大门。叶莺说：“我觉得从记者到外交官，一直到现在从商，这只是外包装上的改变，只是我名片头衔上的改变，其实在我的生活内涵以及诉求方面，改变并不是很大。”

3. 柯达不是她人生最后的玫瑰

叶莺是个永远进取、永不自满的女人。她现在每年都会去哈佛大学、斯坦福大学等不同的大学念书，去接受一些财经方面甚至是摄影方面的培训。

叶莺还是一个一直要保持1 000套服装、1 000双鞋的漂亮女人。虽然已经不再年轻，但她依然身段曼妙，活力四射。柯达的彩色世界并不是追求新鲜的叶莺的职业终点，她表示：“柯达不是我夏日最后的一朵玫瑰”。

柯达的成功转型，叶莺倾注了太多的心血。如果说2003年以前，柯达对叶莺来讲是艳丽玫瑰与浪漫激情，现在的柯达对叶莺来讲就是狂风暴雨和黎明前的黑暗，叶莺无可避免地被卷进“数码风暴”之中。

“2008年我还会被柯达牵着鼻子走。”叶莺对关心她去向的记者这样说。

叶莺人生的下一个停靠站很有可能是做一个中国国企的领导，这将是个浪漫而又富有挑战色彩的选择。她认为，现在的中国国有企业就像是孙悟空，几乎可以腾云驾雾。在腾云驾雾的过程中，它同时沐浴着计划经济和市场经济的恩泽，左右逢源，两边都可以得心应手。它有一个强大的国家后盾，可以担当起很大的风险。叶莺在寻觅时机，跃跃欲试，努力“空降登基”。

案例思考题：

1. 叶莺作为一名成功的领导者，她具备哪些方面独特的领导者素质？
2. 叶莺是如何发挥她的领导者影响力的？

第十一章 激 励

第一节 人 性 假 设

在管理中，人是唯一的尺度，它赋予了管理成败的关键。无论是管理理论还是管理实践，均面临着如何对人进行有效管理的问题，但要实施有效的管理，必须首先对人有一个较为清楚的认识，换句话说，是以一定的人性假设为前提的，那么如何认识人的本质或本性，就成为管理中的重要问题。著名的管理学家麦克雷格认为，每一种管理决策或管理措施都以关于人性及人的行为的假设为前提。人性是指人的本性，人性是指人所具有的区别于一切动物的特性，亦即一切人所普遍具有的共同属性之总和。人性假设是指管理者在管理过程中对人的本质属性的基本看法。人性假设理论中的主角就是“人”，人作为主动体，在管理进行中，展现了人类特有能动的一面，人是可以开发其他资源的资源。人作为被动体，激励的对象是人，又充分暴露了“本我”的特性。在不同的历史时期社会学家和管理学家曾经有过各种不同的关于“人性”的假设。在不同的“人性”假设指导下，管理者会采取不同的方法与手段来实施激励。人性历来是古今中外争论的一大课题。中国古代就有性善论，孟子提出：“人无有不善，水无有不下”；性恶论，荀子认为：“人之性恶其善者伪(同为)也”；人性有善有恶论，战国时世硕提出，人性有善有恶，养其善则善长，养其恶则恶长；人性无善无不善论，告子认为，人性无所谓善恶，习于善则为善，习于恶则为恶。美国行为科学家埃德加·沙因(EdgarSchein)在 1965 年出版的《组织心理学》中对人性进行了归类，并提出了四种人性假设。

一、经济人

1. 经济人的概念

“经济人”意思为理性经济人，也可称“唯利人”。这是古典管理理论对人的看法，即把人当作经济动物来看待，人是经济的产物，认为人的一切行为都是为了最大限度满足自己的私利，工作目的只是为了获得经济报酬和物质生活的满足。

人是由经济诱因引发工作的动机，其目的在于获得最大的经济利益；经济诱因在组织的控制之下，因此，人被动地在组织的操纵、激励和控制下从事工作；人以一种合乎理性的、精打细算的方式行事；人的感情是非理性的，会干预人对经济利益的合理追求，组织必须设法控制人的感情。

2. 经济人假设的依据

“经济人”的假设,起源于享受主义哲学和英国经济学家亚当·斯密的关于劳动交换的经济理论。亚当·斯密认为:人的本性是懒惰的,工作只是为了获取经济报酬,满足自己的私利,必须加以鞭策,人的行为动机源于经济和权力维持员工的效力和服从。

经济人假设中包含着人是理性的假设,在古典经济理论中,经济人被设想为完全理性的,换句话说,经济人掌握完善的信息并具备完备的知识,能够做出使自己利益最大化的最优选择。所谓理性是指每个人都能通过成本收益或趋利避害的原则来对其所面临的一切机会和目标及实现目标的手段进行优化选择。正如西蒙所说的理性是:经济人具有关于他所处环境的完备知识,有稳定的和条理清楚的偏好,有很强的计算能力,从而使其选中的方案自然达到其偏好尺度的最高点。赫伯特·西蒙对完全理性假设的批判与修正,提出了“有限理性说”和因此而引申出的“寻求满意的人”的假设,组织成员包括管理者和职工都是为了实现一定目的而合理地选择手段的有限理性的人。

关于有限理性的人假设的内容主要有:人的理性总是有限的。由于环境的约束和人自身能力的限制,有限理性的人不可能知道关于未来的全部备选方案和有关事件的不确定性以及所有备选方案实施的后果。因此,有限理性的人正确决策能力是有限的,其执行任务的能力更有限。有限理性的人总在寻找满意解决方案。由于个人的欲望会随着体验的变化而变化,一般在良性环境下,人的欲望会提高;反之,在恶劣的环境下,人的欲望会降低。所以,有限理性的人对于备选方案的决策在很大程度上取决于是否符合其欲望水平,如果符合则结束搜索,选定该方案。

3. 经济人假设内含的管理策略

根据“经济人”的假设而采取相应的管理策略,可以归纳为以下三点。

(1) 管理工作重点在于提高生产率、完成生产任务,而对于人的感情和道义上应负的责任,则是无关紧要的。简单地说,就是重视完成任务,而不考虑人的情感、需要、动机、人际交往等社会心理因素。从这种观点来看,管理就是任务管理。

(2) 管理工作只是少数人的事,与广大工人无关。工人的主要任务是听从管理者的指挥,拼命干活。

(3) 在奖励制度方面,主要是用金钱来刺激工人生产积极性,同时对消极怠工者采用严厉的惩罚措施,即:“胡萝卜加大棒”的政策。

二、社会人

1. 社会人的概念

(1) 人类工作的主要动机是社会的需要,经过与同事之间的关系可以获得基本的认同感;

(2) 工业革命和工作合理化,使工作变得单调而无意义,因此必须从工作的社会关系中寻求工作的意义;

(3) 与管理部门所采取的奖酬和控制的反应相比,员工们会更易于对同级同事们组成的群体的社交因素作出反应;

(4) 人们最期望领导能承认并能满足他们的社会需要。员工们对管理部门的反应能达到什么程度，当视管理者对下级的归属需要，被人接受的需要以及身份感的需要能满足到什么程度而定。

2. 社会人假设的依据

社会人假设的理论基础是人际关系学说，这一学说是由梅奥提出来的，社会人的假设认为人与人之间的关系对于激发动机、调动职工积极性是比物质奖励更为重要的，从经济人的假设到社会人的假设，从以工作任务为中心的管理到以职工为中心的管理，人除了物质需要外，还有社会需要，人们要从社会关系中寻找乐趣。

3. 社会人假设内含的管理策略

从社会人的假设出发，采取不同于"经济人"假设的管理措施，主要有以下几点。

(1) 管理人员不应只注意完成生产任务，而应把注意的重点放在关心人和满足人的需要上。

(2) 管理人员不能只注意指挥、监督、计划、控制和组织等，而更应重视职工之间的关系，信息沟通，培养和形成职工的归属感和整体感。

(3) 在实际奖励时，提倡集体的奖励制度，而不主张个人奖励制度。

(4) 管理人员的职能也应有所改变，他们不应只限于制订计划、组织工序、检验产品，而应在职工与上级之间起联络人的作用。一方面，要倾听职工的意见和了解职工的思想感情；另一方面，要向上级呼吁、反映。

(5) 提出"参与管理"的新型管理方式，即让职工和下级不同程度地参加企业决策的研究和讨论。

三、复杂人

1. 复杂人的概念

(1) 每个人都有不同的需要和不同的能力，工作的动机不但是复杂的而且变动性很大。人的许多动机发生在各种重要的需求层次之上，这种动机层次的构造不但因人而异，而且同一个人在不同的时间和地点也是不一样的；

(2) 一个人在组织中可以学到新的需求和动机，因此一个人在组织中表现出的动机模式是他原来的动机模式与组织经验交互作用的结果；

(3) 人在不同的组织和不同的部门中可能有不同的动机模式，在正式组织中与别人合不来，可能在非正式组织中能满足其社会需要和自我实现的需要；

(4) 一个人是否感到心满意足，肯为组织出力，决定于他本身的动机构造和他同组织之间的相互关系。工作的性质、本人的工作能力和技术水平、动机的强弱以及与同事相处的状况都可能对其产生影响；

(5) 人可以依自己的动机、能力及工作性质对不同的管理方式作出不同的反应。

2. 复杂人假设的依据

复杂人假设是20世纪60年代末至70年代初由沙因提出的。根据这一假设，提出了一种新的管理理论，与之相应的是超Y理论，即权变理论。不存在一种一成不变、普遍适用的管理模式，应该依据组织的现实情况，采取相应的管理措施。超Y理论是由莫尔斯、洛斯奇分别对X、Y理论的真实性进行实验研究后提出来的。X理论并非一无用处，Y理论也不是普遍适用，应该针对不同的情况，选择或交替使用X、Y理论，这就是超Y理论。

超 Y 理论是要求将工作、组织、个人三者作最佳的配合，其基本观点可概述如下。

(1) 人怀着各种不同的需要和动机加入工作组织，但最主要的需要乃是实现其胜任感。

(2) 胜任感人人都有，它可能被不同的人用不同的方法去满足。

(3) 当工作性质和组织形态适当配合时，胜任感是能被满足的(工作、组织和人员间最好配合能引发个人强烈的胜任动机)。

(4) 当一个目标达到时，胜任感可以继续被激励起来，目标已达到，新的更高的目标就又产生。

3. 复杂人假设内含的管理策略

一个现实的人，其心理与行为是很复杂的，人是有个体差异的。人不但有各种不同的需要和潜能，而且就个人而言，其需要与潜能，也随年龄的增长、知识能力的提高、角色与人际关系的变化而发生改变。不能把人视为某种单纯的人，实际上存在的是一种具体的"复杂人"。依据这一理论，便提出了管理上的"超 Y 理论"，即权变理论。它认为，不存在一种一成不变、普遍适用的管理模式，应该依据组织的现实情况，采取相应的管理措施。

四、自我实现人

1. 自我实现人的概念

自我实现人，这一概念是马斯洛提出来的。马斯洛认为：人类需要的最高层次就是自我实现，每个人都必须成为自己所希望的那种人，只有潜力发挥出来，人才会感到最大的满足。这种自我实现的需要就是人希望越变越完美的欲望，人要实现他所能实现的一切欲望。具有这种强烈的自我实现需要的人，就叫自我实现人。

(1) 人的需要有低级和高级的区别，其目的是为达到自我实现的需要而寻求工作上的意义；

(2) 人们力求在工作上有所成就，实现自治和独立，发展自己的能力和技术，以便富于弹性，能适应环境；

(3) 人们能够自我刺激和自我控制，外来的激励和控制会对人产生一种威胁，造成不良的后果；

(4) 个人自我实现同组织目标并不冲突，而且是一致的，在适当的条件下，个人应自己调整自己的目标使之与组织目标配合。

2. 自我实现人假设的依据

这种假设认为，人们除了物质和社会需求之外，还有一种想充分运用自己的各种能力，才能得以发挥，发挥自身潜力，实现自我价值的欲望人才能感受到最大的满足。马斯洛通过对社会知名人士和一些大学生的调查，指出自我实现的人具有 15 种特征。主要有敏锐的观察力，思想高度集中，有创造性，不受环境偶然因素的影响，只跟少数志趣相投的人来往，喜欢独居，等等。但马斯洛也承认，在现实中这种人极少，多数人不能达到自我实现人的水平，原因是由于社会环境束缚，没有为人们自我实现创造适当的条件。

3. 自我实现人假设内含的管理策略

(1) 管理重点的改变。"经济人"的假设只重视物质因素，重视工作任务，轻视人的作用和人际关系。社会人的假设正相反，重视人的作用和人与人的关系，而把物质因素放在次要地位。自我实现人的假设又把注意的重点从人的身上转移到工作环境上，但重视环境因素与“经济人”假设的重视工作任务不同，重点不是放在计划、组织、指导、监督、控制上，而是要创造一种适宜的工作环境、工作条件，使人们能在这种环境下充分挖掘自己的潜力，充分发挥自己的才能，也就是说能够充分地自我实现。

（2）管理人员职能的改变。从自我实现人的假设出发，管理者的主要职能既不是生产的指导者，也不是人际关系的调节者，而只是一个采访者。他们的主要任务在于如何为发挥人的智力创造适宜的条件，减少和消除职工自我实现过程中所遇到的障碍。

（3）奖励方式的改变。“经济人”的假设依靠物质刺激调动职工的积极性，“社会人”的假设依靠搞好人际关系来调动职工的积极性，这都是从外部来满足人的需要，而且主要满足人的生理、安全和归属（交往）需要。内在奖励是指人们在工作中能获得知识，增长才干，充分发挥自己的潜力等。只有内在奖励才能满足人们的自尊和自我实现的需要，从而极大地调动起职工的积极性。

（4）管理制度的改变。从自我实现人的假设来看，管理制度也要作相应的改变。总的来说，管理制度应保证职工能充分地表露自己的才能，达到自己所希望的成就。

第二节　激　励　理　论

人是组织中最重要，也是最活跃的因素，组织中各项预定管理目标的实现毫无疑问都必须依赖人来完成：计划的目标要依赖人来制定、组织的决策要依赖人来实施、企业的机器要依赖人来操作、技术的进步要依赖人来创造、信息的增值要依赖人来实现、系统内外的冲突要依赖人来化解，等等。在一定程度上可以说，管理归根结底是对人的管理，组织成员积极性的高低直接影响着组织的绩效，人的积极性是决定组织绩效的核心要素，要提高员工的积极性就离不开激励。激励是管理学中一个非常重要的研究内容。

一、激励概述

（一）激励的概念

激励在《辞海》中的解释是“激动鼓励使振作”，也就是通过精神的或物质的手段对个体的行为产生影响，一般用来高效地达到某些目的。从词义上看，激励就是激发与鼓励的意思，是激发和鼓励人们朝着所期望的目标采取行动的过程。激励本是心理学的概念，就是利用某种外部因素调动人的积极性与创造性，使人有一股内在的动力，朝着所期望的目标前进的心理过程。在管理工作中可以将其定义为调动人的积极性的过程，或者更完整地讲，是一个为了特定的目的而对人们的内在需要或动机施加影响，从而强化、引导或改变人们行为的反复过程。通过激励，能够激活人的潜能，产生更高的绩效。对个体而言，激励是一种驱动力或诱发力。对管理者而言，激励是一个可以引导和控制的过程。管理者的原始期望值也是整个激励过程的目标。激励是人的行为的钥匙，又是行为的按钮，启动哪一个按钮，人就会产生什么样的行为。激励要回答下面几个问题：① 激励要有一定的被激励对象；② 激励是研究人的行为是由什么因素激发并赋予其活力的；③ 是什么因素把人们被激活的行为引导到一定的方向上去的；④ 这些行为如何能得到保持与延续。总之，激励指有知觉的决策制定过程，在该过程中会产生、激发、指导和维持针对该目标的行为。激励是比前两者更广泛的概念，它包括对特定结果的偏好、努力程度（心不在焉的或充满激情的）和持久性（尤其是在面对阻碍的时候）。我们必须考虑这些因素，以解释动机和行为。我们可以从一个不相同但彼此相关的角度来理解激励：① 目标：行为发生的主要驱动力是什么，是财富、地位和权力激发了针对这些目标的行为。从这个角度来看，激励就是想要达到的目标。它可以由激励的内容理论予以说明。② 决策：为什么我们会选择特定的目标，为什么你要努力学习从而达到出类拔萃，而你的朋友交往广泛但成绩平平？从这个角度看来，激励是有知觉的决策制订过程，它影响个体的目标选择。这可以由激励的过程理论予以说明。③ 影响：如何才能激发你更加勤奋地工作？经理们总是希望员工能反应灵敏，及时帮助顾客。从这个角度看来，激励就是社会影响力，它可以由工作丰富化理论予以说明。

（二）激励的过程

激励不是一个即时性行为，激励是一个持续的反复的过程。由于组织和个体的内部、外部因素是变化的，因而一项具体任务的完成往往需要一个连续的、反复的激励过程。激励的实质就是通过一定的手段对人的需求或动机施加影响从而达到引导、改变、强化人的某种行为的目的，换言之，激励过程是一个引导、改变和强化人的行为的过程。因此，研究激励必须首先了解人的行为过程（图 11－1）。

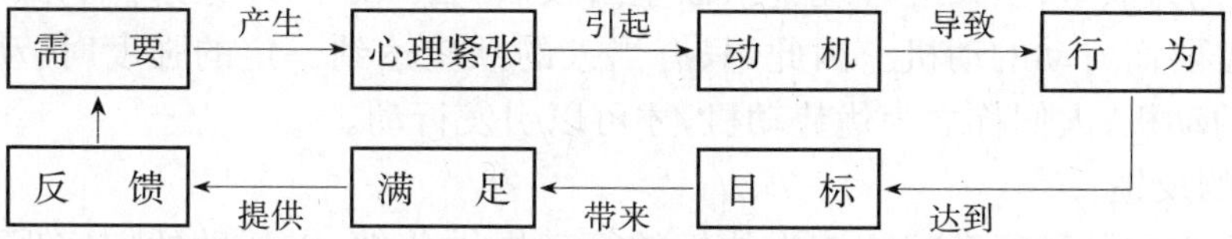

图 11－1　人的行为过程：需要、动机、行为之间的关系

从心理学的角度分析，人的行为是由动机所支配的，动机是由需要引起的，动机引起行为、维持行为并指引行动去满足某种需要。人的行为过程的起点是需要。需要是人们得到某种事物或达到某种目标的渴求、欲望。需要是指客观的刺激作用于人的大脑所引起的个体缺乏某种东西的状态。这里所说的客观刺激包括身体内部的刺激如饥饿，也包括身体外部的刺激如食物的香味、电视广告等。个体缺乏的可能是个人体内维持生理作用的物质因素（如水、食物等），也可能是社会环境中的心理因素（如爱情、友谊、社会赞许等）。个人缺乏这些东西时，身心便失去平衡，而出现紧张不安的状态，感到不舒服，就会寻求满足需要的办法。人的需要既包括基本的生理需要，也包括各种社会需要。除最基本的生理需要外，人的需要往往不是独立的、内生的，而是受环境影响的。例如女士们看到杂志封面上的漂亮人物，可能会引起购买化妆品的欲望；当人的需要未得到满足时，心理上往往会产生不安和紧张（典型的如抽烟、吸毒、上网），这种心理的紧张状态会引致一种内在的驱动力，使人倾向于采取某种行为来满足需要，这种驱动力就是动机。驱动力是指内在的、生物的行为决定的因素，一旦这些因素被剥夺，个体就会做出相应的行为。动机指通过社会获得的需求，它由满足这些需求的愿望所激发。人的动机是个体和环境相互作用的结果，是因时、因地、因情及其个人内部的身心状况不同而表现出不同的反应。当然，在一定范围内或外部条件下，这种驱动力不足以使人采取现实的行为。但是，当这种驱动力或动机达到一定程度时，人们就会采取一系列寻找(搜索)、选择、接近和达到目标的现实行为。如果人的行为达到了目标,就会产生生理或心理上的满足,这个过程是重复性的。

从以上过程看,激励过程必须注意如下三个方面:

1. 需要的选择

人的需要是复杂的,而且往往是相互矛盾的,这种矛盾不仅发生在不同类型的需要之间,如工作与休闲,而且发生在同类需要之间,如旅游目的地的选择。激励所强化的需要是那些有利于实现组织目标的人的需要。因此,需要的强化是有选择性的,如事业与家庭生活。人们在多种需要之间的选择通常并非以一种需要排斥另一种需要,而是多种需要之间的调和与相互妥协。实施有效的激励必须深刻理解和高度重视这一点,这意味着激励包含着艺术性。

2. 动机的引导

强化的需要不一定能产生预期的行为,因为有多种行为可以提供同一满足。这时管理者需要通过说服教育以及相应的激励措施来杜绝其不良动机,从而引导其动机并产生有利于组织目标的行为。人的行为在正常的情况下都是有动机的,动机的产生必然是因为有某种未被满足的需要。但反过来,并不是有需要就会产生引发行为的动机。一个人可能同时存在多种需要,在不同时期需要也会不同,人的行为产生和变化随人的需要变化而变化,当人的需要还处于萌芽状态时,它以模糊的形式反映在人的意识中,这时的需要是一种意向;当需要不断增强,人比较明确地知道是什么使其不安,并意识到可以通过什么手段来满足需要时,意向转化为欲望;当人的心理进入欲望阶段后,在一定的外界条件刺激下就可能形成为满足此种需要而行动的动机。因此,只有当人的欲望达到一定的强度时,动机才会形成。只有最强烈的动机,人们称之为优势动机,才可以引发行动。

3. 行为的反馈

鼓励人们采取某种行动就应该为他们的行动提供条件,以帮助他们实现目标。在激励过程中,行动结果提供的反馈反过来影响人的需要,即当人的需要得到很好的满足时,这种需要就会得到强化,其行为的动机就会更为强烈,或产生进一步的需要;相反,如果这种需要未能很好地被满足,就会影响下一次的激励效果。人的行为是由动机来驱使的,而动机则受到人的需要的支配。人有了需要才有可能产生动机。而且,只有强烈的动机或主导性的动机才可能引发现实的、具体的行为。因此,管理者的任务就是分析和洞察员工的需要和动机,在管理中在适当的机会,采取适当的激励措施,对员工的某种需要及其满足该种需要的动机产生积极的影响,从而强化、引导或改变员工的某种行为,并使其个体行为与组织目标相一致。从本质上讲,激励所产生的行为是主动的、自觉的行为,而非被动的、强迫的行为。成功的激励必须能够激发人们达到一种高昂的、饱满的、积极的精神状态,在这种精神状态下能够产生一种精神力量,从而激发、加强和推动人的积极性。如果激励不能改变人们的内心状态,得到的只是人们机械、单调而且是被动的行为时,激励就是失败的。

二、激励理论

关于员工激励的理论主要有 4 种:传统理论、人际关系理论、人力资源理论和当代激励理论。

传统理论　关于员工激励的理论最早是有科学管理的鼻祖费雷德里克·W. 泰勒提出

的。科学管理是为了提高员工的劳动生产率而对工作进行系统的分析，并给予绩效水平高的员工以经济奖励。对工资待遇的强调就引发出了“经济人”的概念，即人们之所以更加努力地工作是为了获取更多的劳动报酬。这种激励方法自然也就导致了人们去开发奖励工资系统，即根据员工的劳动产出的数量和质量来支付相应的工资。

人际关系理论　从霍桑试验开始，作为对工作行为的激励因素来说，非经济因素（例如能够满足社交需要的情趣相投的工作小组）似乎比金钱更重要。在管理者的思想意识中，经济人逐渐被更加社会化的员工所取代。越来越多将员工当做“社会人”来研究。

人力资源理论　人力资源理论进一步推进了经济人和社会人的思想，提出了“全面人”的观念。人力资源理论认为，人是复杂的动物，可从许多方面进行激励。人力资源理论的支持者认为，早期的方法试图通过社会或经济奖励来操纵员工。通过假设员工有能耐并且能够做出重大的贡献，管理者就可以提高组织的绩效。人力资源理论为当代员工激励方法打下了基础。

当代激励理论　当前，关于员工激励，主要有三大理论群：内容型激励理论、过程型激励理论和行为改造型激励理论。内容型激励理论主要从行为动机的内在驱动力——需要的角度出发来研究激励问题，其研究的重点放在研究人的需要类型及其相互关系上，这方面的杰出代表包括马斯洛的需要层次理论和赫兹伯格的双因素理论。过程型激励理论则重点讨论诱因与行为的关系，即从激励手段的有效性来讨论激励问题，包括期望理论、公平理论等。行为改造激励理论主要是从行为的结果出发来研究行为是否受到激励，包括强化理论、归因理论等。

（一）内容型激励理论

内容型激励理论主要是探讨我们所追求的目标，因为这些目标可以显示出我们心智中存在着的动机的内容。人为什么会有某种行为，是研究激励的一个关键性问题。行为科学认为动机是驱使人产生某种行为的内在力量，是由人的需要引起的。因此，研究人的行为及其规律必须研究人的需要，对于人的需要种类及其一般规律，许多人都有过研究。

1. 马斯洛的需要层次论

需要层次理论（The Hierarchy of Needs Theory）是由美国心理学家亚伯拉罕·马斯洛在1943年出版的《人类动机理论》一书中提出的。

马斯洛认为，每个人都有五个层次的需要：生理的需要、安全的需要、社交或感情的需要、尊重的需要、自我实现的需要。

生理的需要是任何动物都有的需要，只是不同的动物这种需要的表现形式不同而已。对人类来说，这是生存的最基本的需要，如衣、食、住、行、性、阳光、休息等。

安全的需要是保护自己免受身体和情感伤害的需要。如安全、舒适、宁静、没有来自环境的恐惧和威胁、遮蔽、秩序。是对可预测性和对有组织的世界的需要。

社交的需要包括友谊、爱情、归属及接纳方面的需要。对依靠、归属、感情、爱和人际关系的需求。这主要产生于人的社会性。马斯洛认为，人是一种社会动物，人们的生活和工作都不是孤立地进行的，这已由20世纪30年代的行为科学研究所证明。人们希望在一种被接受或属于某一群体的情况下工作。

尊重的需要分为自我尊重和他人尊重。自我尊重因素包括对于优点、自信、成就、独立、自主和成就感的自我评价，即对稳定的、高水平的自我评价的需要，自我尊重是指在自己取得成功时有一种自豪感，它是驱使人们奋发向上的推动力。他人尊重因素包括对来自他人的尊重、声誉、地位、认可、关注和欣赏的需要，或者说受人尊重，即指当自己作出贡献时能得到他人的承认。个人的能力和来自他人的尊重是这种需要的基础。

自我实现的需要是对开发我们的全部潜能的需要。自我实现是指对个人实现、开发个人潜能以及尽全力实现自我价值的需要。自我实现的需要包括成长与发展、发挥自身潜能、实现理想的需要。这是一种追求个人能力极限的内驱力。

马斯洛认为，需要的等级结构具有以下特征。[1]

(1) 除非需要层级中较低层次的需要得到了或多或少的满足，否则，较高层次的需要就不会发挥作用，当你溺水(生理需要面临被剥夺)的时候，你不可能去担心鲨鱼的袭击(安全受到威胁)。

(2) 已经被满足的需要不再起到激励作用。如果你吃饱喝足又很安全，我们就很难以提供食物和衣物的方式来刺激和指导你的行为。

(3) 需要得不到满足会影响精神健康。缺乏自我尊重和来自他人的尊重就无法维持某种人际关系，不能发展个人的能力，这些都会导致挫折感、焦虑和意志消沉。

(4) 在我们的内心中存在着使需要等级不断向高层次发展的需要，一旦较低层次的需要得到或多或少的满足，我们便会朝着更高层次需要的满足而努力。

(5) 自我实现的需要会产生更强烈的激励效果。马斯洛认为，自我实现者会体会"高峰体验"。当你拥有一次这种体验后，你会想要更多这样的体验。可见，自我实现的需要实现方式不同于其他需要。

马斯洛还将这五种需要划分为高低两级。生理的需要和安全的需要称为较低级需要，而社会需要、尊重需要与自我实现需要称为较高级的需要。高级需要是从内部使人得到满足，低级需要则主要是从外部使人得到满足。如果我们的生理需要和安全需要得不到满足，那么我们就无法生存。如果我们对爱和尊重的需要得不到满足，我们就会感觉卑微和无助，而这些需要一旦满足，我们就会信心十足。马斯洛认为，自我实现和"超越"是人类的终极目标。马斯洛的理论特别得到了实践中的管理者的普遍认可，这主要归功于该理论简单明了、易于理解。对马斯洛理论的批评主要集中在两个方面。首先，认为这个理论模糊不清，如这样的分类方法是否科学等；其次，一个突出的问题，马斯洛的这种需要层次结构更多的反映美国中产阶级白人的价值观。因此，只有在认识不同文化背景下的需要类型及其特征的基础上，企业的领导者才能根据不同员工的不同需要进行相应的有效激励。马斯洛的需要层次论为企业激励员工提供了一个参照样本，它提供了一个比较科学的理论框架，成为激励理论的基础。

2. 道格拉斯·麦克雷格的XY理论

管理总是部分地建立在管理者个人所做的一些基本假设之上，管理者的有关人的性质和人的行为的假设对于决定管理人的工作方式来讲是极为重要的，各种管理人员以人的性质的假设为依据，可用不同的方式来组织、控制和激励人们。其中最有影响的是道格拉斯·麦克雷格的"XY理论"。"X理论"与"Y理论"是关于人性与管理控制的两种截然不同的假设，其比较如表11－1所示。道格拉斯·麦克雷格是美国著名行为科学家，在1957年11月

---

[1] 戴维·布坎南.组织行为学.北京：经济管理出版社，2005：244.

号的美国《管理评论》杂志上发表了《企业的人性方面》一文,提出了有名的"XY 理论",该文 1960 年以书的形式出版。麦克雷格把传统的管理中人的本性假设观点叫做 X 理论。

表 11-1 X理论与Y理论的比较

员工态度的假设	X 理 论	Y 理 论
机构目标	漠不关心	如果能带来奖赏,将为之工作
责任	尽可能逃避/愿意有人指导	能得到奖励就承担责任
工作	不喜欢任何形式的工作,尽可能逃避	如果工作能带来回报,工作自然是必要的
报酬	要钱和安全/钱多就多干	需要满足的形式是多种多样的
与员工打交道的合适手段	强迫、压力和惩罚的威胁,详细分工的任务和严格的控制,金钱和物质奖励	建立一个能使员工认识到承认、挑战、满意和成就的气氛

以下是麦克雷格在 X 理论中的假设:

(1) 一般来说,人本质上是好逸恶劳的,而且只要他们能够做到,就设法避免工作;

(2) 由于人的这种厌恶工作的特性,所以对绝大多数的人必须用强迫、控制、指挥并用惩罚相威胁等手法,使他们做出适当的努力去实现组织目标;

(3) 一般的人情愿受人指挥,希望避免担负责任,相对地缺乏进取心,把安全看得比什么都重要。

以下是麦克雷格在 Y 理论中的假设:

(1) 工作中消耗体力和脑力如同游戏和休息一样自然;

(2) 外力的控制和处罚的威胁都不是促使人们为组织目标做出努力的唯一手段,人们在实现所承诺的目标过程中,将会实施自我指导和自我控制;

(3) 这种承诺的程度是与他们的成绩相联系的报酬大小成比例的;

(4) 在适当的条件下,一般的人不仅学会接受任务,而且也学会主动寻求任务;

(5) 在解决各种组织问题时,大多数人具有相对高的想象力、机智和创造的能力;

(6) 在现代工业生活的条件下,一般的人只是部分地发挥出他们的智能潜力。

很显然,这两组假设是截然不同的,X 理论是悲观、静态和僵化的。相反,Y 理论是乐观、动态和灵活的,强调自我指导,并把个人需要与组织要求结合在一起。

根据 X 理论的假设,管理人员的职责和相应的管理方式是:

(1) 管理人员关心的是如何提高劳动生产率、完成任务,他的职能是计划、组织、经营、指引、监督。

(2) 管理人员主要是应用职权,发号施令,使对方服从,让人适应工作和组织的要求,而不考虑在情感上和道义上如何给人以尊重。

(3) 强调严密的组织和制定具体的规范和工作制度,如工时定额、技术规程等。

(4) 应以金钱报酬来收买员工的效力和服从。

由此可见,此种管理方式是"胡萝卜加大棒"的方法,一方面靠金钱的收买与刺激,一方面靠严密的控制、监督和惩罚迫使其为组织目标努力。麦克雷格发现当时企业中对人的管理工作以及传统的组织结构、管理政策、实践和规划都是以 X 理论为依据的。

麦克雷格认为，由于上述的以及其他许多原因，需要有一个关于人员管理工作的新理论，把它建立在对人的特性和人的行为动机的更为恰当的认识基础上，于是他提出了关于Y理论，根据以上Y理论假设，相应的管理措施为：

（1）管理职能的重点。在Y理论的假设下，管理者的重要任务是创造一个使人得以发挥才能的工作环境，发挥出职工的潜力，并使职工在为实现组织的目标贡献力量时，也能达到自己的目标。此时的管理者已不是指挥者、调节者或监督者，而是起辅助者的作用，从而给职工以支持和帮助。

（2）激励方式。根据Y理论，对人的激励主要是给予来自工作本身的内在激励，让他担当具有挑战性的工作，担负更多的责任，促使其工作做出成绩，满足其自我实现的需要。

（3）在管理制度上给予工人更多的自主权，实行自我控制，让工人参与管理和决策并共享权力。

尽管麦克雷格认为理论假定对有效管理是最有效的，一些人还是对他提出了质疑。他们认为和X理论一样，Y理论假定可能在一些环境也是不适当的。Morse和Lorsch(1970)在他们对四家公司的管理实践的比较研究后首先提出了这一观点。其中两家常规公司，一家成功而另一家失败。另外两家高创造性的企业，也是一家成功一家失败。他们推断在常规企业中成功运作的公司遵循X理论，在高创造性企业中成功的公司遵循Y理论。Morse和Lorsch(1970)提出了超Y理论。

3. 克雷顿·保罗·奥尔德弗的ERG理论

克雷顿·保罗·奥尔德弗(1972)在马斯洛提出的需要层次理论的基础上，进行了更接近实际经验的研究，提出了一种新的激励需要理论。奥尔德弗认为，人存在三种基本的需要，即生存需要、相互关系需要和成长发展需要，简称为ERG理论。生存需要，指关系到人的机体存在或生存的基本物质性要求，包括衣食住行及组织提供的相应手段等；相互关系需要，指保持和发展人际关系的需要；成长发展需要，指个人固有的、内在的自我发展和自我完善的需要。

表11-2　ERG理论与马斯洛的需要层次论的比较〔1〕

生存(Existence)的需要	生理和安全的需要
相互关系(Relatedness)的需要	归属和尊重的需要
成长发展(Growth)的需要	自我实现和自我尊重的需要

第一种生存的需要与人们基本的物质生存需要有关，它包括马斯洛提出的生理和安全需要。第二种需要是相互关系的需要，即指人们对于保持重要的人际关系的要求。这种社会和地位的需要的满足是在与其他需要相互作用中达成的，它们与马斯洛的社会需要和自尊需要分类中的外在的他人尊重部分是相对应的。最后，奥尔德弗把成长发展的需要独立出来，它表示个人谋求发展的内在愿望，包括马斯洛的自尊需要分类中的内在部分和自我实现层次中所包含的特征。

〔1〕 戴维·布坎南. 组织行为学. 北京：经济管理出版社，2005：245.

马斯洛的需要层次是一种刚性的阶梯式上升结构，认为较低层次的需要必须在较高层次的需要满足之前得到充分的满足，当一个人的某一层次需要尚未得到满足时，他可能会停留在这一需要层次上，直到获得满足为止，两者具有不可逆性，即马斯洛的"递进假说"。而相反的是，奥尔德弗提出了"退化假说"，该假说认为，当我们在满足较低级的需要时受到了挫折，那么作为替代，他的某一较低层次的需要可能会有所增加，我们就会倒退到较低级的需要层次。ERG 理论不强调需要的层次顺序或各类需要层次是刚性结构，认为并不存在严格的阶梯式由低到高追求需要满足的倾向，即人们并不是只有当低层次需要得到充分满足后才去追求更高层次的需要，对不同层次需要的要求可能同时并存。例如，一个人甚至在生存和关系需要没有得到满足的情况下也可以为成长而工作。这三类需要可以同时存在，而且这三种需要可以同时起作用，与需要层次理论不同的是，"ERG"理论认为多种需要可以同时作为激励因素而起作用。尽管两个理论存在这样的差距，但是它们对管理实践的启发是相似的。

4. 赫兹伯格的双因素理论

双因素理论也叫"保健—激励理论"（Motivation - Hygiene Theory），是美国心理学家弗雷德里克·赫兹伯格（Frederick Herzberg）在 1959 年出版的《工作的激励因素》中提出的。20 世纪 50 年代末期，赫兹伯格和他的助手们在美国匹兹堡地区对 200 名工程师、会计师进行了调查访问。就"什么时候你对工作特别满意"、"什么时候对工作特别不满意"、"满意和不满意的原因是什么"等问题进行调研分析。访问主要围绕两个问题：在工作中，哪些事项是让他们感到满意的，并估计这种积极情绪持续多长时间；又有哪些事项是让他们感到不满意的，并估计这种消极情绪持续多长时间。赫兹伯格以对这些问题的回答为材料，着手去研究哪些事情使人们在工作中感到快乐和满足，哪些事情造成不愉快和不满足。结果他发现，使职工感到满意的都是属于工作本身或工作内容方面的；使职工感到不满的，都是属于工作环境或工作关系方面的。"赫兹伯格的双因素理论中不满意因素称为维持、保健因素，是起不到激励作用的；而满意因素与工作内容相关，是激励因素。"如图 11 - 2 所示。

造成员工不满意的因素往往是由外界的工作环境产生的。主要是：公司政策和行政管理、监督、与上级关系、工作条件、与下级关系、个人生活、地位、安全等方面处理不当。这些因素改善了，只能消除员工的不满，但不能使员工变得满意，也不能激励工作积极性，提升绩效。这些因素称为"保健因素"（Hygiene Factors），即只能防治疾病，不能医治疾病。这些因素即使改善了也不能使员工变得非常满意，不能充分激发员工的积极性，只能消除员工的不满。

使员工感到非常满意的因素主要是工作富有成就感、工作成绩得到社会认可、工作本身具有挑战性、能发挥自己的聪明才智、工作所赋予的发展机会和责任等。这些因素的改善，或者说，这些因素的满足，往往能激发员工的责任感、荣誉感和自信心，增进员工的满意感，有助于充分、有效、持久地调动他们努力工作、积极上进。这些因素称为"激励因素"。

虽然"双因素理论"遇到诸多质疑，但是还是对管理有重要启示。首先，在工作设计方面，促成了工作丰富化和扩大化的实践；其次，促使了人们对工作本身所带来的内在激励的研究。这两种理论之间存在着许多差别，但是，就需要的类型来看，两者之间还是存在着很

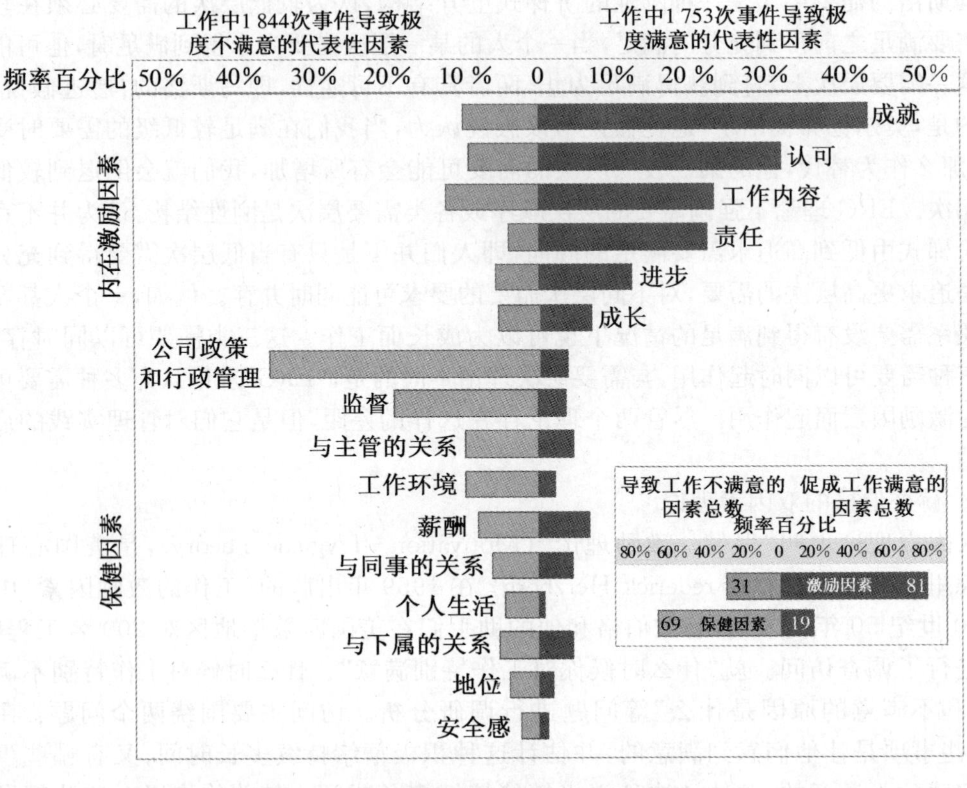

图 11－2　弗雷德里克·赫兹伯格双因素理论

多共同之处的。双因素理论和需要层次理论都属于激励内容理论，都是从人的行为内在需要的角度来考察激励的，保健因素与低级需要基本一致，而激励因素则和高级需要基本一致。这方面的比较如图 11－3 所示。

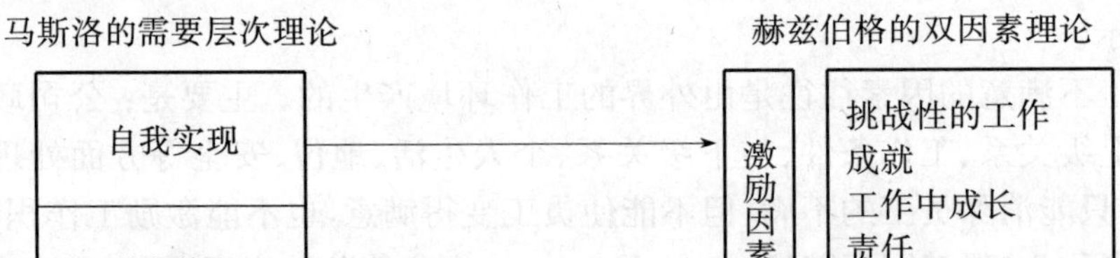

图 11－3　马斯洛的需要层次理论和赫兹伯格激励理论的比较

双因素理论的管理启示，采取了某种激励机制的措施以后并不能一定就带来满意。满足各种需要所引起的激励深度和效果是不一样的。要调动人的积极性,不仅要注意物质利益和工作条件等外部因素,更重要的是用一些内在因素来调动人的积极性。

(二) 过程型激励理论

过程型激励理论认为,个体在选择目标及实现目标的方式时是有知觉地制定决策的。过程激励理论从人的动机的产生到行为反应这一过程出发,研究有哪些因素对人的动机与行为发生作用,主要是分析个体如何做出目标选择,作为管理者,不仅要判断人的动机,还需要知道动机是如何转化成组织所希望的行为,这种侧重研究激励过程的理论有期望理论、公平理论和波特—劳勒激励模型。

1. 期望理论

这一理论是由美国心理学家弗罗姆 1964 年在《工作与激励》一书中提出的期望理论认为,激励是评价、选择的过程,人们采取某项行动的动力或激励力取决于其对行动结果的价值评价和预期实现目标可能性的估计。期望理论是指人们若能相信目标的价值,并认定当所做的一切有助于实现这一个目标时,他们就会受到激励而努力工作,完成目标任务。

期望公式:

人总是渴求满足一定的需要并设法达到一定的目标。这个目标在尚未实现时,表现为一种期望,这时目标反过来对个人的动机又是一种激发的力量,而这个激发力量的大小,取决于目标价值(效价)和期望概率(期望值)的乘积。用公式表示就是:

$$激励力(M) = 效价(V) \times 期望值(E)$$

M(受激励的程度):激发人内部潜力的强度,即动机的强度,它表明一个人愿意为达到目标而努力的程度。

V(效价):表示对目标价值的主观评价,这是一个心理学概念,是指达到目标对于满足他个人需要的价值。同一奖酬对不同的人有不同价值,同一目标,由于各个人所处的环境不同,需求不同,对某一目标的偏好程度不同,其需要的目标价值也就不同。同一个目标对每一个人可能有三种效价:正、零、负。效价越高,激励力量就越大。

E(期望值):指某人对实现某一目标的可能性的主观估计,人们根据过去的经验判断自己达到某种目标的可能性是大还是小,即能够达到目标的概率。

这个公式说明:目标价值大小直接反映人的需要动机强弱,期望概率反映人实现需要和动机的信心强弱。假如一个人把某种目标的价值看得很大,估计能实现的概率也很高,那么这个目标激发动机的力量越强烈。

怎样使激发力量达到最好值,弗罗姆提出了人的期望模式:

个人努力→个人成绩(绩效)→组织奖励(报酬)→个人需要

在这个期望模式中的四个因素,需要兼顾三个方面的关系。

(1) 努力和绩效的关系。这两者的关系取决于个体对目标的期望值。期望值又取决于目标是否合适个人的认识、态度、信仰等个性倾向,及个人的社会地位,别人对他的期望等社会因素。即由目标本身和个人的主客观条件决定。

(2) 绩效与奖励关系。人们总是期望在达到预期成绩后,能够得到适当的合理奖励,如奖金、晋升、提级、表扬等。组织的目标,如果没有相应的有效的物质和精神奖励来强化,时间一长，积极性就会消失。

(3) 奖励和个人需要关系。奖励什么要适合各种人的不同需要，要考虑效价。要采取多种形式的奖励，满足各种需要，最大限度地挖掘人的潜力，最有效地提高工作效率。期望理论对管理者的启示是，管理人员的责任是帮助员工满足需要，同时实现组织目标。

努力与绩效的关系：目标不要太高或太低。

绩效与奖酬的关系：多劳多得，说话算数。

奖酬与满足人们需要的关系：多种奖励方式。

研究激励过程中，一条途径是研究人们需要的缺乏，运用马斯洛的需要层次理论，找出人们所感觉到的某种缺乏的需要，并以满足这些需求为动力，来激励他们从事组织所要求的动机和行为；另一条途径是从个人追求目标的观点来研究个人对目标的期望，这就是期望理论。依照这一条途径，则所谓的激励，乃是推动个人向其期望目标而前进的一种动力。期望理论侧重于"外在目标"。需要理论着眼于"内在缺乏"。本质上这两种途径是互相关联和一致的，都认为激励的过程是在于：实现外在目标的同时又满足内在需要的满足。不过，期望理论的核心是研究需要和目标之间规律的。期望理论认为，一个人最佳动机的条件是：他认为他的努力极可能导致很好的表现，很好的表现极可能导致一定的成果，这个成果对他有积极的吸引力。这就是说，一个人已受他心目中的期望激励。可以推断出：这个人内心已经建立了有关现在的行为与将来的成绩和报偿之间的某种联系。因此，要获得所希望的行为，就必须在他表现出这种行为时，及时地给予肯定、奖励和表扬，使之再度出现。同样，想消除某一行为，就必须在表现出这种行为时给予负强化，如批评惩处。

2. 公平理论

公平理论是美国心理学家J·斯泰西·亚当斯(J. Stacey Adams)在1965年首先提出来的。公平理论就是建立在公平对待的知觉之上的。什么才算得上是公平合理有赖于我们与他人的比较，也称社会比较理论。公平理论认为，不公平的知觉会导致紧张，从而激励个体改变这种不公平状态，感知到的不公平越强烈，紧张就越多，而激励作用就越大。只有在我们认为不合理、不公平的条件下，我们才会受到激励。这个理论把对行为的解释建立在相互比较的知觉之上，亚当斯认为，我们对"过高回报"和"过低回报"会有不同反应，我们倾向于认为稍微的"过高回报"是一种"好运气"，而不会做出任何反应，但是稍微的"过低回报"就不那么容易忍受了。公平理论认为，人们主观地将其付出的和所得到的报酬同别人所得到的报酬相比较来评价其报酬的公平性。比较的结果将直接影响今后的工作积极性，激励是受这个影响的过程。

在企业环境中，当一个人做出了成绩并取得了报酬以后，他不仅关心自己所得报酬绝对值的大小，而且关心自己所得报酬的相对值，所谓相对值是指个人所付出的劳动及所得到的报酬与他人的进行横向比较所得到的结果，也指个人目前付出的劳动与自己过去的进行纵向比较所得到的结果。由于关注的是报酬的分配是否公平以及自己是否受到公平的对待，主要是指人们对分配结果的公平感受，所以亦被称为结果公平。

亚当斯提出当下列公式成立时，公平的结论就成立了：

$$Q_p/I_p = Q_o/I_o$$

式中　Q_p——个人对他所得的报酬的感觉；

　　　I_p——个人对他所做投入的感觉；

　　　Q_o——这个人对某比较对象所获得的报酬的感觉；

　　　I_o——这个人对比较对象所做投入的感觉。

当等式成立，人便觉得公平，否则，就会觉得心理失衡，产生不公平感。如果左端小于右端，则会产生比别人吃亏或今不如昔的不满情绪；如果左端大于右端，则会因为投入少、得到多而产生负疚感。报酬或回报可以包括一系列有形的和无形的东西，包括薪水、地位象征、福利、提升机会、满意度和工作保障。投入或输入则包括你认为你所投入的东西，包括时间、经验、技能、教育、努力、忠诚和承担义务。这个理论并没有讨论这些不同因素间的相互权重和因果关系，因为这些方面要取决于个体的知觉。

人的知觉对于人的动机影响关系很强，人能否受到激励，有两方面原因：一是人们得到了什么，二是人们所得到的与别人所得到的相比是否公平。你会怎样消除不公平感？亚当斯提出消除不公平感的七种策略（见表 11－3）。

表 11－3　消除不公平感的七种策略

策　　略	例　　子
1. 改变自己的回报	我要说服经理给我加薪水
2. 调整自己的输入	我不会像比较对象(小王)那么努力工作
3. 改变参照对象的现状	我要说服经理削减比较对象(小王)的工资
4. 改变参照对象的输入	我要把所有困难的活交给比较对象(小王)
5. 与其他人进行比较	小李(第三者)的薪水和我一样多
6. 解释不公平	比较对象(小王)在这里工作的时间比我长
7. 离开	我要重新找份工作

3. 波特—劳勒激励模型

美国行为科学家利曼·波特和爱德华·劳勒（1968，1973）将弗罗姆的期望理论发展为一个更加全面的工作激励理论。这种激励理论可由图 11－4 表示。努力，指个人对工作付出的程度。个人努力程度取决于个人对报酬评价与个人对可能获得报酬的期望概率。完成这项工作的能力是个人拥有的知识和技能；对所要求的工作认识是对目标、所需进行的活动和有关任务的理解程度。绩效，指工作表现和取得的实际成果。一项工作中的实际绩效（任务的实施或目标的实现）主要取决于付出的努力，但它也在很大程度上受个人完成这项工作的能力和他对所做工作的认识的影响。报酬来自于工作成果和绩效，它包括内在报酬和外在报酬。前者指工作本身产生的报酬，即尊重、自我实现、成就感等需要的满足；后者指工作之外的，如薪酬、工作条件、职业的保障等方面需要的满足。公平报酬的比较：一个人要把自己所得到的报酬同自己认为应该得到的报酬相比较。内在报酬与外在报酬同个人对报酬的公平感结合在一起，影响着个人的满足。其中，公平感又受个人对工作成果自我评价的影响。个人最终的满意程度取决于对所得到的奖酬以及个人对公平程度的认识，而这个满意程度又会影响到下一轮工作中对效价的认识。如果他认为自己得到的报酬低于“所理解的公正报酬”，那么，即使事实上他得到的报酬量并不少，他也会感到不满足，甚至失落，从而影响他以后的努力。满意度是个人的一种内在的认知状态，表明个人在实现了预期的目标和报酬所得的满意感觉。当个人从实现目标和报酬中得到了满足时，就会使其对此项目标所得报酬的评价提高，进而又会提高此项目标对个人的激励力度，使其对此项目标更加努力。

模型的主要内容：应该看到"努力—成绩—报酬—满足"这一连锁结构的关系。要形成激励→努力→绩效→奖励→满足，并从满足回馈努力这样的良性循环，取决于奖励内容、奖惩制度、组织分工、目标导向行动的设置、管理水平、考核的公正性、领导作风及个人心理期望等多种综合性因素。

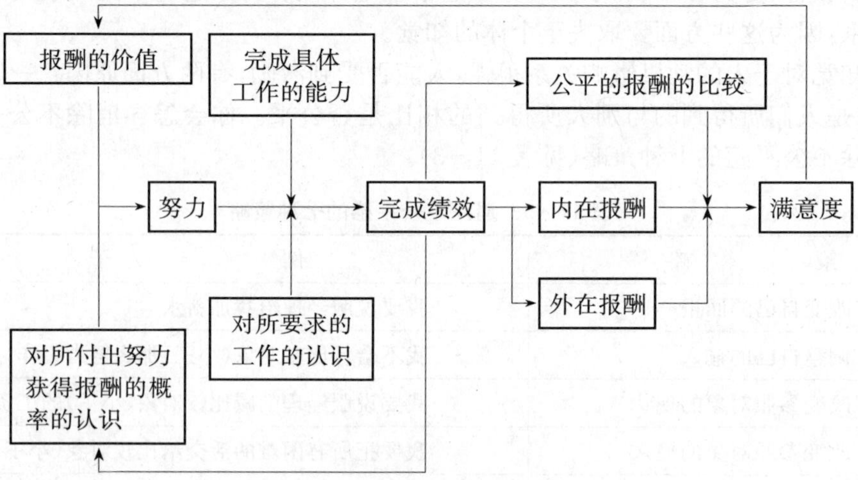

图 11-4 波特—劳勒激励模型

(1) 努力来自于报酬的价值，个人认为需要付出的努力和受到的奖励的概率。

(2) 工作实际绩效取决于能力的大小、努力程度以及对所需完成任务理解深度。

(3) 奖励要以绩效为前提，不是先有奖励后有绩效，而是必须先完成组织任务才能导致精神的、物质的奖励。

(4) 激励措施是否会产生满意，取决于受激励者认为获得的报酬是否公平。

(5) 满意将导致进一步的努力。

模型的理论特点是：首先，基于弗罗姆的期望理论，一个人的工作积极性(激励)高低以及由此衍生出的投入工作的努力的大小，取决于目标的效价，即通过努力想实现的目标在此人心中的主观价值，以及通过努力，取得绩效并获得回报之间的概率关系。其次，在努力和绩效之间考虑其他三种因素，一是技能与素质，有热情有必需的技能和素质；二是工作条件，指环境与资源支持；三是绩效标准，指员工对组织意图和要求的领会。第三，基于双因素理论，对取得的工作绩效，员工希望得到内在的和外在的回报，使工作成果所得的奖酬与其满足水平相适应，感知工作满意度，从而会从努力程度产生反馈作用。第四，基于亚当斯的公平理论，还要关注员工对回报公平与否的感知，这些报酬是否能满意取决于人们对报酬公平性的看法。构造出一种更加全面的激励过程模型，这个模型为人们分析和认识管理的一般过程和机制提供了一个清晰的综合性理论框架(见图 11-4)。

这个理论也对管理实践具有指导意义：

(1) 努力程度和绩效水平的联系需要得到管理层的支持指导和资源支持；

(2) 如果回报能够产生想要的激励效果，那么，绩效和回报之间的联系必须能够被观察到，在将薪水视为激励高水平绩效的环境中，实施薪水保密制度就是不合理的；

(3) 如果要员工做某件事情却因为他做的别的事情而给予回报，那么，他们将只集中于能得到回报的事情，而忽略其他工作；

(4) 钱能够作为激励物质，但它只是众多外部回报中的一种，而且为了起到作用，必须在它和工作绩效之间建立清晰的联系，同时也要让员工感知到公平；

(5) 绩效标准必须是清楚、明确的，否则员工无法了解如何更好地去付出努力；

(6) 给予员工并不重视的回报，或者这个回报不足以激励其改变行为，那么，这种回报是没有意义的；

(7) 如果不同的员工对回报的看法存在差异，那么有必要引入一个利益标准，或者是"弹性利益"体系，例如，可以让员工们选择医疗保险、康体俱乐部、汽车故障补偿、公交乘车票、购物券、电影票、自行车津贴、理财建议和旅游保险等诸多回报方式；

(8) 不同回报的价值可能会随着时间推移而发生变化，因此需要随时进行检查；

(9) 不连贯的、模糊不清的绩效评定是产生不公平感的主要源泉，管理层必须建立准确的、连续的评价系统；

从这个理论中发展出了工作丰富化的实践方法。

(三) 激励的强化理论

激励的强化理论或行为矫正激励型理论也称为行为改造型激励理论，其主要从行为的结果出发来研究行为是否受到激励，认为人的行为可以受到矫正，即受到激励的行为倾向于反复出现。这类理论主要有强化理论、归因理论和挫折理论三种。

1. 强化理论

强化理论是美国著名心理学家斯金纳(B. P. Skinner)提出来的，又称为修正理论或行为强化理论，也称为操作性条件反射论，是以学习的强化原则为基础对理解和修正人的行为的一种学说，主要研究人的行为同外部因素之间的关系。强化理论认为导致奖励结果的行为很可能不断重复，而导致惩罚结果的行为则不大可能重复。

(1) 强化理论　强化的概念最早是由俄国生理学家巴甫洛夫在研究条件反射时提出的。在条件反射形成以后，为了防止条件反射消退，必须不时伴随以无条件刺激物(事物)，这就是强化。但是在巴甫洛夫古典条件反射学说中，强化仅仅是巩固条件反射的一种。

美国心理学家斯金纳对强化的概念作了系统的论述。斯金纳是操作条件反射理论的创始人，他在长期用动物做实验的过程中创造了一种特殊的实验装置——"斯金纳箱"。箱内装有一个按压杠杆，把小白鼠放在箱内自由走动，偶然碰到杠杆，就会有一粒食物沿沟槽滚入箱内。由于按压杠杆可以得到食物，所以小白鼠很快学会了按压杠杆取食物的操作。这就是说，形成了操作条件反射。而这种操作条件反射形成的关键条件则是得到食物的强化。

斯金纳对强化的解释与巴甫洛夫有些不同。巴甫洛夫只是把强化看成使条件反射避免消退和得以巩固的措施，而斯金纳则把强化看成是增强某种反应、某种行为概率的手段，是保持行为和塑造行为必不可少的关键因素。

在斯金纳之后，不少学者对人的行为强化问题进行了大量的研究，强化的概念也进一步得到发展。实际上，所谓强化是指随着人的行为之后发生的某种结果会使以后这种行为发生的可能性增大。这就是说，那些能产生积极或令人满意结果的行为，以后会经常得到重复，即得到强化。反之，那些产生消极或令人不快结果的行为，以后重新产生的可能性则很小，即没有得到强化。从这种意义上说，强化也是人的行为激励的重要手段。

强化过程即操作性条件反射，包含三个要素：第一个要素是刺激，指的是所给定的工作环境；第二个要素是反应，也就是工作中表现出的行为和绩效；第三个要素是后果，也就是奖惩等强化物。

(2) 强化的类型　利用强化的手段改造行为，一般有四种方式。其区别如表 11－4 所示。

表 11－4　四种不同的强化类型

	令人愉快或所希望的事件	令人不快或不希望的事件
事件的出现	正强化（行为变得更加可能发生）	惩罚（行为变得更不可能发生）
事件的取消	消退（行为变得更不可能发生）	负强化（行为变得更加可能发生）

● 正强化。这是指通过出现积极的、令人愉快的结果而使某种行为得到增强或增加。如用认可、赞赏、提升、增资等对某一行为进行奖励和肯定，使其重现和加强。应用正强化有三个要点：① 所选的强化物要恰当，对于被强化对象要有足够的奖酬威力；② 强化要有明确的目的性和针对性，必须按所希望的行为的出现而施予；③ 反应与强化的顺序，正强化必须确能激发今后所希望的行为会再度出现。

● 负强化。它是指通过终止或取消令人不快的结果而使某种行为得到增强或增加。如当某种不符合要求的行为有了改变时，减少或消除施于其身的某种不愉快的刺激（批评、惩罚等），从而使其改变后的行为再现和增加。负强化和正强化的目的一样，都是想维持和增加某一有利的行为。应用负强化应记住两个要点：① 要采取负强化，事先必须确有不利的刺激存在；负强化是一种事前的规避。它通过对什么样的行为会不符合组织目标的要求以及如果员工发生不符合要求的行为将给何种惩罚的规定，使员工从力图避免得到不满意、不愉快的结果的考虑中对自己的行为形成一种约束行为。② 通过去除不利刺激来鼓励某一有利行为，要待这一行为出现时再去除方能奏效，使受强化者明确行为与后果的联结关系。这种联结关系约束、规避的作用会使组织成员的行为趋向于符合要求的比较规范的状态，所以，这是一种非正面的对所希望行为的强化，称之为负强化。

● 自然消退。这是指当某种令人愉快的事件被取消之后，以后会使某种行为发生的可能性减少。自然消退有两种方式：① 对某种行为不予理睬，以表示对该行为的轻视或某种程度的否定，使其自然消退；② 对原来用正强化建立起来的、认为是好的行为，由于疏忽或情况改变，不再给予正强化，使其出现的可能性下降，最终完全消失。大量的研究表明，一种行为如长期得不到正强化，便会逐渐消失。可见，消退其实就是不予强化，不强化就会自然消退。如领导对员工的积极行为不予奖励，本身就是给这行为泼冷水，是不表态的表态。

● 惩罚。这是用批评、降薪、降职、罚款等带有强制性、威胁性的结果，来创造一种令人不愉快乃至痛苦的环境，或取消现有的令人满意的条件，以示对某一不符合要求的行为的否定，从而消除这种行为重复发生的可能性。惩罚中所包括的撤销奖酬这一措施，与消退中的撤销奖酬有所不同。消退中的撤销奖酬是针对某种过去认为是好的且用正强化建立起来的行为，惩罚中的撤销奖酬则是为了消除某种不好的行为，这种行为从来没有与这种奖酬联系过。如对有说脏话习惯的孩子，要使他改去这种不良行为，采取三种办法：① 在他再说脏话时，不再夸他而置之不理（消退）；② 给他训斥（用令他不快的后果惩罚他）；③ 不许他看电视（撤销奖酬）。最后一种后果本来与骂人这一行为没有联系，可是事实上这也是一种惩罚。

（3）强化进度表

强化理论认为积极的强化可以产生需要的行为，不同的奖励形式会影响用于学习一项新技能的实际和坚持维持该技能的程度。这些强化进度表，明确了积极强化的基础和时间表。有两种主要时间表：连续性强化和间歇性强化。

连续性强化中，每次行为都会受到强化。例如，经理表扬工人完成任务出色。开始学习时，这种强化是有效的，然后就会失去实效了。甚至如果强化行为不能继续出现的话，需要的行为就会停止。

间歇性强化，即只是部分行为受到奖赏。开始学习时，常常会有奖赏，以鼓励行为重复，然后这种奖赏越来越少。四种主要的间歇性强化是：固定时间强化、固定比率强化、变动时间强化、变动比率强化（图 11－5）。

图 11－5　间歇性强化类型

（1）固定时间强化

在固定时间强化中，强化是定时的。例如以车间经理每天同一时间去某个部门，表扬提高产品的质量努力。固定时间强化产生不均匀的回应，强化之后，行为表现得最好，然后就不尽如不意直至下一个强化，如果强化迟到或停止，则消失很快。

（2）固定比率强化

在固定比率强化中，强化按一定的比率进行，而不是固定时间。例如，五个有用的创新想法会得到奖赏。另一种固定比率强化是计件制。固定比率强化会有很高的反应，但如果强化停止甚至暂时停止则会很快消失。

(3) 变动时间强化

在变动时间强化中，强化刺激奖励刺激是随机的，没有明确的频率。例如车间经理去某个部门，表扬提高产品的质量努力，一周五次，但时间各不相同。这个时间表保证了稳定的回应，不经常变化并且很难消失。

(4) 变动比率强化

在可变比率中，需要行为后的强化刺激是按随机比率进行的。比如彩票得奖，赌博输赢等，扑克机器根据不同的比率对不同层次的努力给予奖赏，这会有一个很高的回应率，变动比率强化最慢消失。麦当劳在其促销活动中曾运用变动比率强化，顾客会收到附有邮票的游戏纸，上面描绘了奖品。获得头奖的几率非常不平均，而赢得奖励的几率可能很大，这对顾客形成不断的强化，最后促销活动取得很大成功。

2. 归因理论

归因理论由美国心理学家海德(F. Heider)和韦纳(B. Weiner)等人提出：归因是指根据行为或事件的结果，归因是指人们对他人或自己的行为进行分析，确认其性质或推论其原因的过程。归因，就其字面含义来说，是指“原因归属”，即将行为或事件的结果归属于某种原因。通俗地讲，归因就是寻找导致结果的原因。归因理论是探讨人们行为的原因与分析因果关系的各种理论和方法的总称。它试图根据不同的归因过程及其作用，阐明归因的各种原理。主要观点是：

(1) 人们总是试图去解释事件发生的原因，为成功或失败寻求能力、努力、态度、运气等方面的原因。人类行为的归因不单由饥、渴、性等驱力或需要所驱使，而且也由其认识(尤其是思维)所控制。

(2) 从产生成败的原因中确定几种可觉察的主要原因，分析原因的构成成分，并探讨它们与行为和情绪的关系。韦纳提出了归因的三个基本成分，即部位(内部与外部)稳定性(稳定与不稳定)和控制性(可控制性与不可控制性)。据此韦纳创立了归因的三个维度——部位×稳定性×控制性。用这三个维度可构成不同原因成分的分类组合。从这里可以找出归因与行为和情感相互作用的规律。韦纳发现原因的稳定性影响人的期望，原因的部位和控制性影响人的情感，等等。

(3) 分析归因时不仅从行为上进行分析，而且从认知、思维、情感和人际关系中来分析。成败的原因主要是能力、努力、任务难度和机遇四种，这为改变行为提供了理论依据。表11－5是对成就结果所觉察的原因的一种2×2的图解。

表11－5　归因理论

内外源 稳定性	内　部	外　部
稳　定	能　力	任务难度
不稳定	努　力	运　气

根据内外源，可将原因分成内部和外部，能力和努力是内部因素，任务难度和运气则是外部因素；在内外维度上，如果一个人将成功归因于内部因素，则会产生自豪感，从而积极性提高；归因于外部因素，则会产生惊奇和感激心理。如果将失败归因于内部因素，则会产生内疚和羞愧；归因于外部因素，则会产生气愤和敌意。

根据稳定性维度，可将原因分为稳定和不稳定，能力和任务难度是稳定因素，努力和运气则是不稳定因素；在稳定维度上，如果一个人将成功归因于稳定因素，会产生自信，从而积极性提高；归因于不稳定因素，则会产生侥幸心理。将失败归因于稳定因素，将会产生绝望的感觉，降低工作积极性。将失败归因于不稳定因素，则会抱怨，但心理得到解脱。

根据可控性维度，又可将原因分为可控的和不可控的，努力是可控的，任务难度和运气则是不可控的，能力是长期可控，而短期不可控的。在控制性维度上，如果将成功归因于可控因素，则会积极地去争取成功；归因于不可控因素，则不会产生多大的动力。将失败归因于可控因素，则会继续努力；归因于不可控因素，则会产生绝望情绪。

3. 挫折理论

该理论包括两个方面：一是阻碍个体动机性活动的情况，二是个体遭受阻碍后所引起的心理状态。就是说，当个体从事有目标的活动时，在环境中遇到阻碍或干扰，致使其动机不能获得满足时的情绪状态。形成挫折的原因有自然的和社会的，前者如生老病死，天灾人祸等，后者如政治、经济、宗教、工作家庭及风俗习惯等。

第三节　激励实务

随着行为科学的发展，激励理论早已被广泛运用于社会生活的各个方面。在企业的生产经营活动中，也主要用于调动员工的工作积极性，从而推广到激发公众的购买欲望、引导消费行为方面。

一、激励的原则

根据员工的需要进行激励时，不同的企业结合自身的实际采用不同的方法，为了取得良好的激励效果，激励必须遵循以下几个原则。

(1) 物质利益原则。马克思主义认为，人具有自然属性，是自然界的产物，又主宰自然界，人的需求是以物质需求为基础的。激励应给予激励对象合理的物质报酬。

(2) 公平原则。公平原则要求组织在实施激励时，首先应做到组织内部公平，即个人的所得与付出相匹配，与组织内其他成员比较相协调；同时，组织还尽可能从更广泛的领域和范围，追求激励中的社会公平。

(3) 差异化原则。激励中的公平性并非要求对所有的激励对象一视同仁，而是针对具体的人和事，按贡献大小、重要性强弱和其他因素的综合标准，共同决定实施何种激励方案，体现出因人、因事而异的多样性和灵活性。

(4) 经济性原则。是指实施有效的激励，要将激励的成本和有可能取得激励收效结合起来，要有利于成本节约、组织效能和活动效率的提高。

二、激励的形式

管理实践中常用的激励形式是：

1. 理想、目标激励

理想激励是通过教育和影响等方式，使员工树立远大理想，并为实现理想而自觉努力和不断奋斗。大多数人都有成功的需要，希望不断获得成功，成功的标志之一便是实现预定的目标。为激励对象确定一个合适的目标，并为其实现目标提供全面的支持，往往能达到很好的激励效果。目标激励除了目标具有很强的激励作用外，组织目标也会激励员工的斗志和工作热情。

2. 组织制度和榜样激励

组织激励是指运用组织责任和权利对员工进行激励。行为科学研究表明，大多数人都愿意承担责任，希望有自我控制的权利。因此，在实际工作中，可以创造条件开展民主管理，尽可能吸收员工参与决策。

组织的多项规章制度，一般都与一定的物质利益相联系，对员工的消极行为具有约束作用。但另一方面，规章制度为员工提供了行为规范和社会评价标准，与员工的自我肯定、社舆论的认可相联系，具有综合的激励作用。

俗话说，"榜样的力量是无穷的"。大多数人不甘落后，但又不知从何做起，或者在困难面前举步不前。通过树立先进典型和领导者的宣传垂范，可以使广大员工找到一个参照并自我鞭策，增添克服困难取得成功的决心和信心。

3. 物质利益和荣誉激励

在管理中遵循物质利益的原则，并不是只注重对员工物质需要的满足。有效的激励，应该是物质激励和精神激励相结合的"同步激励"（这是我国心理学家俞文钊先生提出的激励理论）。物质利益是最基本的激励。荣誉激励是给优秀员工以表扬、光荣称号、象征荣誉的奖品、奖章等，这是对员工贡献的公开承认，可以满足人的自尊需要，从而达到激励目的。

4. 培训、信息和改善环境

培训的激励作用是多方面的，它可以满足员工求知的需求，进而可能胜任更具有挑战性的工作、承担更多的职责，又可以在一定程度上满足其社会需求和自尊的需要。

这里的信息指的是绩效信息，它也是激励的一种方式。在组织活动过程中，及时告知员工已取得的个人组织绩效，可以使员工明确自己已获得的成就和尚存在的差距，这既是对员工的信赖，又可以激发其拼搏精神，为实现个人和组织目标而付出更大的努力。

三、激励实务

激励理论与研究结果也为管理者提供了若干激励员工的方法。员工激励的内容与形式是依情况的变化而变化的。不同的工作性质、不同的员工素质、不同的企业状况，需要不同的激励方式。对激励理论与实践进行结合与分析，将有利于推进企业的激励工作。

1. 认清个体需要差异

激励下属，士为知己者死。这就是管理者关心、爱护下属，满足下属生存和发展特别是心理情感的需要，与之成知己和至交，从而使下属不遗余力地出力。

认清个体差异。几乎所有的当代激励理论都认为每个员工都是一个独特的不同于他人的个体，他们的需要、态度、个性等都是不相同的。比如，期望理论对性格内向的人比对外向的人预测得更为准确。

一个国家多数人的需要层次结构，与这个国家的经济发展水平、科学技术水平、文化和民众受教育程度直接相关。在不发达国家，生理需要和安全需要居主导地位的人数比例较大，而高级需要居主导地位的人数比例较小；在发达国家则相反。在同一国家的不同时期，人们的需要层次会随着生产力水平的变化而变化。有关需要层次与相关管理措施如表 11－6 所示。

表 11－6 需要层次与相关管理措施〔1〕

需要层次	诱因(追求的目标)	管理制度与措施
生理需要	薪水、健康的工作环境	身体保健(医疗设备)、工作时间(休息)、福利设施设备(食堂、幼儿园、车队)
安全需要	职位的保障、意外的防止	雇佣保证、退休金制度、健康保险制度、意外保险制度
社会交往需要	友谊(良好的人际关系)、团体的接纳、与组织的一致	协商谈话制度、利润分配制度、团体活动制度、互助金制度、娱乐制度、教育训练制度
尊重的需要	地位、名分、权力、责任、薪水的公平性	人事考核制度、晋升制度、表彰制度、奖金制度、选拔进修制度、委员会参与制度
自我实现的需要	能发展个人特长的组织环境，具有挑战性的工作	决策参与制度、提案制度、研究发展计划、劳资会议

管理者要真正调动下属的工作积极性，就必须掌握员工的动机与需要。了解激励对象的需要有哪些，每种需要的强烈程度，尤其是每种需要在其心目中的重要性，因此，管理者应定期地对企业员工进行需要调查并认真分析这些需要。

2. 综合运用激励理论

在分析员工需要前，管理者必须掌握各种激励理论，并能将各种激励理论结合起来综合运用。正如前所述，员工的激励过程：需要→动机→行为→结果→反馈。管理者应针对员工激励过程中的不同，灵活选用最适当的、正确的激励理论进行分析。实际上，各种激励理论都是互补的，不同的理论可以运用于激励过程中的不同阶段；不同的理论也回答了不同的问题。例如，内容激励理论回答“员工有什么需要应该在工作上被满足。”过程激励理论回答“员工是如何选择行为来实践他们的需要”。又如，强化理论解决的问题是“管理者要做什么才能让员工的行为符合组织目标的方向要求”。管理者在激励员工的不同阶段可以运用各种激励理论：① 管理者可以运用内容理论、需求层次理论、ERG 理论、“双因素”理论、三种需求理论等认真分析员工的需要性质；② 管理者应以过程激励理论、公平理论与期望理论等为指导，引导员工的动机，使其选出正确的行为满足其需要；③ 员工为了满足需求所做出的行动方向或行为；④ 管理者利用强化激励理论，通过控制员工的行为结果以使员工沿着预定方向来表现行为；⑤ 反馈，即员工需求达到的程度以及还有多长时间会再出现不满足的情形，或者创造出一个未被满足的需求。

〔1〕 俞文钊. 管理心理学. 兰州：甘肃人民出版社，1989：254.

3．人与职务相匹配

大量研究证据表明，将个体与职务进行合理匹配能够起到激励员工的作用。比如，高成就需要者应该从事小企业的独立经营工作，或在规模较大的企业中从事相对独立的部门运作。但是，如果是在大型官僚组织中从事管理工作，候选人必须是高权力需要和低归属需要的个体。同样道理，不要让高成就需要者从事与其需要不一致的工作，当他面对中等挑战水平的目标，并且具有自主性和可以获得信息反馈时，能够做得最好。但是应该注意，不是每一名员工都会因工作的自主性、变化性和责任感而受到激励。这类工作只对高成就需要者具有很强的吸引力和激励作用。

物质利益主要用于满足较低层次的需要，而对工作的热爱，从工作本身得到乐趣与成就感，才是人们充分发挥自身潜力和创造性，追求自我价值实现的永不枯竭的动力。一个人长期从事自己毫无兴趣的工作是极大的痛苦，即使有丰厚的回报，也难以干得出色，这就是管理者在安排工作任务时要尽可能照顾员工个性特点与能力专长，使工作内容尽量与个人兴趣爱好相结合的主要原因。有了热爱，又具备了相应的能力，在如鱼得水的环境中，个人能够超越功利不断追求卓越也就在情理之中了。一个热情开朗的女孩在宾馆大堂里笑容满面地迎来送往与一个沉思默想的科学家在实验室里记录观察数据能产生同样的情绪体验。

4．运用目标

"上下同欲者胜。"目标是员工产生动力的源泉。管理者要善于为每一个员工设置适当的目标。管理者应确保员工具有一定难度的具体目标，并对他们工作完成的程度进行反馈。目标越能体现企业组织、个人的共同利益，就越能激励员工，实现目标的可能性越大。那么，应如何将员工个人目标与企业的目标结合起来呢？一是把企业目标转化为员工个人目标，明确企业目标的实现将给员工带来的好处，使员工自觉地从关心自身利益变为关心企业的利益，从而提高影响个人激励水平的效价；二是善于把企业、个人目标展现在员工眼前，不断增强员工实现目标的自信心，提高员工实现目标的期望值；三是制定具有一定挑战性的目标，对员工起到激励的作用。

5．个别化的奖励

由于每位员工的需要不同，因此对一个人有效地强化措施可能并不适合其他人。管理者应该根据员工的差异对他们进行个别化的奖励，管理者能够支配的奖励措施包括加薪、晋升、授权、参与目标设定和决策的机会。

6．奖励与绩效挂钩

管理者必须使奖励与绩效相统一，只有奖励因素而不是绩效才能对其他因素起到强化作用。主要的奖励如加薪、晋升应授予那些达到了特定目标的员工。管理者应该想办法增加奖励的透明度，如消除发薪的保密性，代之以公开员工的工资、资金及加薪数额，这些措施将使奖励更加透明，更能激励员工。

7．检查公平性系统

"赏不可不平，罚不可不均。"这是指管理者要赏罚严明，善于通过奖赏和惩罚这两种正、负强化激励手段，来达到鼓励先进，鞭策后进，提高绩效的目的。员工应当感到自己的付出与所得是对等的。具体而言，员工的经验、能力、努力等明显的付出项目应当在员工的收入、职责和其他所得方面体现出不同。但是，在公平性问题上，存在着众多的付出与所得的项目，而且员工对其重要性的认识也存在着差异，因而这一问题十分复杂。

8. 不要忽视金钱的因素

当我们专心考虑目标设定、创造工作的趣味性、提供参与机会等因素时，很容易忘记金钱是大多数人从事工作的主要原因。对于大多数人来说，工作首先是一份职业，是满足其本人及家庭生存需要的经济来源，通过工作取得一定的利益回报（金钱或实物）是最基本的工作动力。一个组织内的工资奖金制度是影响员工工作态度的基本因素：第一，金钱对个人来说是重要的；第二，金钱必须看作是对绩效的直接奖励；第三，为绩效付出的努力所得到的边际收益，必须被员工认为是具有意义的；第四，管理者必须有权力给高绩效者更多的金钱。

9. 学习培训

所有的激励都是通过满足人的内在需要而实现的，而人的自身素质、价值观念对其内在需要的偏好具有极大的影响。自身素质高的人，更看重高层次需要的满足，粗茶淡饭，衣食不愁之后，主要追求事业的成功，能以高标准的人生境界自我激励。学习培训正是从提高人的素质、提升人的精神追求档次上激发人的进取精神，激励其努力工作的行为。有计划地帮助员工参加学习是最好的教育形式，一个人有过获得成功的体验会激发其追求更高成就和更多成功的强烈欲望，从而能更自觉地学习掌握新知识、新技能。一个不断进步的组织不仅激励了现有员工的自豪感，也有利于吸引更多的志同道合之士和优秀人才加盟，推动组织整体素质的提高和可持续发展。

10. 制定激励制度

有学者研究，组织成员的个人才能在上级主管的职权命令及个人生存需要驱动下只能发挥出 60%，其余 40%是需要激励引发的，管理者要激发员工内在的工作热情，鼓励其不断向更高的目标攀登，在组织内创造出积极进取的氛围，制订系统的激励制度。一般可从以下九个方面着手进行。

(1) 绩效工资制度；

(2) 分红制度；

(3) 员工持股计划制度；

(4) 总奖金制度；

(5) 知识工资制度；

(6) 灵活的工作日程制度；

(7) 学习培训制度；

(8) 员工参与制度，员工参与是指通过设计一种参与过程，鼓励员工为实现组织目标贡献才智并分担责任；

(9) 工作丰富化。工作丰富化强调在工作中建立一种更高的挑战性和成就感。

思考题十一

1. 什么是激励？

2. 请评价和分析马斯洛的需要层次理论。

3. 公平理论给管理实践带来哪些启示？

4. 从总体上评价西方的人性假设理论。

5. 如何在管理实践中运用本章这些激励理论？

【案例十一】 华为的人才激励机制

华为技术有限公司是一家总部位于中国广东省深圳市的生产销售电信设备的员工持股的民营科技公司，于1987年由任正非创建于中国深圳，是全球最大的电信网络解决方案提供商，全球第二大电信基站设备供应商。华为的主要营业范围是交换，传输，无线和数据通信类电信产品，在电信领域为世界各地的客户提供网络设备、服务和解决方案。在2011年11月8日公布的2011年中国民营500强企业榜单中，华为技术有限公司名列第一。同时华为也是世界500强中唯一一家没有上市的公司，也是全球第六大手机厂商。

华为的人才激励机制主要包括以下一些方面：

(1) 建立以自由雇佣为基础的人力资源管理体系，不搞终身雇佣制。"在市场一线的人，不允许有思想上、技术上的沉淀。必须让最明白的人、最有能力的人来承担最大的责任。"是华为人的共识。华为人始终在企业快速发展的压力下，不断提高个人素质，不断提高工作能力。

(2) 建立内部劳动市场，允许和鼓励员工更换工作岗位，实现内部竞争与选择，促进人才的有效配置，激活员工，最大限度地发现和开发员工潜能。这个一制度，给了员工向上发展的希望和机会，也为公司发现了人才，激励了全体员工奋发向上的精神。

(3) 高工资。华为称为"三高"企业，指的是高效率、高压力和高工资。任正非坚信高工资是第一推动力，因而华为提供的是外企般的待遇。除了高工资，还有奖金与股票分红，内部职工的投资回报率每年都超过70%，有时甚至高达80%。经济利益是最直接最明显的激励方式，高收入是高付出的有效诱因。

(4) 提供持续的开发培训。华为实行在职培训与脱产培训相结合，自我开发与教育开发相结合的开发方式，让员工有机会得到个人能力的提高。每年华为都要派遣大量的管理人员、技术人员到国外考察、学习、交流，为有进取精神的人才提供了优厚的提高知识和素质的机会，这个机会是当前高素质人才最看重的，有着很强的激励效果。

(5)"公平竞争，不唯学历，注重实际才干"。华为看重理论，更看重实际工作能力，大量起用高学历人才，也提拔读函大的高中生。不论资排辈，只重实际能力。中科大毕业的李一南到华为的第二天就被提升为工程师，两个星期后成为主任工程师，半年后任中研部副总经理，一年后升任中研部总经理，次年，23岁的李一南成为公司最年轻的副总裁。华为大胆的用人策略，让员工看到了希望，激发了员工的事业心，使年轻人成为公司的中坚力量。

(6) 客观公正的考评。考评工作有着严格的标准和程序，是对员工全方位的考评，考核的依据依次是：才能、责任、贡献、工作态度与风险承诺。对员工采用的奖赏或惩罚，都要以考评结果为依据。

(7) 知识资本化。华为的员工持股制度，是按知分配的，把员工的知识劳动应得的一部分回报转化为股权，即转化为资本，股金的分配又使得由股权转化来的资本的收益得到体现，通过股权和股金的分配来实现知识资本化。员工的股份是不可转让的，如果要退出公司，只能以初始出资价出售给公司，这样想离开公司的代价就会变得很高。越是公司重要的人员，持有的股份越多，离开的代价也越大，所以这是企业的一项长期激励方法，体现了知识的价值，保证了企业的稳定。

所以华为的人才激励机制可以说是华为生存的必要条件。也正是因为拥有颇有成效的激励机制，调动了华为员工的工作热情，激发了一批为事业执着追求的人才。他们是企业核心力的生命和源泉，是华为跟随世界先进技术和局部技术领先及市场竞争中胜出的核心力量。他们对事业的敏感、对事业的追求，团结奋进的精神，正是狼性文化的再现，华为今天的核心竞争力就是这群“华为狼”奋发的功绩。

案例思考题：分析讨论华为的激励机制中，体现了哪些激励理论？

第十二章　团　队

第一节　团队概述

在知识经济迅速膨胀的年代，个性的体现已被提到相当的高度，无论是工作中的表现、生活中的装扮还是人际交往中的技巧。但是人们在竞争的压力下也体会到了个人力量的微弱，单打独斗的时代已经过去，一个人根本无法应付社会的瞬息万变，要想在这个社会立足，你就必须与人打交道，增强与同事之间的合作。

一、团队概念

20世纪40年代，英国塔维斯托克研究院研究了工人组成团队时对生产力的影响。20世纪50年代，通用食品的托皮卡厂，以自主管理的团队做实验，实验很成功，但传统组织不欣赏这种方式。20世纪60年代，通用汽车公司发现，以团队为基础的装配线能提高产品质量及员工工作满意度，而且制造出一辆汽车的时间仍维持不变。团队20世纪80年代盛行于日本，90年代在美国流行开来。关于团队的概念，德鲁克(Peter F. Drucker)认为：团队是一些才能互补并为负有共同责任的统一目标和标准而奉献的少数人的集合。德鲁克认为团队的本质特征包括：团队的核心是共同奉献；成功的团队将他们的目标影射为具体的工作；具体目标与整体目标有关系。D. 赫尔雷格尔认为，一个团队是指一群为数不多的雇员，他们的知识技能互补，他们承诺于共同的行为目标，并且保持相互责任的工作关系。

从组织程度来说，个人是组织的基本细胞，个人组成群体，群体组成团队，团队又构成组织。团队是介于组织和个人之间的人群结合体，但团队与群体之间有着本质的区别。团队工作是指人们共同工作以实现这些目标的过程。通过团队进行工作，领导需要对团队如何运作有专门的了解，还需要对利用这些只是帮助团队取得高水平的工作绩效和员工满意度负责。概括地讲，团队不同于群体，群体是指处于同一地方的一群人，团队的含义要丰富一些。团队和工作群体的区别在于团队能够创造出一种无形的精神，从而使组织的工作业绩得以提高。当代的管理创新团队精神正是在此意义上提出的。两者在目标、领导能力、责任、成员之间的关系、成员的工作流程，以及他们聚集在一起的目的等方面有根本的不同。具体地说，从两者的构成上看，群体是两个或两个以上相互依赖的个体，为了实现某个特定的目标而结合在一起。而团队则是由两个或两个以上的人组成的，团队最重要的基础是团队成员理解、接受和坚信他们的共同目标，互相信任，技能互补，以及彼此之间的相互影响、相互作用，在行为上具有共同规范的一种介于组织与个人之间的组织形式。一个人不能构成团队，但两个以上个人的群体也未必是团队。从工作成果上讲，一个工作群体的功能反映着成员个人的工作业绩结果；而团队的业绩既包括成员的个人成果，又包括我们所说的集体业绩。一般地说，团队中的成员能够一起分享信息、观点、责任、创意、价值观和领导权，团队集体共同决策以帮助每个成员更好地理解工作，不断强化团队成员的工作积极性，增大个人产出和团队工作业绩。表 12-1 列出了团队与群体的区别。

表 12-1　团队与群体的区别

	群　体	团　队
目　标	信息共享	集体绩效
责　任	个体化	共同的
技　能	随机的或不同的	相互补充
协同配合	中性(有时消极)	积极
领导能力	个体领导能力	共享领导能力
产　出	个体产出	集体产出
评　价	个体工作业绩	团队工作业绩
薪　酬	薪酬针对个体	薪酬针对团队
价值观	个体英雄	团队精神

本书使用乔恩·R. 卡扎巴赫的团队定义："团队就是由少数有互补技能、愿意为了共同的目的、业绩目标和方法而相互承担责任的人们组成的群体。"[1]

一个团队有以下几个要素：

(1) 适当的规模　实际上，一般所说的团队，范围大都在 4～12 人之间。团队通常仅仅是由企业内部为完成某项特定任务而组成的，为保障非信息化的有效沟通，团队人数不能太多，团队的边界就不可能很宽。人数较多的群体，譬如说 40 个人或更多，从理论上讲是可以成为一支团队，但是这样大规模的团队的有效沟通，特别是隐性知识与情感沟通很可能会成为一个难题，出于非信息化沟通的需要，实现面对面沟通，团队成员必须在空间与心理距离上高度相容，人数相对要小，从实践上大规模的团队不是作为一个团队发挥作用，只是一个群体。

(2) 共同的目标　一个团队的共同的目标和团队业绩是相联系的。团队共同的目标还有更广泛和深远的意义。共同的目标与企业的政策与行动协调和配合，创造超乎寻常的成果，从而追求心理的成长与自我实现，并与周围的世界产生一体感。团队的近期业绩目标必须随时直接与企业管理整体目标联系在一起，否则，团队成员就会被搞糊涂，闹分裂，或是返回到平庸

---

〔1〕 乔恩·R·卡扎巴赫，道格拉斯·K·史密斯. 团队的智慧. 北京：经济科学出版社，1999：41.

的业绩行为中去。团队的绩效目标可以有许多种形式：数量、速度、质量、成本、客户满意度等。与没有明确目标的团队相比，有明确目标的团队绩效的提高反映了目标的牵引作用。

(3) 互补的技能　团队都必须培养起正确的技能组合，也就是说，每一种技能都是为完成团队的目标所必需的能互济余缺的技能。团队成员的关系是相互依赖，不是依赖和独立。互补的技能引进互动关系与情感互动。

(4) 共同的规则　团队需要形成内部共同的、成文或者不成文的"游戏规则"。团队成员差异较大，其动机、态度和个性难以一致是一种客观事实，团队成员只有在达成内部一致的、共同的游戏规则后，才能使组织具有对外部环境变化的反应能力，团队成员投入和他们形成目的时一样多的时间和努力，来磨合他们的工作游戏规则。另一方面，团队领导者在团队规则和团队灵活性之间保持平衡，把握关键，保持对下属的充分尊重，给予团队成员充分的灵活性与施展空间，是保留住团队精英的重要条件，避免出现团队领导者过分强调自己习惯的团队规则而忽视了其他团队成员的需求，导致团队危机的产生。

(5) 相互的责任　团队使它自己内部的成员负起责任。相互的责任既包括在团队队员共同分摊团队的工作过程中的责任，也包括团队的工作最后成果责任，因此，团队中每位成员的工作职责划分必须明确，要有严格的配合工作流程的相互责任机制。

二、团队类型

(一) 按照团队存在的目的划分

根据团队存在的目的，可将组织中的团队划分成 3 种类型。即问题解决型团队、自我管理型团队、多功能型团队。

1. 问题解决型团队

在这种类型的团队里，组织中的成员就如何进行工作程序和工作方法互相交换看法，探求问题的原因，提出解决问题的方法，并采取有效的行动。因此，这种团队有能力解决所面临的一些问题。

2. 自我管理型团队

这种类型的团队通常由 10～15 人组成，他们承担着以前自己的上司所承担的一些责任。一般来说，"自我管理"责任范围包括控制工作节奏、决定工作任务的分配、安排工间休息。有些自我管理型的团队甚至可以挑选自己的成员，并让成员相互进行绩效评估，在各种任务中培训团队成员，在某种情境下，这种团队甚至可以有权力在必要时"招聘"和"解聘"其成员。这样，组织中管理人员的重要性就被降低了，甚至可以被取消。自我管理型团队中的成员会有很强的责任感和很高的成就感。

随着组织的数量不断增多，由一线主管与其直接下属所组成的职能型团队正在减少，逐渐被自我管理工作团队所取代。自我管理团队的含义是自我管理团队的成员通过团队领导人向更高一层的管理者汇报工作，而不是汇报给正式的上司，这种方式使传统一线管理者的作用变得多余。由于每个自我管理团队都自己承担监督者的职责，因而它是组织结构的一个重要变革。此外，自我管理团队内部总是强调参与性，团队的领导者和成员不但要一同完成必要的工作，而且还要一同制订如何确保工作完成的决策。真正的自我管理团队应该具备以下这些特点。

- 成员共同为绩效结果负责。

- 成员慎重地在团队内分配任务。
- 成员慎重地在团队内规划工作进程。
- 成员能够完成团队的多项工作。
- 成员间相互学习，以掌握各种工作技巧。
- 成员间相互评估各自对绩效的贡献。
- 成员对团队产品的总体质量负有责任。

但需要注意的是，这种类型的团队并不适合所有的组织，有时实行这种团队形式并不一定会带来积极的效果，并且这种团队形式也有一些缺点。例如，员工的满意度虽然有所提高，但与传统的工作组织形式相比，自我管理型团队成员的缺勤率和流动率偏高。这种团队的一个关键特点是多任务，它可使每一位团队成员都掌握从事几种不同工作的技能。

3. 多功能型团队

多功能型团队，也可称为多职能或跨职能型团队。由来自同一等级、不同工作领域的员工组成，他们来到一起的目的是完成一项任务，这种跨越横向部门界限的组织形式是一种非常有效的方式，它能使组织内（甚至组织之间）不同领域的员工之间交换信息，激发出新的观点，解决面临的问题，协调复杂的项目。

这种类型的团队也存在一些缺点，在其形成的早期阶段往往要消耗大量时间，因为团队成员需要学会处理复杂多样的工作任务。在成员之间，尤其是那些背景不同、经历和观点不同的成员之间，建立起信任并能真正的合作也需要一定时间。

（二）按照团队的职能划分

按照团队在组织中发挥的功能或职能进行划分，可以将团队分成生产—服务团队、行动—磋商团队、计划—发展团队、建议—参与团队。

1. 生产—服务团队

生产—服务团队通常是由专职工人组成的，从事的工作是按部就班的，很大程度上是自我管理的。例如生产线上的装配团队、民航客机的机组人员、计算机数据处理团队等。

2. 行动—磋商团队

行动—磋商团队由拥有较高技能的人组成，共同参与专门的活动，每个人的作用拥有明确的界定。这些团队以任务为中心，具有不同专门技能的团队成员都对成功完成任务作出贡献，团队面临的任务十分复杂，有时是不可预测的。例如医疗团队、运动团队、乐队、谈判团队等。

3. 计划—发展团队

计划—发展团队是由技术十分娴熟的科技人员或专业人员组成，并且包含不同的专业。这类团队的工作时间跨度一般比较长。有时他们可能需要很多年才能完成一项发展计划，例如设计一种新型汽车。例如科研团队、生产研发团队等。

4. 建议—参与团队

建议—参与团队主要是提供组织建议和决策的团队。大多数建议—参与团队的工作范围都比较窄，不占用大量的工作时间，成员在该组织中还有其他的任务。委员会是建议—参与团队常见的一种形式，委员会通常为一个持续的目标而长期运作，而其成员却不时地发生变换。例如董事会、人事或财务的专业顾问团队、质量控制小组等。员工参与团队的普遍形式是质量圈，它是指成员定期会面以商讨和计划具体的工作质量改进方式的一种员工群体。一般来讲，这种团队包括来自一个工作区域的6～12名成员。在获得了有关解决问题、团队工作流程和质量问题的专门培训之后，质量圈成员就要通过质量改进活动，力求提出能够用于提高生产率的建议。

三、劳勒的四种团队类型

美国南加州大学教授爱德华·E·劳勒关于团队的分类为：平行团队、工作团队、项目团队以及管理团队。这四种团队分别适用于四种不同文化类型的组织中。

(1) 平行团队。平行团队常常会提出有益的创意，对企业提高绩效和生产力作出很大贡献。平行团队也存在着一些局限。它们难以取得组织合法性，而且在争取时间、金钱、信息和其他一些资源的时候显得能力不足。它们自身难以维持，而且可能引发参与者与非参与者之间的摩擦。由于团队的地位不高，再加上所遇到的种种困难，使得它们的好创意也得不到应用。随着时间的推移，平行团队的操作成本可能超过它所创造的价值。

(2) 工作团队。工作团队是负责制造产品或提供服务的独立的和确定的工作单位，并控制了将投入转变为可衡量的产品的过程。工作团队是执行单位，其成员对整个团队及其绩效负责。工作团队经常出现在制造部门，但是在员工相互依赖并且对一件产品或服务的部分或整体集体负责的任何情况下，工作团队都可以得到应用。生产团队、装配团队和顾客销售服务团队都是工作团队的例子。用于描述工作团队的名称反映了它们职权的不同。常用的名称有自我团队、自我导向团队、自治团队、半自治团队和共享团队。

(3) 项目团队。项目团队通常是一个由知识型员工组成的多样化的团队，其中包括设计工程师、工艺工程师、程序师和销售经理，他们组合在一起，在一段确定的但往往有所延长的时间内处理项目。项目团队的例子包括新产品开发团队、信息系统项目团队和新制造项目团队。项目团队常常接到一些独特的不确定的任务，因为它们的目标是创新和创造，不能依靠标准化的步骤，因为它们在创造一些新东西。

(4) 管理团队。让一组训练有素的管理人员以一个团队进行运作具有一些明显的潜在优势。团队运作于一个企业的许多层面，因此它的任务也是多样化的。团队的成员往往具有稳定的成员身份，而且是专任管理者，团队是长期性的，旨在领导企业内对它们负责的那些部门，并将其一体化和确定其发展方向。为了提高效率它们同样需要一系列不同的技能。

四、团队任务

团队所执行任务的类型对确定团队的适当规模具有很大的影响。反映团队任务类型的重要指标是任务关联度，即团队中成员执行任务时相互的影响程度。当团队任务的关联度增加时，将促使团队成员更频繁、更紧密地互动，共同努力提高工作绩效。

1. 向心型任务关联(图 12－1)

团队成员为实现团队的目标分别独立地作出贡献时，团队的任务类型称为向心型任务关联。

在具有向心型任务关联的团队中，团队成员独立地工作，并不需要频繁地交流，此时大规模的团队

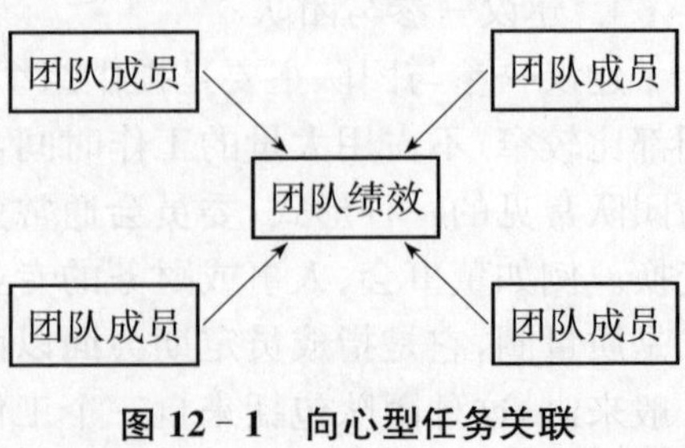

图 12－1　向心型任务关联

会比较有效。当管理者按照成员个人绩效对其进行奖励时，向心型任务关联度团队中成员的激励度将达到最高。

2. 顺序型任务关联（图 12－2）

当团队成员必须以一定的顺序执行确定的任务时，团队的任务类型称为顺序型任务关联。例如，流水线和大批量生产过程都属于典型的顺序型任务关联。

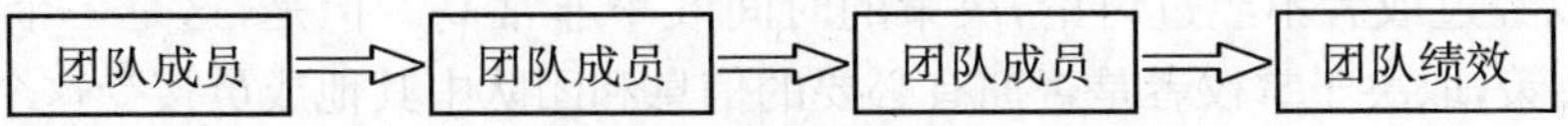

图 12－2　顺序型任务关联

在具有顺序型关联的团队中，团队规模往往由生产过程的需要来决定。由于团队成员的绩效依赖于其他成员的任务执行情况，因此，识别个人贡献非常困难。团队成员需要向表现差的成员施加压力以促使其加以改进，以免影响团队的整体绩效。

3. 交互型任务关联（图 12－3）

当团队成员的工作绩效完全依赖于团队其他成员的工作绩效时，团队的任务类型称为交互型任务关联。研发团队、管理团队以及许多自我管理团队的任务关联都是交互型的，团队成员必须共享信息、密切合作、相互协调，以实现团队目标。

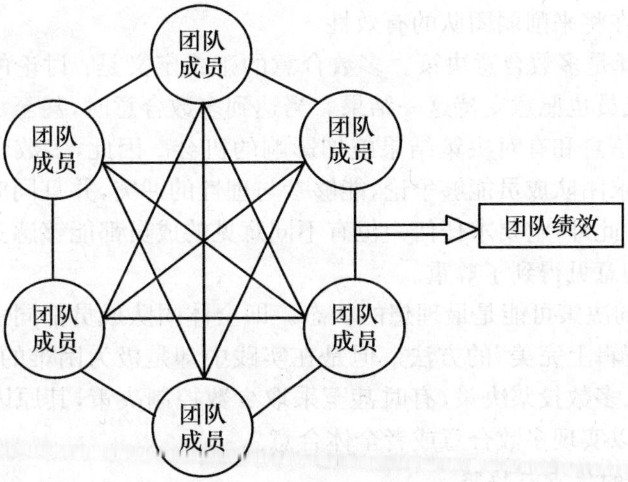

图 12－3　交互型任务关联

在交互型关联的任务状态下，团队应当维持在相对较小的规模，因为随着团队规模的增加，沟通的困难也随之增加，这将削弱团队的绩效。

在交互型关联的任务状态下，管理者应当根据团队绩效奖励团队全体成员。由于个人的绩效水平难以鉴定，此时以团队绩效为基础的团队奖励有助于确保团队成员受到有效激励，并对团队作出有价值的贡献。

五、团队决策

决策是最重要的群体行为之一，团队可以用几种不同的方法进行决策。受人尊敬的学者和咨询专家埃德加·沙因（Edgar Schein）注意到，团队至少可以用 6 种方法进行决策：缺少反应、权力控制、少数控制、多数控制、多数合意以及全体一致。

（一）团队怎样决策

(1) 缺少反应的决策，即在决策时对提出的想法没有进行讨论。当团队最终接受一个设想时，由于缺乏反应而不是批评意见，其他所有的想法都被忽略和放弃了。

(2) 在权力控制的决策中，由领导人、管理者、委员会负责人或者其他掌权者为团队做决策。这可以经过或者不经过讨论，决策的时间效率非常高。但是，这是一个好的决策还是一个不好的决策，取决于掌权者是否拥有必要的信息和团队中其他成员接受这个方法的程度。

(3) 在少数控制的决策中，两三个人就能够作出决策，或者强迫团队做出相互赞同的决策。这通常是先提出一个建议，然后以诸如“有任何人反对吗……那么让我们继续”之类的问题挑战团队，以迫使团队迅速同意。

(4) 多数控制决策。团队决策中最常见的方法之一，特别是当一开始就出现不同意的征兆时，可采用多数控制决策。这可采取正式的选举方式，也可由团队成员进行表决以找出多数人的观点。这个方法类似于民主政治制度，但在使用中往往忽略了它的潜在问题，正式投票的过程能够创造出联盟。也就是说，当最后计算投票的票数时，一部分人成为“胜利者”，另一部分人成为“失败者”。那些少数派——即“失败者”——可能会觉得被遗漏或者被抛弃，连一句公平的话都没能说。他们可能会对实施“多数派”的决策缺乏热情，而他们心怀怨恨的情绪可能会在将来削弱团队的有效性。

(5) 另一个选择是多数合意决策。多数合意的正式定义是：讨论的结果得到大多数人的赞同，同时其他成员也愿意支持这一结果。当达到多数合意时，甚至那些曾经反对过的人也会感觉到应有的信息和有对决策结果施加影响的机会。因此，多数合意并不要求全体一致。但是它的确要求团队成员能够争论，能够参与理性的冲突，并且同时仍然可以与他人融洽相处，相互尊重。此外，它要求任何一位有不同意见的成员都能够感觉到有机会表达自己的意见，而且他们的意见得到了尊重。

(6) 全体一致的决策可能是最理想的状态。即全体团队成员都同意要采取的行动。这是团队决策中“在逻辑上完美”的方法。但是在实践中却是极为困难的。实际上，团队决策有时采用权利决策、多数投票决策，有时甚至采取少数控制决策，其原因之一就在于难以控制团队的决策过程以实现多数合意或者全体合意。

（二）团队决策的优点与缺陷

优秀的团队不将自己局限于某一种决策方法。它们改变决策方法，以更好地适应解决手中问题的需要。团队领导的一个重要技巧，是帮助团队选择“适当”的决策方法——团队成员高度认同、能够做出及时和高质量决策的方法。但是，为了做到这一点，团队领导必须了解团队决策潜在的优点和缺点。

当时间和其他环境因素允许时，团队决策是很好的决策方式。团队可以带来更多的信息、知识、专家意见以应付问题。团队也可以增加可供选择的行动的数量，避免视野狭隘和仅仅考虑有限的选择。团队决策可以增强成员对决策结果的了解和认可。而且重要的是，团队决策有助于增强成员对努力工作以完成最终计划的责任感。

团队决策潜在的劣势是难以在群体的决策过程中进行跟踪。在团队决策中可能存在着顺从一致的社会压力。成员个人可能会感到被威胁着赞同他人的愿望。也可能会出现少数人的支配控制，有些成员会觉得被迫接受某个发了言的个人或者一小伙人提出的决策。还有,有时团队决策需要的时间也成为一个不利的因素。由于参与对话和讨论的人较多,决策耗费的时间也比较长。在某些情况下,额外的时间可能代价过高,甚至妨碍采用团队决策。

（三）群体盲思

团队决策的风险之一是所谓的群体盲思的现象,即有高度凝聚力的群体失去其批评能力的倾向。具有高度凝聚力的团队成员可能会在公开场合赞同实际的或者建议中的行动计划而在私下里却表示严重的怀疑。对团队强烈的忠诚感会妨碍团队成员批评和评价另一位成员的设想和建议。维持团队的团结和避免分歧的愿望可能导致糟糕的决策。

以下是表明团队决策过程中可能发生群体盲思的一系列征兆。无懈可击的幻觉:团队成员觉得自己的团队好得不能被批评或者抨击;美化不令人愉快的或者证明是不正确的数据:团队成员完全拒绝接受对立的数据或拒绝考虑别的选择;信奉固有的群体道德规范:团队成员行事过分自信,仿佛他们的群体天生就是正确的和完美的;将竞争者一律看做是邪恶、愚蠢、不堪一击的:团队成员拒绝现实地看待其他群体;对不合常规者直接施加压力以使其遵从群体的愿望:团队成员拒绝容忍任何指出团队可能犯错的人;全体一致的幻觉:团队成员不加检验地过早认为一致同意;防卫心理:团队成员防止团队听到引起骚动的思想或外部观点。

当你可能遇上群体盲思时,可以根据下面的思路,采取预防性措施。使每一个团队成员都成为批评者,鼓励分享不同的观点;作为一名领导者,不要显得偏袒一种行动计划,有时可缺席某些会议以允许自由讨论;组建几个小分队处理类似的问题,然后分享他们的解决方案;使团队成员与局外人一道讨论问题,并且报告他们的反应;邀请外部专家观察团队活动,将其意见反馈到团队的决策与实施过程;在每一次团队会议中都指定一名唱反调的人;在每一次明显的一致同意之后,举行"第二次机会"的会议,以对决策进行审验。

第二节　团　队　角　色

角色这一概念源自戏剧表演用语,后来由美国著名的社会学家米德(G. Mead)引入社会心理学的研究之中。每个社会成员必须了解社会的角色期望,当一个人认识到自己在某一条件下所担负的社会角色和社会对他相应的角色期望时,便产生了角色意识。角色意识会调控个人的行为,使之表现出符合某社会角色的行为,同时角色意识还使个体随着条件或情景的改变而转换角色。因此,良好的角色意识是角色行为有效的前提。团队的成员在各自的岗位上均扮演不同的角色,团队角色指的是团队成员为了推动整个团队的发展而与其他成员进行交往时所表现出来的特有的行为方式。一个成功的团队需要成员彼此互相合作、支援、扮演不同角色以完成任务,团队成立之初,就应开始分清或指派不同的角色,弄清他们的职责。

一、贝尔宾8种团队角色

英国组织行为学专家梅雷迪恩·贝尔宾(R. Meredith Belbin)是"团队工作"理论的早期倡导者,绩优团队中,一名成员可以担当几个角色,几名成员也可以同时担当同一角色。角色是对不同的个人应如何行动的不同期望,角色,亦称社会角色,它指个人在特定的社会环境中相应的社会身份和社会地位，并按照一定的社会期望，运用一定权力来履行相应社会职责的行为。对于团队角色，贝尔宾分为8种类型(表12－2)。

表12－2 贝尔宾8种团队角色〔1〕

团队角色	在团队中的作用	特征
主席	阐明目标和目的，帮助分配角色、责任和义务，为群体做总结	稳重，智力水平中等，信任别人，略外向，积极思考且对人有控制力；对达成组织的目标有强烈的内驱力；能作出坚定的决策
造型师	寻求群体进行讨论的模式，促使群体达成一致，并作出决策	有较高的成就动机，精力旺盛有干劲，具有煽动性，督促团队往前走；外向、好交际、喜欢辩论；急躁、易怒(易激动)、无耐心
开拓者	提出建议和新观点，为行动过程提出新的视角	个性强，知识渊博，聪明，想象力丰富；但非传统，不实际，不善于具体操作，显得高高在上，有些孤独
监控—评价者	分析问题和复杂事件，评估其他人的贡献	冷静，聪明，言行谨慎，公平客观，理智，好批评，但不情绪化，不易激怒；喜欢对事情反复思考，作出决定慢但很少出错；但缺少灵感，不能去激励别人
公司员工	把谈话和观念变成实际行动	勤勤恳恳，任劳任怨；即使对工作没有兴趣也会认真完成它；信任他人且对他人宽容；守纪律，保守，不灵活
团队成员	为别人提供个人支持和帮助	喜欢社交，敏感，信任他人且对人有强烈的兴趣；以团队为导向，促进团队精神，减少团队成员间的摩擦，但不具有决定作用，工作中优柔寡断
资源调查者	介绍外部信息，与外部谈判	好奇心重，求知欲强，喜欢了解周围发生的事情，性格外向，多才多艺，喜欢社交，直言不讳，具有创新精神
实施者	强调完成既定程序和目标的必要性，并且完成任务	对任何事情善始善终，坚持不懈，注意细节且有条不紊，是一个完美主义者；但好事事担忧，焦虑感强

贝尔宾认为，成功的团队是应该由具有不同性格、承担不同角色的人构成的。虽然某些人可能承担两种角色，但有效的管理需要确保某个特定的团队中包括这8种全部的角色。如果必要的话，应“引进”某个人去担任某个空缺的角色。

二、马杰里森的团队典型角色理论

英国学者马杰里森认为，团队如同一个轮盘，其中典型的角色有以下8种：

〔1〕 张德，吴志明. 组织行为学. 大连：东北财经大学出版社，2002：208.

（一）报告—建议者

报告—建议者代表的是团队管理轮盘中典型的顾问角色。他们非常善于收集信息及把信息以一种非常简单易懂的方式整理出来。他们如果较内向的话，在信息方面可能就会更依赖于书面形式。他们如果较外向的话，就将会非常善于进行沟通，在数据方面，可能就会更依赖于同事和熟人的关系。

与之相对的是那些推进—组织者，他们通常在只拥有20%信息的情况下就开始行动了，所以他们有时很难理解为什么会有人喜欢从事这种报告—建议者的角色。

报告—建议者不喜欢冲突。他们具有灵敏的“触角”，常常在潜在冲突发生之前就会感知到。通常他们会采取行动来平息冲突，或使自己远离直接的冲突。

在马杰里森等人所进行的世界范围内的抽样调查中，喜欢充当报告—建议者角色的人占了团队成员的30%。

（二）创造—创新者

创造—创新者总是着眼于未来。他们喜欢思考新点子和新的做事方式：他们通常都非常独立；不管当前有什么样的问题、困难或固有的系统和方法阻拦着，他们都会义无反顾地按自己的想法坚持到底。

在管理这些人时，就不要有太多的条条框框的限制，而是要充分发挥他们的潜力。有时一些组织会单独设立研发部，和生产部门分开，给这些人提供一个试验的基地。这种做法可能会导致联系方面做得很差，但这也不失为一种专注于新项目的方法。他们可能会说：“没有想法怎么工作啊？”

创造—创新者有时会被人们指责为“想入非非”。这是因为他们总是关心明天，而不考虑今天的缘故。他们在做事的方式上可能也无章可循，有时看起来会比较乱和心不在焉。在马杰里森等人所进行的世界范围内的抽样调查中，喜欢充当创造—创新者角色的人占了团队成员的10%。

（三）探索—推销者

探索—推销者擅长采纳别人的想法，并在组织内外宣传这种想法。他们喜欢和人打交道。通常他们和同事的关系都很好，可以从他们那里收集信息和检验我们的工作。他们通常都是变革的提倡者。精力充沛，同时忙碌几项活动。他们喜欢出去活动，擅长为组织的发展寻找关系和相关资源。

很多探索—推销者非常擅长抓住机会。他们可以迅速地发现机会，并在机会消失之前抓住它。在他们的职业生涯中，他们迟早会为此而受到打击，但他们似乎并不担心——通常他们都可以迅速地东山再起，寻找下一个机会。当然这也是成为一名成功的探索—推销者所必备的一个特征。

在马杰里森等人所进行的世界范围内的抽样调查中，喜欢充当探索—推销者角色的人占了团队成员的10%。

（四）评估—开发者

评估—开发者在团队管理轮盘中介于探索者和组织者之间，同时表现出两种特征。他们可能并不能总是想出好主意来，但他们却非常擅长采纳别人的意见，并运用到自己的实际工作中。他们通常都具有很强的社交能力，性格开朗，喜欢为公司寻找新的市场机会。他们采纳别人的想法，并将之与机会进行匹配，与此同时，他们会牢记公司的底线限制。他们通常都能成为很好的产品开发经理，同时他们也非常擅长进行新的风险机会的评估，他们会说："在决定我们应该如何进行之前，我要先进行一下察看、评估并制订建议书。"

在马杰里森等人所进行的世界范围内的抽样调查中，喜欢充当评估—开发者角色的人占了团队成员的10%。

（五）推进—组织者

推进—组织者喜欢促成事情的发生。他们属于分析型的决策者，总是喜欢取最佳方式来完成任务，即使他们的行动扰乱了别人也在所不惜。他们的强项就在于组织和整理。所以我们经常发现他们所担任的都是一些项目管理类型的职务。

他们将一往无前，冲向目标，如果有必要的话，他们会正面冲突。他们注重目标、截止期限和预算，并且会确定已经组织好人员来采取行动。他们会说："如何更好地组织来使工作有效地进行呢?"

推进—组织者喜欢按计划有条不紊地工作。他们喜欢设定明确的目标，在担任领导职务时，他们会确保团队中的每一名成员都知道要完成什么以及什么时间完成。

在马杰里森等人所进行的世界范围内的抽样调查中，喜欢充当推进—组织者角色的人占了团队成员的25%。

（六）缔结—生产者

缔结—生产者属于实干型人员，可以有始有终地一直把工作做完。他们的强项在于建立计划和标准系统，以一种控制的和有序的方式有条不紊地取得最终的目标。正是由于这个原因，所以他们不喜欢快速地进行变化，因为这种快速的变化将扰乱他们已经建立起来的有效的系统。他们的这种做事方式有时不免会给他们同事中的创造—创新者造成一定的困难，因为这些人就喜欢不断地改变工作方式。

对于缔结—生产者来说，他们所面临的挑战不在于不断地出新点子，而在于有效、高效地工作。由于他们所信奉的是"把事做好"，所以和其他同事比起来，他们在从事一般性工作时总体来说会更有耐心。因此，鉴于他们这种快速、可靠的工作能力，他们通常会被推选到单位经理这个职位。他们会说："只有通过一种系统化的、可复制的方式才能把工作做好。"

但他们也可能把自己圈在一个系统化工作的框框里，而拒绝改变。他们的座右铭是"如果还能用，就别修理。"但对于积极主动的人来说，不管眼前有什么样的需要，他们都会与其他人建立联系，发展良好的工作关系以在问题出现的时候来解决问题。

在马杰里森等人所进行的世界范围内的抽样调查中，喜欢充当缔结—生产者角色的人占了团队成员的24%。

（七）控制—检查者

控制—检查者喜欢按照既定的规章制度工作。他们喜欢使用规矩，并希望大家能够服从。他们认为没有规矩不成方圆，遵守规章制度正是一切工作的基础。他们认为所有人都应该遵守规章制度，因为大家在一起工作的目的就是要确保以一种高效的方式来使整个组织运作起来。正是由于这个原因，所以他们常常喜欢在一个受组织或政府规章制度指导的环境下工作；一般来说，青睐这种工作方式的人会喜欢从事金融、会计和质量控制方面的工作，在这些领域，"检查喜好"对于他们所做的工作来说无疑会是一笔巨大的财产。

合同的书写和检查以及注重细节的计算机系统都是控制—检查者比较擅长的工作领域。现在的公司和政府部门对控制和检查领域方面工作的需求已经越来越广、越来越多了。

在马杰里森等人所进行的世界范围内的抽样调查中，喜欢充当控制—检查者角色的人占了团队成员的8%。

(八) 支持—维护者

支持—维护者是指那些具有强烈的个人价值观和原则性的人。这些因素在他们的决策中占有非常重要的地位。通常来说，他们对人的关注程度非常高，对于那些和他们具有相同想法和价值观的人，他们会不遗余力地予以支持。

他们所青睐的是那种可控的、有着强大支持的工作方式，从而确定工作按照他们的标准来进行。此外，他们喜欢充当的是一个站在后面的咨询角色，而不是主要的领导角色。但由于他们的原则性非常强，所以遇到有悖于他们信念的问题时，他们会非常明确地坚持自己的立场。他们会说："重要的就是要订立标准并服从这些标准。"

他们不是那种急脾气的人，通常来说，他们的反应方式不会很外露。他们经常采取的方式就是安静地消极抵抗，绝对不会放弃自己的原则性。这一点有时会让推进—组织者非常气愤。事实上，在推进—组织者和支持—维护者之间召开的会议更像是一场不可抗力与不可改变目标之间的抗争。

在马杰里森等人所进行的世界范围内的抽样调查中，喜欢充当支持—维护者角色的人占了团队成员的2%。

三、三种团队角色理论

团队成员和其角色间的相似和不同将影响团队的行为、动力和成果。显然，管理者不能改变团队成员的基本个性或态度。因此有学者认为根据团队成员的基本个性和对工作的基本态度，可将团队成员扮演的角色划分为任务中心型、关系中心型和自我中心型三类，每个成员都有潜力逐渐表现出所有这些角色。

(一) 任务中心型角色

一个成员的任务中心型角色涉及与促进和协调工作相关的决策制度，这一角色可能包括：

(1) 提出新想法或者考虑团队问题或目标的不同方法，建议解决困难的方法，包括团队程序的修改。

(2) 寻找信息，将建议分类。

(3) 给出与团队问题相关的信息。

(4) 协调并对想法和建议按关系进行分类,将想法和建议合拢在一起,然后协调成员们的活动。

(5) 评估团队的有效性,包括对其他成员提出的建议的逻辑性是否属实或实用性进行提问。

(二) 关系中心型角色

一个成员的关系中心型角色涉及建立以团队为中心的感情和社会相互作用,这一角色可能包括:

(1) 通过表扬和接受成员们的想法鼓励成员,以及表示热情和团结。

(2) 协调和调解团队内部冲突和紧张。

(3) 鼓励别人的参与。

(4) 阐明团队欲达到或应用于评估团队过程质量的标准,提出有关团队目标的问题并根据这些目标评估团队动态。

(5) 要服从或建设性地处事,充当一名友善的成员。

(三) 自我中心型角色

自我中心型角色只注重一个成员自己(个人)的需求,很可能是以牺牲团队或群体利益为代价,这种角色可能包括:

(1) 通过消极、顽固和盲目冲动的抵制来阻碍进步,比如这种人可能会反复地试图重提团队已经仔细考虑过并加以拒绝的问题。

(2) 通过各种手段唤起别人对自己的注意,包括吹嘘、宣扬个人成就及其他的方式,寻求对自己有利的位置。

(3) 操纵团队或某些个人以取得主导地位,运用各种手段获得别人注意,阻碍别人为团队作出贡献。

(4) 与别人保持距离以避免卷入,不参与涉及相互作用的活动。

有效的团队和群体常常由那些既扮演任务中心型角色又扮演关系中心型角色的成员组成。而且,每个成员可能渐渐地表现出各种不同的行为。

第三节　团　队　建　设

团队建设是一系列有计划的行动,以搜集和分析团队机能的数据,实现建设性的变革,提高团队运营的有效性。团队建设中大部分系统的方法都遵循一定的步骤。从对团队中可能存在和发展着的问题的意识开始。然后团队成员一起合作搜集和分析数据,以最终了解存在的问题。他们共同制订和实施行动计划,并一起评估获得的结果。任何困难或者新发现的问题都会导致新的一轮团队建设过程。

一、高效团队的基本特征

构成团队的基本要素是否完整,我们可以按照组织行为学的权威、美国圣迭戈大学管理学教授斯蒂芬·罗宾斯的定义和标准来审查团队的基本要素。斯蒂芬·罗宾斯(1994)认为,团队是指一种为了实现某一目标而由相互协作的个体组成的正式组织。作为一支高效团队,认为它具有以下8个基本特征:① 明确的目标,团队成员清楚地了解所要达到的目标,以及目标所包含的重大现实意义;② 相关的技能,团队成员具备实现目标所需要的基本技能,并能够良好合作;③ 相互间信任,每个人对团队内其他人的品行和能力都确信不疑;④ 共同的诺言,这是团队成员对完成目标任务的奉献精神;⑤ 良好的沟通,团队成员间拥有畅通的信息交流;⑥ 谈判的技能,高效的团队内部成员间角色是经常发生变化的,这要求团队成员具有充分的谈判技能;⑦ 合适的领导,高效团队的领导往往担任的是教练或后盾的作用,他们对团队提供指导和支持,而不是试图去控制下属;⑧ 内部与外部的支持,既包括内部合理的基础结构,也包括外部给予必要的资源条件。

二、建设团队的五个步骤

把建设团队看作是一个不断学习和完善的过程,就像全面质量管理一样,不断寻求革新,不断超越自己已有的成绩,在提高自己的同时,为企业创造卓越。

1. 确定团队规模

确定团队规模有两个问题需要解决:一是团队的人数,二是人员的构成。

● 团队的人数。

有两个数字需要确定,第一是团队成员最多是多少?美国组织行为专家斯蒂芬·P·罗宾斯认为,如果团队成员多于12人,他们就很难顺利开展工作。第二是团队成员最少是多少?根据多年的经验,总结出团队最适当的人数是4人。因为4个人中一个人可位于正方形或长方形桌子的一边。桌上没有上下级之别。每一个人都不能坐着,以鼓励他们行动。

梅雷迪思·贝尔宾提出:"规模的重要使我列出规模与效率在脑力工作中的密切关系图(图12-4),我们做了一点修改,人数从一个人上升到少数几个人,效率趋于大幅度提高。三个人总比两个人强,四个人总比三个人强。人数再多,增加的人就不是群体的智力,而是降低其价值。"不言而喻,最好的团队规模一般在4～12人之间。团队成员多,难以形成凝聚力,忠诚感和依赖感也会因团队规模过大而大打折扣,当一个团队的人数超过某一个限度,它就不再是团队,而变成了乌合之众。团队规模决定团队成员之间的熟悉程度,团队成员构成与团队绩效密切相关体现在成员之间的熟悉程度上。团队决策与执行效率的高低,在一定程度上取决于成员之间的熟悉程度,相互熟悉的人员组成的团队与陌生人组成的团队相比,工作会更有效率。

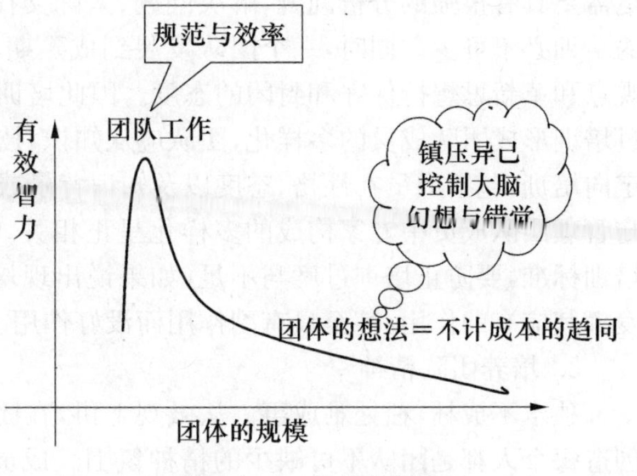

图12-4　规模与效率

● 人员的构成。

组建一个团队,成员的甄选和匹配是建设高绩效团队的首要条件。管理团队领导人要考虑人员的两个特征：一是容易识别和操作的年龄、专业、性别等较明显的特征，二是对成员性格、气质的相容互补、合理搭配等方面往往容易忽视的特征。选拔团队成员时，在其知识、技能符合要求的前提下，候选人是否具备与团队文化相融合的个人特质尤为重要，这关系到团队整体效能的发挥。我们一方面切忌把清一色的人撮合在一起，形成一种超稳定的缺乏活力的结构；另一方面也要避免个别角色重复，而产生明显冲突，引起团队内耗。不仅要考虑其是否具备该工作所需个人的技能、阅历和知识外，还要考虑其是否具备扮演团队角色的其他素质，整个团队成员的优化组合效率。从技能类型上说，一个成功的团队需要 3 种不同技能类型的成员：一是具有技术专长的成员，二是能发现问题、提出解决问题的各种方案并能进行有效决策的成员，三是善于倾听、反馈、解决冲突及其他人际关系技能的成员。技能有优劣，角色无贵贱，但是要看到这类角色不宜重复，理想的状态是，角色扬长避短，技能互补兼容，冲突均衡高效。如果要在具备了工作所需技能和具备扮演团队成员角色所必须具备的其他才能之间进行选择时，我们会毫不犹豫地选择后者，因为工作技能是可以通过培训实现的，而团队角色才能的变化却很难。团队成员的识别，有下面的方法可供选择：① 从心理学的角度，我们可以判断员工是否具有应有的团队品质，也可以同时参照人格理论中的五大要素来选择理想的员工人选。责任心、情绪稳定性、可信赖、外向性和开放性五种人格特质能有效预测个体在团队中的工作绩效。进而影响团队作为整体存在的 1＋1 ＞2 的效能。② 对于团队成员的选聘，一般从以下方面考虑：冲突解决能力、协作解决问题能力、沟通能力、目标设定能力、绩效管理能力以及计划与任务协调能力。

2. 完善成员技能

绩优团队的成员必须经过系统的培训，成为有一定的工作经验的成员，而且要具备技术技能、人际技能、解决问题等不同类型的技能。培训绩优团队成员不仅要具备一定的技能，更需要具有很强的分析问题、解决问题、人际交往、信息沟通、解决冲突的能力等，因此相应的培训必不可少。同时，一个团队发展到成熟期后，可能会陷入停滞和骄傲自满状态，对新观点和革新思想持保守和封闭的态度。因此培训也就成为使团队继续发展的有效途径。通过培训形成团队成员的多样化，团队应从知识、技能和态度几个方面对团队的核心素质进行定向培训，包括成员在性格、态度以及知识背景或经验等方面的互补。研究表明：管理创新与管理团队成员中专家构成的多样化呈正相关。在团队的不同发展阶段上，应该有不同的培训标准，要防止培训过度与不足，如果说出现培训浪费这种情况下，培训对象难以真正地发挥其应有的作用，甚至只有副作用而没好作用。

3. 培养团队精神

独木不成林，独处难成事。从微观上讲，在团队中既要防止个人英雄主义的产生，也要创造每个人都是团队不可缺少的精神氛围。成员只有共同支持、协作、努力，才能更好地完成团队目标。从宏观上讲，随着经济全球一体化和知识经济的到来，现代企业管理组织方式将发生一系列深刻的转变。作为未来管理的创新重点和发展趋势，团队管理与其他管理理论和管理方式相比较而言，团队管理的内在要求是对管理中的人做全新的定位和更为有效的管理创新。其创新本质在于强调人在团队中的价值，发展人的潜能，激发团队活力，树立团队理念，培养团队协作，实现团队功能，提高组织效率，而所有这些正是由于在团队中存在着一种文化氛围。对于团队，团队精神的重要性是毋庸置疑的，作用主要有以下几个方面：

① 团队精神贯穿团队的整个生命循环周期。从团队起步到团队解散的每一个阶段都需要团队精神才能形成绩优团队，团队精神是团队克服艰难工作的高效润滑剂；② 团队精神促使团队成员产生交流动机，促使团队成员之间愿意进行合作，有助于避免和减少搭便车行为的发生，降低因加强监督而带来的附加成本；③ 团队精神促使团队成员相互间信息与知识共享程度的进一步提高；④ 团队精神促使领导对团队成员更多的支持和更大的自主权，提高团队成员的工作满意度，从而提高个体对团队、组织的忠诚度；增加员工对组织的认同感、提高员工工作潜能和快速响应环境变迁与顾客需求。

4. 改进领导方式

团队领导方式适用于团队内在发展过程与外在环境变化的情况。团队的发展一般经历形成期、震荡期、规范期、表现期四个阶段，团队建设过程模型，也就是塔克曼的著名且经典的四阶段学说。

根据“四阶段学说”，一个团体的形成过程分为“形成期”、“震荡期”、“规范期”、“表现期”。

① 形成期。组织成员试探对方的反应，以决定何种行为可被接受。基本上，大家比较怯于主动表达本身的意见与看法，而乐于观察他人的态度。此外，成员之间除进行相互熟悉的动作外，也尝试了解团体领导者的角色。

② 震荡期。冲突逐渐浮现，团体成员为了谁应该做什么事以及如何去做等问题，开始相互争执，而酝酿对立状态，领导者的立场也受到挑战。有些人积极参与冲突，有些人却把自己孤立于团体互动之外。当冲突发展到一个高峰，又会慢慢地趋于缓和，成员们试图化解抗拒、敌意等负面情绪，着手进行有利于团体的磋商。

③ 规范期。成员们对彼此以及团体的认同感增加，也已找出最能被大家接受的沟通协调方式，从而培养出合作的默契。此外，团体成员也订出了成文或不成文的规范，作为共同工作时遵守的依据，以确保合作关系的顺畅。

④ 表现期。这个阶段代表团体的形成已经成熟，成员之间的互信与互赖也相当强化，不必耗时于摸索对方的行事作风，而能共同致力于规划与执行团体任务。团体领导者的定位亦十分明确，可发挥有效的领导统帅功能。不过，有些团体一直都无法达到“表现期”的阶段，此类团体就是所谓的低效率之组合。

如图 12-5 所示，团队发展的不同阶段具有不同特点和环境。团队的领导方式应当与团队的发展阶段相适应。不同的发展阶段采用与之相适应的领导方式。团队发展中的形成期、震荡期、规范期、表现期，相对应的有效领导方式是指导型领导方式、支持型领导方式、参与型领导方式、成就型领导方式。罗伯特·豪斯认为有效的领导者能够用明确指明工作目标的方式来帮助下属，并为他们清除各种障碍和危险，从而使下属的相关工作容易进行。领导者是弹性的，情景不同所表现的领导行为也不同。

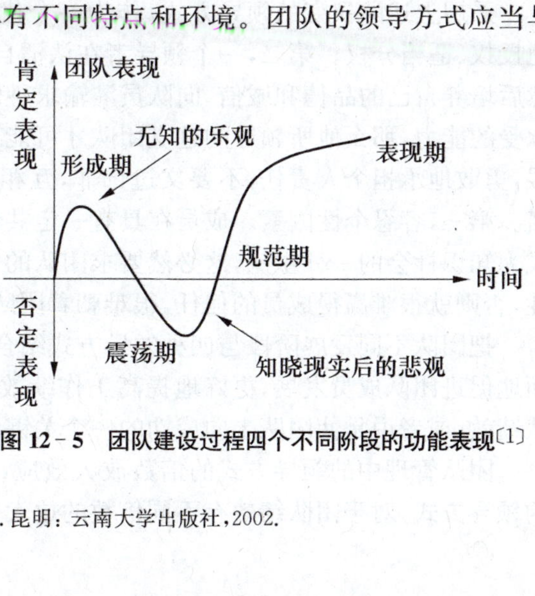

图 12-5　团队建设过程四个不同阶段的功能表现[1]

〔1〕 Janszen. 管理创新——公司发展的全面解决方案. 昆明：云南大学出版社，2002.

① 指导型领导者：团队发展中的形成期，团队领导在团队工作中占主导地位。团队成员需要的规则、标准、计划、成功绩效的标准和工作程序，不需要更多的鼓励，更多是教团队成员怎么做，给团队成员提供指导，让团队成员了解团队主管对他们的期望。团队领导的具体化任务是：指导团体成员对团队的目的、工作方式达成共识；协调团队成员的任务分配；培养团队成员对团队的环境、目标和任务的理解并向团队成员沟通其关于团队的心智模式，引导团队成员相互熟悉并相互合作；带领团队成员制定共同的目标和行为规范。就是指导团队成员尽快进入团队角色并融入该团队中，使团队尽快进入正常工作轨道。在这一阶段中指导式领导比其他领导方式具有较高的成员满意度和工作成效。当任务不明或压力过大时，指导型领导产生更高的满意度。

② 支持型领导者：团队发展中的震荡期，团队成员能力比较低，同时又没有信心，团队成员需要支持与鼓励来实践共同的工作和克服遇到的困境。这时候既要指导，同时也要更多的支持，更多的鼓励，帮他度过当前的困难时期。支持式的领导创造了一个宽松的环境给予团队成员足够的支持，努力建立舒适的工作环境，亲切友善，关心下属的要求。支持式的领导更能塑造团队合作的氛围和积极主动的精神。积极的团队氛围是通过团队领导对冲突的处理和团队情绪的控制来实现的。团队领导在过程中表现出来的对团队冲突适当地控制和对团队情绪不断地激发，有助于形成团队积极向上的氛围，激发团队实现团队目标的信心和勇气。

③ 参与型领导者：团队发展中的规范期、发展期，是团队成员对团队角色和工作不断适应和调整的过程，同时也是对工作方法和共同的目标不断改进的过程。在这个过程中，团队成员基本形成了共同的心智模式和行为规范；团队成员已经有一定的能力，但信心有时会发生波动。这时候可以以参与型领导为主，放手让员工自己做一些工作，在决策前与部属商议，并采用其建议主动征求并采纳下属的意见。这样更有利于他的发展。

④ 成就型领导者：团队发展中的表现期，团队已经形成稳定的行为规范和互动模式，团队成员产生了较高的社会认同感，团队成员具有较高的自我管理能力，是团队成员真正发挥团队智慧的时期。团队领导主要是通过制定一致的具有挑战性的目标并为成员提供支持来驱动团队前进的；鼓励下属实现自己的最佳水平，期望下属以最佳表现来达成团队目标。团队的表现期阶段，成就型的领导方式是实现团队持续健康发展的有效方式。

采用上述的权变的领导方式，作为一个优秀的团队领导，要注意以下几点：第一，合理地授权、适当分权。第二，一个领导者在认清自己的优势和缺陷时，首先要认清自己的能力，然后培养自己的品德和诚信，向队员灌输求胜的意念，激励他们发挥出超越体能和智能所能承受的能力，那么他所领导的这支团队才可能有所收获。其次，要正确认识自己的错误和失误，勇敢地承担个人责任，不要文过饰非，互相推诿。必须言必信，信必行，行必果。信守承诺。第三，容忍个性因素。成员在具有一定共性的基础上不断发展和培养自己的个性，逐渐成为知识社会的一种主流，这必然要求团队的领导容忍团队每个人畅所欲言，包容成员的个性，否则就很难赢得成员的信任，很难朝着团队的既定目标坚持下去。

把团队不同发展阶段与四种领导方式结合起来，加上以上几点领导注意事项，就可以正面地促进团队成员发展，更好地提高工作绩效。综合运用不同的领导方式是进一步提高团队绩效，或者说是使团队走向成功的一个关键因素。

团队管理中的领导方式的倍数放大效应：在团队不同的发展阶段中，不同的团队领导的领导方式，对于团队绩效有不同倍数的放大效应（表 12 - 3）。

表 12-3　团队管理中的领导方式的倍数放大效应[1]

领导方式	团队所在不同的环境中的影响
指导型	对任务模糊的下属之满意度和期望有积极影响，对任务明确的下属之满意度和期望有消极影响
支持型	对从事不易让人满意的、压力巨大的、容易失败的任务的员工之满意度和期望有积极影响
参与型	对专注从事非重复性任务的员工之满意度和期望有积极影响
成就型	对于让从事模糊任务的或非重复性任务的员工树立"努力一定会有好回报"的信心具有积极影响

5. 实施团队薪酬

在许多企业，团队最终取得的成果与人们的初衷设想相差甚远，出现团队失败，其中的主要障碍是多数公司的薪酬制度都是以个人业绩为基础。成功的团队取决于人力资源战略管理，设计出一套保持团队发展势头、加固团队精神的薪酬制度。薪酬制度在企业管理创新中的作用越来越大，被看做是推动企业实现战略管理创新的一个强有力的工具，在以创新为特征的企业管理中，薪酬管理创新愈加成为企业战略管理和团队管理创新的一个有机组成部分。

传统的薪酬制度是用来支持和激励个人行为的，以个人业绩为基础的薪酬制度对建立有效的团队，最多只能起到中性作用，在大多数情况下，只能起到反作用。团队薪酬对管理创新的最大贡献是，促使企业采用更为整体观的薪酬方式。

表 12-4 总结了四种常见的团队类型与绩效薪酬方法，没有一种绩效薪酬方案对所有的团队类型都适合。设计或选择绩效薪酬方案的关键是对绩效与团队之间的相互依赖性做出正确的评估。有两种薪酬制度，可以适合团队，第一种薪酬方案强调根据个人情况来支付薪酬，而不是根据工作性质来支付薪酬。第二种根据绩效来支付薪酬，但是这种方法强调的是集体绩效而不是个人绩效

表 12-4　团队类型与绩效薪酬方法[2]

团队类型	绩效薪酬
平行团队	采用获益共享或其他业务计划，并对团队进行适当的褒奖
工作团队	对相互依赖的团队实行奖金团队或经营单位奖金计划，以员工评价为基础采用个人奖金计划
项目团队	基于项目的成功来发放奖金，同时采用利润共享和股份计划
管理团队	使用团队或经营单位奖金同时采用利润共享和基于股份的计划

〔1〕 周三多. 战略管理思想史. 上海：复旦大学出版社，2002.
〔2〕 爱德华·E·劳勒三世. 卓越价值——基于绩效的薪酬方案设计. 北京：电子工业出版社，2004.

“由于工作团队中的学习和发展的需要，基于知识和技能的薪酬制度特别适合这种团队，在30年前的美国，第一个基于技能的薪酬计划运用于美国的工厂，它通过这种薪酬制度来鼓励个人学习他们的团队所从事的技能，当员工掌握了一项技能并通过考核，他们每小时的工资就得到25美分到50美分的增长，事实上经过一段时间，他们的薪酬几乎是开始时的两倍。”

在一般的职能管理部门中，工作由不同的职能管理部门相继完成，部门间协作非常困难，常常出现所谓“踢足球困境”，而通过横向职能团队可以改善信息交流，作业协作和知识学习共享，从而极大地提高企业的生产效率。企业通过薪酬制度中的绩效考核和激励制度，向员工表明企业追求的目标，有效地影响员工的行为和态度。而员工的行为和态度，又反过来影响企业战略目标的实施。

最佳的团队薪酬方案要求企业组织将员工个人业绩与成长的衡量标准与以市场为基础的竞争性薪酬水准结合起来，迫使企业组织在建立其薪酬架构时应考虑多种因素。

团队的薪酬方案不仅包括对集体层面的激励，而且包括对团队成员个人层面的激励。注重团队整体的激励对集体的合作与协同有很大的影响，注重个体的激励对团队中的个人英雄主义有很大的影响。

团队薪酬方案主要根据员工有无相关技能和能力来选拔成员。团队成员的基础工资与其接受评估的技能和行为能力挂钩。激励性酬金则取决于每个团队的业绩。应优先给予善于团队合作的成员。这并不意味着忽视个人贡献，而是使那些对团队作出贡献的成员得到应有的报酬。可以构建适应团队的薪酬方案，高薪和高福利，通过股票期权、股票授予等方式，提高成员的工作积极性；提供适当的学习机会，给员工提供专门技能的培训和学习，为员工将来做打算。来自精神和物质方面有效的团队薪酬激励可以起到激发员工的个体驱动和稳定员工的作用，特别是管理知识型员工更是需要有关怀、爱心、耐心、善用、信任和尊重，这一点高层领导首先要把握和提高。

三、团队管理

团队工作独特的优点在于协同效应——整体大于部分之和。团队充分利用自身资源，通过集体方式获取的绩效比在其他情况下获取的都多，这时就产生了协同效应。这种效应无疑是一种重要的优势，但是团队还会在其他方面取得卓越绩效。成为团队中的一员可能对个人的态度和行为产生强烈的影响。在团队工作并成为团队一员可以满足重要的个人需要，同时也会提高绩效。简单地说，团队既能为组织又能为组织的成员带来利益。团队的益处包括：增加用于解决问题的资源，培养创造性和创新性，改进决策制定的质量，提高成员对工作的奉献，通过集体行动促进激励，有助于控制、约束成员在组织规模扩大的同时满足个人的需要。

（一）激励团队成员

在工作难度大、单调乏味，或需要成员具有充沛精力并高度投入的时候，管理者无法确保团队成员总能以实现组织目标为目的而工作。激励理论告诉我们，一个真正产生作用的激励措施不仅需要满足参与约束，即团队成员的行动所得必须达到其最低的收益底线；另外更重要的是要满足激励相容约束，即组织的愿望必须与成员们的意愿相一致，这时组织的希望才会变成团队成员自觉的行动。

管理者可以通过以确保成员本身也受益的方式激励团队和团队成员，如果让自我管理的工作团队的成员知道，团队内制订和实施任何节约成本的措施，团队的成员也可以获得一定比例的收益时，他们可能就会自觉致力于降低成本。

对团队成员的激励常常会采取个人和团队奖励相结合的方式。有研究表明，对团队中个人的绩效可以被评估的时候，报酬可由个人的绩效或个人和团队的绩效相结合来决定。当个人在团队中的绩效不能准确评估的时候，团队绩效则成为决定个人报酬的关键因素。对于管理者来说，最重要的是需要设计一个奖酬制度，它既能产生很高的个人激励，又能保证团队内部的公平性。

（二）减少团队惰性

团队惰性指的是个人在团队中工作比单独工作时付出较少努力的倾向。考核不均、激励无效、天性求安逸以及不公平体验等多方面的原因使得一些团队成员在工作中多少会表现出懈怠的倾向，这种磨洋工的现象我们可以通俗地称之为“吃大锅饭”。“大锅饭”现象可能存在于各种各样的团队和组织中，它会导致较低的团队绩效，甚至妨碍团队实现目标，管理者需要采取适当的措施来予以避免。

1. 客观评估个人对团队的贡献

一些团队成员觉得，混迹于团队之中，没有人会注意他们究竟付出了多少，有些人可能会认为，即使付出较大的努力，他们对团队的贡献也不会得到奖励，因此，没有必要费力不讨好。

要避免这种现象，需要尽量想办法使个人对团队的贡献可以被评估。如果个人绩效是可以被发现、可以被评估的，那么管理者就可以为团队成员分配任务并使成员对该任务的实施负责到底，则“大锅饭”现象就可以被杜绝。问题在于交互型任务关联的团队中，个人的贡献难以确认，这时光评估业绩可能无法奏效。

2. 强调个体对团队贡献的价值

团队成员士气低落也会产生“大锅饭”的现象，有时候人们认为自己在团队中作用很小，个人行为无论是否高效，团队终将按照预定的方式进行。为了消除这种思想，管理者应当以每个成员可以为整个团队作出的有价值的贡献为基础，分配其在团队中的任务。显然，与成员进行沟通和进行必要的宣传教育，使他们明白个人贡献对团队的价值，就能够有效激发团队成员的士气，可以相应减少和杜绝“大锅饭”现象。在跨职能团队中，每个成员对团队的贡献都来自于各自的专业知识领域，通过强调单个成员技能的重要性，管理者可以在此类团队中减少“大锅饭”现象。

3. 将团队规模保持在适当的水平

团队规模与“大锅饭”现象也有一定的关系。团队规模增大，对个人贡献的评估也会变得更加困难，成员在团队中的重要性也会随之下降。为了避免这种现象的发生，管理者应当将团队保持在适当小的规模上以实现团队目标和高的组织绩效。

四、评价团队建设

我们用团队表现曲线作为一种评价团队建设的方法。这种方法致力于研究组织内部团队之间的影响力和它对有效完成团队任务的价值。通过观察某个特殊团队的表现曲线在什么地方下降就可以评估到团队的效能，如图 12－6 所示。在有些企业内，有这样几种组织：

一是工作群体，"这是在没有重大的业绩增量要求的或机会使之成为团队的情况下的工作群体。"人们参加工作群体，共享信息，共同决策，一起工作，工作群体更加强调个人完成他们自己领域的任务，没有共同的责任。

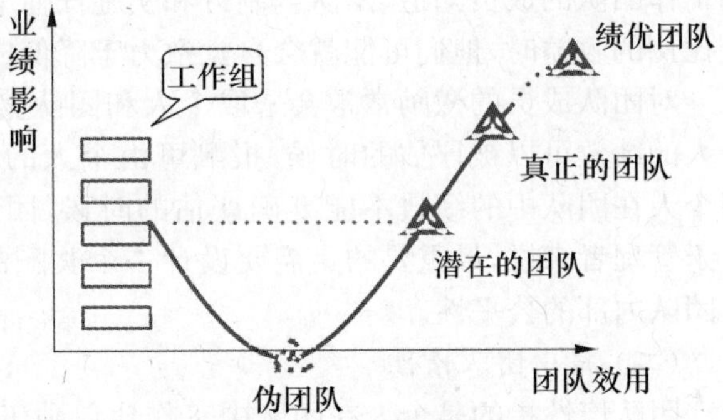

图 12－6　团队表现曲线

二是伪团队，"这是或许有重大的业绩增量要求或机会，却没有把重点放在实现集体业绩上，也并不真的想实现集体业绩的工作群体。"这一群人被别人称为团队或自称为团队，也具有团队的潜力，但在实际工作中根本不协作或没有集体责任感。

三是潜在的团队，"这是个有重大的业绩增量需要，却没有把重点放在实现集体业绩上，而且也确实想改善其业绩的工作群体。"是介于工作群体和学习型团队之间的群体。这样的群体确实认识到有必要改善其表现，并且确实想做点什么。但由于缺乏明确的共同目标，没有真正形成相互协作的风气，阻碍了群体的发展。

四是真正的团队，"这是由少数有互补技能、愿意为了共同的目的、业绩目标和方法而相互承担责任的人们组成的群体。"

五是绩优团队，"这是个能满足真正的团队的所有条件、又能使其所有成员对彼此的个人成长和成功给予极大支持的群体。"

团队学习的过程，就是在工作群体向绩优团队转化的过程。在这个模型中，在工作群体向绩优团队转化的过程中，存在很多隐患，其中之一就是伪团队的出现，伪团队的工作效果还不如工作群体，许多国有企业的高级团队就是这样，他们事实上仅仅关心与自己所在的部门责任有联系的工作。

在工作中学习，在学习中工作，团队学习效果显著，能充分发挥 1＋1＞2 的团队倍数学习效果。就会出现管理工作群体向潜在团队转变，潜在团队向团队转变，团队向真正的绩优团队转变。

图 12－6 团队表现曲线表明："对于大多数群体来说，最大的业绩进展出现在潜在的团队和真正的团队之间；真正的团队可能实现的业绩成果要比工作组高得多。真正的团队和绩优团队之间的点线最佳表示最佳业绩所要求的异常高的个人责任感。最后，把连接工作组和潜在团队的虚线标志着做出这一决定所要求的信念飞跃。在这条线下面的是伪团队业绩的风险和失望。人们尽量希望避开它们，因为伪团队的业绩是最低的，而且要克服伪团队的缺点是极其困难的。"

如何使团队学习沿着团队业绩曲线攀升有八条经验：① 确定迫切的重点和方向。② 根据技能和学习技能的潜力选择成员，而不是根据个性选择。③ 特别关注最初的会见和行动。④ 建立一些明确的行为规则。⑤ 提出和抓住几个有立竿见影效果的注重业绩成果的工作和目标。⑥ 经常用新事物和信息向队员挑战。⑦ 多花时间在一起。⑧ 开拓积极反馈、承认和奖励的能力。

五、团队的管理效益

在决定是否使用团队来完成特定的任务时，管理者必须考虑到团队的收益和成本两方面的因素。团队可能对产出的生产率和成员的满意度都有好处。另一方面，团队也可能使激励和绩效水平事实上被削弱。

（一）团队的潜在益处

通过提高团队成员的工作努力程度和个人满意度，整合各种不同的能力和技巧，强化组织的灵活性，可以提高个体的劳动生产率，从而将团队的潜能发挥到极致。

（1）加倍努力工作　员工团队经常会使那些喜欢在工作中充分运用自己的脑力和体力来达成重要目标的员工释放出惊人的能量和创造力。组建团队是建设学习型组织和更加扁平化的组织结构的一个重要内容，这一点我们已经在第1章和第7章中做出详细的阐述。为了促进员工的学习和问题的解决，组织正在打破界限，对员工进行授权，并鼓励员工发挥自己的聪明才智和创造力。研究表明，在团队中工作可以提高个体的激励和绩效水平。社会促进指的是通过其他人的存在来提高个体的激励程度和绩效水平的倾向。仅仅因为有其他人在场就会激励一个人表现得更好。艾琳·费雪经营企业的方式是鼓励大家协同合作和开玩笑，因为他认为，这样会使员工更快活，工作效率也更高。

（2）提高员工满意度　员工需要一种对团队的归属感和参与意识，在一个团队内工作可以帮助员工满足这些需要。参与型团队能够减少成员的枯燥感并提高他们的尊严和自我价值观，因为该员工的整个身心都投入到工作中去了。例如，在位于波士顿的 Radius 餐厅，由两个人组成的厨房团队对整个饭菜承担全部的责任，这就给了他们更大的成就感，也使他们更加意识到自己工作的重要性。那些在令人满意的工作环境中工作的员工能够更好地应对压力，尽情地享受工作的乐趣，对组织的忠诚度也更高。

（3）丰富工作知识，提高工作技能　使用团队工作的第三个主要好处就是它能够对员工进行授权，以使他们能够为完成任务而学习更多的知识和掌握更多的技能。一方面，具有多种技能的员工要学会完成团队需要完成的所有工作。团队掌握了其成员的各种智力资源，这些成员不但能够提出解决问题的途径，而且还能提出各种决策方案供团队选择使用。波士顿 Radius 餐厅的团队在一个地方工作满六周就轮转到其他地方，这使得员工的工作经历本身充满趣味和激动人心，而且还富有教育意义，员工们可以学到各种各样的技能。

（4）增强组织的弹性　员工团队的灵活性得以提高，因为一旦需要，员工可以重新组织起来，也可以重新安排新的工作。员工们密切配合，学习各种各样的技能，需要时相互轮换工作岗位，以完成团队的工作任务。另外，团队打破了传统的组织界限，因而员工们可以跨职能、跨层级进行合作，这就使得组织可以对快速变化的顾客需要迅速做出及时的反应。

（二）团队的潜在成本

管理者必须估量团队工作可能会带来的某些成本或者负债。当团队工作效果不理想时，其主要的原因往往在于权力的重新分析、搭便车、协调成本或者组织系统的调整。

（1）权力的重新分配　当公司将一线员工组织成为团队时，主要的失意者是中低层管理者。这些管理者并不情愿放弃他们手中的权力。事实上，当团队工作相当成功的时候，团队基本上不需要什么基层管理者。这一点在自我管理型团队中表现得尤其突出，因为自我管理型团队的员工自己承担了监督的责任。要进行这样的调整是很艰难的,因为管理者担心他们会失去既有的地位,甚至有可能会失去工作,而且他们还需要学习一些新的、人际关系导向型的技能才能够求得生存。

(2) 搭便车　搭便车是指某团队成员因为其团队成员的身份而得到好处,但却没有对团队的工作做出适当的贡献。搭便车者有时也被称为社会游荡者,因为他们并没有付出相应的努力。对全球虚拟团队的一项研究发现,成员中较普遍的倾向是逃避工作职责,不全心全意工作。在某些大型团队中,有些人就可能会干得较少而所得较多。例如,调查发现,在拔河比赛时,一个人在单人拔河比赛中出的力气比他在集体拔河比赛中出的力气要大得多。同样地,对于那些专门被雇来鼓掌和喝彩的人,如果让他们一个人单独鼓掌和喝彩或者在小团体中鼓掌和喝彩,他们所发出的声音往往要比其在一个大团体中鼓掌和喝彩时发出的声音更大。参与过学生项目小组的人也曾经遇到过搭便车的问题。有些学生总是比另外一些学生为团队项目的完成付出了更多的劳动,而且我们常常发现,学生们为个人成绩而奋斗时会比他们为集体成绩而奋斗时更加卖力。HealthSouth 公司前任首席执行官 Richard Scrushy 想让团队的其他成员和他一样遭罪受苦,这也是一种搭便车行为。

(3) 协作成本　协作成本指的是为完成团队的工作任务而协调其成员的工作活动所花费的时间和精力。团队必须花时间来做准备工作,从而损失许多生产时间来决定谁来做什么以及何时做。在此,学生项目小组的例子又可以再次说明协作成本的存在。团队成员必须在课后碰头,其目的仅仅是为了决定他们何时再聚集在一起去完成任务。为了能够顺利开展工作,成员们必须仔细检查时间安排表,还要为此打了许多电话,并落实开会的时间。这一协调组织的行政行为也许要花几个小时的时间,因此,学生们总是觉得,如果让他们自己独立完成这些项目,那肯定不用花那么多时间。在完成项目的过程中,一般说团队会经常召开会议,所以领导者有必要懂得如何使会议不跑题和如何提高会议的效率。

(4) 组织系统的调整　在组织里建立团队制结构要求组织的其他部门也必须做出相应的调整和变革。特别是绩效考评和薪酬体系必须进行调整,以反映团队新的组织结构形式;否则,团队工作将归于失败。管理者应该懂得,实行团队制要求组织投入时间和资源去开发新的系统,而且新系统必须支持和强化团队成员之间的协同合作、信息共享及员工授权,而不能挑起团队成员之间相互争斗。

思考题十二

1. 什么是团队?
2. 团队兴起的原因是什么?
3. 成功的团队一般有哪些特征?
4. 团队的类型可以如何划分?
5. 团队角色理论主要有哪几种,请比较其异同。
6. 团队与群体的区别何在?
7. 建设团队的步骤有哪些?

8. 简述团队类型与绩效薪酬方法的关系。

9. 团队表现曲线有哪些特征？

【案例十二】　微软的团队精神魅力

提起微软，人们都会竖起大拇指，并加上一句“wonderful”（真棒）。的确，在大多数人的眼中，微软是了不起的，是成功的，也是神秘的。

从1975年仅有的包括比尔·盖茨先生在内的三个员工，发展到今天的大型跨国公司来说，比尔·盖茨是一个传说，Microsoft（微软）更是一个令人难以置信的神话。

微软人的团队意识非常强：成败皆为团队共有；大家互教互学；互相奉献和支持；遇到困难互相鼓励，及时沟通；依靠团体智慧；承认并感谢队友的工作和帮助；甘当配角。这样具有强烈意识的高素质的团结、协作的集体，形成了积极、向上的士气，这种士气使得微软人在面对一切挫折时都勇于抗争，势不可挡。这也许就是微软永葆青春的奥秘。

在这样一个融洽的团队中工作，工作的潜能和激情也能更好地被挖掘出来。微软的人才观是：敬业精神，具有解决问题的能力，快速学习的能力，工作热情，创新精神，独立工作能力。在微软，开放和随和的气氛，开明的领导，使员工有了更广阔的发展空间，为个人才能潜力的充分发挥提供了更好的机会。“一切自己动手”和“Work hard! Work smartly!”是每一个微软人的工作要求。

众所周知，微软公司使数以百计的雇员成了百万富翁。可是，鲜为人知的是，他们中许多人在取得了经济独立之后，却仍继续留在微软工作。在一些人看来，这些百万富翁，大概是发了神经。的确，大多数人认为，发财就等于取得了辞职的资格证书。但是，事实证明，微软公司的百万富翁们并不那样认为。

如果你知道了微软公司的工作条件并非舒适安逸，你就会觉得雇员们的这种献身精神难能可贵。在这里，一周工作60个小时是常事。在主要产品推出的前几周，每周的工作时数还会过百。微软公司也并非以其高额津贴出名。相反，它却以“吝啬”著称。据该公司的一位前任副总裁透露，多年以来，董事长比尔·盖茨因公出差时，总是自己开车去机场，而且坐的是二等舱。

吸引这帮百万富翁（甚至包括一两亿富翁）不是因为自己经济的需要而如此卖命地工作的原因就是，完全超越了自我的团体意识。这种团体意识，已在微软公司落地生根。微软人认为，他们不属于自己，而是从属于某种特别的东西——微软这个团体。董事长比尔·盖茨曾说：“这种企业文化营造了一种氛围，在这种氛围中，开拓性思维不断涌现，员工的潜能得以充分发挥。我们微软公司所形成的氛围是，你不但拥有整个公司的全部资源，同时还拥有一个能使自己大显身手、发挥重要作用的小而精的班级或部门。每一个人都有自己的主见，而能使这些主见变成现实的则是微软这个团体。我的策略一向是，聘用有活力、具创新精神的顶尖人才，然后把权力和责任连同资源（人、财、物），一并委托给他们，以便使他们出色地完成任务。”

事实上，这些精英们的做法的确是一种非常切合实际的举措。信息时代的竞争特点决定了在工作中，如果他们专长不能得以发挥，自身的价值就得不到充分体现，他们也就无法从工作中得到乐趣。因此，也就不会心甘情愿地努力工作。精英们对此十分清楚。所以，他们认为最重要的，是让人们感觉到自己真正置身于一个彼此相互尊敬、相互信任、志同道合、宛如一个大家庭似的团体之中。换言之，除非雇员们都感到自己亦为团体之一员，否则，生产效率就难以保持。

热爱工作，是不仅要把它当成一种职业来对待，更要把它当成一种事业来奉献。在微软，员工的这种热情(Passion)表现得尤为强烈。

在微软，工作成了一种乐趣，员工和公司的前途是紧紧连在一起的。微软人有着强烈的主人翁意识，这使得他们对于任何事情都是为公司着想，全力以赴。因为微软人具有这样的自豪感和责任感，微软有着这样优秀的团结精神，微软才会如此不同凡响。

案例思考题：

1. 谈谈微软的团队精神魅力所在？
2. 微软是如何打造这样一种团结精神的？

第五篇 控　制

控制论是一门研究动物和机器进行通信和控制的科学。

——维纳

20 世纪是生产力世纪,21 世纪是质量世纪。

——朱兰

第十三章　控制理论

第一节　控制内涵

控制是组织内行为的规则，它可以使某些影响组织绩效的因素被维持在可以接受的范围内。没有这一规则，组织就缺少绩效的衡量指标。就像飞机的操纵杆一样，控制可以使企业按正确的方向前进。在任何时点上它都会用绩效指标来衡量企业的状况。当组织的绩效滑出可接受的区域时，控制为组织提供一种调整路线的机制。例如，联邦快递的绩效目标是准时递送 99.5%的包裹。如果准时递送率降到 98%，控制系统将向管理者发出信号，管理者就可以调控联邦快递运营使绩效重新达到预定的目标。缺乏有效控制的组织很难达到其目标，或者就算真的实现了目标，也无法知道。

一、控制的含义

一般意义的控制就是指引导一个动态系统达到预定状态。

作为管理的一项职能，控制是指主管人员对下属的工作成效进行测量、衡量和评价，并采取相应纠正措施的过程。

从组织活动的整体看，控制就是根据既定的目标和各种标准，监督检查计划的执行情况，发现偏差，找出原因，采取措施，进行纠正，并根据已变化的情况对原有的设想、打算进行调整，以确保组织活动符合既定要求的过程。

二、控制的必要性

控制是管理工作的最重要职能之一，是保证组织计划与实际运作动态相适应的管理职能。控制的必要性是由如下因素决定的：

(1) 外部环境的变化。计划从构思、制订到执行一般都要经历较长的时间。在这段时间内，组织外部环境必然会发生变化，从而影响到已定的计划和目标。为了适应变化的环境，组织必须有一个有效的控制系统，来根据变化的环境采取相应的对策。计划的时间跨度越大，控制就越显重要。

(2) 组织内部的变化。受到组织内部资源因素的影响,组织成员的思想、组织结构、产品结构和组织业务活动范围都有可能发生变化。计划的变化对计划的执行也会产生影响。

(3) 组织成员的素质。计划要靠人去执行、实现,而组织成员的才能、动机和工作态度是非均质的、不断变化的,人们对计划的理解也不相同。因而,人的素质对计划的执行也会产生影响。

上述因素的存在,使计划执行过程充满不确定性。为保证计划执行不偏离正确的方向,就必须将控制工作穿插其间。有效的控制工作不仅能衡量计划执行的速度、发现偏差并采取纠正措施,而且在许多情况下,它还可以导致确立新的目标、提出新的计划,甚至改变组织结构、改变人员配备以及在领导方法上做出重大改革。

控制工作通过纠正偏差的行动与管理的其他四个职能紧密地结合在一起,使管理过程形成了一个相对封闭的系统。

三、管理控制的特点

管理控制又有其自身的特点。

(1) 管理控制具有整体性。这包含两层含义:一是管理控制是组织全体成员的职责,完成计划是组织全体成员共同的责任;二是控制的对象是组织的各个方面。确保组织各部门和单位彼此在工作上的均衡与协调是管理工作的一项重要任务,为此需了解掌握各部门和单位的工作情况并予以控制。

(2) 管理控制具有动态性。管理工作中的控制不同于电冰箱的温度调控,后者的控制过程是高度程序化的,具有稳态的特征;而组织不是静态的,其内部环境不断地发生变化,进而决定了控制标准和方法不可能固定不变。管理控制应具有动态的特征,这样可以提高控制的适应性和有效性。

(3) 管理控制是对人的控制并由人执行。管理控制是保证工作按计划进行并实现组织目标的管理活动,而组织中的各项工作要靠职工完成,各项控制活动也要靠人去执行。管理控制首先是对人的控制。管理控制的这种特点使得管理控制工作中具有更明显的人为因素干扰,这种干扰可能是正面的,如人们的责任心有助于增强控制效果;也可能是负面的,如担心被处罚的心理会影响偏差信息的收集。如何降低人为因素所产生的负面影响是管理控制工作中的一大难题。

(4) 管理控制是提高职工能力的重要手段。控制不仅仅是监督,更重要的是指导和帮助。管理者可以制订偏差矫正计划,但这种计划要靠职工去实施,只有职工认识到矫正偏差的必要性并具备矫正能力时,偏差才会真正被矫正。通过控制工作,管理者可帮助职工分析偏差产生原因,端正职工的工作态度,指导他们采取矫正措施。这样,既会达到控制目的,又会提高职工的工作和自我控制能力。

四、控制的功能

在管理工作中,人们借助计划工作确立目标,借助组织工作来调配资源、构建分工协作网络,借助领导和激励来指挥和激发员工的士气和工作积极性。但是,这些活动并非一定能保证实际工作按计划进行和组织目标的真正实现。因此，控制便显得尤为重要，控制是管理职能链条上的最终环节，控制为组织提供适应环境变化、限制偏差累计、处理组织内部复杂局面和降低成本提供了有效的途径。控制的四项基本功能也是控制的目的所在。

1. 适应环境的变化

如果管理者能够建立起目标并即刻将其实现，那么就不需要进行控制。事实上，制订目标之后到目标实现之前，总是有一段时间。在这段时间内，组织内部和周围环境会有许多事情发生：竞争对手可能会推出新产品和新的服务项目；新材料和新技术可能会出现；政府可能会制定新的法规或对原有政策进行修正；组织内部的人员可能会产生很大的变动，等等。这些不仅会阻止目标的实现，甚至可能要求视情况的变化对目标本身进行修改。因此，需要构建有效的控制系统帮助管理者预测和确定这些变化，并对由此带来的机会和威胁作出反应。这种环境探测越有效、持续的时间越长，组织对外部环境的适应能力就越强，组织在激烈变化的环境中生存和发展的可能性就越大。

2. 限制偏差的累积

小的差错和失误并不会立即给组织带来严重的损害，然而时间一长，小的差错就会得以积累、放大，并最终变得非常严重。工作中出现偏差在很大程度上是不可完全避免的，关键是要能够及时地获取偏差信息，及时地采取有效的矫正措施。20 世纪 90 年代畅销的管理著作《第五项修炼》始终强调管理中的两个关键点——寻找杠杆解（即确定并设法解决那些关键性的问题）和减少时滞。这就要求有有效的控制系统予以保证。

3. 处理复杂的局面

如果一个企业只购买一种原材料，生产一种产品，组织设计简单，并且市场对其产品需求稳定，那么它的管理者只需一个非常基本和简单的系统就能保持对企业生产经营活动的控制。但这样的企业在现实中几乎没有，大多数企业要选用很多的原材料，制造多种产品，市场区域广阔，组织设计复杂并且竞争对手林立。他们需要复杂的系统来保证有效的控制。组织内部的复杂局面使得授权成为必要，但是现实中许多管理者发现他们难以授权，原因是怕下属将他们负责的事情做错。然而，如果管理者建立起有效的控制系统，由它给管理者提供有关下属工作绩效的信息，那么管理者对授权的担心就会减轻，并使组织内的复杂局面变得井然有序。

4. 提高竞争的优势

从事经营管理工作的人们，最熟悉的一个公式应该是："利润＝收入－成本"。成本领先是企业获得竞争优势的一个主要来源，它要求积极建立起达到有效规模的生产设施，强化成本控制，减少浪费。为了达到这些目标，有必要在管理方面对成本控制予以高度重视。

五、控制的原则

1. 系统控制原则

系统是一个由各种相互作用、相互制约的要素为达到共同的目的而组成的有机体。系统控制是指在控制中要树立目的性、全局性、层次性的观点。

2. 以人为中心原则

人是控制的主体。在控制中应充分发挥人的主观能动性作用。

3. 例外与重点原则

凡对达到组织目标没有重要意义的项目与事务，不应该经常核查，而只是以防止情况恶化为限。它应该严格地用“例外”来控制。即应该树立一种标准，定期地进行衡量，并且只是进行抽样衡量，只有当情况比较明显地与标准出现偏差时才予以控制。控制的重点应放在对组织目标有重要意义的项目与事务上。控制人员越是只注意一些重要的例外偏差，也就是说越是把控制的主要注意力集中在那些超出一般情况的特别好或特别坏的情况，控制工作的效能和效率就越高。

4. 弹性原则

任何一个控制系统，为了同外界进行正常的物质、能量和信息交换，同外部环境之间保持积极的动态适应关系，都必须充分考虑到各种变化的可能性，使管理系统整体或内部各要素、层次在各个环节和阶段上保持适当的弹性。

六、关键控制点与标杆比较

控制的方法主要有两种，一种是掌握关键控制点，另一种是标杆比较。

(一) 关键控制点

管理者控制什么？由于经营活动的复杂性，管理者不可能亲自观察每一项工作来实行控制。因此，选择控制点应该是关键性的。标准是衡量实际绩效和预期绩效的基准。控制点，或者是经营活动中的限制因素，或者是优于与计划相关其他因素的更有用的指标。有了关键控制点标准，管理人员便能掌管一大批下属，从而扩大管理幅度，节约成本。

许多计划方案的每一项目的、每一个目标，或者是这些方案的每一种活动，每一项政策，每一项程度以及每一种预算，都可成为衡量实际绩效和预期绩效的标准。在实际中，控制点标准主要体现在以下几个方面：(1)实物标准；(2)成本标准；(3)资本标准；(4)收益标准；(5)计划标准；(6)无形标准。

实物标准

实物标准是非货币衡量标准，通常在耗用原材料、雇用劳力、提供服务及生产产品的操作层面上使用。这些标准反映诸如每单位产出工时数、每小时每马力所耗燃料吨数、货运的吨米数、单位机器台时的产量、每吨铜的电线米数等数量标志。实物标准也可反映品质，如轴承的硬度、公差的精密度、飞机的爬升高度、布料的耐磨度或颜色的牢固度等。

成本标准

成本标准是货币衡量标准，如同实物标准一样，通常用于操作层面，其货币价值是体现在具体的经营业务中的。广泛使用的成本标准包括单位产品的直接成本和间接成本、单位产品或每小时的人工成本、单位产品的原材料成本、工时成本、航班客千米费用、每美元或单位销售额的销售费用，以及每米钻井成本等。

资本标准

资本标准有多种，全是以货币衡量标准应用于实物的产物。这些标准同投入于企业的资本有关，而同经营成本无关，所以它们主要是同资产负债表相关，而同利润表无关。对于新投资和综合控制而言，使用得最广泛的标准也许是投资报酬率。典型的资产负债表会揭示其他资本标准，如流动资产与流动负债比率、债务与资本净值比率、固定投资与总投资比率、现金及应收账款与应付账款比率、债券与股票比率以及库存量与库存周转比率等。

收益标准

把货币价值用于销售量即为收益标准，包括如每辆公共汽车乘客千米的收入、每位顾客的平均销售额，以及在既定市场范围内的人均销售额。

计划标准

管理人员可能奉命编制一个可变动预算方案，一个正式的新产品开发计划或一个提高销售人员素质的计划。在考评计划绩效时虽然难免夹杂一些主观判断，但可以运用时间选择和其他因素作为客观判断标准。

无形标准

更加难以确定的是既不能以实物又不能以货币来衡量的标准。例如，管理人员能用什么标准来测定事业部采购代理或人事部主任的才能？人们能用什么标准来确定某一广告计划是否符合短期目标和长期目标？怎样确定公共关系计划是否取得成功？主管人员是否忠诚于公司目标？办公室人员是否精干？上述问题足以说明，要确定清晰的定量或定性目标或标准是很困难的。

（二）标杆比较

标杆是一种根据最好的产业做法来确定目标和生产量衡量标准的方法。标杆是从衡量绩效所需要数据的过程中开发出来的。标杆有三种不同的类型。第一，战略标杆比较各种战略，并确定关键的战略成功因素；第二，经营标杆比较相关成本或各种产品差异的可能性；第三，管理标杆集中在支持性职能方面，如市场机会和信息系统、物流、人力资源管理等。

标杆比较，是指寻求那些具有杰出绩效的竞争对手或非竞争对手的最佳实践，以此提高自身的质量。标杆比较最基本的思想是，管理者可以通过分析然后复制各个领域领先者的方法来改进绩效。标杆比较流程始于对标杆内涵的确定，之后，选择绩效卓越的公司作为标杆，收集和分析数据，这些数据将成为绩效评估的基础。在新方法的实施过程汇总，对绩效要定期进行评估，并采取相应的纠偏措施（图 13－1）。

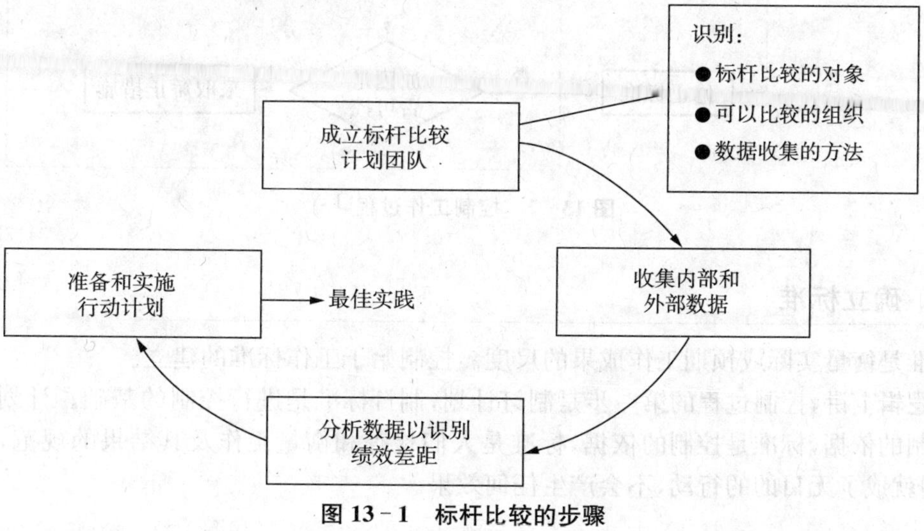

图 13－1　标杆比较的步骤

第二节　控制过程

控制过程包括三个步骤，一般控制的过程都包括三个基本环节的工作：确立标准，衡量成效，纠正偏差。如图 13－2 所示。控制标准、衡量成效和纠正偏差是控制工作的三项基本要素，它们相互关联，相互依存，缺一不可。① 控制标准是预定的工作标准和计划标准，它是检查和衡量实际工作的依据。如果没有控制标准，衡量实际工作便失去了根据，控制工作便无法进行；② 衡量成效就是寻找偏差信息，偏差信息是实际工作情况或结果与控制标准或计划要求之间产生偏离的信息。了解和掌握偏差信息，是控制工作的重要环节。如果没有或无法得到这方面的信息，那么控制活动便无法继续开展；③ 纠正偏差，就是采取矫正措施，根据偏差信息，做出调整决策，并付诸实施。所以说，根据实际情况和需求，来矫正实际工作，或修正计划或标准，是管理控制的关键环节（图 13－2）。

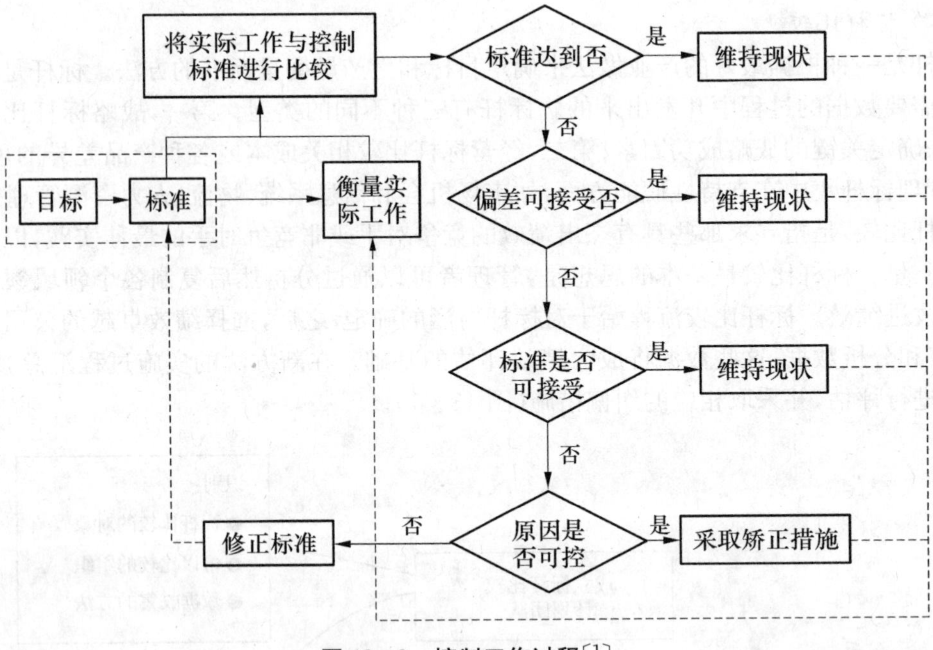

图 13－2　控制工作过程[1]

一、确立标准

标准是衡量实际或预期工作成果的尺度。控制始于工作标准的建立。

从逻辑上讲，控制过程的第一步是制订计划，制订标准是进行控制的基础。计划工作是进行控制的依据，标准是控制的依据，标准是人们检查和衡量工作及其结果的规范，没有标准，控制就成了无目的的行动，不会产生任何效果。

〔1〕 斯蒂芬·罗宾斯. 管理学. 北京：中国人民大学出版社，1997：481.

控制是确保工作按计划进行的管理工作，控制职能一般在计划确定之后发挥作用，标准是对工作预期成果的规范，计划与标准都是按组织目标的要求编制的，并以实现组织目标为目的，两者密切相关。

一般来说，不能完全用计划来代替标准进行控制。在一个组织中，各部门或单位要对其成员及全部工作编制计划，有些计划可能并未落实到文字上，各层次管理者在此基础上汇总、协调，编制出纵向管理计划。组织中的计划是各种各样的，而各种计划在详尽程度和复杂程度上又各不相同。如果直接用计划作为控制标准并对全部计划内容进行控制，会使控制工作因缺乏规范化而导致混乱，管理者也没有这么多的时间和精力，结果会降低控制效果。通常，人们是在一个完整的计划程序中选出众多关键点，把处于关键点的工作预期成果作为控制标准。控制标准是从一个完整的计划中遴选出来的、对工作成果的衡量具有重要意义的关键点。从计划中选择关键控制点的能力是一种艺术，有效的控制取决于这种能力。

最理想的控制标准是可考核的标准。控制标准的制订通常要求做到简洁明确，便于衡量，只有这样才能为实际工作的衡量指明方向，打下良好的基础。

关键控制点标准的种类包括：

——实物标准，或物理标准。实物标准是非货币形式的衡量标准，普遍使用于基层单位，如使用原材料、雇佣劳动力、提供产品或服务等的标准。这些标准可以反映任务或工作的数量方面，也可以反映任务或工作的质量方面。从某种意义上讲，实物标准是计划工作的基石，也是控制的基本标准。

——费用标准，或成本标准。费用标准是货币形式的衡量标准。费用标准是以货币价值来衡量因作业造成的消耗，即作业消耗的货币价值形式。同实物标准一样，费用标准也适用于基层单位。

——资金标准，或资本标准。这是费用标准的变种，是用货币来计量实物项目而引起的。资金标准与投入一个企业的资金有关，而与经营费用无关。对于新的投资和综合控制而言，最广泛运用的标准是投资回收率。资产负债表通常还披露其他资本标准，如流动比率，资产负债率，固定投资与总投资的比率，速动比率，短期负债或债券与股票的比率，以及存货周转率和存货规模的大小等。资金标准与损益表无关。

——收入标准，或收益标准。收入标准是销售额的货币价值形式。

——计划标准，或程序标准。在一些工作或任务的评价中需要运用主观判断、时间或其他因素通常被作为客观的判断标准。

——无形标准。一些问题要建立清晰的定量和定性标准是极其困难的。如，主管人员对下属的人事科长或医务主任能力的评价。在任何一个组织中，都存在着许多无形标准。在这些情形下，主观判断、反复试验、知觉便成为衡量的依据。

制定标准的方法有三种：统计分析法、工程测量法、经验估计法。

二、衡量成效

衡量成效是找出实际工作与标准之间的偏差信息，根据这种信息来评价实际工作的优劣。具体说就是依据标准衡量、检查工作的实际执行情况，以便与预定的标准相比较。这是控制工作的中间环节，是一个发现问题的过程。

衡量实际工作是一项贯穿工作始终，持续进行的活动。人们通常认为衡量要等工作做完以后，这不全面而且危险。控制活动应当跟踪工作进展，及时预示脱离正常或预期成果的信息，及时采取矫正措施。如果等到工作已经完成再衡量，那么即使有过失也难以补救。所以，在工作进行之中就需及时了解工作的进展并对其发展趋势加以预测，有时还需在开展工作之前对工作的将来的进展情况进行估计。这一阶段的具体内容包括：确定衡量的手段和方法；落实进行衡量和检查的人员；通过衡量-对比过程获得偏差信息，即确定实际业绩是否满足了预定或计划的标准。

亲自观察、分析报表资料、召开会议、口头报告、书面报告和抽样调查等是衡量实况所常用的方法。

亲自观察能为管理者提供有关实际工作的第一手的、未经他人过滤的信息。它的覆盖面广泛，因为大大小小的工作活动都可以被观察，这给管理者提供了寻查隐情的机会，获得其他来源所疏漏的信息，及时地发现并解决问题。走动管理是亲自观察的典型形式。但是，当衡量活动所需的信息量很大时，这种方式的局限性就会凸显出来。亲自观察不仅需要花费大量的时间和精力，而且易受个人偏见的影响，不同的观察者对同一事件可能会形成不同的印象。此外，这种方式如果不能为员工正确理解，则会被认为是对员工不信任的标志，从而招致他们的抵触。

当前，计算机在组织中的广泛应用使得管理者越来越依赖统计报告来衡量实际工作。统计报告能提供大量的数据、图表，不仅一目了然而且能显示各项指标之间的相互关系。但是这种方法所提供的信息也是有限的，它只能为一些可以量化的工作情况提供数字指示，而忽略了其他重要的、主观的因素。

信息也可以通过口头报告，如会议、面对面或电话交谈获得。这种衡量实际工作的方法的优缺点与亲自观察相似。虽然信息被过滤了，但这种方法较为快捷，能够带来反馈信息，并且能借助表情、声调、言语等加深管理者对信息的理解。以前，口头报告的一个主要缺陷是难于制作成信息文件以备以后参考，然而随着技术水平的提高，口头报告也能像书面报告一样被永久记录下来。

实际工作也可以通过书面报告来衡量。和统计报告一样，它比一、二手资料来得缓慢，但更为正式。这种方式比口头报告更为综合、简洁，而且易于归档，便于查找。

为获取需要的信息而用于衡量实际工作的方法实在是很多的。抽样调查是对从整批调查对象中抽取出的部分样本进行调查，并把结果看成是整批调查对象的近似特征，如随机抽取几件产品来检查成批产品质量，找几位同学谈话来了解整个班级的情况等都属于抽样调查。这种方法可节省调查成本及时间。

另外，组织中也会存在很多无法直接测量的工作，只能凭借某些现象进行推断。如从职工的合理化建议增多或许可以推断管理者的民主化管理有所加强，迟到现象增多可能是分配不公所致，等等。

事实上，各种方法都有其优缺点，具体衡量实际工作时应综合利用不同的方法。这样做对确保信息的数量和质量是有益的。衡量实际工作情况的目的是为管理者提供有用的信息，为矫正偏差提供依据。由于组织中的不同部门收集数据资料信息的目的是不同的，所以工作人员要对衡量工作所获得的信息进行整理分析，并保证在管理者需要的时候提供尽量精简、但能满足控制所需的全部信息。

衡量成效时应注意的几个问题：通过衡量成效，检验标准的客观性和有效性；确定适宜的衡量频度；建立信息管理系统。

按照标准来衡量实际成效的最好办法应当建立在向前看的基础上（即前馈控制），这样可使差错在其实际发生之前就被发现并采取适当的措施加以避免。富有经验与远见的主管人员常常能预见可能出现的偏差。

有些工作其成效是很难精确衡量的，甚至其标准也是难以精确确定的。在这种情况下，尽量要拟定一些可考核的标准，用定量的或定性的"有形"标准去取代那些无形的、笼统的、往往掺杂着许多主观因素的标准。

三、纠正偏差

在发现偏差后，分析偏差产生的原因，制定并实施必要的纠正措施。应注意的问题：找出偏差产生的主要原因；确定纠正偏差的实施对象；选择恰当的纠偏措施。纠正偏差是控制的关键，体现了执行控制职能的目的。这一阶段可具体分为两个环节：

（一）将衡量结果与标准进行比较

在控制过程前两个步骤完成后，便可以将衡量结果与所建立的标准进行比较，得出偏差的大小和方向。

比较的结果可能是实际工作的绩效高于、低于或正好符合标准。如果实际工作与标准相符，便没有任何偏差产生。然而在实际的与预期的工作之间很少完全没有偏差，而且在实践中，实际工作也不需要总是与标准丝毫不差。通常，工作标准有一个事先确定的、可接受的偏差范围。以一家电话机生产厂为例，该厂指定了应该每位工人每小时生产 50 部电话机的生产率标准，可接受的偏差是每人每小时正负 5 部。可接受的偏差为控制过程确定了界限。如果实际产量在 45 至 50 部之间，那么就认为生产处于正常控制之下，不需要采取矫正措施，而超出这一范围的比较结果则表示情况失控，需要采取矫正措施。

除了偏差的大小，管理者还应对偏差的方向给予重视和分析。还以电话机厂为例，如果实际产量是每人每小时 42 部，就意味着负向的偏差超出了可接受的范围，应该采取矫正措施。再假设现在的产量是每人每小时 50 部，偏差超出了可接受的范围，但偏差是正向的。人们可能会认为这种正向的偏差是求之不得的，不应该采取矫正措施。但是，如果该厂对超出的产量没有市场需求或没有库存空间，那么这一偏差就会带来问题；而且超出的产量可能占用了应用于其他方面的资源。因此，遇到这种情况，也应对偏差进行分析、判断，必要时采取矫正措施。

将实际工作与标准进行比较还存在一个频率的问题，这主要取决于控制对象的重要性和复杂性。对于那些较为长期、较高水平的标准，适合采用年度的比较。而对产量、出勤率等短期、基础性的标准，则需要比较频繁的比较。

（二）评价实际工作并采取措施

在得出实际工作与标准进行比较的结果之后，管理者便可以对实际工作进行评价，并依据偏差的程度和性质，分析其产生的原因，采取相应的措施：或维持现状，或矫正偏差，或修改标准。

当没有偏差时，便不需要采取任何矫正性措施。对这样一个成功的控制循环也应分析其中的原因，以便积累经验，为今后的控制活动提供正面的借鉴。同时，管理者还应向具体工作人员及时反馈信息，必要时可给予适当的奖励，激励他们继续努力工作。

如果发现存在偏差，则更应该认真分析偏差产生的原因。在实践中，管理者出于各方面的原因时常只采取一些临时性的矫正措施，而不去分析偏差产生的真正原因，这种治标不治本的作法，也许会收效一时，对长期的工作往往容易产生不良影响。偏差的出现表明工作未能按预期进展。为了能从根本上解决问题，管理者必须把精力集中于查清问题的原因上，既要查内部的因素，也要查外部环境的影响，寻找问题的本质，以求治标治本之策。其实，问题之中孕育着机会，查明问题原因本身就代表着成就。

实际工作中出现的大幅度偏差，原因往往是多种多样的。一种情况是：起初制订的标准过高或过低，对此有必要对所制订的标准进行修正。如果多数员工都能大幅度地超出标准或无人能达到标准，这常常说明标准本身存在问题，而非实际工作的问题。另一种情况是：所制订的标准本身没有问题，但由于环境发生了巨大的变化，或一些不可控制的因素造成大幅度偏差的出现，进而使原本适用的标准变得不合时宜，这时也有必要重新调整原有的标准。在控制实践中，人们只能是在分析偏差原因的基础上，针对那些可以控制的因素采取相应的矫正措施，把实际工作拉回计划的轨道上来。

第三节　控　制　类　型

控制工作按不同标准分类，可以划分为不同的类型。

一、前馈控制、现场控制和事后控制

组织内的所有活动都可以被认为是将各种资源由投入到转换加工再到输出的过程。根据控制在组织运行过程中侧重点的不同，将控制集中到这三个阶段，便形成了三种基本的控制类型：前馈控制、现场控制和事后控制。

（一）前馈控制

在工作开始之前就进行控制，前馈控制是一种预先控制，是在活动开始之前实施控制，即主管人员运用最新信息，包括上一控制循环中的经验教训，对可能出现的结果进行预测，然后将其与计划要求进行比较，从而在必要时调整计划或控制影响因素以确保目标的实现。

典型的前馈控制，如进厂材料和设备的检查、验收，工厂的招工考试、入学考试、管理人员的选拔等。

前馈控制面向未来，克服了反馈控制中因时间延迟所带来的弊病。反馈控制是纠正式的，与其不同，前馈控制以未来为导向，前馈控制则是预防式的，它作用于计划执行过程的输入环节上，工作重点是防止所使用的各种资源在质和量上产生偏差，在工作开始之前对工作中可能产生的偏差进行预测和估计，采取防患措施，而非控制行动的结果。

前馈控制的焦点：

(1) 人力资源的前馈控制。即通过对主管人员与非主管人员的选拔、培养和培训，确保

组织成员的技术水平和素质要求。

(2) 原材料的前馈控制。如通过检验样品而不是全部原材料。

(3) 资金的前馈控制。首先建立一个标准,然后通过计算回收期或投资收益率来决定是否投资和进行资金筹集。

(4) 财政资源的前馈控制。主要方法是通过预算,特别是现金和流动资金预算来控制财政资金的来源和支出。

前馈控制有许多优点。首先,前馈控制是在工作开始之前进行的控制,因而可防患于未然,避免了事后控制对于已铸成的差错无能为力的弊端。其次,前馈控制是针对某项计划行动所依赖的条件进行的控制,不针对具体人员,不会造成心理冲突,易于被员工接受并付诸实施。但是,实施前馈控制的前提条件也较多。它要求管理者拥有大量准确可靠的信息,对计划行动过程有清楚的了解,懂得计划行动本身的客观规律性并要随着行动的进展及时了解新情况和新问题,否则就无法实施前馈控制。由于前馈控制所需要的信息常常难于获得,所以在实践中还必须依靠其他两类控制方式。

(二) 现场控制

在工作正在进行时进行控制,叫做现场控制。现场控制主要有监督和指导两项职能。管理者亲临现场观察就是一种最常见的现场控制活动。

现场控制具有指导职能,有助于提高工作人员的工作能力和自我控制能力。但是,这类控制工作是在活动的进行过程中实施的控制,其纠正措施用于正在进行的计划执行过程。现场控制(或过程控制)是一种主要为基层主管人员所采用的控制工作方法。主管人员通过深入现场来亲自监督检查、指导和控制下属的活动。其主要的控制行为有以下几点。

(1) 向下级指示恰当的工作方法和工作过程。

(2) 监督下级的工作以保证计划目标的实现;监督是按照预定的标准检查正在进行的工作,以保证目标的实现;指导是管理者针对工作出现的问题,根据自己的经验指导下属改进工作,或与下属共同商讨矫正偏差的措施,以便使工作人员能正确地完成所规定的任务。

(3) 发现不合标准的偏差时,立即采取纠正措施。

典型的现场控制如:生产制造活动的生产进度控制,每日情况的统计报表,每日对住院病人进行临床检查等。

现场控制是控制工作的基础。一个主管人员的管理水平和领导能力常常会通过这种工作表现出来。

在现场控制中,管理当局授予主管人员的权力使他们能够使用经济的和非经济的手段来影响其下属。控制工作的标准来自于计划工作所确定的目标、政策、战略、规范和制度。现场控制的内容应该与被控制对象的工作特点相适应。例如,对简单重复的体力劳动可以实行严格的监督,而对创造性劳动,应为其创造宽松的工作环境。

在现场控制中,控制工作的有效性取决于主管人员的个人素质、个人作风、指导的表达能力以及下属对这些指导的理解程度。其中,主管人员的"言传身教"具有很大意义。

在现场控制中,主管人员必须避免单凭主观意志进行工作。主管人员必须注意提高自身素质,亲临第一线进行认真细致的观察和监督,以计划(或控制标准)为控制的依据,服从组织原则,遵从正式指挥系统的统一指挥,逐级实施控制。

现场控制也有很多弊端。首先,运用这种控制方法容易受管理者的时间、精力、业务水平的制约。管理者不能时时事事都进行现场控制，只能偶尔使用或在关键项目上使用。其次，现场控制的应用范围较窄。对生产工作容易进行现场控制，而对那些问题难以辨别、成果难以衡量的工作，如科研、管理工作等，几乎无法进行现场控制。第三，现场控制容易在控制者与被控制者之间形成心理上的对立，容易损害被控制者的工作积极性和主动性(见图 13－3)。

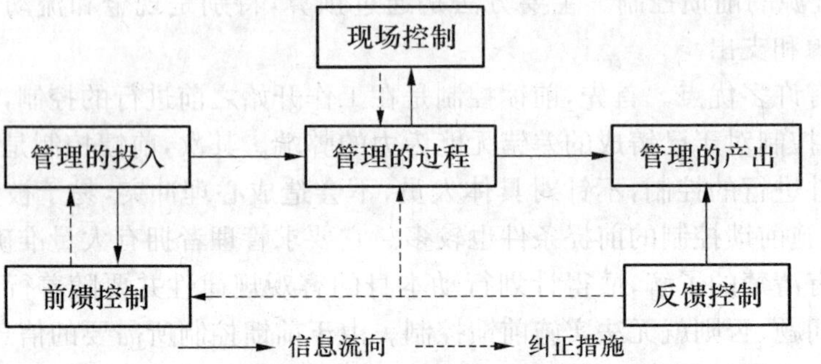

图 13－3 三种基本控制类型

（三）反馈控制

反馈控制(或事后控制)将注意力集中于组织活动的历史结果方面，即通过分析工作的执行结果，将其与控制标准相比较，发现已经发生或即将出现的偏差，分析其原因和对未来的可能影响，及时拟定纠正措施并予以实施，以防止偏差继续发展或防止其今后再次发生。

事后控制是在工作结束之后进行的控制。事后控制把注意力主要集中于工作结果上，通过对工作结果进行测量、比较和分析，采取措施，进而矫正今后的行动。

如企业对不合格产品进行修理，发现产品销路不畅而减产、转产或加强促销努力，学校对违纪学生进行处理，等等，都属事后控制。在产品质量控制中，对成品进行质量检验就是典型的反馈控制。这种控制位于活动过程的终点，把好这最后一关，可使错误的态势不致扩大，有助于保证系统外部处于正常状态。事后控制类似于成语所说的“亡羊补牢”，但反馈控制有一个致命的缺陷，即整个活动已告结束，活动中出现的偏差已在系统内部造成损害。但是在实践中的有些情况下，事后控制又是唯一可选择的控制类型。事后控制能为管理者评价计划的制订与执行提供有用的信息，人们可以借助事后控制认识组织活动的特点及其规律，为进一步实施预先控制和现场控制创造条件，实现控制工作的良性循环，并在不断的循环过程中，提高控制效果。反馈控制并非最好的控制，但它目前仍被广泛地使用着。

目前，在组织中应用最广泛的反馈控制方法有如下四种：① 财务报告分析；② 标准成本分析；③ 质量控制分析；④ 工作人员成绩评定。其中，最重要、最困难的是“工作人员成绩评定”。

总而言之，前馈控制——是指组织活动开始之前进行的控制，其目的是防止问题的发生而不是当问题出现时再补救。现场控制——是指组织活动开始以后，对活动中的人和事进行指导和监督。反馈控制——是指在同一个时期的组织活动已经结束以后，对本期的资源利用情况及其结果进行总结。应注意的是，这三类活动是在组织的不同层次、工作进行的不同阶段穿插进行的，可以说，只要是组织开展的活动、工作，就会有上述三类活动的发生(图 13－3)。上述三种控制方式互为前提互相补充。现实中，很少有组织只采取唯一的控制方式，而是综合使用这三种控制方式，对各种资源的输入、转换和输出进行全面的全过程的控制，以提高控制效果。

二、控制的层次

控制的范围表明控制涉及组织的各种活动，分析控制的层次将有助于识别组织各层管理人员乃至一线的工作人员所肩负的控制责任。图 13-4 显示出控制也可以按组织系统内的层次进行划分。

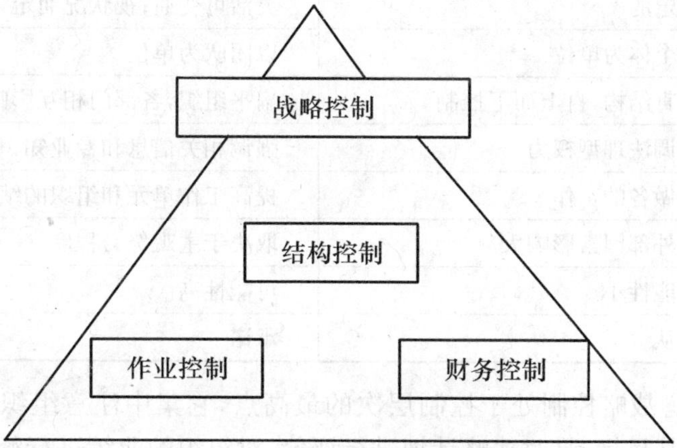

图 13-4　控制在组织系统中的层次

(1) 作业控制和财务控制。作业控制和财务控制是最基层的。作业控制集中于组织将资源转变为产品和服务的过程，例如质量控制便是作业控制的一种类型。财务控制是与组织的财务资源相关的控制活动，如对应收账款进行监控，以确保顾客按时付款便是财务控制的基本内容之一。

(2) 结构控制。结构控制的形式主要有两种：一种是官僚式控制，一种是家族式控制。

官僚式控制通过规则、政策、监督、预算、时间表、奖励系统和其他机制来进行控制，保证员工行为如预期的那样并且绩效符合标准。官僚式控制很大程度来自于员工外部，强调建立固定的、界定很细的工作任务和自上而下的垂直控制。

在官僚式控制下，管理者发展规则和政策来处理重复出现的状况。当意外事件或稀有的例外发生时，监管者决定采取必要的纠偏行动。监管者也检查人们是否遵守规则和其他机制。官僚式控制有助于可预测的活动顺利进行，但是大量使用有负面影响。官僚式关注与遵守其他人制订的规则，因而会阻碍创新，并抑制在快速变化环境中的必要改变，从而导致员工顺从，不愿意承担责任。由于这些原因，组织试图强调家族式控制。

家族式控制运用价值、信念、传统、公司文化、共同的规范和非正式关系来控制员工行为并帮助实现组织目标。与官僚式控制相比，家族式控制强调内在的激励、弹性的职责、广泛的任务，以上这些都是基于相关信息的影响和专业知识而不是控制职位。

在家族式控制下，强调团队并且责任的焦点是团队。这种控制类型普遍由各专业人士，培训、规范和群体认同代替了官僚式控制对规则和管制的大力强调。家族式控制建立了对组织目标的承诺，总体上提高了员工面对工作场所改变的意愿。由于这些原因，一些进行例行工作的公司强调家族式控制(表 13-1)。

表 13-1　官僚式和家族式控制的特征

特征	官僚式控制	家族式控制
控制方法	规则、政策和等级	共同的目标、价值观和传统
控制力的来源	主要是外部机制	主要是内部激励
职务设计	任务之间界定清晰，强调执行力	员工不但要执行任务，还要对任务进行必要的思考
责任界定	固定的	灵活可变通；视状况而定
考核	以个体为单位	以团队为单位
结构	垂直结构，自上而下控制	扁平组织，各部门相互影响
权力运用	强调法理型权力	强调相关信息和专业知识
职责	各做各的工作	提高工作单元和组织的绩效
奖励侧重	受外部因素影响大	取决于主观努力程度
创新	可能性小	可能性高
可能的员工反应	服从	承诺

(3) 战略控制。战略控制处于控制层次的最高点，它集中注意组织的各项战略如何有效地帮助组织实现其目标，是对战略计划进行评价，对组织的业绩进行衡量以便将实际业绩同预期的战略目标比较，必要时采取相应的纠正措施的整个过程。例如，如果一家公司在实施其多样化经营的战略上不成功，那么管理者就需要确定其中的原因，并且决定是改变战略还是再做出努力使之实现。

三、直接控制与间接控制

1. 间接控制

间接控制是指根据计划和标准考核工作的实际结果，分析出现偏差的原因，并追究责任者的个人责任以使其改进未来工作的一种控制方法，多见于上级管理者对下级人员工作过程的控制。

这种控制方式是建立在如下假设基础上的：

(1) 工作成效是可以计量的，因而也是可以相互比较的；

(2) 人们对工作任务负有个人责任，个人责任是清晰的、可以分割的和相互比较的，而且个人的尽责程度也是可以比较的；

(3) 分析偏差和追究责任所需的时间、费用等是有充分保证的；

(4) 出现的偏差可以预料并能及时发现；

(5) 有关责任单位和责任人将会采取纠正措施。

间接控制并非普遍有效的控制方法，它尚存在着许多不完善的地方。

2. 直接控制

直接控制是指通过提高主管人员素质，使他们改善管理工作，从而防止出现因管理不善而造成的不良后果的一种控制方式。

这种控制模式的特点是通过培训等形式，着力提高主管人员的素质和责任感，并在控制过程中实施自我控制。

四、集中控制与分散控制

集中控制就是在组织中建立一个控制中心，由它来对所有的信息进行集中统一的加工、处理，并由这一控制中心发出指令，操纵所有的管理活动。如果组织的规模和信息量不大，且控制中心对信息的取得、存储、价格效率及可靠性都很高时，采用集中控制的方式有利于实现整体的优化控制。当组织十分庞大，规模和信息量极大时，就难以在一个控制中心中进行信息存储和处理，在这种情况下，集中控制会拉长信息传递时间，造成反馈时滞，使组织反应迟钝、决策延误时机，并且一旦中央控制发生故障或失误，整个组织就会陷入瘫痪。由于无其他替代系统存在，风险很大，在这种情况下就宜采用分散控制方式。

分散控制对信息存储和处理能力的要求相对较低，易于实现；由于反馈环节少，因此反应快、时滞短、控制效率高、应变能力强；由于采用分散决策方式，即使个别控制环节出现了失误或故障，也不会引起整个系统的瘫痪。但分散控制可能会带来一个严重后果，即难以取得各分散系统的相互协调，难以保证各分散系统的目标与总统目标的一致性，从而会危及整体的优化、严重的甚至会导致失控。

五、程序控制与跟踪控制

程序控制——又叫计划控制，是一种将预先编制好的内容和步骤作为受控系统的输入，从而对整个管理过程予以控制的方式。

跟踪控制——又叫目标控制，是一种将所要达到的目标作为受控系统的输入，从而对整个管理过程予以控制的管理形式。它具有对环境干扰和受控系统运动变化的主动适应能力。

思考题十三

1. 控制在管理工作中应体现出什么样的功能？
2. 比较三种基本控制类型的优缺点，在管理工作中如何将这三种控制融为一体？
3. 控制的过程是什么？
4. 计划目标是否可以完全直接转化为控制标准，为什么？
5. 制订控制标准应注意哪些问题？

【案例13】 IBM建立华泰联合智慧执行体系

华泰证券股份有限公司于1991年5月26日在南京正式开业，是中国证监会首批批准的综合类券商，是全国最早获得创新试点资格的券商之一。成立20多年来，华泰证券的规模正逐步扩大，但行业竞争也在加剧，同时监管合规要求也不断提高，证券公司的竞争已经从业务创新的竞争，逐步拓展到运营模式创新的竞争。

随着公司流程管理的深入，流程运营中的审核失控、效率瓶颈、拟稿质量低、缺少风控预警、缺乏变更控制以及管理口径不统一等问题日渐突出。这些表象性问题的背后是公司流程管理相关的规则体系、知识体系和指标体系的缺失。基于公司多年流程管理经验，公司提出构建新的企业级集中式、流程化运营模式，以实现前台与后台人员的专业化分工；强化中后台对业务的专业支撑能力，简化分支机构前端的工作量，使前台工作人员可专注于销售和客户服务工作；搭建强大的流程化后端运营支持平台，以支持公司各项原业务与创新业务的发展。

根据华泰联合证券的业务所需，IBM通过先进的模块化用户界面，将案例所涉及的各种信息和资源进行统一管理；采用指标与规则的一体化设计，通过流程中指标性规则的事中预警，实现风险的过程自动控制。“高级案例管理”革命性地将信息、流程和人员统一起来，再结合以内容为中心的企业流程管理，通过先进的模块化用户界面，将内容、流程、规则、案例、协作软件和分析软件集中在一起，根据华泰联合证业务所需，将所有案例所涉及的各种资源进行统一的执行管理，从而使处理者能够快速、正确地制订决策。实现了通过知识平台加快知识积累和应用；通过规则平台增强业务灵活性；通过流程平台提高业务运营效率，降低操作风险；通过指标平台实现业务的客观评价四大功能特点。

华泰联合证券负责项目实施的领导总结到：“通过IBM‘高级案例管理’技术，能够较好地实现公司为提升战略执行力而实施的集中运营管理思想。华泰联合的流程管理方法论原本借鉴的就是IBM给华为公司做的流程设计方法，在这方面IBM是我们的老师。我们的流程管理、知识管理和规则管理的一体化设计思想成形于2008年底，比IBM‘高级案例管理’还要早两年，但双方在管理思路上不谋而合，这也是双方能够合作的基础。在执行系统的建设过程中，IBM实验室投入了大量的技术和管理专家，帮助我们设计具有前瞻性的IT架构，以支持业务中长期发展的需求，并能将国际上在流程、内容和规则领域的成功经验与我们分享，从而开阔我们的视野，裁弯取直，规避一些管理‘陷阱’，提升我们的管理水平，这点已经超越了单纯IT项目的价值。执行系统项目首期在双方的通力合作下，按期、高质量地完成并运行良好，为我们双方进一步的合作奠定了基础，希望双方未来在更多的领域继续合作，相互学习，共同进步。”

案例思考题：华泰证券在管理控制过程中运用了哪些控制方法？

第十四章 控制方法

第一节 财务控制

控制涉及组织中的任何领域，多数的组织以它们所利用的四种基本资源——物质、人力、信息和财务资源来确定控制的领域。在对组织内四种资源的控制中，财务资源控制又有着突出重要的意义。因为财务资源与组织中的所有其他资源的控制都相关联：太多的库存会增加储存成本，对人力资源选择不当会导致离职和再雇佣成本，而不准确的销售预测则会影响现金流甚至企业整体财务状况。财务问题几乎涉及所有控制活动，对财务的控制包括管理组织的债务以防其过多，保证企业经常有足够的现金以备需要，避免支票账户上的现金过量所带来的机会成本，以及保证应收账款的准时核收和票据的按时支付等。

一、预算控制

（一）预算的概念

预算就是用数字，特别是用财务数字的形式来描述组织未来的活动计划，它预估了组织在未来时期的经营收入和现金流量，同时也为各部门或各项活动规定了在资金、劳动、材料、能源等方面的支出的额度。

预算控制就是根据预算规定的收入与支出标准来检查和监督各个部门的活动，以保证各种活动或各个部门在完成既定目标、实现利润的过程中对资源的利用，从而使费用支出受到严格有效的约束。

● 预算是一种计划，是用数字编制的反映组织在未来某一个时期的综合计划。预算的内容可以简单地概括为如下 3 个方面：

(1)“多少”，即为了实现计划目标，各种管理工作的收入（产出）与支出（投入）各是多少？

(2)“为什么”，即为什么必须收入（产出）这么多数量，以及为什么需要支出（投入）这么多数量？

(3)“何时”，即什么时候实现收入（产出）以及什么时候支出（投入），必须使得收入与产出取得平衡。

● 预算也是一种预测。它是对未来一段时期内的收支情况的预计。

● 预算主要是一种控制手段。编制预算实际上就是控制过程的第一步，即拟订标准。由于预算是以数量化的方式来表明管理工作的标准，从而预算本身具有可考核性。编制预算有助于根据标准来评定工作成效，当计划营业收入（产出）数与计划成本投入数发生差异时，向决策者和责任经理们发出信号，促使他们找出偏差（控制过程第二步），并采取纠正措施，消除偏差。

预算是按财务项目或非财务项目来表明组织的预期成果。其中的财务项目如收入、费用以及资金等，非财务项目如直接工时、材料、实物销售量等。

（二）预算的作用

编制预算有助于改进计划工作，更有效地确定目标和拟定标准。预算的最大价值还在它有助于改进协调和控制工作。当为组织的各个职能部门都编制了预算时，就为协调组织的活动奠定了基础。

(1) 由于预算的实质是用统一的货币单位为企业各部门的各项活动编计划，因此使得企业在不同时期的活动效果和不同部门的经营绩效具有可比性，可以使管理者了解企业经营状况的变化方向和组织中的优势部门与问题部门，从而为调整企业活动指明了方向。

(2) 通过为不同的职能部门和职能活动编制预算，也为协调企业活动提供了依据；更重要的是，预算编制与执行始终是与控制过程联系在一起的；由于对预期结果的偏离将更容易被查明和评定，预算也为控制工作中的纠正措施奠定了基础。所以预算可以导致更好的计划和协调，并为控制提供基础，这正是编制预算的基本目的。

(3) 编制预算是为企业的各项活动确立财务标准。

(4) 用数量形式的预算标准来对照企业活动的实际效果，大大方便了控制过程中的绩效衡量工作，也使之更加客观可靠；将各种计划缩略为一些确切的数字，有助于主管人员清楚地看到哪些资金将由谁来使用，将由哪些单位使用，并涉及哪些费用开支计划、收入计划和以实物表示的投入量和产出量计划。主管人员明确了这些情况，就可以放手地授权下属，以便使之在预算的限度内去实施计划。

(5) 在此基础上。很容易测量出实际活动对预期效果的偏离程度，从而为采取纠正措施奠定了基础。预算对主管人员具有指导和约束作用。

（三）有效的预算

良好的预算应具有以下一些特征，这些特征通常也是测度其能否取得成功的标志。

(1) 较强的目的性。预算可以帮助管理者协调资源和项目工程，有利于管理者制定控制标准，并且可以清楚地表示出组织实际资源运用情况及效果，为协调组织和控制提供了基础。

(2) 空间上的结构性。作为有效地控制经营的手段，一个组织可以有整个组织的预算，也可以建立部门、单位及个人的预算。

(3) 实践上的灵活性。预算是按照一个特定时期来编制的，通常多使用财务年度，但这个时间单位还可以再分为半年、季、月等时间阶段，也可以按比一年更长的时期来编制，例如投资预算。

(4) 预算通常以货币来计量，有时也用产品单位数量或时间数量来表达货币的含义。预算用财务术语这一统一的信息来表达，就可使公司经营的各个阶段和公司内部各部门的经营情况具有可比性与一致性。

（四）预算的种类

不同企业，由于生产活动的特点不同，预算表中的项目会有不同程度的差异，但一般来说，预算内容要涉及以下几个方面：① 收入预算；② 支出预算；③ 现金预算；④ 资金支出预算；⑤ 资产负债预算。

1. 收入预算

收入预算和下面介绍的支出预算提供了关于企业未来某段时期经营状况的一般说明，即从财务角度计划和预测了未来活动的成果以及为取得这些成果所需付出的费用。

由于企业收入主要来源于产品销售，因此收入预算的主要内容是销售预算。销售预算是在销售预测的基础上编制的，即通过分析企业过去的销售状况，目前和未来的市场需求特点及其发展趋势，比较竞争对手和本企业的经营势力，确定企业在未来时期内为了实现目标利润必须达到的销售水平。

2. 支出预算

一个企业费用的支出项目往往比企业的收入项目多而且杂，编制支出预算，首先要确定包括在支出预算中的各种费用开支项目的分类，一般是按会计科目表中的费用项目来制订，然后按照各部门进行费用项目的分配，使这些部门的管理人员准确掌握这些信息，使支出预算成为控制费用的有效手段。

企业销售的产品是在内部生产过程中加工制造出来的，在这个过程中，企业需要借助一定的劳动力，利用和消耗一定的物质资源。因此，与销售预算对应，企业必须编制能够保证销售过程得以进行的生产活动的预算。

关于生产活动的预算，不仅要确定为取得一定销售收入所需要的产品数量，而且更重要的是要预计为得到这些产品，现实销售收入需要付出的费用，即编制各种支出预算。不同企业，经营支出的具体项目可能不同，但一般包括：

(1) 直接材料预算。直接材料预算是根据实现销售收入所需的产品种类和数量，详细分析为了生产这些产品，企业必须利用的原材料的种类数量，它通常以实物单位表示，考虑库存因素后，直接材料预算可以成为采购部门编制采购预算，组织采购活动的基础。

(2) 直接人工预算。直接人工预算需要预计企业为了生产一定数量的产品，需要哪些种类的工人，每种类型的工人在什么时候需要多少数量，以及利用这些人员劳动的直接成本是多少。

(3) 附加费用预算。直接材料和直接人工只是企业经营全部费用的一部分。企业的行政管理、营销宣传、人员推销、销售服务、设备维修、固定资产折旧、资金筹措以及税金等，也要耗费企业的资金。对这些费用也需要进行预算。这就是附加费用预算。

对于实行标准成本控制的企业，还需要编制单位生产成本预算。

3. 现金预算

现金预算是对企业未来生产和销售活动中现金的流入与流出进行预测，是以收入和支出预算的基本数据为基础编制的。

现金预算通常由财务部门编制，只能包括那些实际包含在现金流程中的项目：赊销所得的应收款在用户实际支付以前不能列入现金收入；赊购所得的原材料在未向供应商付款以前也不能列入现金支出。因此，预算并不需要反映企业的资产负债情况，而是反映企业在未来活动中的实际现金流量和流程,企业的销售收入,从而利润即使相当可观,或回收后被大量的库存材料或制品所占有,那么它也不可能在目前给企业带来现金上的方便。通过现金预算,可以帮助企业发现资金的闲置或不足,从而直接指导企业及时利用暂时过剩的现金,或及早筹齐维持营运所短缺的资金。

4. 资金支出预算(投资预算)

上述各种预算通常只涉及某个经营阶段,是短期预算,而资金支出预算则可能涉及好几个阶段,是长期预算。

如果企业的收支预算被很好地执行,企业有效地组织了资源的利用,那么利用这些资源得到的产品销售以后的收入就会超出资源消耗的支持,从而给企业带来盈余,企业可以利用盈利的一个很重要部分来进行生产能力的恢复和扩大,这些支出,由于具有投资的性质,因此对其计划安排通常被称为投资预算或资金支出预算。

资金支出预算的项目包括:用于更新改造或扩充包括厂房、设备在内的生产设施的支出;用于增加品种、完善产品性能或改进工艺的研究与开发支出;用于提高职工和管理队伍素质的人事培训与发展支出;用于广告宣传、寻找顾客的市场发展支出等。

5. 资产负债预算

资产负债预算是对预算期的最后一天,通常是会计年度结束时的财务状况的预测。

资产负债预算是对企业会计年度末期的财务状况进行预测。它通过将各部门和项目的分预算汇总在一起,表明如果企业的各种业务活动达到预先规定的标准,在财务期末企业资产与负债会呈现何种状况。

作为各分预算的汇总,管理人员在编制资产负债预算时虽然不需做出新的计划或决策,但通过对预算表的分析,可以发现某些分预算的问题,从而有助于采取及时的调整措施。

比如,通过分析流动资产与流动债务的比率,可以发现企业未来的财务安全性不高,偿债能力不强,可能要求企业在资金的筹措方式、来源及其使用计划上作相应的调整。另外,通常将本期预算与上期实际发生的资产负债情况进行对比,还可以发现企业财务状况可能会发生哪些不利变化,从而指导事前控制。

(五) 预算的不足

由于这些积极作用,预算手段在组织管理中得到了广泛运用。但在预算的编制和执行中,也暴露了一些局限性,主要表现在:

(1) 预算控制可能过于全面和详细,容易导致控制过细,从而束缚主管人员的手脚。它只能帮助企业控制那些可以计量的,特别是可以用货币单位计量的业务活动,而不能促使企业对那些不能计量的企业文化、企业形象、企业活动的改善予以足够的重视。

(2) 预算目标可能取代组织目标,容易导致本位主义,使主管人员只把注意力集中于尽量不使本部门的经营费用不超过预算,而忘记自己的基本职责是千方百计地去实现组织的目标。

(3) 主管人员倾向于根据过去的费用来编制预算,并习惯于使预算费用的申请数大于实际的需要,预算的依据事实不足,编制预算时通常参照上期的预算目标和标准,从而会忽视本期活动的实际需要,因此会导致这样的错误:上期有的而本期不需的项目仍然沿用,而本期必需上期没有的项目会因缺乏先例而不能增设,这容易导致掩盖效能低下的问题。

(4) 预算最大的缺点是缺乏灵活性。企业活动的外部环境是在不断变化的,这些变化会改变企业获取资源的支出或销售产品实际的收入，从而使预算不合时宜。因此，缺乏弹性、非常具体、特别是涉及较长时期的预算可能过度束缚决策者的行动，使企业经营缺乏灵活性和适应性。

(5) 预算中也存在虚报预算数量的现象。

(六) 预算的改进方法

1. 固定预算与弹性预算

在传统的预算编制过程中，某预算期内编制财务预算所依据的成本费用和利润信息都只是在一个预定的产销业务量水平基础上确定的。这种百分之百地依赖一种业务量编制的预算属于一种静态预算，也称为固定预算。显然，一旦预计业务量与实际水平相去甚远时，必然导致有关成本费用及利润的实际水平与预算水平因基础不同而失去可比性，从而不利于考核与控制。

弹性预算是为克服固定预算的缺陷而设计的。它是在成本习性分析的基础上，分别按一系列可能达到的预计业务量水平(如按一定百分比间隔)编制的能适应多种情况的预算。由于它能规定不同业务量条件下的预算收支，适用面宽，机动性强，具有弹性，故称弹性预算(也称变动预算)。

一般而言，固定费用在一定的产量范围内基本保持不变。固定费用随产量(或销售量)的变化呈现出一种阶梯状的变化关系。所以，在大多数情况下，弹性预算总是提出一个产量幅度——在这个幅度内，各种固定性的费用要素是不变的。如果产量低于该幅度的下限，就要考虑采用一个更适合于较低产量的固定费用，例如压缩行政人员、处理闲置设备等。如果产量超过了该幅度的上限，那么，为了按较大生产规模来考虑必需的固定费用，例如增加设备、扩大厂房面积等，则应另外编制一个不同的弹性预算。

2. 增量预算与零基预算

增量预算是指在基期成本费用水平的基础上，结合预算期业务量水平及有关降低成本的措施，通过调整有关原有成本费用项目而编制预算的方法。这是一种传统的预算方法。

其编制方法可归纳为 3 个步骤：

第一步，以外推法将过去的支出趋势(或上年支出额)延伸至下一年度。

第二步，将数额酌情增加，以适应工资提高和物价上涨引起的人工成本和原材料成本的提高。

第三步，将数额再增加，以满足修改原计划和修改原设计方案所需追加的预算支出。通常这方面达到原预算的 30%或更多。

编制这种预算时往往不加分析地保留或接受原有成本项目，或按主观臆断平均削减，或只增不减，容易造成浪费，有可能使不必要的开支合理化。

针对传统预算编制方法存在的问题，美国得克萨斯仪器公司的彼得·A·菲尔于 1970 年提出"零基预算法"。当时的佐治亚州州长卡特读了菲尔的文章，并于 1971 年聘请菲尔为本州建立了这种制度。从 1977 年卡特就任总统后，零基预算法成为管理界的一个"流行词"。

零基预算法的含义，大体可以表述如下：在每个预算年度开始时，将所有还在进行的管理活动都看做是重新开始，即以零为基础。根据组织目标，重新审查每项活动对实现组织目标的意义和效果，并在费用-效果分析的基础上，重新排出各项管理活动的优先次序，并据此决定资金和其他资源的分配。

零基预算法的程序包括以下 4 个步骤：

第一步，在审查预算前，主持这一工作的主管人员应首先明确组织的目标，并将长远目标、近期目标、定量目标和非定量目标之间的关系和重要次序搞清，建立起一种可考核的目标体系。

第二步，在开始审查预算时，将所有过去的活动都当作重新开始。要求凡是在下一年度继续进行的活动或续建项目，都提交计划完成情况的报告；凡是新增项目都必须提交可行性分析报告；所有要继续进行的活动和项目都必须向专门的审核机构证明自己确有存在的必要；所有申请预算的项目和部门都必须提交下一年度的计划，说明各项开支要达到的目标和效益。

第三步，在确定出哪些项目是真正必要的之后，根据已定出的目标体系重新排出各项活动的优先次序。

第四步，编制预算。资金按重新排出的优先次序分配。尽可能满足排在前面的需要。如果分配到最后，对于一些可进行但不是必须进行的活动，已无多少剩余的资金可供分配，那么最好将这些活动暂时放弃。企业在未来的几乎所有活动都可以利用预算进行控制。

二、比率分析

比率分析，就是将组织资产负债表和收益表上的相关项目进行对比，形成一个比率，从中分析和评价组织的经营成果和财务状况。组织活动分析中常用的比率分为财务比率和经营比率两类。

（一）财务比率

财务比率及其分析可以帮助我们了解企业的偿债能力和盈利能力等财务状况。

1. 流动比率

流动比率是企业的流动资产与流动负债之比，检验短期企业偿还债务的能力，它反映了企业偿还需要付现的流动债务的能力。

一般来说，企业资产的流动性越大，偿债能力就越强；反之，偿债能力则弱，这样会影响企业的信誉和短期偿债能力。

因此，企业资产应该具有足够的流动性。资产若以现金形式表现，其流动性更强。但要防止为追求过高的流动性而导致财务资源的闲置，以避免使企业失去本应该得到的收益。

2. 负债比率

负债比率是企业总负债与总资产之比。

它反映了企业所有者提供的资金与外部债权人提供的资金的比率关系。

只要企业全部资金的利润率高于借入资金的利息，且外部资金不在根本上威胁企业所有权的行使，企业就是可以充分地向债权人借入资金以获取额外的利润。

一般来说，在经济迅速发展时期，债务比率可以提高。20 世纪 60 年代到 70 年代初，日本许多企业的外借资金占全部营运资金的 80%左右。确定合理的债务比率是企业成功地举债经营的关键。

3. 速动比率

速动比率是流动资产和存货之差与流动负债之比。

速动比率的公式：速动比率＝(流动资产合计－存货)/ 流动负债合计。

速动比率比流动比率更能体现企业的偿还短期债务的能力。因为在流动资产中，尚包括变现速度较慢且可能已贬值的存货，因此将流动资产扣除存货再与流动负债对比，以衡量企业的短期偿债能力。低于1的速动比率通常被认为是短期偿债能力偏低。

4. 盈利比率

盈利比率是企业利润与销售额或全部资金等相关因素的比例关系，它们反映了企业在一定时期从事某种经营活动的盈利程度及其变化情况。常用的比率有：

(1) 销售利润率。说明各种产品产生的利润，销售利润率是销售净利润与销售总额之间的比例关系。

它反映企业从一定时期的产品销售中是否获得了足够的利润。将企业不同产品，不同经营单位在不同时期的利润率进行比较分析，能为经营控制提供更多的信息。

(2) 资金利用率。度量资产创造利润的效率。资金利用率是指企业在某个的经营时期的净利润与该期占用的全部资金之比，它是衡量企业资金利用效果的一个重要指标，反映了企业是否从全部投入资金的利用中实现了足够的净利润。

同销售利润率一样，资金利用率也要同其他经营单位和其他年度的情况进行比较。一般来说，要为企业的资金利润率规定一个最低标准。同样一笔资金，投入到企业经营后的净利润收入，至少不应低于其他投资形式(比如购买短期和长期债券)的收入。

(二) 经营比率

经营比率是与资源有关的几种比例关系。反映了企业经营效率的高低和各种资源是否得到了充分利用。常用的经营比率有三种。

1. 库存周转率

库存周转率是销售总额与库存平均价值的比率关系，它反映了与销售收入相比库存数量是否合理，表明了投入库存的流动资产的使用情况。

2. 固定资产周转率

固定资产周转率是销售总额与固定资产之比。它反映了单位固定资产能够提供的销售收入，表明了企业固定资产的利用程度。

3. 销售收入与销售费用的比率

这个比率表明单位销售费用能够实现的销售收入，在一定程度上反映了企业营销活动的效率。由于销售费用包括了人员推销、广告宣传、销售管理费用等组成部分，因此还可以进行更加具体的分析。比如，测度单位广告费用能够实现的销售收入或单位推销费用能增加的销售收入，等等。

反映经营状况的这些比率也是通常需要进行横向的(不同企业之间)或纵向的(不同时期之间)比较，才更有意义。

第二节　作 业 控 制

作业控制的概念来自作业管理，而作业管理是指将资源转换成组织的产品或服务的管理过程。作业控制是为确保组织能够在合理的成本下生产出较高品质的产品与服务，或说是能以较低的成本生产出所设定质量的产品与服务。简单来说，作业控制的目的是在提高生产效率。

提到作业管理，一定会涉及作业系统。所谓作业系统，是指组织将资源转换成产品或服务的过程，可分为输入、转换与产出等三个部分。输入包括人员、资本、设备、厂房、物料、能源、信息等；转换包括整个转换的作业与动作；产出则主要为商品、服务与其他废物。作业控制集中于组织将资源转变为产品和服务的过程，质量控制便是作业控制的一种类型。

一、质量控制

（一）质量概念

质量意味着能够满足顾客的需要从而使顾客满意的那些产品特征，按照这种理解，质量的这一含义是收益导向的，这种高质量的目的旨在实现更高的顾客满意，人们期望以此来实现收益的增加。可是，提供更多或更好的质量特征常常要求增加投资，从而会导致成本的增加。就这种含义而言，较高的质量通常意味着“花费更多”。

质量意味着没有那些需要重复工作（返工）或会导致现场失效、顾客不满、顾客投诉等的差错。按照这种理解的质量含义是成本导向的，高质量通常会“花费更少”。

美国质量控制协会将质量定义为一种产品满足确定的活潜在的需求的能力的总体特点和特征。质量有几个不同的属性。为了确定某一特定产品质量的，可以从以下 8 个基本维度来分析。

(1) 绩效。产品最主要的运用特征，如汽车的加速性能和电视的画面清晰度。

(2) 特殊。一种产品基本功能特性的补充，如电动车窗。

(3) 可靠性。一定时期内不出故障的可能性。

(4) 一致性。产品的设计和运营特性与确立的标准相吻合的程度。

(5) 耐用性。产品生命的度量指标。

(6) 维护保养方便性。维修的速度和容易性。

(7) 美观性。产品的外观、触感、口味和气味。

(8) 感觉到的质量。消费者看到的质量。

要获得质量，最好从建立组织的“愿景”以及方针和目标开始，目标向成果的转化（使质量得以实现）是通过管理过程来进行的，过程也就是产生预期成果的一系列活动，在质量管理活动中频繁地应用着三个这样的管理过程，即质量计划、质量控制、质量改进。这些过程被称为“朱兰三部曲”。

● 质量计划——必须以外部和内部认识顾客，确定顾客的要求；开发能满足顾客需要的产品，制订质量目标，并以最低综合成本来实现；开发出能生产所需要产品的生产程序；验证上述程序的能力，证明它在实施中能达到的质量目标。

● 质量控制——选择控制对象，选择测量单位，确定质量目标，测定实际质量特性，通过实践与标准的比较，找出差距，根据差距采取措施。

● 质量改进——证明改进的需要，确定改进的对象，组织诊断，寻找原因，提出改进方法，证明这些改进方法有效，提出控制手段，以保持其有效性。

质量控制定义,“质量控制”对于事物的运作而言是一个普遍的过程,它提供稳定性,亦即防止负面改变并“维持现状”。为维持稳定性,质量控制过程对实际绩效加以评估,将之与目标进行对照,并采取措施消除两者的差异。

质量控制是质量管理的三个基本管理过程之质量改进,朱兰三部曲示意图(图 14－1)显示了这些过程之间的关系。

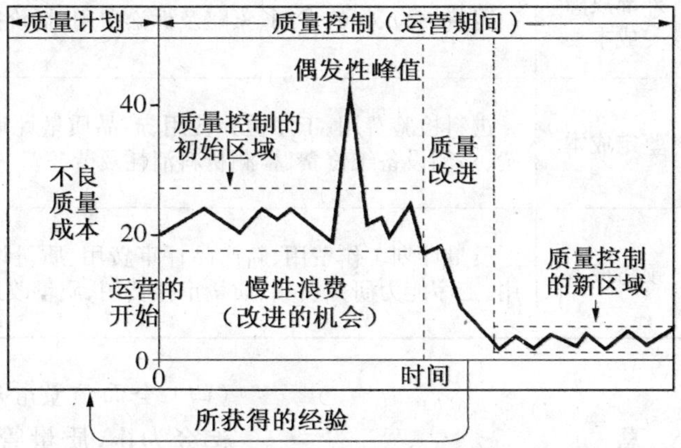

图 14－1 朱兰三部曲示意图

（二）质量管理理念

戴明关于质量管理理念的 14 个要点:

(1) 树立长远的经营观念,保持永久的质量改进意识。

(2) 更新观念,适应变化和挑战。

(3) 将质量植入产品之中,终止对质量检验的依赖。

(4) 以长期经营绩效作为业绩评价的基础,而不只是财务指标。

(5) 保持产品与服务的持续改进,不断提高质量和生产率,降低成本。

(6) 实施在职培训。

(7) 注重领导能力和指导作用。

(8) 消除顾虑,引导员工积极参与。

(9) 消除部门之间的障碍,实行团队工作方式,提高效率。

(10) 避免唱高调,制定的指标应切实可行,合乎实际。

(11) 注重对员工提供支持和帮助,便于改进。

(12) 消除员工歧视,鼓励自信心。

(13) 构建充满活力和有助于实行继续教育和自我提高的程序。

(14) 促使每一位员工都投入到公司的革新活动之中,成为积极参与者。

（三）质量成本

质量成本是指为提高产品质量而支付的一切费用和因质量问题而产生的一切费用之和。

质量成本项目的构成如表 14－1 所示。图 14－2 为最佳质量成本模式示意图。

表 14－1　质量成本项目构成

<table>
<tr><td rowspan="5">质
量
成
本</td><td colspan="2">质量成本类别</td><td>成　本　项　目</td></tr>
<tr><td rowspan="2">因质量问题而引起的成本</td><td>内部故障成本</td><td>废品损失、返修品损失、复检费(返修品再检费用)、由于质量原因而引起的停工损失、不合格产品降级损失、产量损失、事故分析处理费用</td></tr>
<tr><td>外部故障成本</td><td>退货损失、保修费用、索赔及诉讼费用、折价损失</td></tr>
<tr><td rowspan="2">因保证和提高质量而引起的成本</td><td>鉴定成本</td><td>进料检验费用、工序检验费用、产品质量评审费用、检测设备折旧费、检测设备维修费、检测材料消耗及劳务费</td></tr>
<tr><td>预防成本</td><td>质量计划工作费用、新产品评审费用、质量培训费用、质量情报费用、工序能力研究费用、质量审核费用、质量改进措施费用</td></tr>
</table>

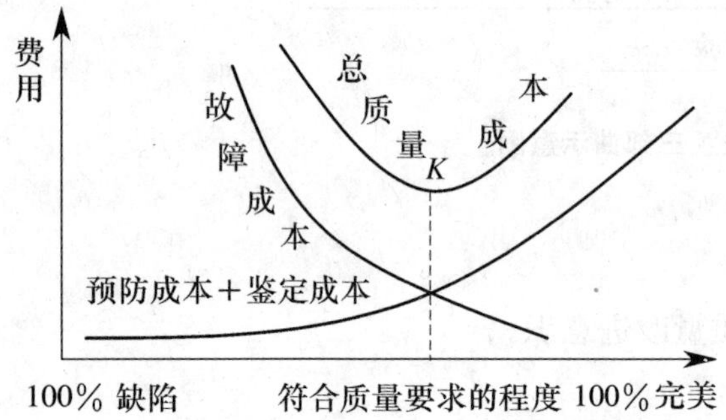

图 14－2　最佳质量成本模式图

（四）全面质量管理

迄今为止，质量管理和控制已经经历了三个阶段，即质量检验阶段、统计质量管理阶段和全面质量管理(TQM)阶段。质量检验阶段：第二次世界大战以前，通过检验来控制和保证产品质量，事后把关。统计质量控制阶段：二战开始—20 世纪 50 年代，消除异常情况，保持工序稳定，由事后把关转变为事前预防，广泛采用统计方法。全面质量管理阶段：20 世纪 60 年代始，不仅关注生产过程，还关注质量形成的所有环节，预防为主，不断改进。

全面质量管理是指从用户需要出发，全员参与，实行从调研设计到售后服务的全过程管理，形成一套保证和提高质量的管理工作体系。“全面”表现在以下 4 个方面：① 全过程的质量管理。② 全面质量管理。③ 全员参与的质量管理。④ 全面地综合运用多种质量控制方法进行管理。就是企业内部的全体员工都参与到企业产品质量和工作质量工作过程中，把企业的经营管理理念、专业操作和开发技术、各种统计与会计手段方法等结合起来，在企业中普遍建立从研究开发、新产品设计、外购原材料、生产加工，到产品销售、售后服务等环节的贯穿企业生产经营活动全过程的质量管理体系。

传统的质量观念认为，产品质量主要是依赖转换过程中或转换过程后的产品检验。因此，其管理的重心是放在事后控制，也就是在事情出错后才采取修正行动，而不是一开始就将产品做好。保持传统质量观念的公司通常会有一个专门的部门，如质量中心，负责此项工作。相对于传统的质量观念，全面质量管理则是一种组织全员的计划，透过计划将组织的所有职能设计、规划、生产、营销及顾客服务结合在一起，通过持续的改善以达到顾客的最大满意。有关全面质量管理与传统的质量管理差异比较，如表 14－2 所示。

表 14－2 全面质量管理与传统的质量管理比较

全 面 质 量 管 理	传统的质量管理
质量是战略性的问题	质量是战术上的问题
质量是规划出来的	质量是筛检出来的
质量是每一个人的职责	质量是质量管理部门的职责
追求零缺点	某些错误是不可避免的
质量意味着达到或超过顾客预期之外的要求	质量就是检验
废品与重做只是未符合标准的一小部分成本	废品与重做是不良质量的主成本

（五）全面质量管理的方法

全面质量管理是由美国管理专家戴明首先提出，全面质量管理使用的方法是科学全面的，它以统计分析方法为基础，综合应用各种质量管理方法。全面质量管理提出了“一切为了顾客，一切以预防为主，一切凭数据说话，一切按计划—执行—检查—处理循环（即 PDCA 循环，也称戴明环）办事”。这里尤其值得一提的是，它说的“顾客”，不仅仅是产品或服务的购买者，还包括“公共顾客”，即与企业有关的周边环境、社会公众、企业的各类中间商，还有生产过程中的下道工序等。整个质量管理体系按照其顺序循环运行，大环套小环，一环扣一环。“一切凭数据说话”的质量管理七种工具。如表 14－3 所示。

表 14－3 全面质量管理的工具

老 方 法	新 方 法	老 方 法	新 方 法
排列图	关联图法	散布图	矩阵数据分析法
直方图	KJ 法	分层图	PDPC 法
因果图	系统图法	调查表	矢量图法
控制图	矩阵图法		

二、库存控制

库存控制的目的是在确保组织可以拥有所需的原物料、零部件及其他相关的存货前提下，而使总库存成本降至最低的状况。与库存存货相关的成本包括四类（表 14－4）：订货成本、保管成本、缺货成本、购置成本。

表 14－4 库存成本分类

订货成本 或 调整成本	订货成本：订货手续费、物资运输装卸费、验收入库费、采购人员差旅费以及通讯联络费等	发生于企业外购原材料或零部件时。其费用随订购次数的增加而增加
	调整成本：由于生产系统转换产品时，对设备进行调整而造成的停工损失	发生于企业自制时，其费用主要与生产调整的次数有关

（续　表）

保管成本	主要包括物资在库存过程中发生的变质、损失、丢失等自然损失的费用，库存物资占用资金的成本，以及仓库运营的人工费、税金的支出	物资在库存过程中发生的成本。费用与库存量和库存时间有关
购置成本	购买物资耗费的货款，发生于存在差别价格的情况下	增加每次订货批量，可获得价格优惠，降低总购置成本
缺货成本	包括：生产系统为处理误期任务而付出的额外费用，如加班费、改变运输方式的额外运费等，误期对企业收入的影响，包括误期交货的罚款等	由于无法满足用户需求而产生的损失

（一）经济订货批量

库存的控制主要是为了减少库存，降低各种占用，提高经济效益。管理人员使用经济订购批量模型计算最优订购批量，使所有费用达到最小。所谓经济订货批量，就是从经济的观点出发在各种库存情况下，考虑怎样选择订货批量，使得库存总费用最省、最经济。把这个使得库存总费用最省、最经济的订货批量，叫经济订货批量。

$$Q^* = \sqrt{\frac{2DC}{PH}}，\text{即，经济订货批量} = \sqrt{\frac{2 \times \text{年需求量} \times \text{每次订货成本}}{\text{物资订购单价} \times \text{年保管费率}}}$$

$$\text{年订货总成本} = C \cdot \frac{D}{Q^*} = \text{每次订货成本} \times \frac{\text{年需求量}}{\text{经济订货批量}}$$

$$\text{年保管总成本} = \frac{Q^*}{2}(PH) = \frac{\text{经济订货批量}}{2} \times (\text{物资订购单价} \times \text{年保管费率})$$

$$\text{订货点库存储备量 } R = d \times L = \text{日需求量} \times \text{订货提前期}$$

（二）准时制库存系统

日本企业发明了一种被称为准时制库存系统(JIT)，又称适时管理，其目标是实现零库存。基本思路是企业不储备原材料库存，一旦需要时，立即向供应商提出，由供应商保质保量按时送到，生产继续进行下去。准时制库存系统的具体做法如下：企业收到供应商送来的装有原材料的集装箱，其中的原材料准备用于生产装配，同时把箱中的“看板”(Kanban，日语中卡片或标牌的含义)交回给供应商；供应商接到“看板”后立即进行生产，并将新生产出来的原材料再送来。如果双方衔接得好的话，这时，上次的原材料刚好用完。

思考题十四

1. 使用预算控制时需要防止哪些危害？
2. 质量的维度有哪些？
3. 全面质量管理的特征有哪些？
4. JIT 的基本思想是什么？它的优越性表现在哪些方面？

5. 库存控制要解决哪些问题？如何解决？

【案例十四】　三鹿控制系统的缺失

2008年9月11日，三鹿毒奶粉的始作俑者被新华网曝光，同时7名患儿的父母联名上书甘肃省卫生厅要求彻查病因。由此，席卷全国的三鹿奶粉风暴开始了。以该事件为导火索，伊利、蒙牛、光明等几乎所有乳产品行业的乳制品中都发现了三聚氰胺，这不仅导致我国废止了食品免检制度，还导致了石家庄市委书记、市长等一大批高官被免职，国家质量监督检验检疫总局局长辞职等事件。

此次三鹿奶粉事件中许多婴儿在饮用了三鹿集团生产的奶粉后发生肾结石等症状，调查后证实是奶粉中掺杂了三聚氰胺的结果。根据国际化学品安全规划署等权威机构说明：三聚氰胺是一种含氮低毒的化工原料，长期或反复大量摄入三聚氰胺可能对肾与膀胱产生影响，导致结石。

牛奶等食品中蛋白质含量是营养成分的重要标志。蛋白质不够说明牛奶兑水太多，或者奶粉中含过多杂质。由于蛋白质不容易检测，生化学家们就通过测出食品中的含氮量推算出蛋白质含量。正是这种特殊功能，三聚氰胺又被称为假蛋白，得到了部分奶制品企业的厚爱。

以三鹿为代表的乳制品企业质量控制意识薄弱，表现在具体内部控制循环则是缺乏有效的控制活动，例如原材料采购循环，原材料采购的申请、批准、执行和质量验收上没有得到有效的分离所导致的。

（一）内部环境

内部环境是此次三鹿毒奶粉事件最重要的问题所在。公司高管表现的诚信度和道德观尤其令人质疑。

2008年9月11日的事件充分反映了三鹿高层对此次毒奶粉事件的态度。凌晨3时，三鹿作为毒奶粉的始作俑者被新华网曝光，同时7名患儿父母联名写下了申请书，上书甘肃省卫生厅，要求彻查病因；10时、13时、19时，三鹿集团、三鹿集团合作公司以及三鹿集团传媒部部长崔彦锋对媒体和消费者回应：三鹿所有产品都是没有问题的；20时50分，中国卫生部确认三鹿生产的三鹿牌婴幼儿配方奶粉受到三聚氰胺污染；21时30分，三鹿集团终于发布产品召回声明，称经公司自检发现2008年8月6日前出厂的部分批次三鹿婴幼儿奶粉受到三聚氰胺的污染，市场上大约有700吨。

从问题被人揭发，到下注赌事件不会扩大从而三次矢口否认问题的存在，再到卫生部的权威消息，最后自己被迫承认。三鹿高管的诚信度可见一斑。

在承认问题奶粉的第二天，三鹿选择了为自己的错误开脱。三鹿发布公告，称此事件是由于不法奶农为获得更多利润而向鲜奶中掺入三聚氰胺，并宣称通过对产品大量深入检测排查在8月1日就得出结论：是不法奶农向鲜牛奶中掺入三聚氰胺造成婴儿患肾结石，不法奶农才是这次事件的真凶并立即上报，而且通过卫生部发布会发布召回婴幼儿奶粉的声明。几小时后，三鹿集团品牌管理部苏长生发布消息，称三鹿奶制品的蛋白质含量目前依靠检测氮含量，奶农向鲜奶中添加三聚氰胺来提高氮含量。由于目前对三聚氰胺的检测没有标准，因此三鹿集团也没有监测。

一天之内的两次声明似乎在表示三鹿也是此次毒奶粉事件的受害人。作为生产商和销售商,缺乏对自身产品以及原材料的质量检测,将问题全部推给供应商,难道这就是国内最大乳制品企业高管的道德观和社会责任观吗?更奇怪的是,既然三鹿在8月1日就得出不法奶农向鲜牛奶中掺入三聚氰胺造成婴儿患肾结石的结果,为什么直到9月11日早晨三鹿还不承认奶粉存在质量问题。自相矛盾的说法暴露了三鹿薄弱的内部环境。

(二)风险评估

在内部风险方面,从以上关于内控环境的示例可以看出,三鹿并没有针对董事、经理及其他高级管理人员、关键岗位员工的职业操守通过合理分析,采取适当的控制措施来避免因个人风险偏好给企业经营带来的重大损失。

原材料采购的验收环节是企业的重要风险点,对于乳企业即原奶的采购。三鹿集团的原奶采购模式是散户奶农的牛奶通过奶站最终被集中到三鹿集团的各家工厂。该模式可以迅速扩大奶源产量,但缺点是企业无法直接、全面地控制奶农和奶站。而此次事件说明三鹿集团在采购环节的质量控制已经形同虚设。河北行唐县一位参与奶站经营的农民反映,蒙牛、伊利来行唐收奶,奶价一般比三鹿集团贵0.10元甚至0.20元,其化验程序复杂,相对比较严格。而行唐三鹿乳业有限公司价低、标准也低,蒙牛、伊利不收的奶,一般就卖给三鹿。不少奶农证实,近三四年,正定县(三鹿董事长田文华的老家)的奶农从未因牛奶不合格被退回。

在外部风险方面,奶源短缺和竞争激烈是近年来我国奶业发展的突出特征。1998年至2006年,我国奶制品产量增长近28倍,而奶牛存栏数仅增长了3倍多。与此同时,澳大利亚、美国、欧盟等世界各地的气候和政策也引发了全球性原奶危机。原奶市场由买方市场转变为卖方市场。

资料显示:三鹿集团一直在快车道上高速行驶,创造了令人振奋的“三鹿速度”,自“七五”以来,主要经济指标年均增长30%以上,实现了跨越式发展。这种速度导致对奶源的需求急速增加。三鹿集团一高管说:“三鹿奶粉被检出三聚氰胺含量特别高,正是因为三鹿集团出价低,很多奶站吃准了三鹿集团对于奶源的需求最为迫切。”

(三)控制活动

按照公司现有业务流程进行企业经营管理是确保产品质量的一种最基本控制活动,但三鹿集团违背业务流程的情况却早有先例。

2005年7月5日,天津市河西区质量技术监督局执法人员在一库房内发现,“三鹿原味酸牛奶”生产日期是2005年7月6日。拆开包装箱后,里面一千克袋装原味酸牛奶的生产日期也是6日。执法人员在司机提供的发货凭证上确定这批酸牛奶是在本月4日发出的。现场检查表明,这批三鹿酸牛奶已经涉嫌伪造生产日期。

问题曝光后,三鹿集团质量管理部崔先生向媒体表示,其产品的生产日期是按照国家有关规定执行的,不属于早产。他解释,酸牛乳、炼乳等产品的生产日期应将灌装、封口、冷却降温后,以及需要继续发酵的时间和检验时间计算在内。随后,三鹿集团官方给出了回应,这一事件是由于部分销售人员擅自将正在下线并处在检测过程中的产品提前出厂造成的。三鹿集团副董事长蔡树维表示,虽然流程违规,但该批产品经检测为合格产品。

提前出厂则是违背业务流程和相关法规的。结合当时三鹿酸奶在天津、衡水、沧州市场出现断货的情况,这一事件让人怀疑公司业务流程是否被严格执行?面对质量管理部崔先生、公司官方以及副董事长蔡树维完全不同的解释说法，我们觉得其是一种托词，是一种不想承担任何责任的辩解。

（四）信息与沟通

内部控制基本规范明确规定：企业应当将内部控制相关信息在企业内部各管理级次、责任单位、业务环节之间，以及企业与外部投资者、债权人、客户、供应商、中介机构和监管部门等有关方面之间进行沟通和反馈，信息沟通过程中发现的问题，应当及时报告并加以解决。

三鹿在信息与沟通上做得远远不够。根据媒体报道，2007年12月以来，三鹿集团陆续接到消费者关于婴幼儿食用三鹿牌奶粉出现疾患的投诉。经企业检验，2008年6月份已发现奶粉中非蛋白氮含量异常，后确定其产品中含有三聚氰胺，但直到8月2日，三鹿集团才向石家庄市政府做了报告。

在2007年12月至2008年8月之间的8个月中，三鹿集团既未向有关部门报告，也未采取积极补救措施，导致事态进一步扩大。在2008年6月至8月的两个月期间，三鹿集团已经明确地知道了自己的产品中含有可能致人伤害的三聚氰胺，但是仍存有侥幸之心继续生产和对外销售，从而触犯刑法。

在上述提到的2004年"大头娃娃"劣质奶粉案中，三鹿并没有吸取教训，改进生产管理，加强与消费者以及媒体等利益相关者的沟通。相反，公司满足于自身危机管理的公关能力。在错失了完善公司自身内部控制的同时，三鹿也将自己送上了一条不归路。

（五）内部监督

对乳制品企业内部控制环节的监控在三鹿几乎不存在。虽说三鹿认为由于目前对三聚氰胺的检测没有标准，因此三鹿集团也没有监测。但从三鹿乳制品的三聚氰胺含量显著高于同行业产品的角度看，三鹿是了解该状况的。

在可以了解产品三聚氰胺含量的情况，三鹿没有阻止有毒产品的流出。这从侧面反映了三鹿集团内部控制监控的失效。确实，从原三鹿高管田文华的头衔中我们或许可以看出一些端倪。田文华，原三鹿集团党委书记、董事长、兼总经理。这样高度集权的企业却能很难有强有力的内部控制监控体系。作为党委书记，田文华负责了公司员工的思想教育；作为董事长，田文华承担起了对公司各大股东负责的权力；作为总经理，田文华负担起了公司经营运作的最大权利。怎能想象田文华同时要求下属查出自己负责管理的企业产品质量存在问题。监控的失效导致产品的质量控制活动形同虚设，以至于三鹿的奶源生产、收购、销售环节都出现了严重问题。30多名犯罪嫌疑人被逮捕，其中19人因涉嫌生产、销售有毒、有害食品罪被刑事拘留，这19人中有18人是牧场、奶牛养殖小区、奶厅的经营人员，有1人涉嫌非法出售添加剂。

案例思考题：分析讨论三鹿的控制系统存在哪些问题？

第六篇 创　新

创新是企业家对生产要素的重新组合，是发明成果的第一次商业应用。

——熊彼特

第十五章　创　新

第一节　创新概述

一、创新的含义

美国著名经济学大师约瑟夫·熊彼特在1912年出版的《经济发展理论》一书中首创了“创新”的概念，他认为创新是一个经济范畴而不是技术范畴，一项技术如果不能带来实际的经济利润，那这种技术一定是有其局限性的。创新不仅是指科技上的发明创造，更是指把已发明的科技引入企业之中，形成新的生产力。即“创新”是在新的体系里引入“新的组合”，是“生产函数的变动”，目的是为了获取预期的利润。这种组合和变动包括：

(1)引进新的产品；(2)采用新的生产方法；(3)开辟新的市场；(4)开辟和利用新的原材料；(5)采用新的组织形式。

管理学大师德鲁克认为：“创新是赋予资源创造财富的新能力，使资源变成真正的资源。”创新绝不仅是一项原有的产品和服务的改进，而是提供与以前不同的经济满足，并使经济成为更有活力、创造性的活动

他关于创新的观点，主要可以归纳为以下几点：

(1) 创新是使人力和物质资源拥有更大的物质生产能力的活动；

(2) 任何改变现存物质财富创造潜力的方式都可以称为创新；

(3) 创新必须有明确的目的、以及必要的技巧和分析能力；

(4) 创新是可训练、可学习的一门学科，是一种持续性和系统化的工作。

国内学者周三多认为，创新首先是一种思想以及在这种思想指导下的实践，是一种原则以及在这种原则指导下的具体活动，是管理的一种基本职能。

2000年经济合作与发展组织(OECD)提出，“创新的含义比发明创造更为深刻，它必须考虑在经济上的运用，实现其潜在的经济价值，只有当发明创造引入到经济领域，它才能成为创新”。

一般来说，创新(Innovation)是指形成创造性的思想并将其转换为有用的产品、服务或作业方法以取得经济效益的过程。

二、创新的分类

把握创新这一概念，可以从创新的分类入手。创新可以从不同的角度去进行考察，相应的，创新就可以被分为不同的类型。

（一）局部创新和整体创新

局部创新是指在组织整体的性质和目标不变的前提下，系统活动的某些内容、某些要素的性质或其相互组合的方式，系统的社会贡献的形式或方式等发生变动；整体创新则往往改变组织的目标和使命，涉及组织的目标和运行方式，影响组织的社会贡献的性质。

（二）消极防御型创新与积极攻击型创新

防御型创新是指由于外部环境的变化对系统的存在和运行造成了某种程度的威胁，为了避免威胁或由此造成的系统损失扩大，系统在内部展开的局部或全局性调整；攻击型创新是在观察外部世界运动的过程中，敏锐地预测到未来环境可能提供的某种有利机会，从而主动地调整系统的战略和战术，并积极地开发和利用这种机会，谋求系统的发展。

（三）系统初建期的创新和运行中的创新

系统的组建本身就是社会的一项创新活动。系统的创建者在一张白纸上绘制系统的目标、结构、运行规划等蓝图，这本身就要求有创新的思想和意识，创造一个全然不同于现有社会(经济组织)的新系统，寻找最满意的方案，取得最优秀的要素，并以最合理的方式组合，使系统进行活动。但是“创业难，守业更难”，在动荡的环境中“守业”，必然要求积极地以攻为守，要求不断地创新。创新活动更大量地存在于系统组建完毕开始运转以后。系统的管理者要不断地在系统运行的过程中寻找、发现和利用新的创业机会，更新系统的活动内容，调整系统的结构，扩展系统的规模；

（四）自发创新与有组织的创新

任何社会经济组织都是在一定环境中运转的开放系统，环境的任何变化都会对系统的工作内容、工作方式、工作目标等方面产生积极或消极的影响。同时，社会经济组织内部的各个子系统是相互联系、相互依存的。一个子系统的调整会带来其他子系统进行相应的调整。而调整后各部分的关系不一定协调，给组织带来的总效应可能为正，也可能为负，即系统各部分自发创新的结果是不确定的。

相应的是有组织的创新，即系统的管理人员根据创新的客观要求和创新活动本身的客观规律、制度化地检查外部环境状况和内部工作，寻求和利用创新机会，计划和组织创新活动，或者是系统的管理人员积极地引导和利用各要素的自发创新，使之相互协调并与系统有计划的创新活动相配合，使整个系统内的创新活动有计划有组织地展开。只有有组织的创新，才能给系统带来预期的、积极的和比较确定的结果。当然，有组织的创新也有一定的风险，因为创新本身意味着打破旧的秩序，打破原有的平衡。但是，有计划、有目的、有组织的创新，取得成功的机会无疑要远远大于自发创新。

三、创新的特征

创新的特征主要表现为以下四个方面：

（一）复杂性

有人说，创新过程就像一条链条。认为只要增加上游的基础研究的投入就可以直接增加下游的新技术、新产品的产出。但在实际经济活动中，创新有许多的起因和知识来源，可以在研究、开发、市场化和扩散等任何阶段发生。创新是诸多因素之间一系列复杂的、综合的相互渗透而共同作用的结果，创新不是一个独立的事件，而是由许多小事组成的一个螺旋式上升的轨迹，是一个复杂的系统过程。

（二）持续性

创新是一种动态的活动，而组织是一个不断与外界环境进行物质、能量和信息交换的动态开放系统。由于现代组织活动的内外环境具有很多不确定性因素和不完全信息，因此管理活动不应只是一种简单的重复，而应该是一种超越自身不断进行调整适应的创新性过程。而且在这种创新性过程中，由于管理自身的创新性而具有自循环的反馈回路，它自身能不断地进行管理的小型改革，因而管理创新的目标是一个方向性的，只能属于过程中的一个约束要素与衡量标准，并非过程的终点。而创新的实践是有风险的，一次性成功的机会微乎其微。所以创新者在开始行动以后，为取得最终的成功，必须坚定不移地干下去，决不能半途而废，否则就前功尽弃。

（三）风险性

创新是一个过程，在这过程中存在着失败的风险。创新是把创造性的想法加以运用的过程，是否有效还需要实践的证明，甚至是长期的证明，这些都是创新风险性的表现。创新活动的风险性主要表现在以下四个方面。

(1) 创新内容的复杂性。

创新包含目标创新、技术创新、制度创新、组织结构创新、环境创新等多项创新，这些创新既密切联系，又相互影响、相互作用，构成了一个具有一定功能效应的多层次的关系复杂的创新系统。必须综合协调整个创新系统中各子系统之间的关系，才能使之发挥综合的协同作用，达到促进组织发展的目的。

(2) 创新投入回报的不确定性。

创新往往需要大量的投入，如组织机构调整、管理制度制定和人员培训等，这些投入能否顺利实现价值补偿，受到很多不确定因素的影响，既包括来自创新本身的不确定性，也包括来自市场、社会、政治等因素的不确定性，这些都可能使创新的投入难以得到期望的回报。

(3) 创新的不可试验性。

任何创新都是在现实的组织中进行的，它只能是在一个要创新的企业现实环境内进行，而这种创新活动无法进行试验，试验就是实际实施这一活动，不存在尝试性的过程，这无疑进一步增加了创新的风险性。

（四）效益性

创新的目的体现在降低成本或提高产出上，给消费者带来更高更好的价值与满足感。创新活动源于社会实践，又向社会提供新的贡献，这正是创新的主要内涵。创新有明显、具体的价值，对经济社会具有一定的效益。创新产生的产品或者服务，对社会必然会产生一定的效益，这些效益包括：

(1) 经济效益。企业创新的最初目的就是带来经济效益和经济价值，提高企业自身的业绩。从更高的层面上说，创新也是增强国家和社会综合实力的基础。

(2) 社会效益。创新是人类文明和社会进步的根本动力，人类正是在不断的创新中，不断以新文明代替旧文明，才得以走向发展、走向进步。

(3) 认识效益。创新是对人们认识层面的一次革新，它拓展了我们的视野、深化了认识程度、推进了认识与实践的有效结合。

(4) 文化效益。每一种创新都包含着自身特有的文化形态。例如中关村，正是自主创新的文化旋律，催生了一批又一批有效的高新技术人才。

第二节　创新内容

企业组织创新企业是人的集合体。企业绩效及其生存与发展能力首先取决于其成员的努力。这些成员是在企业活动的不同时空提供这些努力的。要使这些努力转变为对企业有效的贡献，必须对他们在企业活动中的行为进行引导和整合。

除了以一定的技术作为企业生存的基础以为，企业是通过制度结构、层级结构以及企业文化来使成员的行为具有一定程度的可预测性，从而实现在企业活动过程中对这些成员的不同时空的努力进行引导与整合的。

因此，在实际的经济生活中，组织的创新要涉及很多方面的内容。以企业系统为例，除了技术创新，还应该包括制度创新、层级结构创新和文化创新等方面的内容。

一、技术创新

技术创新是企业创新的主要内容，企业中出现的大量创新活动是有关技术方面的，因此，有人甚至把技术创新视为企业创新的同义语。

技术水平是反映现代企业经营实力的一个重要标志，企业要在激烈的市场竞争中处于主动地位，就必须顺应甚至引导社会技术进步的方向，不断地进行技术创新。

技术创新即可能是一种在新知识、新理论创造基础上一种全新技术的出现，也可能是原有技术的改善，甚至可能仅是几种未经改变的原有技术的一种简单的重新组合。管理学家德鲁克在《革新与企业家精神》中曾以集装箱的产生为例，指出，“把卡车车身从车轮上取下，放到货船上，在这个概念中并没有包含多少新技术，可这是一项创新”。这项创新缩短了货船留港的时间，“把远洋货船的生产率提高了三倍左右，或许还节省了运费，如果没有它，过去四十年中世界贸易的迅猛扩大就可能不会发生”。

二、制度创新

制度是组织运行的主要原则规定。企业制度主要包括产权制度、经营制度和管理制度三个方面的内容。产权制度是决定企业其他制度的根本性制度，它规定着企业最重要的生产要素的所有者对企业的权力、利益和责任。不同的时期，企业各种生产要素的相对重要性是不一样的。在主流经济学的分析中，生产资料是企业生产的首要因素，因此，产权制度主要指企业生产资料的所有制。目前存在的相互对立的两大生产资料所有制(私有制和公有制）在实践中都不是纯粹的。私有制正越来越多地渗入“共有”的成分，被“效率问题”所困扰的公有制则正或多或少地添加了“个人所有”的因素。经营制度是有关经营权的归属及其行使条件、范围、限制等的原则规定。它表明企业的经营方式，确定谁是经营者，谁来组织企业生产资料的占有权、使用权和处置权的行使，谁来确定企业的生产方向、生产内容、生产形式，谁来保证企业生产资料的完整性及增值，由谁来向企业生产资料的所有者负责以及负什么责任。经营制度的创新方向应是不断寻求企业生产资料最有效利用的方式。管理制度是行使经营权、组织企业日常经营的各种具体规则的总称，包括对材料、设备、人员及资金等各种要素的取得和使用的规定。在管理制度的众多内容中，分配制度是极重要的内容之一。分配制度的创新在于不断地追求和实现报酬与贡献的更高层次上的平衡。

三、层级结构创新

企业系统的正常运行，既要求具有符合企业及其环境特点的运行制度，又要求具有与之相应的运行载体，即合理的组织形式。因此，企业制度创新必然要求组织形式的变革和发展。

从组织理论的角度来考虑，企业系统是由不同的成员担任的不同职务和岗位的结合体。这个结合体可以从结构和机构这两个不同层次去考察。机构，指企业在构建组织时，根据一定的标准，将那些类似的或为实现同一目标有密切关系的职务或岗位归并到一起，形成不同的管理部门。它主要涉及管理劳动的横向分工的问题，即把对企业生产经营业务的管理活动分成不同部门的任务；而结构则与各管理部门之间，特别是与不同层次的管理部门之间的关系有关，它主要涉及管理劳动的纵向分工问题，即所谓的集权和分权的问题。不同的机构设置，要求不同的结构形式；组织机构完全相同，但机构之间的关系不一样，也会形成不同的结构形式。由于机构设置和结构的形成要受到企业活动的内容、特点、规模、环境等因素的影响，因此，不同的企业，有不同的组织形式，同一企业，在不同的时期，随着经营活动的变化，也要求组织的机构和结构不断调整。组织创新的目的在于更合理地组织管理人员的努力，提高管理劳动的效率。

四、企业文化创新

利用制度结构和层级结构来规范和制约参与者在企业活动中的行为，要求对这些关系和行为的范围和形式做事先的描述和界定。然而，企业活动的复杂性决定了并非所有的关系或行为的范围和形式都是可以事先预测的。在工业社会中，企业文化的功能便是用来调节不同成员在企业活动中的非正式关系。

在知识经济这样一个大的时代背景下，企业文化需要进行以下四个方面的创新：

（1）促使企业文化成为企业管理的重要的，甚至是主要的手段。用被企业员工广泛认同的价值观和行为准则去影响员工的工作至关重要。文化将成为保证和促进网络化层级结构条件下企业组织活动一体化的粘接剂。

（2）企业文化将是人们自觉创造的结果，而不是企业生产经营中的一种副产品。文化一旦成为企业管理重要的，甚至主要的手段，共同认可的价值观变成为协调和统一人们行为的主要工具。要通过基本政策的制定，借助各种沟通渠道，去倡导某种适合企业特点的文化，大张旗鼓地宣传这种文化，总结和介绍在这种文化影响下成功的工作单元的事例，以促进这种文化所包含的价值观和行为准则被各工作单元迅速普遍地接受，并使之成为影响他们行为选择的基本规范。

(3) 形成学习型的企业文化。知识经济条件下的市场环境是在急剧变化的，知识经济条件下的企业在客观上需要行为准则和行为方式的不断创新。这种创新要求企业文化必须是学习型的。

(4) 企业文化将在强调主导价值观与行为准则的同时，允许异质价值观和行为准则的存在。学习型的企业文化必然也是多元的。如果没有对不断出现的异质价值观的容忍，就不可能有企业文化的创新。文化的多元化必然会促进企业文化的不断创新，从而必然会不断促进知识经济条件下的企业走向繁荣。

第三节　创新方法

创新方法，就是帮助人们实现创新、提高创新效率的方法。学者专家在对人的创造性活动中的心理过程特征及心理障碍做了研究并在此基础上提出了一些创新技术和方法。

一、头脑风暴法

头脑风暴法是目前最为实用、最为有效的一种集体式创新性解决问题的方法，是一种创造能力的集体训练法。当一群人围绕一个特定的兴趣领域产生新观点的时候，这种情境就叫做头脑风暴。头脑风暴法的主要作用是给予鼓励，允许敞开思想，并创造机会和条件，为成员中富于创造力的人提供新的、适当的或间接的联想。

头脑风暴法有效性的关键，是在群体活动的情境下所具有的彼此相互促进的动力机制。当一个成员提出一个新的想法，这个人激发的不单单是他自己的想象力，其他人的想象力也将受到激发。头脑风暴法会在每个人的大脑中产生震动，并激起一系列的联想性反应。

头脑风暴法主要适用于解决开放性问题。它的主要适用问题类型有：(1)关于产品或市场的新观念。(2)管理问题，如拓宽就业面、帮助下岗人员再就业、改善职业结构。(3)改善管理流程，如对生产流程进行价值分析。(4)新技术的应用，如解决诸如如何开发一项取得专利权的新发现之类的问题。

头脑风暴法的运用，有四条基本原则：

(1) 自由畅想原则。自由畅想就是要求参与者敞开思维、排斥一切障碍、打破定律常识等的束缚，让畅想涌流并及时表达出来。

(2) 延迟批判愿意。延迟批判就是会议期间，即不做否定的批判，也不做肯定的批判；即不批判别人，也不批判自己；心理上也不出现批判自己和别人的思想。如果违反这一原则，自由畅想也就失去了保证。延迟批判是要等到会议结束以后再做评价。

(3) 结合改善原则。这一原则就是要求参与者的思维要紧跟着发言人，让自己的思路在别人的基础上形成，以产生群体思维中的链式反应，达到激励的效果。

(4) 以量求质原则。没有数量就没有质量，量变可以引起质变，只有出现一定数量的方案，才有可能激发出有根本新意的创新性方案。

二、列举法

列举法是通过列举有关项目来促进全面思考问题，防止遗漏，从而形成多种构想方案的方法。列举法在列举事项、备选方案的时候，可以结合头脑风暴法进行，以获得更多新颖的构思。

列举法包括特性列举法、缺点列举法、希望点列举法等。

特性列举法就是通过列举现有事物的特性，针对其中需要改进的问题提出新的创新设想。这种创新方法是用于老企业进行改进管理，能够促使我们全面地考虑问题，防止遗漏，而且比较容易找到解决问题的切入点。特性列举法首先将要解决的问题分解为局部子问题，再在此基础上将对象的特点与属性全部罗列出来，并加以整理，然后分析讨论、提出问题、找出缺陷，产生出创新的设想。

缺点列举法就是发现旧事物存在的令人不满的缺点，然后找到存在的问题，再针对每个缺点进行细致的分析，形成克服缺点的方案。缺点列举法往往是围绕旧事物的缺点加以改进，并不触动原有事物的本质和总体。

希望点列举法认为，旧事物基本不能满足人们的要求，必须用新事物来代替它，这个新事物应该具有满足人们愿望的特点。希望点列举法是从整体上对旧事物不满，把旧事物整个看成缺点，这种方法常常能够突破旧事物条条框框的束缚，形成比较重大的创新。

三、形态方格法

形态方格法也称形态分析法或信息交合术。这是美国加州理工大学瑞士裔美国人茨维基博士 1948 年所首创的一种方法。他把 种数学处理的技术以定性的方式，对一些复杂的问题或系统作系统研究。此技术现已被应用于许多方面，包括产品设计、技术革新、市场研究和社会问题分析。作为一种创新方法，其核心思想认为：许多发明创造的成果并非什么全新的东西，而只不过是旧事物的新组合。因此.如能对问题加以系统的分析和组合。便可大大提高创新成功的可能。

形态分析的主要具体步骤如下：

1. 搞清所要解决的问题；
2. 确定与问题相关的重要独立要素或方面，列出各要素方面的所有可能形态及属性；
3. 将各独立要素及可能形态排列成矩阵形式；
4. 从各要素及属性中选取可能状态作任意组合，从而产生出解决问题的可能构想；
5. 对各构想作比较、评价，并选出最佳构想。

形态方格法是产生大量构想的理想工具，对于一些探索性的或寻求机会性质的问题最为适用。

四、联想类比法

联想类比法的核心是通过已知事物与未知事物之间的比较，从已知事物的属性去推测未知事物有类似属性。类比推理的不确定性可以帮助我们突破逻辑思维的局限性，去寻找一个新的逻辑起点。

一方面，联系类比法是以比较为基础的。人们在探索的过程中，借助类比的方法，把陌生的对象和熟悉的对象相对比，把未知的东西和已知的东西相对比，从而由此及彼，起到启发思路、举一反三的作用。另一方面，联想类比法的关键在于联想。联想就是在已知和未知之间架起桥梁，联想是类比的前提和基础。

联想类比法一般来说有三种类型：直接类比、结构类比和综合类比。直接类比，就是直接在两种事物直接建立联系的一种方式。结构类比，就是指根据未知事物和已知事物在结构上的相似性，来推测未知事物可能也具有某种属性。综合类比，是一种全面的类比方法，它可以运用于当未知事物和已知事物内容各要素关系十分复杂，但是两者之间有存在某些相似性的时候。

五、移植法

移植法是指将某一领域的技术、方法、原理或构思移植到另一领域而产生新事物的方法。例如，将生产管理中标准化的管理技术运用到商业经营领域，就产生了一种新的经营方式——连锁经营，通过统一形象、统一进货、统一价格、统一管理制度等方法实现商业规模化经营。

移植法最大的好处就是不受逻辑思维的束缚。把一项技术或原则从一个领域移植到另一领域的时候，往往不需要过多的理性，为新事物的形成提供了可能性。移植法一般可以分为以下几种类型：

(1) 原理性移植法。原理性移植法就是把科学的原则或者技术原理从一个领域移植到另一个新的领域的方法。

(2) 功能性移植法。功能性移植法就是把一个领域中的某一种管理技术所具有的独特功能以某种形式移植到另一领域中去的方法。

(3) 方法性移植法。方法性移植法就是将一个领域中的管理方法有目的性地移植到另一领域中的方法。

(4) 结构性移植法。结构性移植法就是将某一领域的独特的结构移植到另一领域而形成具有新机构的事物。

第四节　创　新　过　程

一、抵制创新的原因

组织的创新工作始于管理者对于组织内外部环境的分析，弄清组织实施创新活动的真实价值。尽管组织总是面对着各种创新的压力，但是大多数的创新都会遇到组织内外的抵触情绪，这些消极因素往往追求安于现状。因此，任何创新活动都是有代价的。有效的创新工作必须对组织中的每种创新的驱动力和抵制力有清晰的认识，从而明确实施某项创新活动可能的收益与成本。

可能使人反对创新的原因有三个：不确定性、关心个人得失，以及认为创新无法使组织获得最佳利益。

（一）不确定性

创新是对原有体系的一种打破，使已知的东西变成模糊不清和不确定的。不少组织的创新方式存在问题，缺乏与组织成员进行事前有效的沟通，创新人员只是单纯的闭门造车，而组织中的其他成员不知道为何要创新、如何创新。组织中的员工会对这样一种不确定性产生厌恶感。例如，在制造厂中引入采用复杂的统计模型的质量控制方法，往往意味着许多质量控制检验员需要学习新的方法。有些检验员可能担心自己学不会，由此对统计控制方法产生敌意的态度，并在要求他们采用这一方法时表现出无效的行为。

（二）担心失去既得利益

反对创新的第二个原因是担心失去既得利益。创新不可避免地会威胁到人们为取得现状所作的投资。人们对现有体制投入得越多，他们反对变革的阻力就越大。为什么？因为他们担心失去现有的地位、收入、权势、友谊、个人便利或其他看重的福利。这点说明了为什么老年员工比年轻员工更加反对变革。年老的员工一般说来对现有系统的投资更多，因而调整到新的状态后失去的也更多。

（三）认为创新无法使组织获得最佳利益

创新阻力产生的最后一个原因是，有人认为创新并不符合组织的目标和最佳利益。要是一个员工认为创新者所提倡的新操作程序将造成生产率或产品质量下降，他就极有可能反对这项变革。如果这个员工能正面地表达他的反对意见，并清楚地告知创新者，并提出证据，则这种形式的阻力就可能对组织的最终发展有益。

二、创新的过程

创新就是一个否定旧事物，探索新事物的过程。在这一过程中，创新主体只能在不断的尝试和摸索中寻求答案。但是，这种尝试与摸索是针对旧事物而言的，就创新而言，这种尝试与摸索必然要遵循一定的程序、步骤和规律。有效地组织企业的创新工作，就必须研究和揭示创新的规律。

有学者总结很多企业成功创新的经验，提出成功的创新要经历“寻找机会、提出构思、迅速行动、忍耐坚持”这四个阶段。

美国是创新活动比较活跃的国家，对创新活动也有比较深的理解，所以3M公司的一位常务副总裁在一次讲演中甚至这样开头：“大家必须以一个坚定不移的信念作为出发点，这就是：创新是一个杂乱无章的过程。”

一般来说，管理创新过程包含四个阶段。

（一）对现状的不满

在几乎所有的案例中，管理创新的动机都源于对公司现状的不满：或是公司遇到危机，或是商业环境变化以及新竞争者出现而形成战略型威胁，或是某些人对操作性问题产生抱怨。

例如，Litton 互联产品公司是一家为计算机组装主板系统的工厂，位于苏格兰的 Glenrothes。1991 年，George Black 受命负责这家工厂的战略转型。他说："我们曾是一家前途黯淡的公司，与竞争对手相比，我们的组装工作毫无特色。唯一的解决办法就是采取新的工作方式，为客户提供新的服务。这是一种刻意的颠覆，也许有些冒险，但我们别无选择。"

很快，Black 推行了新的业务单元架构方案。每个业务单元中的员工都致力于满足某一个客户的所有需要。他们学习制造、销售、服务等一系列技能。这次创新使得客户反响获得极大改善，员工流动率也大大降低。

当然，不论出于哪一种原因，管理创新都在挑战组织的某种形式，它更容易于产生于紧要关头。

（二）从其他来源寻找灵感

管理创新者的灵感可能来自其他社会体系的成功经验，也可能来自那些未经证实却非常有吸引力的新观念。

有些灵感源自管理思想家和管理宗师。1987 年，Murray Wallace 出任了惠灵顿保险公司的 CEO。在惠灵顿公司危机四伏的关键时候，Wallace 读到了汤姆·彼得斯的新作《混沌中的繁荣》(Thriving on Chaos)。他将书中的高度分权原则转化为一个可操作的模式，这就是人们熟知的"惠灵顿革命"。Wallace 的新模式令公司的利润率大幅增长。

还有些灵感来自无关的组织和社会体系。20 世纪 90 年代初，总部位于丹麦哥本哈根的助听器公司奥迪康推行了一种激进的组织模型：没有正式的层级和汇报关系；资源分配是围绕项目小组展开的；组织是完全开放的。几年后，奥迪康取得了巨大的利润增长。而这个灵感却来源于公司 CEO—— Lars Kolind 曾经参与过的美国童子军运动。Kolind 说："童子军有一种很强的志愿性。当他们集合起来，就能有效合作而不存在任何等级关系。这里也没有钩心斗角、尔虞我诈，大家目标一致。这段经历让我重视为员工设定一个明确的'意义'，这种意义远远超越了养家糊口。同时，建立一个鼓励志愿行为和自我激励的体系。"

此外，还有些灵感来自背景非凡的管理创新者，他们通常拥有丰富的工作经验。管理创新的灵感很难从一个公司的内部产生。很多公司盲目对标或观察竞争者的行为，导致整个产业的竞争高度趋同。只有通过从其他来源获得灵感，公司的管理创新者们才能够开创出真正全新的东西。

（三）创新

管理创新人员将各种创造性的思想、不满的要素、灵感以及解决方案组合在一起，组合方式通常并非一蹴而就，而是重复、渐进的，并最终转化为有用的产品、服务或者作业方法，并能够为组织带来利益。

（四）争取内部和外部的认可

与其他创新一样，管理创新也有风险巨大、回报不确定的问题。很多人无法理解创新的潜在收益，或者担心创新失败会对公司产生负面影响，因而会竭力抵制创新。而且，在实施之前，我们很难准确判断创新的收益是否高于成本。因此对于管理创新人员来说，一个关键阶段就是争取他人对新创意的认可。

在管理创新的最初阶段，获得组织内部的接受比获得外部人士的支持更为关键。这个过程需要明确的拥护者。如果有一个威望高的高管参与创新的发起，就会大有裨益。另外，只有尽快取得成果才能证明创新的有效性，然而，许多管理创新往往在数年后才有结果。因此，创建一个支持同盟并将创新推广到组织中非常重要。管理创新的另一个特征是需要获得"外部认可"，以说明这项创新获得了独立观察者的印证。在尚且无法通过数据证明管理创新的有效性时，高层管理人员通常会寻求

外部认可来促使内部变革。外部认可包括四种来源：

(1) 商学院的学者。他们密切关注各类管理创新，并整理总结企业碰到的实践问题，以应用于研究或教学。

(2) 咨询公司。他们通常对这些创新进行总结和存档，以便用于其他的情况和组织。

(3) 媒体机构。他们热衷于向更多的人宣传创新的成功故事。

(4) 行业协会。

外部认可具有双重性：一方面，它增加了其他公司复制创新成果的可能性；另一方面，它也增加了公司坚持创新的可能性。

三、创新过程的管理

一个优秀的管理者不仅要对自己的工作进行创新，更重要的是对下属的创新做好管理工作。管理创新不仅仅是计划和安排某个组织成员在某个时间去从事某种创新活动，更重要的是管理者要为下属的创新活动提供条件、创新环境。成功的创新过程，要求管理人员做到以下几点。

（一）营造一个创新的组织氛围

促进创新的最佳方式就是大力宣传创新、激发创新，树立以创新为荣的价值观念，创造一种无处不创新的组织氛围，使那些没有创新欲望或者没有创新行动的人感觉到组织的压力，认识到组织聘用自己的目的，不是要自己简单地用既定的方式重复那些重复了很多次的操作，而是希望自己去探索新的方式方法，只有不断的地去探索、去尝试，才能继续留在组织中，才能真正实现自己的价值。

（二）正确理解和扮演"管理者"的角色

管理者往往以为组织聘用自己的目的就是维持组织的允许，所以自己的职责首先是保证预先制定的规划的执行和计划的实施。系统的活动不偏离计划的要求就是他们对管理的理解。因此，他们往往会自然而然地成为现有规章政策的维护者。由于创新活动会对组织原有系统的正常运行产生影响，给原本的工作带来风险，所以管理者极易对创新活动产生强烈的排斥感，惩罚那些创新尝试遭遇失败的人，鼓励那些从不创新的保守派。

所以，要想成功地创新，在整个创新活动的过程中做好创新的管理工作是十分必要的。在国际竞争日益加剧的今天，管理者不再是简单的组织系统稳定的维护者，更多的是要鼓励创新、带头创新、支持和引导创新，为创新提供和营造一个良好的环境。

（三）制订有弹性的工作计划

创新意味着打破原有组织系统的规则，意味着时间和资源的计划外占用，因此，创新要求组织的计划工作必须具有弹性。

创新需要空间、时间和思考。如果员工的工作强度大、工作负荷重，许多机遇不可能被发现，创新的构想也无条件产生。正如一位美籍犹太人博士所说：一个人“成天在街上奔走，或整天忙于做某一件事，没有一点清闲的时间可供他去思考，怎么会有新的创见?”。他认为，每个人“每天除了必须的工作时间外，必须抽出一定时间去思考”。许多成功的企业，都鼓励员工利用空闲时间去思考、去探索。《创新者与企业革命》一书中介绍，IBM、3M、奥尔-艾达公司以及杜邦公司等都允许职工利用5%～15%的工作时间来开发他们的兴趣和设想。如果每个部门在任何时间都严格地制订和执行严密的计划，那么创新就会失去基本的物质条件和试验场所，没有尝试的机会，也就不可能带来实际的效果。因此，制订有弹性的工作计划，对鼓励员工思考、鼓励员工创新都有十分必要的积极意义。

（四）坦然面对失败

创新的过程是一个挑战的过程，是在无数次的失败中寻求一次成功的过程。创新者应该应该认识到这一点，创新的管理者更应该认识到这一点。管理人员应该允许失败、宽容失败，为员工树立一个正确对待失败的榜样。当然，允许失败是指支持尝试和创新带来的失败，并不意味着鼓励组织成员马虎工作，而是要在失败中获取教训，为下一次的尝试和创新积累经验。曾有一家美国成功的计算机设备公司在其企业哲学中写道：“我们要求公司的人每天至少要犯 10 次错误，如果谁做不到这一条，就说明谁的工作不够努力。因此，坦然地面对失败，是管理者做好创新过程管理工作的重要方面。

（五）建立合理的评价和奖酬制度

正如前面在分析创新的动机时说到，创新主体在创新时的经济性动机就是追求利益的最大化。要激发员工的创新积极性，还必须建立合理的评价和奖惩制度。评价和奖酬制度，是对创新主体努力程度的一种认可。如果评价和奖酬制度不合理，也就意味着创新主体会认为自己的努力没有得到组织的承认，那么其创新的动力就会慢慢消失。

首先，物质奖励要与精神激励相结合。虽然说，追求经济利益是创新主体进行创新活动的原动力，但是精神上的奖励表明的是对创新主体努力和付出的一种承认和赞赏。精神奖励带来的满足感是物质奖励所欠缺的。

其次，评价和奖酬制度要既能促进员工内部之间的竞争，又要能够保证成员间的合作。竞争和合作相辅相成，同等重要：竞争能力激发每个人的创新欲望、创新思维；但过度竞争又会导致组织内部各自为政；合作能够综合每个人不同的知识和能力，完善创新构想；但是没有竞争的合作又会导致组织内部成员相互依赖，降低创新的过程的工作效率。因此，设计什么样的奖酬制度、奖金数额的大小、奖金的分配，成为管理人员要想管理好创新工作所必须解决的一大问题。既促进成员间的竞争，又保证成员间的合作，是建立这样一种评价和奖酬制度的终极目的。

思考题十五

1. 什么是创新？试着举几个生活中的例子。
2. 创新的特征有哪些？试着为每个个特征举出实例。

3. 谈谈你对熊彼特关于创新的五方面内容的理解。

4. 创新的内容包括哪些方面?

5. 创新过程包括哪些步骤?

6. 每10人一组,围绕班级某项工作开一次会,用头脑风暴法找出创新构想。各组做好记录。然后进行比较,看谁想得多,想得好。最后列出认为具有可行性的构想(可有多个)。

7. 简述创新过程的管理需要做好哪些方面的工作。

【案例十五】 ARM的商业模式

ARM是微处理器行业的一家英国企业,成立于1991年,主要出售芯片设计技术的授权。ARM(Advanced RISC Machines)为高级精简指令集制造公司,其中RISC为计算机体系中的精简指令集系统(与之对应的是CISC为复杂指令集)。该公司设计了大量高性能、廉价、耗能低的RISC处理器、相关技术及软件。技术具有性能高、成本低和能耗省的特点。

ARM将其技术授权给世界上许多著名的半导体、软件和OEM厂商,每个厂商得到的都是一套独一无二的ARM相关技术及服务。利用这种合伙关系,ARM很快成为许多全球性RISC标准的缔造者。许多家半导体公司与ARM签订了硬件技术使用许可协议,其中包括Intel、IBM、LG半导体、NEC、SONY、菲利浦等大公司。至于软件系统的合伙人,则包括微软、升阳和MRI等一系列知名公司。

ARM公司是一家既不生产芯片(fabless)也不销售芯片(chipless)的公司,它通过出售芯片技术授权,建立起新型的微处理器设计、生产和销售商业模式。这种商业模式取得了极大的成功,采用ARM技术IP核的微处理器遍及各类电子产品:汽车、消费电子、成像、工业控制、海量存储、网络、安保和无线等市场,ARM技术几乎无处不在。

ARM主要做的是高效率、低功耗芯片(微处理器)架构研究开发,通常2～3年的周期,这也是ARM成本产生阶段,然后选择ARM为合作伙伴的公司支付一笔入门的授权费获得设计方案,并基于ARM方案开发自己的产品,通常周期3～4年,再然后当合作伙伴的芯片开始出货时,ARM能够从每一片基于其架构的芯片获得1%～2%的版税,而每一款ARM设计方案都适应于多种终端应用,每一种应用又能获得多年的版税现金流,规模效应显著。

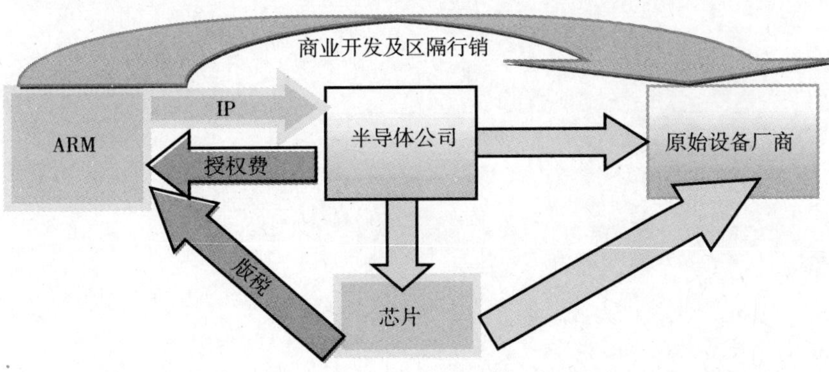

ARM的商业模式非常类似于合作伙伴公司将微处理器设计外包给ARM,即研发外包。相比于企业内部单独研发,这种授权+版税的研发外包形式能在某种程度上降低企业

成本，将整个行业的处理器外包给单一企业明显要比各自独立开发更有优势，而且更有经济效益，摊薄研发费用，降低终端产品价格，反过来进一步推动技术的进步。

ARM在世界范围有超过100个的合作伙伴。ARM专门从事基于RISC技术的芯片设计开发，作为知识产权供应商，本身又不直接从事芯片生产，靠转让许可证，由合作伙伴生产各具特色的芯片，世界各大半导体生产商从ARM公司购买其设计的ARM微处理器核，根据各自不同的应用领域，加入适当的外围电路，从而形成自己的ARM微处理器芯片进入市场。目前，全世界有几十家大的半导体公司都使用ARM公司的授权，因此既使得ARM技术获得更多的第三方工具、制造、软件的支持，又使整个系统成本降低，使产品更容易进入市场被消费者所接受，更具有竞争力。

案例思考题：

1. 如何理解本案例中ARM公司商业模式创新的成功？
2. 如何评判一个企业创新是否成功？

参考文献

[1] 凯瑟琳·巴特尔. 管理学. 南京:南京大学出版社,2009.
[2] P. 罗宾斯. 管理学. 北京:中国人民大学出版社,2008.
[3] 邢以群. 管理学. 北京:高等教育出版社,2009.
[4] W. 格里芬. 管理学. 北京:中国市场出版社,2008.
[5] L. 达夫特,多萝西·马西克. 管理学原理. 北京:机械工业出版社,2008.
[6] 海因茨·韦里克,V. 坎尼斯,哈罗德·孔茨. 管理学. 北京:经济科学出版社,2009.
[7] 迈克尔·希特,斯图尔特·布莱克,莱曼·波特. 希特管理学. 北京:中国人民大学出版社,2009.
[8] 林建煌. 管理学. 上海:复旦大学出版社,2003.
[9] 孟详华,李英. 管理学. 北京:科学出版社,2010.
[10] 芮明杰. 管理学. 2 版. 北京:高等教育出版社,2005.
[11] 何斌,李泽莹,王学力. 管理实验与实验管理学. 北京:清华大学出版社,2010.
[12] 陈春花,曹洲涛,曾昊. 企业文化. 北京:机械工业出版社,2010.
[13] 张军,陈昌龙. 现代管理学. 北京:清华大学出版社,北京交通大学出版社,2009.
[14] 景泽京,王凯. 管理学. 北京:清华大学出版社,2010.
[15] 张议元. 管理学. 北京:清华大学出版社,2012.
[16] 丹·海瑞格尔,E. 杰克逊,W. 斯洛卡姆. 管理学——基于能力的方法. 10 版. 北京:清华大学出版社,2009.
[17] O'Reilly C A, Chatman J, Caldwell J. People and Organizational Culture: A Profile Comparison Approach to Assessing Person—organization Fit. Academy of Management Joumal, 1991(34): 516.
[18] 周三多,陈传明,鲁明泓. 管理学——原理与方法. 上海:复旦大学出版社,2009.
[19] 李永清,钱敏. 现代管理学导论. 北京:化学工业出版社,2010.
[20] 路易斯·戈麦斯-梅西亚,戴维·鲍尔金,罗伯特·卡迪. 管理学. 北京:人民邮电出版社,2009.
[21] 胡建宏,刘雪梅. 管理学原理与实务. 北京:清华大学出版社,2009.
[22] 李世宗. 管理学原理. 武汉:华中科技大学出版社,2008.

[23] 陈传明,周小虎.管理学原理.北京:机械工业出版社,2007.
[24] 尤利群.管理学.杭州:浙江大学出版社,2009.
[25] 冯国珍.管理学.2版.上海:复旦大学出版社,2011.
[26] 曾旗,胡延松,王晓君.管理学原理.武汉:武汉理工大学出版社,2006.